文と事態類型を中心に

仁田義雄

くろしお出版

妻と二人の子供家族に

目　次

第一部　文とモダリティを中心に　1

第1章　文について 3
   1.　はじめに 3
   2.　文（の捉え方）をめぐっての先行研究 3
   3.　筆者（仁田）の文の捉え方 13
   4.　文の表す多様な意味を捉える 24
   5.　テキスト・連文の中で文を捉える 41

第2章　文の種類をめぐって 49
   1.　はじめに 49
   2.　文の種類をめぐっての先行研究 50
   3.　筆者（仁田）の文の分類 55

第3章　モダリティについて 69
   1.　はじめに 69
   2.　モダリティに関わる先行研究概観 70
   3.　筆者（仁田）のモダリティ観 75
   4.　発話・伝達のモダリティの優位性 82
   5.　モダリティの様々 89
   6.　モダリティ形式のタ形 98
   7.　モダリティ的意味の変容化・希薄化への環境 101
   8.　おわりに 102

第 4 章　述語をめぐって 105
　　1．はじめに 105
　　2．述語をめぐっての先行研究概観 106
　　3．筆者（仁田）の述語の捉え方 113
　　4．述語の統合機能 115
　　5．節形成からした述語の種類 123
　　6．述語の帯びる文法カテゴリ 129
　　7．述語間の層状構造 133

第二部　命題の意味的類型との関わりにおいて　137

第 5 章　命題の意味的類型への概観 139
　　1．はじめに 139
　　2．先行研究概観 140
　　3．命題の意味的類型への私論 151

第 6 章　状態をめぐって 165
　　1．はじめに 165
　　2．〈動き〉〈状態〉〈属性〉への暫定的規定 166
　　3．先行研究瞥見―奥田靖雄の《状態》を中心に― 170
　　4．〈状態〉を求めて 176
　　5．おわりに 189

第 7 章　属性を求めて 191
　　1．はじめに 191
　　2．動き・状態・属性への概括 191
　　3．属性をめぐって 192
　　4．属性表現の一例 198

5. 属性のタイプ 203
6. 動詞文による属性表現 209

第8章　形容詞文についての覚え書 219
1. はじめに 219
2. 状態としての在り様と属性としての在り様 221
3. 非過去形の場合 224
4. 過去形の場合 239

第9章　名詞文についての覚え書 245
1. はじめに 245
2. 先行研究瞥見 246
3. 動き・状態・属性 249
4. 名詞文をめぐって 250

第10章　名詞の語彙−文法的下位種への一つのスケッチ 271
1. はじめに 271
2. 固有名詞・代名詞を取り出す 273
3. 人名詞・物名詞・事名詞を取り出す
　　―量的違いを基に― 279
4. 時名詞・所名詞を取り出す 289
5. 動作性名詞を取り出す 293
6. 様名詞を取り出す 294
7. まとめとして 295

第三部　命題と文法カテゴリの相関をめぐって　297

第 11 章　事態の類型と未来表示 299
1. はじめに 299
2. 事態の意味的類型 300
3. 本章で問題にする事ども 302
4. 属性でのテンス形式の現れ方 304
5. 非過去形が未来を表しうる（表す）事態 309
6. ル形におけるテンス的意味の現れについて 314
7. ル形が未来を表す場合 319
8. おわりに 325

第 12 章　モダリティと命題内容との相関関係をめぐって 327
1. はじめに 327
2. 日本語の文の基本構造 328
3. 奥田靖雄の対象内容観 331
4. 命題とモダリティの相互連関に対する従来の指摘 332
5. 認識のモダリティへの鍬入れ 337
6. 事態の類型と確認（感覚器官による直接捕捉）との相関 ... 343
7. 条件節・理由節と確認・確信 346
8. 未実現事態と確認・確信 348
9. 事態のタイプであるとともに，運用論的要因が
   深く関わっているもの 350

あとがき 355
索　引 359

第一部

文とモダリティを中心に

第1章

文について

1. はじめに

　初めに，文についての筆者の基本的な考え方・立場を述べることから本書の記述を始める。ここでは，文とは，文の本質とはどのようなものであるのか，文はどのように成立するのか，などといったことを述べていく。文に対してどのような捉え方をするか，どのような立場に立つかは，その研究者の文法観の根底に関わり，彼の文法分析・文法記述のあり方・内実に大きな影響を与える。

　この章で，筆者が文という問題をめぐって取り上げ記述していく内容およびその取り上げ方は，筆者にとって重要に映ったことによるものである。その意味で，以下に展開される記述は，いずれも筆者によるバイアスのかかったものである。「文とは」「文の成立とは」などという問題は，研究者の立場・立ち位置によっていろいろな見え方のするものであり，いろいろな捉え方のあるものである。

2. 文（の捉え方）をめぐっての先行研究

　まず，文をどのように位置づけ捉えるかについての先行研究を簡単に見て

おく。ただ，ここで先行研究として取り上げ，紹介し位置づけるものは，様々な先行研究に対して偏りなく目配りした上での紹介というものではない。筆者仁田にとって（論述での展開をも含め）重要であると思われたものを取り上げたものである。

2.1 大槻文彦の文規定

明治初期の洋式模倣文典と八衢学派の統一・折衷を図り，かなりの程度に成功を収めた近代的な日本語文法書を最初に書き上げたのが，大槻文彦である。その前後に刊行された文法書にも触れながら，まず大槻の文規定を簡単に見ておく。

大槻文彦の『広日本文典』以前に刊行された文法書に，1890（明治23）年に出た手嶋春治（手島という表記も使用されている）『日本文法教科書』がある。手嶋は，この中で，「文章には文と句との差別あり，文とは文意の完結せるものを云ひ，句とは其の未完結せざるをものを云ふ。」（手嶋1890: 112），「抑文には必主語と確定語（筆者注：今で言う述語）との二種なかるべからず，此の二種ありて其の意始めて完結す。」（手嶋1890: 112）と述べている。引用から分かるように，文は，意味の完結性と主語と述語の完備という点から規定され認定されている。

大槻文法で知られる『広日本文典』『広日本文典別記』の刊行は，1897（明治30）年である。大槻の文規定も，基本的にこの手嶋の文規定と変わるところはない。そのことは，大槻が『広日本文典』の中で，「言語ヲ書ニ筆シテ，其思想ノ完結シタルヲ，「文」又ハ，「文章」トイヒ，未ダ完結セザルヲ「句」トイフ。」（大槻1897: 251），「主語ト説明語（筆者注：今で言う述語）トヲ具シタルハ，文ナリ，文ニハ，必ズ，主語ト説明語トアルヲ要ス。」（大槻1897: 252）と述べていることからも分かろう。やはり，意味の完結性と主語と述語の完備という点からの文規定である。

明治30年代には，いわゆる文論を中心に取り扱った文法書が何冊か出版されている。1900（明治33）年刊行の岡田正美『日辞文章法大要』，1901（明治34）年刊行の岡倉由三郎『新撰日本文典文及び文の解剖』，1901（明治34）年刊行の野

崎茂太郎『文の解剖』——これは初学者向きの極めて簡単なもの——，1906（明治39）年刊行の今井順吉『文のきそく』などが，それである。これらの文論を中心に取り扱った諸書にあっても，やはり，文は，意味の一まとまり性・完結性と主語・述語の完備という観点から規定されている。ただ，主語の現れない文を積極的に認めようとする岡田正美 (1900: 15) の「或る種の主部を省略することは実に我日本の言語文章の一特色なり。」という発言は，注目してよいだろう。

2.2　山田孝雄の文の捉え方

　文に対する規定がこのようなものであった状況下において，山田孝雄は，H. Sweet（スウィート）の英文典，J. G. Heyse（ハイゼ）の独文典，W. Wundt（ブント）の心理学などに導かれながら，『日本文法論』(1908（明治41）年)，『日本文法学概論』(1936（昭和11）年) などを著し，文の成立原理に対して独自の考察・説明を施すことになる。

2.2.1　山田の文規定の出発点

　主語・述語の完備といったことを文規定の重要な要件にする限り，現実に存在する一語文的表現を無視するか，例外的なものとして処理するか，という扱いをせざるをえない。それに対して，山田は，一語文的表現の存在を正当に評価し，文規定・文論全体における一語文あるいは一語文考察の占める位置の重要性について，次のように述べている。

　　一の単語もて一の思想をあらはすことは現に人のなせる方法なり。文法家の意見を以て，之を否定すること能はざる現実の事柄なり。

(山田 1908: 1179)

　　従来の定義（筆者注：文の定義）の容れられざる事情の存する当面の事実は一の語にて一の文をなすもの存すといふことに存するを見るべし。…，一句とは何ぞやといふ事の正確なる見解を得むとするものは先づこの一語が一文たりうる事実を基礎として考へを進めざるべからず。

(山田 1936: 914)

上引が示しているように，山田の文規定の出発点は一語文にある。通常の表現として存在する一語文的表現をも包摂しうるあり方で，文規定を行おうとしたのが，山田の文規定である。

2.2.2　思想を重視した山田の文認定

「犬！」や「水！」などは一語であるので，当然主語や述語の存在を認定できない。このような存在に対して，山田(1936: 913)は，「これはたゞ一語のみなれば主格述格の区分を求むべきよすがもなきなり。然らば，これらは文にあらざるかといふに，ある思想を発表せること明かなれば，文といふに差支なきなり。」と述べ，文として認めている。そして，これらの一語文的表現を含め，文が文である根拠として，

> かく一の語にして同時に一の文たりうることありとせば，その語と文との区別はたゞ外貌上の説明にては判明しうべきにあらざるは明かなりとす。こゝに於いて我等はその区別の主眼点はこれら外貌上の如何に存するにあらずして，そが深く思想の内面に根底を有するものなるべきを見るなり。……。即ち考ふるに，一の語又は語の数多の集合体が，文とするを得る所以のものはその内面に存する思想の力たるなり。
>
> (山田 1936: 901)

と述べている。このように，山田は，表現が文である根拠を表現の内面に存する〈思想〉に求めることになる。そして，「抑，文は思想を完全にあらはしたるものなりといへり。」(山田 1908: 1183)と述べ，表現をして文たらしめている〈思想〉の解明に向かい，

> 惟ふにその思想とは人間の意識の活動せる状態にして各種の観念が或る一点に於いて関係を有し，その一点に於いて統合せられたるものならざ

> るべからず。この統合点は唯一なるべし。意識の主点は一なればなり。この故に一の思想には一の統合作用存する筈なり。今之を仮に統覚作用と名づく。この統覚作用これ実に思想の生命なり。雑多の観念累々として堆積すとも之に対して統覚作用の活動することなくば終に思想たること能はざるなり。ここに於いて単一なる思想とは何ぞやといふことに答ふるを得べし。曰はく，単一なる思想とは一の統覚作用によりて統括せられたるもの，換言すれば，統覚作用の唯一回の活動せるものをさすなりといふを得べし。
> 　　　　　　　　　　　　　　　　　　　　　　　　（山田 1936: 916）

と述べている―既に山田 (1908: 1183–1184) に同種の記載が有る―。上引から分かるように，〈思想〉には，観念と統覚作用という二種の異質・異次元の要素が存在することになる。〈思想〉そのものは直ちに文ではない。〈思想〉が言語という形式によって表されることによって文になる。山田は，〈思想〉の言語による発表形式を〈句〉と称し，「句は文の素」であり，「文は句の運用に際しての名称」と位置づける。そして，文の基体である句は，

> 内面よりの観察によれば一の句は単一思想をあらはすものなれば，所謂統覚作用の活動の唯一回なるものならざるべからず。之を外部の方面より見れば，この単一思想が言語によりてあらはされたる一体ならざるべからず。しかもそは他と形式上独立したる一完全体ならざるべからず。
> 　　　　　　　　　　　　　　　　　　　　　　　　（山田 1908: 1184）

と特徴づけられることになる。山田にあっては，これは事実上，句が運用された際の名称である文の特徴づけ・規定でもある。文は，内容の点から単一の思想を表している，形式の点からは他と独立する一つの完全体である言語表現，として規定される。

　では，「犬！」「水！」などの一語文はどのようになるのであろう。結論から言えば，ある思想，たとえば感情や欲求を確実に表していることによって，句であり，文である。ただ，常に一定の思想を必然的に喚起するわけで

はないので，〈不完備の句〉であり，その中の〈未展開の句〉である，という位置づけである。ちなみに，「行け。」は，外形上一語であるが，思想の必然的喚起という点から，不完備ではなく，完備の句である。また，〈喚体の句〉も，不完備の句ではない，完備した句である。

　山田の文認定・文規定は，外形への配慮・言及はあるものの，思想という内容の面を重視したものである。

2.3　松下大三郎の文認定

　山田孝雄のように，思想の解明に力を注ぐことによって文認定を行う，というあり方ではないものの，松下大三郎の文認定も，やはり文が表す内面を重視したものである。ここでは，松下文法の完成段階の書物である『改撰標準日本文法』によって，松下の考えを見ていくことにする。『改撰標準日本文法』は，1928（昭和3）年に刊行され，さらに小さな修正を加え，訂正版が1930（昭和5）年に刊行されている。

　松下は，言語活動の所産を説話—現代では一般に発話と呼ばれることが多い—と呼び，それが三段階を踏んで構成されるとし，その三段階にある単位的存在を〈原辞〉〈詞〉〈断句〉と名づけ，取り出している。また，この三種の存在は，その内面的側面である思念に存する〈観念〉と〈断定〉という二つの段階に対応づけられている。観念の段階に対応するのが原辞—ちなみに原辞は，前著『標準日本文法』(1924)では，〈観念材料〉という位置づけ—と詞であり，断定の段階に対応するのが断句と呼ばれるものである。断句は一般に文と言われるものである。

　つまり，断定を表すものが断句つまり文である。松下(1930: 15)は「断句は断定を表す一続きの言語である。」と述べ，さらに「断定は事柄に対する主観の観念的了解である。」(松下1930: 12)と説明する。また，断定について「断定は思想の単位である。」(松下1930: 13)と述べられ，観念は思念の一段階であっても一つの思想ではないとし，「断定といふ段階を踏んで始めて思想となる」(松下1930: 13)と説明されている。松下の文認定・文規定も，内面的側面である思想—断定と位置づけられる存在—によってなされて

いる。

　ただ，松下にあっては，文は，単に断定の存在によってのみ真に（あるいは完全に）成立するものではない。断句の材料である詞が断句になるには，二つの条件がいるとして，〈絶対性〉と〈独立性（終止性）〉を挙げる。それぞれについて，「絶対性とは自己と互に相対的関係にある従属的観念を欠かないことである。」（松下 1930: 21），「独立性とは他に従属しないことである。」（松下 1930: 21）と規定されている。そして，「花咲く」は絶対性があるが，「咲く」だけでは絶対性はない，と説明される。ただ，松下は，主語がないから絶対性がないと言っているのではない。「咲く」では，事柄のレベルで［咲く］の有すべき主体という従属的観念が存しないことによって，絶対性がないのである。表現されていなくとも，「大分お暖になりました。」のように，主体の観念が事柄の概念の中に潜んでいれば，絶対性を欠くことはない，という説明をしている。また，「花咲かば」は独立性がなく，「花咲く」は独立性を有している―この例は，絶対性と独立性とを共に有している―。

　松下は，さらに一歩進めて，断句になりうる詞（の集まり）が絶対性と独立性を有している段階だけは，まだ断句ではない，とする。詞（の集まり）が絶対性と独立性を有している，ということは，材料の面・構成の面からの条件づけである。この間の事情を，松下は，「絶対性と独立性とを有して居ることは断句になる資格が有ることであつて，断句になるには断句としての統覚が必要である。例へば教員資格が有つても任用されなければ教員でない様なものだ。断句たる資格のある詞が断句として統覚されて始めて断句である。」（松下 1930: 22）と述べる。材料的側面から見た潜在態としての存在と運用された顕在態としての存在との関係であろう。ここに，山田の「文の素としての句」と「句の運用としての文」に似た関係を感じる。もっとも，山田にあっては，「文は句の運用に際しての名称」という述べ方がされているように，両者の差・次元の違いにはさほど重きは置かれていない。ただそれにしても，松下にあっても「断句としての統覚」の実質は不分明のままである。

　山田の句と文，松下の断句になりうる資格を有する詞と断句との差・次元の異なり，それへのある立場からの説明は，その後，渡辺実やそれに批判を

加えた芳賀綏によって与えられることになる。

2.4　橋本進吉の文に対する特徴づけ

　橋本進吉の文法学説のエッセンスは，1934（昭和 9）年に刊行された『国語法要説』で知ることができる。橋本は，山田孝雄や松下大三郎の研究を念頭に置き，従来の研究は意義の方面が中心になり，言語の外形への観察に足りないところがある，自分は外形の方面から従来の研究の補訂を試みる，とし，文に対して，次のような特徴づけと規定を行っている。

　まず，内容の上からの特徴づけとして，「一つの文は，その内容（意義）から見れば，それだけで或事を言ひ表はしたもので，一つの纏まつた完いものである。」(橋本 1934: 4) と述べ，外形上の特徴として，「一，文は音の連続である。二，文の前後には必ず音の切れ目がある。三，文の終には特殊の音調が加はる。」(橋本 1934: 6) という，三つの点を挙げている。内容からの特徴づけは，一つの全い思想を表したもの，というもので，詳しい考察を付されていないものの，基本的に山田や松下と同じ線上にある。文の外形上の特徴を挙げているのが，橋本の文規定の大きな特色である。ただ，外形上の特徴といっても，構造や文法形式からの特徴づけではなく，音声的な側面に対するものである。また，これらの外形上の特徴は，音調は文法的意味に関わり，少し異なるものの，その種の外形上の特徴を有することによって，その言語表現が文になるといったものではなく，逆に，その言語表現が文であることによって，それが帯びるようになったところの外形上の特徴に過ぎないものである。

2.5　時枝誠記の文規定

　時枝は，資材的言語の存在を否定し，言語は人間の表現行為・理解行為そのものである，という言語過程説を提唱する。そして，言語の単位として語・文・文章を取り出す。

　文について，「文は決して単語の集合でもなく，単語の連結でもなく，文が文となる為には，それ自身を一体とし，統一体とする条件が必要である。」

(時枝 1941: 218) と述べ，語とは異なる質的統一体としての文の有している特徴・条件として，「(一) 具体的な思想の表現であること。(二) 統一性があること。(三)完結性があること。」(時枝 1950: 231)の三種を挙げている。時枝によれば，具体的な思想の表現とは，「犬だ」のように，客体的なものと主体的なものとが結合した表現のことである。統一性の存在は，話し手の判断，欲求，命令，禁止などの主体的なものの表現により与えられ，それは辞の統括機能によって付与される，としている。ただ，時枝にあっては，文は最終的に完結性によって成立することになる。完結性とは，表現が切れる形を取ることであり，そこで切れることである，としている。時枝の完結性は，未だ線条性のレベルで表現の断止を指摘しただけである。

2.6 渡辺実にとっての文成立

山田の，文の素である句―特に文中にある場合―と文との異なりに対して，ある立場から説明を与えたのが渡辺実である。

渡辺は，「叙述と陳述―述語文節の構造―」を表し，句成立・文成立に対する自らの考え方を明らかにしている。この論文で，渡辺は，思想や事柄の内容を描き上げる営みを〈叙述〉と名づけ，それに対して，終助詞によって代表される言語者めあての主体的な働きかけを〈陳述〉と呼び，それに文完結の原理を求めている。この陳述イコール言語者めあての主体的な働きかけといった考え方は，後に芳賀綏に批判されることになる。渡辺は，芳賀の批判を受け入れ，その後1971 (昭和46) 年に，『国語構文論』を刊行している。渡辺1971においても，文は，叙述によって整えられた叙述内容に対して陳述という職能が結びつく・作用することによって成立する，とされている。ただ，陳述には，言語主体の聞き手に対する関係構成に限らず，言語主体と素材ないしは対象との間の関係構成が含まれることになる。

さらに，一語文を含め，渡辺にとっては陳述が文の成立の本質に関わってくる。渡辺は，述語文を統叙陳述成分として文，一語文を無統叙陳述成分として文と位置づけ，素材が叙述を経たものであるか否かは文にとって本質的な問題ではないとし，「文にとって大切なことは，何らかの素材的要素に対

する陳述のはたらきなのである。」(渡辺 1971: 94) と述べている。

2.7　森重敏にとっての文とは

　山田の文認定は，内面的側面である思想を重視したものである。山田にあっては，思想を表しているがゆえに一語文も文であった。また，これは，述体の句，述語文にあっては，主格と賓格およびそれを結び付ける述格の存在，もう少し一般的な言い方をすれば，主語と述語の存在を重視することになる。文認定における思想の重視，主・述の対立の重視，という山田の姿勢を根底の部分で深く受け継ぎながら，さらにそれを過激に前進させたのが森重敏である。

　森重は，一語文について，「〈花よ。〉は「〔この〕花は〔この〕花だ。」「〔この〕花は〔この〕花でないものではない。」という意味にほかならない。……。〈花よ。〉は主語と述語とが一致している。」(森重 1971: 83) と述べている。一語文に対しても，文であるということにおいて，同一の語を主語と述語として認めることになる。

　また，「文は表現・理解の場に成立し文法的に成立条件など考えられないものである」(森重 1965: 16) と述べている。文の現れの多様さをも踏まえ，文は，文法を通さなければ表現として成立しないが，文法だけで成立するものではない，としている。このあたりの考え・表現に，かつて，文は，ラングに属するのではなく，パロールに属する存在である，という言われ方をしたことを思い起こす。さらに，森重は，文の成立について，「文の成立条件は，要するに場にある。場において話手が意味を形成し，聞手がそれを理解しえたところ，心理的には，聞手が理解しえたと話手が確信するところが，文の成立条件である。このような理解の客観的な成立，ないしはそれを確信しえた話手の表現作用を，統覚という。文は統覚作用で成立するのである。」(森重 1965: 18–19) と述べている。ここで使われている〈統覚〉は，山田の〈統覚〉とは少しばかり異なっている。どちらかと言うと，松下の言う，断句の資格態が断句になるときの〈統覚〉に近いのかもしれない。そして，現実に文と認識される表現とそれを文法的に捉えることとの異なりを指摘し，「文

法上の文は，あくまで主語と述語との相関関係としてとらえるほかないものである」(森重 1965: 20) と特徴づけ規定している。

3. 筆者（仁田）の文の捉え方

　文への十全な規定は，単語への規定に劣らず困難である。たとえば，石橋幸太郎 1966 に所収されている「John Ries における〈文〉」によれば，J. Ries (リース) の *Was ist ein Satz?*（『文とは何か』）は，140 ほどの文の定義を挙げているとのことである。さらに，C. C. Fries（フリーズ）の *The Structure of English* は，L. Bloomfield（ブルームフィールド）の規定に最も共感を示しながら，文の定義が 200 以上存在することを指摘している。

　文をどのように捉え，どのように規定するかは，文法研究の出発点であるとともに，終着点でもある。また，どのような〈文観〉を持つかといったことは，基本的には，研究者が言語をどのように捉えているかということから，大きな影響を受けているであろうし，逆に，どのような文観を有しているかということが，研究者の言語観の具体的な一つの現れであろう。さらに，研究者がどのような文観に立っているかが，その研究者の行う文法分析・文法記述のあり方そのものに大きな影響を与えてくるだろう。

　以下，筆者仁田の文の捉え方について簡単に述べておく。

3.1　文の多様な現れ

　文の十全な規定が難しいのは，その形態・現れや内容が多様であることにもよろう。最初に，一般的に文として位置づけられる表現が見せる多様な現れの一端を例示しておく。

（1）　男がうつぶせに倒れていた。
（2）　彼女はとてもやさしい。
（3）　大阪市の主な外郭団体の見直しを進めてきた市管理団体評価委員会は 27 日，07 年度までに 7 団体を解散，13 団体を 6 団体に統合・再編するなどして，現在 66 ある団体数を 22 に減らすよう求め

　　　　　る提言をまとめた。　　　　　　　　　（「朝日新聞」2005.9.27）
（4）　お巡りさんだぜ，俺は。
（5）　「おふくろさんも，そうだったのか？」宏が言った。「らしいですね。」　　　　　　　　　　　（鎌田敏夫「金曜日の妻たちへ」）
（6）　清水寺―桓武天皇の延暦24年（805）の創建。西国三十三ヵ所観音霊場の十六番札所。
（7）　あら！　電話。
（8）　うわ！　<u>川に！</u>

　上の例は，いずれも一般的に文として把握されている表現である。これらは，外形的にも構造的にもまたそれが表す意味内容のあり方においても，多様である。（1）「男がうつぶせに倒れていた。」や（2）「彼女はとてもやさしい。」は，一つの文であるということの分かりやすい例であるが，このようなものばかりではない。（3）のような内部構造の複雑なものも，文であり，全体で一つの文である。さらに，（4）「お巡りさんだぜ，俺は。」も，文の成分の配列が通常とは異なるものの，全体で一つの文である。また，（5）「らしいですね。」は，いわゆる付属語と呼ばれているもの―筆者は判定詞と呼んでいる―のみで出来ているが，これだけで十分文である。（7）は，いわゆる独立語文や一語文と呼ばれるもので，二つの文が含まれている。（8）の「川に！」も，省略を含み，外的表現形式の上からは文断片であるが，一つの文である―前に出現している「うわ！」もまた一つの文である―。（6）は，ある観光ガイドブックからの引用である。「清水寺」は見出しであり，それを文の一部分に取り込みながら，二つの文が含まれている，という捉え方がなりたつ。

　このような多様な現れ方をする諸々の存在を網羅的・包括的に捉えるためには，どのような特徴づけ・規定を行えばよいのであろうか。そもそもそのようなことは可能なのであろうか。以下，このような多様な存在をなるたけ過不足なく捉えられる，文への特徴づけ・文規定―もっとも，筆者の立場からのものに過ぎないが―を探っていきたい。

3.2 言語活動の単位としての文

3.2.1 言語活動の基本的単位として文を捉える

　先行研究を振り返る箇所において，文認定・文規定において，思想や判断を表すことを文の極めて重要な働きとして位置づけ，文を特徴づけ捉える立場・考え方の存することを見た。この立場・考え方も文を特徴づけ捉えるにあたって，考慮すべき極めて有力な立場・考え方であると思う。考慮すべき有力な考え方であることを認めはするが，ここでは，この種の立場を採らない。ただ，筆者が文認定・文規定においてこの種の立場を採らない，ということは，何も筆者が，文が判断や情報を表す，という側面・特徴の重要さを認めていないことを意味しない。

　ここでは，文を次のように捉えている。私たちは，現実との関わりの中で，言語を利用することによって，考えや感じを明確にしたり，また，考えたことや感じたことや意志や要求を相手に伝えたりしている。このような活動を〈言語活動〉と呼んでおく。私たちが見聞きする文章や談話は，言語活動の所産である。文章・談話は，文一つで出来ている場合がないわけではないが，通例，いくつかの文の連なりによって出来上がっている。〈文〉は，このような文章や談話の中に具体的に観察される基本的単位であり，したがって，文によって，言語活動が行われている，と言えよう。文は言語活動の基本的単位である，というのが，筆者の文に対する基本的で根底にある捉え方である。

　このような立場を筆者が取るのは，突き詰めれば筆者の好みの問題なのかもしれない。ただ，要はこの種の立場で文に関わる現象をいかほど包括的に十全にそして一貫した説明・捉え方で分析・記述できるか，ということであろう。

　文が言語活動の基本的単位である，ということは，言語が言語活動を通して果している働き・機能が文によって果されている，ということである。言語活動が上で触れたようなものである，ということは，私たちは，言語を用いて思考し，言語でもって伝達している―ただ，言語による以外の伝達があ

ることを否定しないし，言語を用いない思考の可能性をも否定してはいない——，ということであろう。言い換えれば，言語は，思考と伝達の媒体として機能している。こういった言語の有している思考・伝達の機能は，文が言語活動の基本的単位として存在していることによって，文に託され担われて実現している。したがって，文は，そして，そのことによって，文の担い表している意味は，そういった言語の有している機能を実現するのにふさわしい構造的なあり方をしているはずであるし，また，言語活動の基本的単位である，ということを反映したあり方を取っているにちがいない。

　文には，言語の有している思考や伝達の機能を実現し果しうるために，質的に異なった二つの部分・存在が含まれている。つまり，文には，分化・未分化を問わず，話し手が外在・内在的世界との関係で描き取った〈対象的な事柄的内容〉と，〈対象的な事柄的内容をめぐっての話し手の主体的な捉え方〉および〈話し手の発話・伝達的態度のあり方〉とが含まれている。対象的な事柄的内容がなければ，文は思考内容や伝達内容を持たず，思考・伝達の機能を果すことができない。また，対象的な事柄的内容をめぐっての話し手の捉え方や発話・伝達的な態度がなければ，文の表す内容は話し手（表現者）の捉えた内容にはならないし，発話・伝達の機能を果すこともできないであろう。言い換えれば，文は，発し伝えられる対象的な内容つまり表示事態と，その表示事態をめぐっての，話し手の捉え方および述べ伝え方——発し伝え方と言い換えてもよい——とが含まれている。

　文が，表示事態と，それをめぐっての話し手の捉え方および述べ伝え方を含んだものであることを，以下少しばかり例を挙げながら見ていこう——通例，表示事態にあたるものは〈命題（言表事態）〉，話し手の捉え方・述べ方を〈モダリティ（言表態度）〉と呼んで記述しているが，ここでは，述語文だけでなく，独立語文・一語文を含めて考察していくことになるので，当分は，表示事態と話し手の捉え方・述べ方という用語で述べていく——。

　　（1）　明日の会議は2時から始まります。
　　（2）　すぐこちらに来て下さい。
　　（3）　車！

（4）水！
　（5）きゃー！
（1）（2）は述語文と呼ばれるものであり，（3）（4）（5）は独立語文や一語文と呼ばれるものである。表示事態とそれをめぐっての話し手の捉え方および述べ伝え方を含む，という文の特徴・本質的な存在様態は，述語文と独立語文とで，かなり異なったものになってくる。典型的なあり方を取って現れてくるのが述語文であり，独立語文は，文の特徴・本質的な存在様態の現れも，周辺的な存在として，かなりずれた異なったものになっている。

　まず典型的な現れをする述語文から見ていく。（1）の文は，［明日ノ会議ガ2時カラ始マル］コトという対象的な事柄的内容（表示事態）と，表示事態が確かであると捉えているという話し手の捉え方，それを情報として聞き手に伝えるという話し手の発話・伝達的な態度，さらに聞き手に丁寧に伝えている，という話し手の述べ伝え方とが，担われている。述語を中核として出来ている文の場合，表示事態に対する話し手の捉え方，話し手の発話・伝達的な態度，聞き手への伝え方は，一次的には述語の形態変化によって表し分けられる。（1）では，述語の「始マリマス」という形式にこれらが担い表されている。（2）の「すぐこちらに来て下さい。」という文の場合，［（君ガ）スグコチラニ来ル］コトという表示事態と，その表示事態の実現・遂行を聞き手に依頼するという話し手の発話・伝達的な態度とが，担われている。

　次に，文の有している特徴・本質的なあり方が，典型からかなり異なったものになっている独立語文について見ておく。（3）の「車！」という文の場合，［車ノ接近］という事態の未展開なままの描き取り，およびその事態に対する切迫的把握や聞き手への注意喚起といった発話・伝達的態度とを，未分化に一体的に表現している。（4）の「水！」は，［水ノ希求］という話し手の心的事態と事態への希求という，話し手の捉え方，述べ伝え方を，希求を引き起こす機縁になるモノを提示することで，未分化なまま一体的に表現している。（5）の「きゃー！」は，話し手の遭遇事態と遭遇した事態によって生じた恐怖・驚愕といった遭遇事態に対する心的態度が，概念化されず未分化なまま一体的に表現されている。

以上，述語文と独立語文で，その現れにかなりの異なりはあるものの，文は次のような特徴を持った存在であると捉えておく。文は，言語活動の基本的単位として，分化・未分化，展開・未展開に拘わらず，ある表示事態を担い表し，話し手の事態に対する捉え方および述べ伝え方を帯びた言語表現である。

3.2.2　呼びかけ

　文を，表示事態を表し，それへの捉え方および述べ伝え方を帯びた存在，と捉える立場に立つとき，もう少し説明を加えなければならない存在に〈呼びかけ〉を表す独立語文がある。

（6）　<u>おーい</u>！
（7）　<u>おーい</u>，遅いぞ！
（8）　カズオ「<u>オイ，ヒロキ</u>。お待たせ！」／ヒロキ「おっ，カズオか！　びっくりするじゃないか。」

(剣持亘他「シナリオ・さびしんぼう」)

（9）　「<u>航！　翼</u>！」子供たちの姿はなかった。

(鎌田敏夫「金曜日の妻たちへ」)

上掲の文(下線部)は，いずれもいわゆる呼びかけを表している。言語活動の中の対話型言語行為においては，発話の発信者(話し手)とともに，発話の受信者が言語行為成立の要件になる。呼びかけとは，発話の発信者が，ある存在を発話の受信者に据え言語行為の端緒を開くべく，言葉をかけることである。では，呼びかけを表す表現での表示事態とはどのようなものなのであろうか。

　「きゃー！」や「車！」といった独立語文では，話し手の遭遇した事態が未分化・未展開ながら表されている。「水！」という希求を表す場合にあっても，希求事態の核であり機縁になるモノを提示することで希求事態が未展開ながら表されている。言語行為の相手を求める・定立する，ということは，表示事態を表す，ということとは少し異なるだろう。呼びかけを表す独立語文は，言語行為，したがって文を生み出す端緒であるにしても，未分

化・未展開というあり方においてさえ表示事態にまっとうに対応していない。呼びかけは，独立語文の中でもさらに周辺的な存在だろう。

　表示事態にまっとうに対応していないことによって，(7)「おーい，遅いぞ！」，(8)「オイ，ヒロキ。お待たせ！」や「みのり，水。(内館牧子「ひらり 1」)」のように，表示事態を担当する文に後続されることが少なくない――最後の例は，後続文が希求を表す独立語文――。また，表示事態を担当する文に後続されることによって，呼びかけは，独立語文から，独立語という文の成分に近づいていく勢いにある。それに対して，他のタイプの独立語文の場合，後続文との関係は，呼びかけと後続文との関係とは異なったものになることが少なくない。たとえば，(8)の「おっ，カズオか！びっくりするじゃないか。」中の三文（相当）は，基本的にすべて同一の遭遇事態に対応している。「おっ，」は，遭遇事態とある事態に遭遇したことにより生じた話し手の驚きという捉え方を未分化・非概念的に一体的に表し，「カズオか！」は，遭遇事態の核に位置する遭遇対象を表すことを通して，遭遇事態に対する話し手の軽い驚きという捉え方を一体的に表している。「びっくりするじゃないか。」は，述語文であるが，遭遇事態に起因する話し手の心的動作という表示事態と話し手の捉え方，述べ伝え方を表している。未分化から分化（概念化）・未展開へ，そして分化・展開へ，という変遷はあるものの，(8)の三文（相当）は，一つの同一事態に対応するものである。

　また，呼びかけは，未だ言語行為の対手になっていない存在を対手として求めることによって，希求につながっていく。(9)の「航！　翼！」などは，言語行為の対手とすべく呼びかけるとともに，言語行為の対手の出現を希求する，というものであろう。

　　(10)　出席を取る場面で，「相川君。井川さん。宇田川さん。大川君。」などは，受け答えという極めて簡単で極小的な対話型言語行為の対手の存在を求め確認する，というもので，呼びかけの極に位置する――それぞれの呼びかけの後には対手からの「はい。」などといった返答が通例続く――。これらは，独立語文の極，したがって文として極に位置するものであろう――名詞表現の列挙である，このような表現まで文として捉えることが良いのか，まだ

正直自信がない。ただ，文でなければ，何なのであろうか。ただ，言語活動の場においてある発話・伝達上の機能を果しているのは事実であろう―。

　このような呼びかけを，一語文・独立語文したがって文として(私に)捉えさせているのは，つまるところ何なのであろうか。言語活動の場において，対手を求めるという言語行為を果していることが最も大きいのであろうと思う。呼びかけでは，求め定立されるべき言語行為の対手がいる，というのが，ある意味で，この独立語文の表す表示事態であり，対手として求めるというのが述べ伝え方である，という認識である。呼びかけとして働く独立語文は，言語活動の基本的単位として，求め定立されるべき言語行為の対手がいる，という表示事態と，対手として求めるという述べ伝え方とが，一体的に表されている，と捉えられる。

3.2.3　文断片から文への上昇

　最後に，外的表現形式の上からは文断片・文の一部と位置づけられるものが，言語活動(の場)において，一つの文として了解され実効化している場合について見ておく。

　3.1「文の多様な現れ」の節で(8)として挙げた「うわ！　川に！」や(5)として挙げた[「おふくろさんも，そうだったのか？」宏が言った。「らしいですね。」]の下線部がこれに当たる。「川に！」は，述語などが外的表現形式上には現れていない。動きの仕手(主語)は，この表現の話し手である確率が最も高い。また述語に関しては，一義的に確定しないが，「落ちる」などと同趣の意味を持つ動詞であろう。「らしいですね。」に関しては，先行する文を受け，「(おふくろさんもそうだった)らしいですね。」というものとして理解される―文章や談話という連文の中に位置する文にあっては，欠けている部分があるということが，その欠けている部分を先行文脈に求めさせ，その文に結束性を付与する一つの手段でもある。連文中の文の問題，結束性などについては，後でごく簡単に触れる―。これらは，いずれも外的表現形式上は不完備な存在である。ただ，いずれも，状況や文脈という言語活動の場によって補完され，それが表す表示事態が了解・想定されている。

表現は，外的表現形式上欠けるところがあっても，それが表す表示事態が，言語活動の場によって補完され了解・想定され，話し手の事態に対する捉え方および述べ伝え方を帯びることによって，言語活動の基本的単位として文である，と位置づけられる。
　以下少し類例を挙げておく。
　　(11)　光！
　　(12)　もっと光を！
　　(13)　あんなに気を付けるように言ったのに。
　　(14)　明日お伺いしたいのですが。
(11)は希求を表す一語文・独立語文である―当然，言語活動の場のありようによってはそうでない場合もある―。それに対して，(12)は，外的表現形式上からは文断片であるものが，言語活動の場によって補完され文として機能している場合である。(13)(14)も，いずれも述語が続く形式を取っている。その意味で外的形式上従属節であり，複文つまり文の一部である。ただ，話し手の表示事態に対する捉え方，聞き手への述べ伝え方を了解できることによって，言語活動の場において文として機能している，と位置づけられる。
　このような述べ方，文に対する捉え方をすれば，単語であれ，単語連鎖であれ，従属節であれ，言語活動の場において前後から切り離されて現れたものは，すべて文として位置づける，という捉え方をしているように思われるが，そうではない。言語活動の場によって補完されなければならないとしても，補完によって，表示事態および話し手の表示事態に対する捉え方，述べ伝え方が了解・想定できなければ，文断片のままであり，文として機能できていない，と捉えている。たとえば，「走りながら，」のような様態節は，明白な先行文脈でもなければ，補完されて文として了解されることは困難であろう―ただ，どのような外的形式の文断片であれば，補完によって文になりうるのか，補完はどのように行われるのか，という，外的表現形式や表現の構造への言及を含んだあり方での補完の内実は明らかになっていない，ということを認めなければならない。そもそもそのようなことが文法論的な厳密

な方法で可能なのかということも疑問である。ただ，それにしても，現実に言語活動の場に存在する一語文や形式上完備しない文の存在を無視して，形式の上からも整備されたもののみを対象にして文認定・文規定を行うことは，筆者にはできない―。

3.3　文以下になれない表現

　外的表現形式や構造の点から，少なくともこれを含めば，言語活動の場による補完によって，文に成り上がり，文として機能する，ということを明らかにすることは難しい。ここでは，この種の言語形式を含んでしまうと，もはや文であり，文の一部にはなれない，ということへの考察を通して，逆に単語連鎖を文にしている文の特徴・文の本質的な存在様態を考えてみたい。このことは，言語活動の基本的単位としての文と，それ以下の存在とを分かつものについて考えることにつながる。

　　（1）　雨が降る。
　　（2）　雨が降る日は天気が悪い。

（1）が文として働いているかぎり，（1）には，［雨ガ降ル］コトという表示事態（対象的な事柄的内容）のみならず，断定という表示事態をめぐっての話し手の捉え方と，その表示事態を聞き手に述べ伝えるという，話し手の発話・伝達的態度が付け加わっている。そのことが末尾の音声の断止や特有のイントネーションや句点として現れている。もっとも，「雨が降る。」は，表示事態に対する話し手の捉え方に関して，「降ル」という，積極的な形式ではない無標の表示形式で表されている。したがって，「雨が降る」は，ある構文位置では，表示事態に対する話し手の捉え方をそぎ落とし，［雨ガ降ル］コトという表示事態のみを表す存在にすることが可能になる。そのことが，（2）「雨が降る日は天気が悪い。」のように，連体修飾節への移行を可能にしている。さらに，（2）の下線部は，「雨天の日は天気が悪い。」にさえ近づいていると言える。表示事態だけでは単語相当に近づきうる存在である。つまり，表示事態に対する話し手の捉え方をそぎ落とすことで，文ではなく，文の一部にすることを可能にしている。

また，表示事態に対する話し手の捉え方を一度含んでしまえば，その単語連鎖は，決して文以下の存在になれない，というわけではない。

（3）　雨が降るだろう。
（4）　雨が降るだろうが，さほど激しくはならないだろう。
（5）　雨が降るだろうね。
（6）＊雨が降るだろうねが，さほど激しくはならないだろう。

（3）の「降るだろう」は，表示事態に対する話し手の捉え方に関して，「ダロウ」という積極的な形式を含んでいる。したがって，それをそぎ落とすことはできない。ただ，発話・伝達的態度（述べ伝え方）に関しては，積極的な形式を含んでいない。述べ伝え方をそぎ落とすことが可能である，といった文である。したがって，これは，（4）のように，逆接の従属節として文の一部になることができる。それに対して，（5）「雨が降るだろうね」のような単語連鎖は，聞き手への同意要求，とでもいった述べ伝え方までもが，「ネ」という積極的な顕在的な形式で表示されている。したがって，それをそぎ落とすことができない。このような単語連鎖は，（6）が示すように，文でしかない存在であり，もはや文の一部にはなりえない。

（7）　もう少し静かにしろ！
（8）＊もう少し静かにしろが，なかなか静かにならない。

（7）の「もう少し静かにしろ」にも，［（君タチガ）モウ少シ静カニスル］コトという表示事態だけでなく，事態の遂行を聞き手に要求するという，述べ伝え方が，命令形という形式によって明示的に表されている。（8）が示しているように，このような単語連鎖は，もはや，文以外のなにものでもなく，文の一部にはなりえない。

（9）　父は子供達にもう少し静かにしろと怒鳴った。

話し手の述べ伝え方を明示的に表す形式を含んだ単語連鎖が文の一部に含みこまれるのは，（9）のような引用の場合を除いてはない。話し手の述べ伝え方を明示的に表す形式を含む単語連鎖は，文そのものであり，文以下の存在にはなりえない——もっとも，このことは現実に文として現れるすべての表現が同程度に話し手の捉え方や話し手の述べ伝え方を要請し帯びている，と

いうことを意味してはいない。文がどのようなタイプのテキストやどのような環境に現れるかによって異なってくる。文の生存・存在の場であるテキストのタイプによる影響については，対話型と独話型を取り出し，後でごく簡単に触れる―。

　単語が一般的な構成材であったのに対して，文は，話し手による言語活動の場における構築物であった。単語連鎖が事態に対する話し手の捉え方，特に述べ伝え方を表示するということは，まさにその単語連鎖が言語活動の場における構築物として機能する，ということである。言い換えれば，発話・伝達的態度(述べ伝え方)は，文の存在様式である。発話・伝達的態度が文の存在様式であるのは，文が言語活動の基本的単位であることによっている。

　以上，粗々と述べた文をめぐっての筆者の捉え方は，仁田 1991・1997・2009b などを踏まえそれ以後の考察を加えてのものである。

4. 文の表す多様な意味を捉える

4.1　文の基本的な意味−統語構造―命題とモダリティ―

　文に対してよりきめの細かい文法分析・文法記述を施すには，文の担い帯びている意味内容がより十全に取り出されていることが要請される。ここで，文とはどのような意味内容を有した存在であるのか，そして，文の担い帯びている，そういった意味内容は，どのようなところから招来されたものであるのか，といったことについて，少しばかり考えておこう。

　既に述べたように，私たちは，現実との関わりの中で，言語を利用することによって，考えや感じを明確にしたり，また，考えたことや感じたことや意志や要求を相手に伝えたりしている。こういった言語の働きを捉えて，言語を用いて思考し，言語でもって伝達を行っている，という。いわば，言語は，思考と伝達の媒体としての機能を有している。

　今まで表示事態という用語で述べてきたものに対して，命題(言表事態)という用語を与え，話し手の捉え方および話し手の述べ伝え方と呼んできたも

のに対してモダリティ(言表態度)という用語を与えておく。このように仮称し直すとすれば,文の基本的な意味−統語的構造は,言語さらに言えば文の果している思考・伝達の機能を全うするために,少なくとも,〈命題〉と〈モダリティ〉といった質的に異なった二つの層から成り立っている,と考えられる。とりあえず,〈命題〉と〈モダリティ〉について極めて簡単に規定しておく。〈命題〉とは,話し手が外界や内面世界との関係において描き取ったひとまとまりの事態,文の意味内容のうち客体化・対象化された出来事や事柄を表した部分である。それに対して,〈モダリティ〉とは,命題として描き取った事態(出来事・事柄)をめぐっての話し手の捉え方,および,それらについての話し手の発話・伝達的態度のあり方を表した部分である。

　日本語の文の基本的な意味−統語的構造は,概略,

| 命題(言表事態) | モダリティ(言表態度) |

のように,モダリティ(的意味)が命題(的意味)を包み込む,といったあり方を取って成り立っている。つまり,文の意味は,少なくとも命題の表す事態・対象的な内容とモダリティ的意味から構成されている,といえる。ただ,この層状構造を単純に形態の線条的なあり方のものとして捉えてはならない。命題とモダリティとの関係は,意味−統語構造の問題であり,立体的なものであり,相互に関係しあっている──命題とモダリティの相互連関については,後の章で考察する──。

　たとえば,
　　（1）ねぇ困ったことにたぶんこの不景気当分続くだろうね。
といった文で,この両者を例示すれば,概略,

| ねぇ困ったことにたぶん | この不景気当分続く | だろうね |

のようになろう。概略,[コノ不景気ガ当分続ク]コトがこの文の命題内容(言表事態)に当たり,それ以外の部分がモダリティを担い表している。たとえ

ば,「ネェ」「ネ」が聞き手への発話・伝達的態度のあり方を,「困ッタコトニ」が命題内容に対する話し手の評価的な捉え方を,「タブン」「ダロウ」が命題内容に対する話し手の認識的な把握のあり方を,それぞれ担い表している。

モダリティは,大きく〈事態めあてのモダリティ〉と〈発話・伝達のモダリティ〉の二種に分けられる――他に〈客体的モダリティ〉というものの取り出しを試みているが,ここでは触れない――。〈事態めあてのモダリティ〉とは,基本的に発話時における話し手の命題内容に対する認識的な捉え方・把握のし方を表したものである。それに対して,〈発話・伝達のモダリティ〉とは,文をめぐっての発話時における話し手の発話・伝達的態度のあり方,つまり,言語活動の基本的単位である文が,どのようなタイプの発話‐伝達的役割・機能を担っているかや話し手がどのような態度で伝えているのかを表したものである――モダリティについては,のちに一章を設け少しばかり詳しく観察する――。

文は,命題内容と事態めあてのモダリティの存在によって,思考の媒体たりえ,発話・伝達のモダリティの存在によって,伝達の機能を果しうる。

例文を少しばかり追加して,命題内容(言表事態)および事態めあてのモダリティと発話・伝達のモダリティについて,ごく簡単に見ておこう。

　　(2)　これならば恐らく間違いは起こりますまい。
　　(3)　どうやら,秀夫と孝の間には別のやばい話が有ったようだ。
　　(4)　僕の車でお送りしましょう。
　　(5)　キミ,誤解しないでくれよ。

(2)(3)(4)(5)の言表事態(命題内容)は,それぞれ,[コレナラバ間違イガ起コラナイ]コト,[秀夫ト孝ノ間ニ別ノヤバイ話ガ有ッタ]コト,[僕ガ(アナタヲ)僕ノ車デオ送リスル]コト,[キミガ(アル事ヲ)誤解シナイ]コト,のように,概略表記できよう――言表事態の構成については,後で少しばかり触れる――。

そして,それぞれの言表事態(命題)は,(2)では,「マイ」に担われ,「恐ラク」によってその程度性を表し分けられる〈推量〉といった事態めあて

的意味でもって，(3)では「ヨウダ」および「ドウヤラ」によって表されている〈徴候の元での推し量り〉，といった把握のあり方でもって，捉えられている。さらに，(2)から(5)のすべては，発話・伝達の基本的単位としての機能を果すために，発話・伝達の機能類型や発話・伝達的態度を表した発話・伝達のモダリティを帯びることになる。(2)は，情報伝達といった発話・伝達の機能類型と，「マス」によって担われている丁寧な聞き手への述べ方を含んでいる。それに対して，(3)は，相手たる聞き手がいれば，情報伝達といった発話・伝達の機能類型と，普通(丁寧でない)の聞き手の述べ方で含んで発せられたものになる―ただし，(3)は，述べ方が普通体であることによって，聞き手への情報伝達を目指さない独り言に止まりうる。独り言も発話・伝達の機能類型の一種だろう―。また，(4)は，申し出といった発話・伝達の機能類型と，「マス」によって担われている丁寧な聞き手への述べ方を含んでいる。さらに，(5)は，依頼といった発話・伝達の機能類型，および「ヨ」によって表されている副次的な聞き手への持ちかけのあり方に包まれている。

　文法分析・文法記述は，文の表現形式を分析・記述することを通して，文の意味内容を十全に捉えなければならない。たとえば，「明日入学式が行われる。」「明日入学式が行われます。」「明日入学式が行われるだろう。」「明日入学式が行われるようだ。」「明日入学式が行われますか。」「明日卒業式が行われるだろう。」など，といった文群の担い表している意味内容の異なりと似かよいが，過不足なく分析・記述されなければならない。そのためには，文の意味内容を一面的・同質的に捉えるのではなく，述べてきたように，命題的意味とモダリティ的意味とに振り分けながら分析・記述していくことが，少なくとも必要になろう。

4.2　取り立ての意味

　ここでは，文の意味を，相互に連関することを了解しつつも，事態・対象的な内容を表す命題的意味とモダリティ的意味とに大きく分けておくことを前提にした上で，多様な現れ方をする取り立て助辞の付与する意味につい

て，文が総体として表している意味を分析・記述していくための一つの階梯として，少しばかり観察しておく—これも，取り立て助辞にどのようなものを入れるかによって，それなりに異なってくる—。

まず，次のような使われ方・意味的タイプを示すものから見ていく。

（1）　集会に 1000 人<u>も</u>集まった。

（2）　集会に 1000 人<u>しか</u>集まらなかった。

は，ともに，［集会ニ 1000 人ガ集マッタ］コトといった同一の出来事・事柄を表している。言い換えれば，同一の言表事態（命題内容）を表している。（1）は，ガ格成分中の「1000」を多いと評価した，という数量に対する話し手の主体的な捉え方を含んでおり，それに対して，（2）は，「1000」を少ないと評価するという，話し手の主体的な捉え方を含んでいる。事態の内実に変更を迫らない，という点でも，この「モ」や「シカ」—これらは，いわゆる〈取り立て助辞〉と言われるもの—に託されているこれらの意味は，基本的に，言表事態の変更・増減に関わらず，事態を構成する要素をめぐっての話し手の主体的な捉え方を表すものである。このような点からも，文の担っている意味内容を少なくとも命題的意味とモダリティ的意味に分ける本章のような立場においては，取り立て助辞によって表されるこの種のタイプの意味は，注目すべき点を含んでいると言えよう。

もっとも，取り立て助辞が表している意味を，言表事態の変更・増減に関わらず，事態を構成する要素をめぐっての話し手の主体的な捉え方である，つまり，モダリティ的意味に近似したもの，その一種である，とするのは，一面的であり不正確であろう。一面的であり不正確である，というより，取り立て助辞がこの種のタイプの意味を表す場合の方が稀で例外的であると言えるだろう。

たとえば，次のような場合を見てみよう。

（3）　洋平<u>も</u>やって来た。

（4）　洋平<u>しか</u>やって来なかった。

（5）　洋平<u>ですら</u>やって来た。

では，これらの文が，含みとしてではなく，正面きって表している意味は，

ともに，［洋平ガヤッテ来タ］コト，といった同一の言表事態である。したがって，(1)(2)と同様に，この「モ」や「シカ」や「デスラ」には，言表事態形成に直接関与する以外の意味が託されていることになる。しかし，(3)から(5)の文が字義通りに対応する事態は同一であるが，これらの文が総体として表している意味内容が真として成り立つ状況は異なっている。これらの文にあっては，真偽関係を決定する状況が異なってくる。こういったあり方・働き方をしている取り立て助辞の表す意味を，文の構成要素(この場合「洋平」)に対する話し手の主体的な捉え方・話し手の態度である，と言えるかどうかは，そう簡単ではない。

　この種の取り立て助辞の表す意味とは次のようなものであろう。たとえば，(5)を例に取れば，取り立て助辞によって，付加される意味は次のようなものになる。(5)のガ格成分を占めている「洋平」には，やって来そうな人物の中で最も可能性の低い人物である，といった意味が付け加わっている。これは，当の要素(この場合「洋平」)を，ある類(集合)に属する要素群(この場合，やって来そうな全人物)との関係づけの中で捉えたことに拠る。こういった，当の要素の，同一の類に属する要素群に対する関係のあり方を，系列(範列)的な関係(paradigmatic relation)と言う。文中のある要素に対する系列的な関係づけの付与が，取り立て助辞の働きであり，関係づけのあり方が取り立て助辞の意味である。取り立て助辞の担っている意味を，仮に〈取り立て的意味〉と呼んでおこう。同類の要素群との関係づけは，(3)の「モ」にも，(4)の「シカ」にも存在する。同類の要素群との関係づけの結果，(3)の文では，その使用が適格であるためには，［洋平以外ノ誰カガヤッテ来テイル］ということが，文脈や場面から前提になっていなければならないし，また，(4)では，［洋平以外ノ人間ガ来ナカッタ］ということが，影(裏面)の意味として表される，ということが生じている。

　取り立て助辞の表す意味の基本は，文中のある要素を，同一の類に属する要素群との関係づけの中で捉え，言い換えれば文中のある要素に対する系列的な関係づけの付与を行い，影の意味を付加する。そして，そのことによって，その文の表している事態が真として成り立つ状況・前提を決定する。取

り立て助辞の表す意味は，基本的に，事態形成には直接関わらないが，その文の表している事態を真として成り立たせている状況・前提の形成を行っている。

　もっとも，同類の要素群への関係づけが希薄で，影の意味の含みがさほど強くないものも，ないわけではない。たとえば，

　　（6）　塾｛なんか／になんか／なんかに｝行きたくない。

などは，そういった例であろう。「塾」を，推薦できない取るに足らないもの，といった話し手の主体的な態度・捉え方で捉えたといった意味合いが強い。既に上げた「集会に1000人も集まった。」や「集会に1000人しか集まらなかった。」は，こういったケースの最たるものであろう。しかし，既に述べたように，むしろ，取り立て助辞が，このような，話し手の主体的な捉え方・態度そのものを表す場合の方が稀であり，例外的であろう。

　さらに言えば，類（集合）——たとえば，（5）の［やって来そうな人物群］——の抽出そのものが，その文の述語（この場合「ヤッテ来ル」）を介して初めて可能になる。そのことからして，要素の，同一の類に属する要素群との関係づけは，当の文が表す言表事態と他の言表事態との関係づけを前提とし，それを通して成り立っている。そして，そのことが影の意味を生み出すことになる。また，これは，当の文を他の文と関係づけることにもなる。このことが，（3）に，「亮介が来た。洋平もやって来た。」のように，前置文脈の必要性を与えることになる。

　また，

　　（7）　風が出てきた。雨さえ降ってきた。

の第二文は，事態と事態の関係づけが卓越し，要素（この場合「雨」）の，同一の類に属する要素群との関係づけは押さえられている。このことは，「サエ」が同類中の極端な要素を取り上げる，といった意味を持っているのに対して，［降ってくるもの］という類の，極めて普通の要素である「雨」が取り上げられている，ということからも分かろう。この場合，「サエ」は，当の言表事態を他の事態と関係づけることによって，当の事態を，文脈中に既に出現している程度性の低い事態に対して，より程度性の高い事態として付け

4. 文の表す多様な意味を捉える | 31

加える，といった文脈情報を付与することになる．

（8） 子供<u>なら</u>運動場で遊んでいるだろう．

になると，要素の，同一の類に属する要素群との関係づけは，さらに問題にならない．「ナラ」が［子供ガ運動場デ遊ンデイル］コトという言表事態に付与している意味は，「ナラ」で表示された文中の要素（この場合「子供」）が，話し手以外の誰かによって既に言及されていなければならない，といった文脈情報に外ならない．

　もっとも，取り立て助辞の使用には，

（9） あの男<u>は</u>正直ものだ．

のように，それを使わなければ，かえって付加的な意味が出てしまう，というものがないわけではない．(9)は，［アノ男ガ正直モノデアル］コトといった命題的意味を担っているが，これを「あの男が正直ものだ．」にすると，排他的な意味が「アノ男」に付け加わってしまう．取り立て助辞「ハ」のこのような使用は，属性・状態表現という文タイプが要求したものであり，［主題＋解説］といった，あるレベルでの文構造が要求したものである―「あの男が正直ものなら，こんな事にはならなかった．」のように，主題・解説への分節化が生じない従属節では，「ハ」は生起しない―．それにしても，(9)にあっても，「あの男はどんなだ？」に類する文との関係づけを帯びて存在している．

　取り立て助辞によって担われている意味には，「塾<u>なんか</u>行きたくない．」のような，話し手の主体的な捉え方・態度の濃厚なものから，「子供<u>なら</u>運動場で遊んでいるだろう．」のように，文脈情報（連文的意味）の卓越したものまで，幅と広がりがある．ただ，取り立て助辞が担っている意味は，文の言表事態の形成に直接的には加わらない．その基本は，文中の要素を同一の類に属する要素群との関係づけの中で捉え，自らが表している言表事態を他の事態に関係づけ，そのことによって，その事態を真として成り立たせている状況・前提を設定することにある．他の事態との関係づけを帯びるといったことは，結局，その文の生じるコンテキストに対しての情報を持つ，ということである．その文が生じるにあたって，どのような前提があり，何が影

(裏面)の意味として表されるのか，といった出現コンテキストについての情報を文に付与するのが，取り立て助辞の基本的な意味であろう。表現形式の分析・記述を通して，文の担う意味内容を十全に捉えなければならない文法分析・文法記述にあっては，このような意味をも，文の担う様々な意味の一つとして，しかるべく位置づけ，正確に分析・記述することが要請されよう。

4.3 言表事態の形成

ここでは，意味的な側面に焦点を当てながら，文の言表事態の部分の形成について，簡単に触れておく。

文のセンター・中核は述語である。他の諸成分は，いずれも述語に依存・従属していく成分である。述語は，述語を形成する品詞のタイプによって，「桜が咲いている。」「亮太は洋子と結婚した。」のような動詞述語，「彼女は背が高い。」「西の空が真っ赤だ。」のような形容詞述語，「松下は偉大な文法学者だ。」「あなたは洋平君と友達ですか。」のような名詞述語に分かれる。述語は，動きや状態や属性といった語彙的意味を担い，自らに依存・従属してくる成分をまとめ上げ，文(および節)を形成する。また，述語は，〈肯否〉〈テンス〉〈丁寧さ〉〈発話・伝達のモダリティ〉，さらに発話・伝達のモダリティにその出現を制約されるものの〈事態めあてのモダリティ〉や，〈ヴォイス〉〈アスペクト〉といった文法カテゴリを有し，自らの形態変化によって，それらを表し分ける—述語については，のちに一章を設け少しばかり述べる—。

文の命題部分(言表事態)は，述語の語彙的意味を中核にして，それに依存・従属する成分，および，ヴォイス・アスペクト・肯否・テンスの文法カテゴリ，さらにそれらと関係を取り結ぶ成分とによって形作られる。丁寧さや発話・伝達のモダリティ・事態めあてのモダリティは，いずれも広義のモダリティに属する文法カテゴリである。

4.3.1 事態核

文のもっとも中核に存在する部分を〈事態核〉と仮称し，言表事態の描き出しを，事態核から順次見ていく。〈事態核〉とは，述語が語彙的意味（lexical Meaning）として表す動き・状態・属性と，その動き・状態・属性を実現・完成させるために必須的・選択的に要求される要素とによって形成された部分である。以下，言表事態の形成を，動詞を述語にする動詞文を中心に簡単に見ておく。

事態核に対する上述の規定づけは，動詞には，述語として文を形成するにあたって，自らの表す動き・状態・属性を実現・完成するために，どのような名詞句の組み合わせを取るかが，基本的に決まっている，という現象が存在する，ということを前提としている。このような文法現象を説明するために，〈格支配〉〈格〉〈格体制〉〈格成分〉という用語を導入しておく。このように，動詞が，自らの帯びている語彙的意味の類的あり方—このような類的な語彙的意味を範疇的意味と仮称—に応じて，文の形成に必要な名詞句の組み合わせを選択的に要求する働きを，動詞の〈格支配〉と仮に呼び，この種の名詞句が文の成分として実現した時，それを〈格成分（共演成分）〉と仮称する。また，この名詞句の，動詞および他の名詞句に対する類的な関係的意味のあり方を，〈格〉と仮に呼び，動詞が文を形成するにあたって要求する名詞句の組み合わせを，格の組み合わせとして見た時，これを〈格体制〉と仮に名づける。たとえば，

（1） 史郎は香子に指輪を贈った。

を例に，格・格支配・格体制・格成分を説明すれば，次のようになる。自らの動きを実現・完成させるために，「贈ル」が，「史郎ガ」「香子ニ」「指輪ヲ」という名詞句を要求する働きが格支配であり，これらの名詞句が格成分である。そして，「史郎ガ」「香子ニ」「指輪ヲ」という名詞句が，それぞれに「贈ル」および他の名詞句に対して有している，［動作主：起点o］［相方：着点o］［対象］といった類的な関係的意味が格である。さらに，「贈ル」の要求する［動作主：起点o，相方：着点o，対象］といった格の組み合わせが格体制である。ちなみに，［動作主：起点o］は，動きの引き起こし手で，かつ対象の出

どころといった関係を帯びた存在であり，［相方：着点o］は，対手として動きの一端を担う存在で，かつ対象の行く先といったものであり，［対象］は，動きを被る存在といったものである。本章で挙げる格の名称およびそれらが帯びているとした関係的意味は，いずれも暫定的で略式なものである。

　上述した，動詞の語彙的意味と，格成分を実現している名詞の担っている語彙的意味およびそれらの名詞が帯びている関係的意味である格によって形成されるものが，言表事態の中核としての事態核である。たとえば，（１）を例に取れば，（１）の事態核は，

　　（２）　［史郎ガ（動作主：起点o），香子ニ（相方：着点o），指輪ヲ（対象）―贈ッ］
　　　　　タコト

の［　］部分のように，概略標記できる。これは，芝居に例えて言えば，一場の場面，一シーンに当たる。一場の場面は，場面を形成する動きと，ある役柄を帯びて動きの完成に参画する演者によって形成されている。

4.3.2　主体化の段階

　単位的な文である単文は，意味的に一つの事態を表している。事態はその中核に事態核を有している。事態核は，既に見たように，述語の表す動き・状態・属性とそれを実現・完成させるために参画する最低限必要な要素から成り立っている。それが言語表現，文として立ち現われるためには，外的表現形式化を受けなければならない。言語表現として表現形式化するとは，事態レベルで事態形成のための意味的(関係的)役割を帯びた各要素が，表層の表現形式のレベルの要素，つまり文の成分として分節させられて立ち現われることである。本書では，主体化の段階にいたって初めて文の成分が出現する，つまり主語と補語が出現する，という立場を取っている。〈主体化の段階〉とは，文の表している事態を，ある存在の上の生じ成立した事態として差し出すことになる段階である。事態が何を中心にし，何をめぐっての事態であるのかといった，事態描き出しの中心点を含んだ段階が主体化の段階である。事態が話し手(描き手)によって一つの統一した事態として描き出されているということは，話し手が事態を形成する参画者の誰(何)かを中心にし

て，その事態をまとめ上げているからである。モノ（事態）が描き出されるとき，描き出されたモノ（事態）は，描き出しの視点（perspective）を伴ってしか描き取れない。本書では，事態は表層の表現形式をまとい，線状的配列の中に描き出されたとき，ある中心点から描き出された事態としてのみ存立することになる，という立場を取る。

ただ，すべての事態核が主体化の段階で，中心点の変更・選択の可能性を持っているわけではない。というより中心点の変更が可能な事態核はさほど多くない。事態核に現れる要素が一つの場合は，当然中心点の変更の余地・必要性はない。また二つ以上の要素が事態核に現れる場合にあっても，中心点の変更が可能なものは限定されている。

中心点の変更・選択が可能なものの代表として，能動・直接受動や相互動詞が挙げられる。たとえば，

　（3）　洋平は良太を叱った。
　（4）　良太は洋平に叱られた。

を例に取れば，両者の表している命題内容に対応する出来事は同じである。(4)が真として成り立っていれば，(3)も真として成り立っている。二つの文は，[洋平ガ（動作主），良太ヲ（対象）—叱ッ]タコトと略式表記できる事態核が，主体化の段階において異なった現れを取って表層の表現形式化したものである。いわゆる能動ないしは直接受動として実現する，というヴォイスを伴って現れたものである。というより，ヴォイス的対立を持つ事態核は，ヴォイスを伴ってしか，言い換えれば能動・直接受動のいずれかとしてしか，表現形式化，主体化しない。

主体化の段階の存在である能動・直接受動の対立は，動詞の表す動きの成立に参画する項のどれを，表層の表現形式において第一位の成分—いわゆる主語—として実現するかという，表層への分節化の選択である。再度芝居を例えに持ち出せば，仕手や相手といった役柄を担った演者のどちらを，主役・脇役にして芝居を作っていくか，といった選択である。

また，「結婚スル」という動詞は，いわゆる相互動詞と名づけられるものである。この動詞を述語として取る事態核には，二つの参画者が現れ，両者

が動作主であるとともに相方といった関係にある。したがって，

　　（5）　博は洋子と結婚した。＝洋子は博と結婚した。

が成り立つ。つまり，左辺の文と右辺の文において，それが表す命題内容に対応する出来事は，同じ一つの出来事である。左辺の文と右辺の文は，主体化の異なりによる現れである。

【主体化の段階での修飾成分・文末形式】

　主体化の段階を，事態核の段階を経たその外側—このような呼び方が適当か否かはここでは不問に付す—に存する段階である，と捉えることの妥当性を示す現象を一，二挙げておく。まず，

　　（6）　洋平は良太を激しく叱った。＝良太は洋平に激しく叱られた。

を見てみよう。（6）においては，「激しく」という副詞的修飾成分の付加に拘わらず，右辺の文が真であれば，左辺の文も真である，ということが成り立っている。つまり，左辺の文と右辺の文は同じ出来事に対応している。これは，「激しく」という修飾成分は，事態核と同じ段階で働いて事態核を拡大・具体（精密）化させているに過ぎない存在であることを示している。この種の修飾成分は事態核の段階で働くものである。

　それに対して，修飾成分の中には，事態核の段階ではなく，主体化の段階で働くものが存在する。たとえば，

　　（7）　洋平は｛わざと／嬉々として｝良太を叱った。
　　（8）　良太は｛わざと／嬉々として｝洋平に叱られた。

を見てみよう。（6）では，左辺の文と右辺の文において真偽値が同じであったのに対して，（7）と（8）では，「わざと」や「嬉々として」が加わることによって，同じ事柄的な内容を表さなくなっている。真偽値が異なってくる。（7）では，洋平が「わざと」や「嬉々として」叱ったのであり，（8）では，良太が「わざと」や「嬉々として」叱られたのである。「わざと」や「嬉々として」という修飾成分は，主語の意図性や態度的なあり方を表している。つまり主体化を経た段階で働いている。この種の修飾成分は，事態核の段階ではなく，主体化の段階で働く存在である。

　また，（5）「博は洋子と結婚した＝洋子は博と結婚した」に示したよう

に，相互動詞では，主体化での中心点の交替に拘わらず，同じ真偽値を表し，それが表す事柄的な内容は同じであった。ところが，

　（9）　博は洋子と結婚する<u>つもりだ</u>。
　（10）　洋子は博と結婚する<u>つもりだ</u>。

では，（9）と（10）の文の表す事柄的な内容には異なりがある。（9）では，結婚するつもりなのは主語の「博」であり，ト格補語の「洋子」が結婚するつもりなのかは不問である。逆に，（10）では，結婚するつもりなのは主語の「洋子」であり，ト格補語の「博」が結婚するつもりなのかは不問である。これは，「つもりだ」という形式が主体化の段階に現れ，主語をめあてにして働く形式であることによる。

　「わざと」や「つもりだ」などは，主体化の段階に現れ主語をめあてにして働くものである。事態核の段階に現れその段階で働く修飾成分が存在するとともに，事態核の段階にではなく，主体化の段階に現れその段階で働く修飾成分や文末形式が存在する，ということは，文の命題部分が差し出す言表事態が形成されるにあたって，いくつかの段階・層が存することを，さらに言えば，いくつかの段階・層を設定し分析・記述すべきことを物語っている。その一つが事態核の段階・層であり，主体化の段階・層である―もっとも，主体化の段階で働く修飾成分や文末形式と事態核の段階で働く修飾成分を持ち出しても，その文の表す事柄的な内容に差が現われる，という現象の観察されない文タイプも少なくない。だからと言って，主体化の段階・層と事態核の段階・層を分離する必要がない，ということにはならない―。

4.3.3　事態成立へ

　このように拡大・具体化してきた事態は，さらに様々な文法カテゴリを付加させながら，命題内容として必要ないくつもの意味を備えた言表事態へと成長していく。

　事態は，意味的な観点から，大きく，その存在がある一定の時間の中に現れ消滅していく，という時間的限定性を持つ〈現象〉と，モノに備わっている側面でのそのモノの有している性質である〈属性〉とに分かれる。現象には，

ある限定を受けた一定の時間帯の中に出現・存在し、それ自体が発生・展開・終了していく、という時間的展開性を持つ〈動き〉と、その出現・存在に時間的限定性を持ってはいるものの、事態の発生・終焉の端緒を取り出せない、つまり時間的な内的展開性を持たない、モノの等質的なありようである〈状態〉とに、分けられる。動きは〈動的事態〉であり、状態と属性は〈静的事態〉である。

　　（11）　［雨ガ激シク降ル］コト／［子供ガ御飯ヲ食ベル］コト
などが、動的事態である動きを表す事態の例であり、

　　（12）　［引キ出シノ中ニ虫ガ居ル］コト／［彼ガ学生デアル］コト
などが、静的事態である状態と属性を表す事態の例である。

　動きは、上で述べたように、時間の中で発生・展開・終結していく。言い換えれば、動きは、内的な時間構成を持つ事態である。動きを表す事態には、アスペクトが出現・分化している。〈アスペクト〉は、事態の有している内的な時間構成の実現・表し分けに関わる文法カテゴリである。日本語のアスペクト形式の基本は、スル形対シテイル形の対立である。たとえば、

　　（13）　3時頃弘はコーヒーを飲んだ。

　　（14）　3時頃弘はコーヒーを飲んでいた。

が、アスペクトの対立の例である。（13）は、「3時頃」という基準時に、［弘ガコーヒーヲ飲ム］という動きが、丸ごと成立していることを表している。それに対して、（14）では、基準時に動きが持続中であることを表している。（13）と（14）は、動きを丸ごと捉えるいわゆる完結相と、動きの内部に分け入って過程を広げ持続状態として捉えるいわゆる持続相との対立である。テイル形による持続相の形成は、また、一種の、動き動詞の状態動詞化―属性動詞化ではなく―でもある。

　それに対して、モノに備わったモノの属性や、時間的限定性を持つものの、それ自体が時間的な内的展開性を持たない状態は、時間の中における内的展開性を持たないことによって、アスペクトの分化はない。アスペクトを存在・分化させていない、ということは、状態・属性を表す事態の述語が、スル形とシテイル形をアスペクト的対立として有していない、ということである。

(15)　引き出しの中に虫が {居る／*居ている}。
(16)　この製品は耐久性に {劣る／劣っている}。

事実，「居ル」はシテイル形にはならないし，(16) の「劣ル」と「劣ッテイル」は，事態を丸ごと捉える完結相と事態の持続過程を捉える持続相との表し分けではない。

　内的な時間構成を持つ動きは，その時間構成の実現・表し分けを受けた段階に対して，事態が成り立っているのかいないのかの認定に関わる，〈肯否〉の文法カテゴリが，さらに付け加わる—肯否の文法カテゴリは，内的時間構成を持たない事態，したがってアスペクトが分化しない事態に対しても，当然出現する。つまりすべての事態に対して現れる—。

(17)　その時は，まだ弘は自分の部屋で勉強していた。
(18)　その時は，既に弘は自分の部屋で勉強していなかった。

がそれである。(17) は事態が成り立っていることを表す肯定が加わったもので，(18) が成り立っていないことを表す否定が実現している例である。

　事態の成立・不成立を表し分ける肯否を帯びた段階に対して，さらに，テンスが付け加わる。〈テンス〉は，言表事態の成立時と発話時との時間的先後関係を表し分ける文法カテゴリである。日本語の動詞のテンス形式は，ル形（「走ル」）とタ形（「走ッタ」）の対立によって形成されている。たとえば，

(19)　あっ，荷物が落ちる。／あっ，荷物が落ちた。
(20)　引き出しの中に虫が居る。／引き出しの中に虫が居た。

が，テンスの対立を示す例である。テンス形式のテンス的意味の現れに影響を与えるのが，動きか状態かといった事態の意味的類型である。動きを表す事態 (19) においては，ル形は未来を表すのに対して，状態を表す (20) では，ル形は現在を表す。

　テンスは，時間的限定性を持った事態である動き・状態には，通常のテンス的意味でもって現れる。それに対して，時間的限定性を持たない事態に現れるテンス形式は，発話時と事態の成立の時間的先後関係を表す，という，通常のテンス的意味を通例示さない。

(21)　彼は京都生まれだ。／彼は京都生まれだった。

(21) では，右辺の文がタ形を取っているが，このタ形は，［彼ガ京都生マレデアル］コトが過去に存在していた事態であることを表してはいない。この例文でのタ形は，属性の主体が既に存在しなくなっているか，話し手の思いお越し・気づきを表している。もっとも，属性にあっても，「最近彼は病気がちだ。」「若い頃彼は病気がちだった。」のように，ル形（「病気ガチダ」）が現在の事態を表し，タ形（「病気ガチダッタ」）が過去の事態を表す使い方も，当然存する。

　テンスは，発話時との関係であることによって，話し手が顔を覗かせることになる。テンスの段階に至り，出来事や事柄は，命題内容としてモダリティによる把握を待ち受けることになる―モダリティについては，後で一章を設け少しばかり詳しく述べる―。テンスは，命題の側に存するものの，命題とモダリティの分水嶺的存在である。したがって，テンスは，その存在・分化に，発話・伝達の機能類型を表す発話・伝達のモダリティからの影響を受けることになる。

　　(22)　彼らには子供が{生まれる／生まれた}。
　　(23)　今すぐにこちらに来い！
　　(24)　今年こそ運転免許を取ろう。

情報伝達の発話・伝達の機能類型の文である(22)には，テンスは存在・分化するが，命令(23)や意志(24)といった発話・伝達の機能類型の文では，テンスは分化しない。

4.3.4　副詞的修飾語（成分）について

　事態はまた，その中核的な部分に付加的な副詞的修飾語（成分）が付け加わって，さらに拡大し具体化していく。ここでは，副詞的修飾語についてごく簡単に見ておく―命題内で働く副詞的修飾語（成分）については，詳しくは仁田 2002 を参照―。

　　(25)　彼は熱心に本を読んでいた。
　　(26)　彼は何時間も熱心に本を読んでいた。
　　(27)　彼はよく何時間も熱心に本を読んでいた。

(28) <u>あの頃</u>彼はよく何時間も熱心に本を読んでいた。

などが，そういった副詞的修飾語である――もっとも，(28)の「あの頃」は，状況成分（状況語）といったものである――。(25)の「熱心に」は，事態に内在する様々な局面のありように言及することによって，事態の実現のされ方を限定・特徴づけた〈様態の修飾語〉である。そして(26)の「何時間も」は，時間の中での事態の出現や存在や展開のあり方を限定・特徴づけた〈時間関係の修飾語〉である。さらに(27)の「よく」は，一定の期間の中における事態生起の回数的あり方を限定・特徴づけた〈頻度の修飾語〉である。また，(28)の「あの頃」は，事態成立の外的背景・状況の一つである〈時の状況語〉である。

これらの諸成分は，(25)から(28)の例文の展開が示しているように，次のような層状構造をなして事態を拡大し具体（精密）化していく。

[時の状況語 [頻度の修飾語 [時間関係の修飾語 [様態の修飾語]]]]

時の状況語が一番外側で働き，頻度の修飾語がその内側で働き，時間関係の修飾語がその内側で働き，様態の修飾語がさらに内側で働いている。

5. テキスト・連文の中で文を捉える

文は，通例，単独で存在せず，文連続の中で存在する。例外的に一文で形成されている場合をも含めて，文は，文章や談話（これらを総称してテキストと仮称）の中に存在する。というよりは，実際に存在するのは文章・談話であり，文章や談話の中に存在する文としての存在である。文章や談話は，文が存在する場であり環境である。

本章の最後に，文がテキストの中に存在することで呈する文法現象をほんの少しばかり見ておく。

文章や談話の構造そのものを，文法分析・文法記述の対象にするには無理があるにしても，文が文章・談話の中に存在し，また，実際に存する文が文

章や談話の中に存在する文としてしかありえない，といったことから，[1]個々の文が，どのようにつながり，どのように首尾一貫した文脈を形成していくのかという，いわゆる結束性（cohesion）の問題は，文法分析・文法記述の対象となる。また，[2]文は，文章・談話という文連続の中に存在することによって，文のあり方にある変容を帯びることがある。文が存在の場たる文章・談話から受ける変容も，文法の取り扱い対象となろう。もっとも，両者は，無縁ではない，深い関係がある。文章・談話から文に与えられた変容が，逆に，連文の中での他の文（文群）とのつながりの表示になることも少なくない。

5.1　結束性

まず結束性からごく簡単に見ておく。

文が文脈を形成していく機能，文の有している結束性は，文連続・連文を視野に入れた文の文法分析・文法記述での主要テーマである。結束性の考察にあっては，文がどのように結束性を獲得するか，結束性の出現を表示する形式的なあり方にどのようなものがあるのか，といったことが，重要な考察課題になる。

そのような結束性の獲得には，まず，接続詞的語類の使用が挙げられる。
「そして，それで，次に，次いで，それから；しかし，けれども，だが，ところが，それなのに，しかるに；だから，それで，したがって；すると，そうしたら，それなら；なぜなら，というのは；要するに，つまり，すなわち；そのかわり，それとも，あるいは；ところで，ときに，さて；ようやく，やっと，とうとう」
などのようなものが，これである。これらは，「なかなか良い案だ。しかし，実行にはお金が掛かり過ぎる。」「僕は頑張って勉強した。だから，なんとか試験に合格できた。」「7時に起きた。そして，8時に学校に出掛けた。」のように使われる。接続詞の二文結合には，複文の従属節として，一文化できるものが少なくない。「なかなか良い案だが，実行にはお金が掛かり過ぎる。」や「7時に起きて，8時に学校に出掛けた。」のような複文がそれである。

5. テキスト・連文の中で文を捉える | 43

次に，主に指示対象や叙述内容の同定・追跡・引き継ぎに関わる手段が挙げられる。［A］指示語の使用や，［B］語句の繰り返しや，［C］省略などが挙げられる。

(1) 彼女の部屋の外は，小さな裏庭になっていた。そこには，高い煉瓦の塀を乗り越えない限り，外からは誰も入って来られないようになっていた。

(2) 武見の書斎には古伊万里が飾ってあった。仁科はその壺が欲しくてたまらなかった。

(3) とりあえず男の身許を洗うことになった。身許は，すぐに分かった。男は，タクシー会社の運転手の宮村育三だった。

(4) 一人の下人が，羅生門の下で雨やみを待っていた。広い門の下には，この男の外に誰もいなかった。

(5) 会社を出たあと，二人は雨を避けて，近くの食堂に飛び込んだ。（φが）熱いうどんをすすっているところへ，坂崎が昼食を取りに来た。

(6) 滝上巡査は鑑識とともに死体を調べてみた。哀れなことに，（φは）若い男だった。（φの）年齢は，二七，八歳くらいだろう。

(1)(2)が，指示語の使用の例である。(2)を例に取れば，(2)の後文は，先行文で述べられている内容を取り込み，「仁科は武見の書斎に飾ってある古伊万里の壺が欲しくてたまらなかった」といった意味を表すことになる。(3)(4)が語句の繰り返しの例である。(3)の「身許」「男」のように，形態的に同じものが繰り返されることが多いが，(4)の「下人→男」のように，既出語より抽象度を高めた語で繰り返すこともある——「羅生門」から「門」も，固有名を表す複合名詞から一般名詞へ，という抽象度の上昇——。また，「安生という塑工は，記録に名をとどめた数少ない幸運児の一人である。彼は山西の人であり，八世紀初頭に活動した。」のように，代名詞による取り次ぎも存在する。指示語や代名詞の使用も，広い意味で繰り返しである。

それに対して，省略するということも，結束性を形成する一形式である。ただ，省略による結束性は，省略された語句が，後続文で回復可能である，

といったことを前提にしている。(5)(6)が省略の例である。(5)の後続文では,「Nガ」が省略され,先行文から「二人が」が補われている。(6)でも同様のことが起こっている。第二文,第三文が省略された部分を有している。第二文は主語が省略されている。省略された主語に該当しうる可能性のあるものが,前文には「滝上巡査」「鑑識」「死体」の三語存する―候補の三語から「死体」が選び取られるのは,連文全体の意味の流れの整合性による。これには「哀れにも」という修飾語の存在が手がかり・支えになっている。当然,誤解,読み違えの可能性はある―。第三文も省略された部分を有している。「男の年齢は」と解釈されるのは,「年齢」といった名詞の性格による。「年齢」は「誰かの」年齢でしかない。このように,〈関係性〉を持った名詞は,その関係の基準となる語句・表現を要求する。「洋子一家は洋子の成人式を楽しく祝った。翌々日,とてつもない地震が神戸の町を襲った。」などの,後続文が「洋子一家が洋子の成人式を楽しく祝った日の翌々日,とてつもない地震が神戸の町を襲った。」のように,意味解釈できるのは,後続文に使われた「翌々日」といった関係性を持った名詞によるものである。

また,時の状況語などでは,「或日の事でございます。御釈迦様は極楽の蓮池のふちを,独りでぶらぶら御歩きになっていらっしゃいました。…………」で始まる芥川龍之介の「蜘蛛の糸」のように,省略され,作品といった文章全体に引き継がれる,といったことの起こる場合がある。

5.2 連文による文の変容

文は,文章・談話の中に存在することによって,文章・談話つまりテキストのタイプによる特徴づけを帯びたり,前後の文による変容を受けたりすることがある。たとえば,心内発話や備忘記といったテキストでは,述語に丁寧さといったカテゴリが生じることは通常ない。テキスト・タイプが文に与える影響の一例である。

たとえば,「彼は,鎌倉に身を隠しながら『日本の未来について』といった報告書を書いている。」のテイル形は,通例〈動きの最中〉で解釈される。ところが,

（7）　叔父は，敗戦直前に亡くなった。彼は，鎌倉に身を隠しながら
　　　　　『日本の未来について』といった報告書を書いている。

のテイル形は，文脈の影響を受けて，〈経験・記録〉として解釈されるように
なる。連文の中に存することによって，形式の表す優勢的な文法的意味に変
容が生じたのである。
　また，モダリティやテンスの現れも，文が連文の中に存在することで影
響・変容を受けることがある―モダリティとテキスト・タイプとの連関につ
いては，具体例を挙げながら次で瞥見する―。たとえば，
　　（8）　森林の乱伐が進めば，空気中の CO_2 が増えていく。地球の温暖
　　　　　化も進む。それが原因で，大雨，日照りなどといった異常気象
　　　　　が生じる。そうなれば，農業への影響も大きいものがあり，食糧
　　　　　危機が訪れる。そのため，世界的に経済が疲弊し，各所で紛争が
　　　　　発生する，といった地球的規模の混乱が生じる。このまま森林乱
　　　　　伐が進めば，上述のようなことが起きる{だろう／と言われてい
　　　　　る}。

では，「だろう」といった事態めあてのモダリティや，「と言われている」と
いった事態めあてのモダリティに準ずる形式が顕在化している文は，最後の
文だけである。しかし，それに先行する文も，連文の中に存在することに
よって，同一のモダリティの色づけを帯びることになる。また，
　　（9）　御釈迦様は極楽の蓮池のふちを，独りでぶらぶら御歩きになって
　　　　　いらっしゃいました。池の中に咲いている蓮の花は，みんな玉の
　　　　　ようにまっ白で，そのまん中にある金色の芯からは，何とも云へ
　　　　　ない好い匂が絶間なくあたりへ溢れて居ります。極楽は丁度朝な
　　　　　のでございましょう。やがて御釈迦様はその池のふちに御佇みに
　　　　　なって，水の面を蔽っている蓮の間から，ふと下の容子を御覧に
　　　　　なりました。

などにおけるタ形とル形の使用は，出来事の展開（タ形）と背景説明（ル形）
といった，文章構成によるものである。

5.3 テキスト・タイプとモダリティ

　最後にテキスト・タイプとモダリティについてごく簡単に触れておく。文は，既に述べたように，通例単独では存在せず，文章・談話(テキスト)の中に存在する。発話・伝達の言表態度は，文の存在様式であることによって，かえって，その現れ・あり様に，文の生存・存在の場であるテキストからの影響を受けることになる。

　聞き手存在の必要性の有無・大小から，ここでは，テキストを〈対話型〉と〈独話型〉とに分ける。たとえば，

(10)　竜太　腰，相当痛むだろ。
　　　力士　はい……。
　　　竜太　何でここまでほっといた。
　　　力士　薬は飲んでました。
　　　竜太　病院に通ってたのか。
　　　竜太　俺の顔見て聞けッ。今から東光大学病院に行け。俺から電話しとく。すぐにだぞッ。　　　（内館牧子「ひらり1」）

のようなものが対話型の例である。例文から明らかなように，対話型では，文は，有標の発話・伝達のモダリティを顕在化させているタイプが少なくない。確認要求(「痛ムダロ」)，問いかけ(「何デ～ホットイタ」「通ッテタノカ」)，命令(「聞ケッ」「行ケ」)，丁寧さ(「飲ンデマシタ」)，押し付け的な述べ方(「スグニダゾッ」)などが，それである。

　それに対して，

(11)　歩いて出勤。入浴。大分県からの御買上品を見に総務課長の部屋へ行く。八幡の市長，市会議長も見える。三池の染料の大坪さん等も見える。色々あの時のくづれた話について楽しむ。共産党員である組合長のその時の模様，又その後生産が終戦以来始めての高率になつたことなど嬉しい話を聞く。焼跡を案内する。四時に長官の官邸に行く。田中，藤樫，秋岡，渡辺，木屋といふ九州へ御供した記者連中と長官，侍従長，鈴木，山田，小倉，黒田，そ

れに林次長，三井といふ顔振で九州御巡幸について語り合ひ，あと会食。非常に有意義であつた。帰つてすぐ寝る。
(「入江相政日記・第 4 巻」)

は，備忘記といった性格を持つ日記のある一日の記事である。典型的な独話型のテキストである。(11)のテキストには，言表事態めあてにしろ，発話・伝達にしろ，有標の形式に担われるモダリティを帯びた文は，一文も出現していない。もっとも，独話型であれば，モダリティは全く現れない，というわけではない。たとえば，

(12) どうも気分が悪い。まるで熱でもあるやうだ。陽気の加減であらう。
(「入江相政日記・第 4 巻」)

(13) 今日一日で八百数十枚折つた。時間は正味六時間であらうか。まだ〳〵こんなことでは仕事にはなるまい。
(「入江相政日記・第 4 巻」)

のように，言表事態めあてのモダリティであれば，出現可能である。それに対して，発話・伝達のモダリティは，独話型には通例出現しない。つまり，言表事態めあてのモダリティは出現するものの，発話・伝達のモダリティは，希薄化ないしは抑圧される。言い換えれば，独話型のテキストの中の文は，発話・伝達のモダリティの出現を希薄化ないしは抑圧させたあり方で，文として成り立っている。

対話型か独話型かによって，文の帯びる発話・伝達のモダリティは，その現れやあり様に変容が生じる。文の生存・存在の場であるテキストからの影響を受けて存在している，ということが，かえって，発話・伝達のモダリティが，文の存在様式であり，文の成立にとって重要なファクターである，ということを示している，と言えよう。

以上，文の捉え方を中心に先行研究をごく簡単に概観し，筆者の文の捉え方の中核的な考え方を述べ，文の表す多様な意味を分析・記述する，という基本姿勢の元，文の作る一つの重要な部分である命題が表す事態の形成のあり方を筆者の立場から粗々と述べた。

参考文献

石橋幸太郎 1966『英文法論』大修館書店
井上和子 1976『変形文法と日本語（上）』大修館書店
大槻文彦 1897『広日本文典』吉川半七
岡田正美 1900『日本文法文章法大要』吉川半七
奥田靖雄 1985「文のこと―文のさまざま (1) ―」『教育国語』80: 41–49. むぎ書房
奥田靖雄 1996「文のこと―その分類をめぐって―」『教育国語』2–22: 2–14. むぎ書房
手島春治 1890『日本文法教科書』金港堂
寺村秀夫 1991『日本語のシンタクスと意味Ⅲ』くろしお出版
時枝誠記 1941『国語学原論』岩波書店
時枝誠記 1950『日本文法口語篇』岩波書店
仁田義雄 1991『日本語のモダリティと人称』ひつじ書房
仁田義雄 1997『日本語文法研究序説―日本語の記述文法を目指して―』くろしお出版
仁田義雄 2002『副詞的表現の諸相』くろしお出版
仁田義雄 2005『ある近代日本文法研究史』和泉書院
仁田義雄 2009a『日本語の文法カテゴリをめぐって』ひつじ書房
仁田義雄 2009b『日本語のモダリティとその周辺』ひつじ書房
仁田義雄 2010a『語彙論的統語論の観点から』ひつじ書房
仁田義雄 2010b『日本語文法の記述的研究を求めて』ひつじ書房
橋本進吉 1934『国語法要説』明治書院
松下大三郎 1930『訂正版改撰標準日本文法』中文館書店
森重 敏 1965『日本文法―主語と述語―』武蔵野書院
森重 敏 1971『日本文法の諸問題』笠間書院
山田孝雄 1908『日本文法論』宝文館出版
山田孝雄 1936『日本文法学概論』宝文館出版
山田孝雄 1950『日本文法学要論』角川書店
渡辺 実 1953「叙述と陳述―述語文節の構造―」『国語学』13/14: 20–34. 国語学会
渡辺 実 1971『国語構文論』塙書房
Fries, C. C. 1952 *The Structure of English: An Introduction to the Construction of English Sentences.* London: Longmans

第2章

文の種類をめぐって

1. はじめに

　第1章では,「文について」と題して,言語活動の基本的単位として文を捉える,という筆者の基本的な文に対する捉え方,文の担い表している多様な意味にいかに迫り,それを分析・記述するか,という筆者の模索,また連文・テキストの中で文を捉える姿勢を粗々と示してみた。本章では,引き続き,文に対する筆者の基本的な立場を踏まえ,文の領域での一つの問題である文の種類について概観をしておく。文の種類(タイプ)は,文中に共起する成分や出現する文法カテゴリのあり方に影響を与える。

　以下,文の種類を取り出す観点にはどのようなものがあるのか,そのような観点からすれば,文の種類としてどのようなタイプが取り出されるのか,などといったことを,ごくごく簡単に述べていく。

　また,筆者が文の種類という問題をめぐって取り上げ記述していく内容および取り上げ方も,筆者にとって重要に映ったことによるものである。その意味で,以下に展開される記述は,いずれも筆者によるバイアスのかかったものである。この種の問題も,研究者の立場・立ち位置によっていろいろな見え方のするものであろう。

2. 文の種類をめぐっての先行研究

　ここでは，文の種類に対する先行研究にどのようなものがあったのか，その中でどのような文の種類が提案されたのかを，極めて簡単に見ておく。ただ，ここで先行研究として取り上げ，紹介し位置づけるものも，様々な先行研究に対して偏りなく目配りした上での紹介というものではない。筆者仁田にとって（論述での展開をも含め）重要であると思われたものを取り上げた。

2.1　山田孝雄の句・文の類別

　まず山田孝雄の句の類別について概観しておく。山田にあっては，「句は文の素」であり，「文は句の運用に際しての名称」と位置づけられることによって，句の類別は文の類別に直結する。

　句の類別において最も重要なものは，〈述体の句〉と〈喚体の句〉の類別である。述体の句と喚体の句は，思想発表の様式の異なりによる類別である。後年の著作であるが，手際よくまとめた箇所があるので，そこから引用すれば，

> …命題の形をとる句は二元性を有するもので，理性的の発表形式で，主格と賓格との対立が存し，述格が之を統合する性質のものであつて，その中心が述格に存するものである，それ故に今述体の句と名づくる。次にその主格述格の差別も無いものは感情的の発表形式で，一元性のもので，その形式は対象を呼びかくるさまでその中心が呼格にあるが故に，之を喚体の句と名づくる。
> 　　　　　　　　　　　　　　　　　　　　　　　（山田 1950: 158）

のように述べられている。

　述体の句は，理性に訴える思想を表したものである。命題の形式を取る述体の句は，二元性の発表形式を取るもので，主格と賓格を述格によって一点に関係づけ統合することによって成り立つものである。述格の存在を核として成り立っている。主格の表す主位の観念と賓格の表す賓位の観念を，述格でその異同（合一するかしないか）を明らかにし結合・統一することによっ

て，思想そして句が成立する。「彼は善人です。」を例に取れば，「彼」が主格に立つ語であり，「善人」が賓格に立つ語であり，「です」が述格として働いている語である。「松は常磐木である。」「花は紅である。」「松は青い。」といったものが，述体の句の代表であるが，「花は紅であるか。」「花は紅であるなあ。」や「峠が見えたぞ。」「屋根の上に霜が真っ白だ。」のようなものも，述体の句である。「ハ」を有するものだけでなく，「ガ」しか持たないものも挙げられている。さらに，述体の句には，平叙文になるものだけでなく，疑問文や命令文も含まれる。

　喚体の句は，理性的な思想の発表形式である述体の句とは異なって，直観的な情意を投射し表したものである。ただ，喚体の句も，句であることによって，一つの全い思想の表現である。その直観的な情意を，分化がないわけではないが，主格・述格そして賓格への分化ではなく，呼格と名づけられる資格で働く体言を核にして表したものであり，したがって，一元性の発表形式を取るものである。喚体の句は，句としては，内容的に充足した表現であるだけでなく，形式的にも全い表現である。したがって不完備の句ではないし，不完全な表現ではない，とされる。喚体の句は，「うるはしき花かな。」のような〈感動喚体の句〉と，「老いず死なずの薬もが。」のような〈希望喚体の句〉とに二分される―ただ，現代語には希望喚体の句はない―。

　引き続き，文が句をどのように含んでいるかという点，つまり文の構造からの文の種類分けについて触れておく。文が一つの句からなるか二以上の句からなるかによって，文は，まず〈単文〉と〈複文〉に分けられている。「単文は一つの句にてなるものなり。」（山田1936: 1055）と述べられている。一つの句であるとは，山田の言う統覚作用が一回しか活動していない，ということである。

　そして複文については，「複文は二以上の句の相集まり，言語上の拘束をうけて一体となりたる組織の文」（山田1936: 1061）と述べられている。さらに，複文は，句の複合の方式によって，〈重文〉〈合文〉〈有属文〉の三種に分けられている。重文とは，各々の句が並列しているだけのあり方で結合した文であり，たとえば，「人は歩み，犬は走る。」「花は咲くし，鳥は鳴く。」など

がそれである。そして，合文とは，二つの句が相合同して一つの新しい思想を表すようになった文であり，「花が咲くと，鳥が鳴く。」「月は清いけれども，風は涼しくない。」などがそれである。さらに，有属文とは，句が語と同等の位格に立つ附属句を文中に有する文である。「私は初めて<u>その言の信なる</u>を知った。」「先生はいかにも<u>風采の揚がらない</u>人でした。」などがそれである。下線部が附属句である。山田の単文，複文{重文・合文・有属文}という文の下位類化は，その後，かなりの影響を持つことになる。

2.2 松下大三郎の断句の分類

松下大三郎は，一般に文と呼ばれるものを断句と名づけ，それを次のように分類している。

第1章の「2.3」で見たように，断句は断定を表す言語上での単位・存在である。断定は，断句の，思念という内容的側面である。そして，言語上の存在である断句は，断定の種類によって類別される。松下は，断定を了解のされ方によって〈思惟性断定〉と〈直観性断定〉に分かち，それを受け，断句を〈思惟断句〉と〈直観断句〉に類別する。断定の了解のされ方は，思想が思想として成り立つときの成り立ち方に関わる。

思惟性断定については，「思惟性断定とは判断の作用に由る了解である。」（松下 1930: 13）と特徴づけられ，さらに，思惟性断定は，〈有題の思惟性断定〉と〈無題の思惟性断定〉に分けられる。また，有題の思惟性断定に対しては，判断の対象となる概念と判断の材料となる概念があり，「二者が同一意識内に統覚されたもの」（松下 1930: 13）と特徴づけられ，無題の思惟性断定に対しては，「判断の材料だけが概念となつてゐて判断の対象が概念とならずに写象のまゝでゐる場合」（松下 1930: 14）と捉えられている。有題の思惟性断定を表すのが，「今宵は十五夜である。」のような〈有題的思惟断句〉であり，無題の思惟性断定を表すのが，「花が咲いた。」のような〈無題的思惟断句〉である。この有題的思惟断句・無題的思惟断句は，有題の文・無題の文という区別を通して，佐久間鼎，三尾砂，三上章らに影響を与えることになる。

直観性断定については，「直観性断定とは判断の作用に依らず即ち事柄に

対する観念が判断の対象と材料とに分解されずに直観のまゝ了解された断定である。」(松下 1930: 14) と規定している。さらに，直観性断定は，概念にならず直観がそのまま了解された〈主観的の直観性断定〉と，概念を材料とする了解である〈概念的の直観性断定〉に分けられる。そして，主観的の直観性断定を表すのが，「あら！」のような〈主観的直観断句〉であり，概念的の直観性断定を表すのが，「地震！」のような〈概念的直観断句〉である。

以上から分かるように，松下の文分類は，内容的側面である断定のタイプに基づくものである。

2.3　宮地裕の表現意図からの文分類

ここでは，国立国語研究所で共同研究として行われた『話しことばの文型(1)(2)』に示された宮地裕の表現意図による文の類別を瞥見しておく。

宮地によれば，「表現意図とは，言語主体が文全体にこめるところの，いわゆる命令・質問・叙述・応答などの内容のことである。」(国立国語研究所 1960: 86) と説明されている。ここに時枝誠記からの影響を読み取ることは難しくないだろう。そして，表現意図からの文・表現の種類として，国立国語研究所 (1963: 32) では，次のように類別化できるタイプを提案している。

図1　表現意図からの文分類

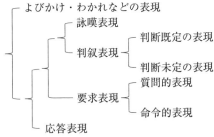

文表現は，表現意図がコミュニケーションの成立そのものに関するものか，コミュニケーションの内容に関するものかで分けられる。コミュニケーションの成立そのものを意図するものが，〈よびかけ・わかれなどの表現〉であ

り，それ以外が後者に属する。コミュニケーションの内容に関するものは，相手に新たに何かを表現する意図に関わるものと，相手の言葉に何かを表現する意図に関わるものに分けられる。相手の言葉に何かを表現する意図に関わるものが〈応答表現〉であり，それ以外は前者に属する。さらに，相手に新たに何かを表現する意図に関わるものは，相手に求めるところのない表現意図のものと，相手に求めるところのある表現意図のものに分けられる。相手に求めるところのない表現意図のものに〈詠嘆表現〉と〈判叙表現〉があり，相手に求めるところのある表現意図のものが〈要求表現〉である。さらに，判叙表現は〈判定既定の表現〉と〈判定未定の表現〉に分かれ，要求表現は〈質問的表現〉と〈命令的表現〉に分かれる。さらにそれらの細分化も提案されている。これらは，現在のモダリティによる文の分類につながっていく。

2.4　奥田靖雄の文の分類

　奥田1985は，チェコ版『ロシヤ語文法』を参照しながら，と注釈をつけ，モーダルな意味に基づく通達的なタイプによる文分類として，次のような階層化した四種の文の一覧表を示している。

　　　　　　図2　通達的タイプによる文分類
　　Ⅰ　のべたてる文　1)ものがたり文　2)まちのぞみ文　3)さそいかけ文
　　Ⅱ　たずねる文

まちのぞみ文，さそいかけ文では，伝えられる対象的な内容は未来の事態であり，そして，まちのぞみ文での事態は，話し手である私にとってのぞましいことである，と述べている。

　さらに，奥田1996は，文が描き出している対象的な内容の点からの文の分類として，次のような二類六種を取り出している。まず，文は，対象的な内容が〈出来事〉を描き出している文と，〈特徴〉を表現している文とに二分される。そして，出来事を描き出している文は，1.〈動作〉を描いている文，2.〈変化〉を描いている文，3.〈状態〉を描いている文に分けられる。また，特

徴を表現している文は，1.〈特性〉を表現している文，2.〈関係〉を表現している文，3.〈質〉を表現している文に分けられている。「きこりが山で木を切っている。」が動作を，「木がどさっと倒れた。」が変化を，「きこりが寒さに震えている。」が状態を描いている文とされている。そして，「彼女は背が高い。」が特性を，「花子は母親によく似ている。」が関係を，「クジラは哺乳類に属する動物だ。」が質を表現している文とされている。ただ，「彼女はかつて教師だった。」のような文も，質を表現している文として挙げられている。

3. 筆者（仁田）の文の分類

筆者仁田の文分類は，従来の文の分類を受け継ぐもので，とりたてて目新しいとか奇抜であるとか，という点はない。基本的に，文は言語活動の基本的単位である，という立場から導き出されるものである。

3.1 独立語文と述語文

まず，文の種類として，文の中核をなす成分が何であるのかによる異なりを取り上げる。この異なりが，文の種類の異なりの出発点・源をなしている。いわゆる独立語文，述語文と呼ばれる文の種類である。

独立語文は，独立語を中核として形成される文である。それに対して，述語文は，中核成分である述語とそれに従属していくいくつかの成分によって形成された文である。

独立語文は，一語文や未展開文などと呼ばれることもある。独立語文は，述語文と違って，いま・ここ・私を離れることのできない文である。独立語文は，その一語（相当）の表現形式に，感動，驚き，呆れ，恐怖，注意喚起，知らせ，警告，希求，要求，呼びかけ，応答など多様な発話・伝達的態度を担うが，ここでは，独立語文を，独立語を形成する単語のタイプと独立語文の担う発話・伝達的態度の類型から交差的に分類される四種に分ける。単語のタイプからの下位種は，〈非概念型独立語文〉と〈概念型独立語文〉である。発話・伝達的態度の類型からの下位種は，聞き手を前提としない〈表出的独

立語文〉と聞き手の存在を前提とする〈伝達的独立語文〉である。

　（1）　まあ！
　（2）　おーい！
　（3）　火事！
　（4）　洋平！

（1）（2）が非概念型独立語文であり，（3）（4）が概念型独立語文である。非概念型独立語文は感動詞で形成されており，概念型独立語文は主に名詞で形成されている。また，（1）（3）が表出的独立語文であり，（2）（4）が伝達的独立語文である。表出的独立語文は，（1）（3）さらに「あれっ！」「雪！」のように，驚きや詠嘆などを表し，聞き手の存在を前提としない独立語文である。それに対して，伝達的独立語文は，（2）（4）のように呼びかけや「は〜い！」「ううん！」のように応答を表し，聞き手の存在を前提とする独立語文である。

　言うまでもないことではあるが，非概念型独立語文と概念型独立語文が連なるとき，この順に連なり，逆の順序を取ることは，不自然で，通例ない。

　（5）a　お〜い，洋平！
　（5）b　*洋平，お〜い！
　（6）a　わぁ，火事！
　（6）b　*火事，わぁ！

（5）a，（6）aの連なりは適格であるが，（5）b，（6）bの連なりは逸脱性を有している。

　非概念型独立語文は，感動詞1語だけであり，それ以上展開していくことはないが，概念型独立語文は，さらなる成分を取り，展開していくことが可能である。「洋平！」は，「そこに座っている洋平！」というように，規定成分を取りうる。これも，やはり内部構造を有しているものの，独立語文である。

　書き言葉においては，独立語文と述語文の別が常に截然としているとは限らない。概念型独立語文の中には，内部構造がかなりの程度に分化的展開を示し，述語文に近づいていくものがないわけではない。たとえば，

（7） なんという彼の手際の良さ！

は，独立語文と考えられるが―もっともこのような独立語文が話し言葉に現れることはほとんどないだろうが―，「彼の手際はなんと良いのだろう。」という述語文と，ともに感嘆を表し，さほど遠くないところに位置していると思われる。

3.2 述語文

以下，述語文について簡単に見ておく。述語文は，豊かな内部構造を有し，多様な観点から下位類化されうる。ただ，ここでは，文の表している事態の意味的類型からした下位類化と発話・伝達的のモダリティからした下位類化を中心に取り上げる。

3.2.1 動詞文と形容詞文と名詞文

述語文は，述語が存することによって成り，その存在が本質的な特徴をなしている。したがって，述語文のタイプ分けの最初に，述語文の述語を形成している単語の品詞性による分類を取り上げる。これも既によく知られていることではあるが，述語文は，述語の品詞性の観点から，述語が動詞で形成されている〈動詞文〉，イ形容詞およびナ形容詞―いわゆる形容動詞―で形成されている〈形容詞文〉，名詞で形成されている〈名詞文〉というタイプに分けられる。

（8） 雨が降っている。

（9） どうやら僕は彼にまんまとだまされたみたいだ。

などが，動詞文である。

（10） 西の空がまっ赤だ。

（11） 洋平は信一よりも背が高かったそうです。

などが，形容詞文であり，

（12） 山田は偉大な文法学者だった。

（13） 君は洋平君と友達か。

などが，名詞文である。名詞は，「今日は日曜日。」のように，単独で述語に

なれないわけではないが，通例，述語を形成するにあたっては，「だ」「です」「だろう」「かもしれない」「か」「ね」「よ」「さ」などの判定詞—いわゆる一般に助動詞と呼ばれるものの一部—や終助辞に伴われる。

また，動詞述語，形容詞述語，名詞述語といった述語の品詞性による文のタイプは，文が表す事態の意味的類型と密接な関係を持っている。一対一の関係ではないが，基本的に，動詞文は動きを表し，形容詞・名詞文は状態や属性を表す。

3.2.2　節による組み立てからの文分類

事態の意味的類型からの下位類化および発話・伝達のモダリティからした下位類化について述べる前に，文が節からどのように組み立てられているのか，という点からした文分類についても，ごく簡単に触れておく。

ここで紹介するものも目新しいところはない。常識的な分類である。〈節〉を，概略，一つの述語とそれに従属していくいくつかの成分によって形成された存在とした上で，文がそのような節をどのように含んで成り立っているかの観点からの分類である。省略の多い日本語の文では，節の決め手は述語の存在である。ただ，述語という成分の認定も，述語が帯びることになる文法カテゴリをどの程度具備していれば述語として認定するのか，また，述語が共起を要請する成分をどの程度共起させうる状況にあれば述語として認定するのか，などの基準の異なりにより，述語と認定されるものの広狭が異なってくる。

テンス(形式)を取り，そしてガ格を出現させうる，というのも，一つの基準でありかつ明確な基準である。ただ，ここではこの立場は採用しない。この立場に立てば，「雨が激しく降ってきたので，洗濯物を取り入れた。」の「降ってきた」は，述語でありかつ節が形成されていることになるが，「雨がこれ以上降れば，川は氾濫する。」の「降れば」は，テンス形式が現れない語形であり，したがって述語でないことになってしまう。日本語では，この基準は狭すぎる。ここでは，肯否という文法カテゴリを分化・存在させなくとも，またガ格を出現させなくとも，連用成分を共起させうる状態にあれ

ば，述語と認める。これでは広すぎる，という批判の出ることを承知の上で，ここではこの立場を取る。したがって，「コーヒーを飲みながら，彼は新聞を読んでいた。」の「飲みながら」も，述語であり節を形成していることになる。ただ，それにしても事はさほど簡単ではない。「激しい雨が先ほど降った。」「激しかった雨が先ほど止んだ。」にあって，前者は，「*激しかった雨が先ほど降った。」は言えず，「雨」の属性規定を表す規定語という成分的な存在である。それに対して，後者は，タ形を取り，述語として捉える方がふさわしいと思われる。

　上記の立場に立った上で，文を，まず単文と複文に大きく分け，さらに，複文を，［1］従属節を含む複文，［2］埋め込み節を含む複文，［3］連体修飾節を含む複文に分ける。

　　(14)　彼は大雨の中を急いで家に帰っていった。
　　(15)　男が大声を上げたので，皆が一斉に振り返った。
　　(16)　彼は子供が運動場で楽しそうに遊んでいるのを眺めていた。
　　(17)　日曜の昼前にやってきた信吾は，残っている仕事を手早く片付けた。

(14)が〈単文〉であり，(15)から(17)が〈複文〉である。そして，(15)が〈従属節〉を含む複文であり，(16)が〈埋め込み節（成分節）〉を含む複文であり，(17)が〈連体修飾節〉を含む複文である。

　埋め込み節とは，節が成分形成において働いているものである。埋め込み節では，節から成分への格下げが行われている。(16)の場合，「彼はXを眺めていた。」の「Xヲ」という補語形成に語でなく節が使われている。したがって，埋め込み節という名づけの代わり成分節という名づけも可能であろうと思われるが，ここでは成分節を主に使うことは見送った。名詞で形成される補語の場合は，比較的その認定はたやすいが，修飾語や状況語と呼ばれる成分等価として働く場合は，他の節との関係は，立場などによって微妙に変わってくるだろう。たとえば，「病気で彼は仕事を辞めた。」「病気のため彼は仕事を辞めた。」の下線部は，原因を表す状況語という成分として位置づけられ，「病気をしたので彼は仕事を辞めた。」の下線部は，従属節という

位置づけがなされると思われるが，「病気をしたため彼は仕事を辞めた。」の下線部については，立場によっては，状況語を形成する埋め込み節（成分節）としての認定も，従属節としての認定もありうるだろうと思われる。さらに，連体修飾節は，名詞への修飾限定を行い，その点で規定語（連体修飾語）と同じであり，そもそも成分節になってしまう。ここでは，「彼らはA氏がチームを去ることを了承した。」「私は洋子が家から出てくるところに出くわした。」「その時我々は自分たちが何をすべきかを知らなかった。」などのように，「ノ」「コト」「トコロ」や「カ」などを取り，節が名詞相当として働いている場合を埋め込み節の典型として考えている。

　典型的な場合は，タイプの異なりは明確であるが，常に截然と分かれるわけではない。「長年の研究を完成させ{てから}，彼は所長の職を辞した。」の下線部は従属節として位置づけられ，「長年の研究を完成させた三日後に，彼は所長の職を辞した。」の下線部は「三日後」に対する連体修飾節として位置づけられるのが一般的であろう。それでは，「長年の研究を完成させた後で，彼は所長の職を辞した。」の下線部はどうであろう。下線部全体を従属節と位置づける立場もあろうし，時の状況語という成分を形成する埋め込み節という位置づけもあろうと思われるし，さらに，「後」の名詞性を重視し，「後」以前の部分のみを取り上げ，その部分を連体修飾節として捉える立場もありえよう——その後，下線部全体を従属節として捉えるか，埋め込み節を含む成分相当として捉えるか，という立場の異なりが再度立ち現われるだろうが——。

3.2.3　事態の意味的類型からの文分類

　文の表す意味的類型からの文分類としては，ここでは動き・状態・属性という三つの類型を取り出しておく——文の命題部分が表す事態の意味的類型の問題は，本書の主要なテーマの一つであり，後に概説的な章でも取り上げ，さらにいくつかの章で各論的記述や関連する現象に触れた——。それぞれに含まれる文の範囲の内実・広狭は異なるが，同趣の分類は，既に奥田靖雄などが提示している。

3. 筆者（仁田）の文の分類

　述語文の基本的な意味‑統語構造は，大きく命題とモダリティという，質的に異なった二つの部分から成り立っている。〈命題〉とは，話し手が現実との関わりにおいて描き取ったひとまとまりの事態を表した部分であり，〈モダリティ〉とは，命題の表す内容を発話時の話し手の立場において捉えた捉え方，および，それらについての話し手の発話・伝達的な態度を表した部分である。〈事態〉とは，命題の表している意味内容に対する名づけである。事態には，私たちの周り・内外いわゆる人間の捕捉世界に生起・存在するあらゆるモノゴトが描き取られる。

　ここで問題にする事態の意味的類型とは，そのような様々な内実を有する事態を，事態とそれが生起・存在する時空とのありよう・関係という点から類別するものである。事態の，時空へのさらに時空での現れのあり方を中心にした，事態の類別として，ここでは動き・状態・属性という三つのタイプを取り出しておく。以下，動き・状態・属性に対して，簡単に規定・特徴づけを行っておく。

　動き，状態，属性は，その現れ・存在が時間的限定性を持ったものか否かで，まず二類に分かれる。その現れ・存在が時間的限定性を有しているのが，〈動き〉と〈状態〉である。それに対して，時間の中で変わったり消滅したりすることがあるにしても，その存在はモノに備わっており，時間的な限定性を持っていると捉えられていないのが，〈属性〉である。さらに時間的限定性を持った事態は，出現・存在する時間帯の中でそのありさまを変えるか否か，時間的展開性を持つか否か—このことを動的か静的か，というふうに表現することも可能—によって，二種に分かれる。時間的展開性を持つ〈動き〉と持たない〈状態〉とである。ただ，動きと状態の別も常に截然としているわけではなく，心的事象のようなものは，捉え方・立場によっては，その所属の移り動く非周辺的なものであろう。

　まず，動きについてごく簡単に見ておく。〈動き〉とは，ある一定の具体的な時間の流れの中，言い換えれば限定を受けた一定の時間帯の中に出現・存在し，それ自体が発生・展開・終了していく—展開が瞬時で，発生と終了が同時的である，というものをも含めて—という時間的な内的展開過程を有す

る，というあり方で，具体的なモノ（人や物を含めて）の上に発生・存在する事態である。

（18）　あっ，男が手紙を破く。
（19）　さっき男が手紙を破いた。
（20）　現在男が手紙を破いている。
（21）　ここの桜は4月の初めに開花するでしょう。
（22）　あそこの桜も4月の初めに開花したでしょう。
（23）　もうすぐお湯が沸く。
（24）　今しがたお湯が沸いた。

などの文が表している事態が動きであり，これらの文が動きを表す文である。

　動きを表す文は，テンスを有し，テンス形式は，基準時—中核になるのは発話時—と事態の成立時との時間的先後関係を表す，という，まっとうなテンス的意味を表す。(18)(21)(23)のル形は，事態の存在が非過去—ここでは未来—に存在することを表し，(19)(22)(24)のタ形は，事態の存在が過去にあることを表している。さらに，動きは，アスペクトを分化・存在させ，動きの下位的タイプに応じて，日本語では「(シ)カケル」「(シ)ハジメル」「(シ)ツヅケル」「(シ)オワル」などの局面動詞で表示されるアクチオンスアルトを派生させる。(20)の「(シ)テイル」は，動き開始後の持続状態を表しており，［スル—シテイル］というアスペクト対立を形成する一つの項としての存在である。

　次に状態について簡単に見ていく。〈状態〉とは，事態の発生・終焉の端緒を取り出せない，基準時点をまたいで限定された時間帯に存続するモノの等質的なありようである。もう少し詳しく説明を加えれば次のようになろう。状態とは，限定を受けた一定の時間帯の中にしか存在しないものの，事態の発生・終焉の端緒を取り出せない，つまり時間的な内的展開過程を持たない等質（同質）的な，具体的なモノの一時的なありよう，といった事態である。さらに言えば，一定の時間存在する，モノの上に生じる等質的なありようとして把握できる，ということは，モノの上に現れる等質的なありようが，そ

のありようを把握する基準時点以前から続いており，基準時点をまたいで基準時点以後にも存続していくと想定されている，からである。状態は，時間の流れの中に存在する外的あるいは内的な刺激・要因や関係の中で，モノが帯びる（モノに現れる）一時的なありようである。

　(25)　今この部屋に人がたくさんいる。
　(26)　先ほどまでこの部屋に人がたくさんいた。
　(27)　今僕はお腹がすごく痛い。
　(28)　先ほどまで僕はお腹が痛かった。
　(29)　海は荒れ模様です。
　(30)　その時海は荒れ模様でした。

などの文が表している事態が状態であり，これらの文が状態を表す文である。

　状態を表す文は，上掲の例文から分かるように，テンスを有しており，テンス形式の表すテンス的意味は，動きと同様に，基準時に対する事態の成立時を表している。(26)(28)(30)のタ形は，事態が過去に存在することを表し，(25)(27)(29)のル形は，事態が非過去—動きの場合とは異なって現在—に存することを表している。ただ，事態が時間的な内的展開過程を持たない等質的なありようであることによって，アスペクトを分化・存在させない。

　事態が出現・存在するのは限定された時間帯においてである，ということは，出現・存在する時空が具体的なものである，ということであり，また事態の成立に参画している存在も具体的なモノである，ということである。これらの事態はいわゆる現象と呼ばれるタイプのものである。現象は，観察者（話し手）が五感等で直接捕捉できる。したがって，

　(31)　あっ，列車が動きだした。
　(32)　うぉ，柿の実が赤い。

などのように，いわゆる現象描写文として出現できる。また，形容詞文にあっても，(32)が示すように，ガ格は，特立・排他にはならず，中立叙述を表しうる。また，「柿の実は赤い。」の「柿の実」のように，属性を表す文は，類を表す総称名詞を取りえたのに対して，状態を表す(32)では，「柿の実」は，具体的な個体であり，類を表す総称名詞は来ない。

最後に属性について見ておく。〈属性〉とは，他のモノではない，そのモノである，ということにおいて，そのモノが具有している側面で取るあり方・特徴である。属性がモノの有している側面でのあり方・特徴であるということは，属性はモノに潜みモノとともにある存在である。ある時空の中でモノが呈する現れを捉えることで，動き・状態が捉えられたのに対して，属性は，基本的にモノが呈する現れだけからは捉えられない。モノの呈する現れを元にして一般化・抽象化し引き出す―この作業においては，類似のモノが有する同類の側面との比較・対比が重要になる―ことによって捉えられた存在である。

　　(33)　あの崖はとても切り立っている。
　　(34)　A先生は学生にかなり厳しい。
　　(35)　彼は北海道生まれだ。
　　(36)　くじらは哺乳類だ。

などの文が表している事態が属性であり，これらの文が属性を表す文である。

　状態がモノの帯びる一時的なモノのありようであったのに対して，属性はモノに潜みモノとともに在るモノのありかたであった。したがって，属性は時間の中で変わることがあっても，状態とは異なって，時間が来れば消滅してしまうというものではない。属性は，モノが存在する限り，モノとともに存在しうる。したがって，属性では，動きや状態と異なって，テンス形式の表すテンス的意味は，事態の存在の時間位置を表す，という通常の使われ方で使われないことが少なくない

　　(37)　A先生は若い頃学生にはかなり厳しかった。
　　(38)　彼は北海道生まれだった。

(37)は，変わりうる属性を表していることによって，そのタ形は，事態の存在が過去にあることを表している。しかし，変わりえない属性を表す(38)にあっては，タ形は，「調べてみたら，彼は北海道生まれだった。」のように，認識時の過去性を表している。言うまでもないことであろうが，属性は，アスペクトを分化・存在させない。

3.2.4　発話・伝達のモダリティを中心にした文分類

　ここでは，文の表しているモダリティ，特に発話・伝達のモダリティの異なりによる文の類別について，簡単に見ていく。モダリティには事態めあてのモダリティと発話・伝達のモダリティがある。〈事態めあてのモダリティ〉とは，命題として描き取られている事態に対する話し手の捉え方・態度を表したものである。そして，〈発話・伝達のモダリティ〉とは，言語活動の単位である文が，どのようなタイプの発話・伝達の機能類型や話し手の発話・伝達的態度を担い帯びているかを表したものである。モダリティについては，次の第3章「モダリティをめぐって」で少しばかり詳しく見ることにする。

　この周辺に位置するものや，これから外れたものも存在することを承知の上で，文が表している発話・伝達のモダリティから，ここでは文を大きく次の四類に分けておく。［1］働きかけ，［2］意志の表出，[3] 述べ立て，[4] 問いかけ，の四類である。これらは，聞き手存在が前提か聞き手不在が可能か，および，行動系か判断系かという二つの観点から交差的に分類される。聞き手の存在が前提であるものが，働きかけと問いかけであり，聞き手不在が可能であるものが，意志の表出と述べ立てである。そして，行動系に属するものが，働きかけと意志の表出であり，判断系に属するものが，述べ立てと問いかけである。

　　(39)　どうか最後までお読み下さい。
　　(40)　今年こそ車の免許を取ろう。
　　(41)　もしかしたら彼は家に帰ったかもしれない。
　　(42)　昨日見た映画は面白かったかい。

(39)が働きかけの文であり，(40)が意志の表出の文であり，(41)が述べ立ての文であり，(42)が問いかけの文である。

　〈働きかけ〉とは，話し手が聞き手に，自らの要求する行為の遂行・実現を働きかける，という発話・伝達的な役割・機能である。働きかけの文には，(39)のような依頼の文の他に，「すぐこちらに来い！」のような命令の文や，「あまり無駄遣いをするな。」のような禁止の文があり，さらに，「僕たちも参加しましょう。」のような誘いかけがある。働きかけの文は，「誰か助

けてくれ！」のように，聞き手のいない状況では，命令という働きかけが果せず，「助けてほしい。」に近似する願望へとずれ動いていく。

〈問いかけ〉とは，話し手が聞き手に情報を求める，という発話・伝達的な役割・機能である。問いかけには，(42)のような，「はい／いいえ」で答えられるもの以外に，「どこへ行くの？」のように，「大学へ。」のごとく欠けている情報を提供しなければ答えにならないものがある。(42)のように「カイ」という文末形式を持つ問いかけの文では不可能であるが，「明日は雨か。」のような文は，情報を提供してくれる相手がいなければ，話し手の疑念の表明（表出）に止まり，問いかけにはならない。

〈述べ立て〉とは，まずもって，自らが現実との関わりにおいて描き取った事態を，話し手がある捉え方で捉えたり確認したりしたものとして述べることであり，そして，そのことによって，述べ立ては，結果として，聞き手への情報伝達，という発話・伝達的な役割・機能を帯びることになる。(41)のような文以外にも，「あっ，荷物が落ちた。」「君が代表理事に選ばれたよ。」「たぶん事態は好転するだろう。」「西の空が真っ赤だ。」「お腹が痛い。」「彼は善人にちがいない。」「台風8号は近年稀にみる超大型台風です。」などは，いずれも述べ立ての文である。述べ立ては，聞き手不在の独話においても成り立つ。

〈意志の表出〉とは，話し手の行為遂行の意志・つもりという心的態度を，取り立てて他者への伝達を意図することなく発する，という発話・伝達的な役割・機能である。意志の表出は，独話であるのが基本である。「よし，北海道に行こう。」は，聞き手がいれば容易に誘いかけに移行していく。また，相手を目指した発話では，「お荷物，お持ちしましょう。」のように，話し手の，相手への行為提供の意志という下位的種になることが少なくない。

意志の表出の周辺に位置づけられるタイプとして，「僕，コーヒーが飲みたい。」「彼に勝ってほしい。」のような希望の表出がある。〈希望の表出〉とは，事態実現に対する話し手の待ち望みという心的態度を，取り立てて他者への伝達を意図することなく発する，という発話・伝達的な役割・機能である。これは，「僕は，あの頃とても彼に会いたかった。」「彼は彼女に会いた

いようだ。」のように，過去形を取ったり，有標の認識のモダリティ形式を取ったりすることで，簡単に述べ立てに移行していく。

　働きかけ・意志の表出では，行動系として，判断系である述べ立て・問いかけとは異なり，描き取られている事態は，動作主体にとって制御可能な事態に限られる。さらに未実現事態である。したがって，この両者には，テンス形式が分化する余地ないしは必要性がない。テンスが現れない文のタイプである。また，この両者には，判断系には存しない主語(主体)に対する人称制限が存する。働きかけの文の主語は二人称名詞に限られ，意志の表出の文では一人称主語しか来ることができない。それに対して，判断系である述べ立て・問いかけは，テンス形式の分化があり，テンスが現れる。また，主語にも人称制限がないし，描き取られる事態も多様な事態である。

　行動系と判断系には，描き取られる事態との関係において異なりがあった。この点において，事態の意味的類型からした文分類と発話・伝達のモダリティを中核に据えた文分類に相関関係が生まれる―事態の類型とモダリティの相関関係については，後の章で取り上げる―。判断系の述べ立て・問いかけには，動きの文・状態の文・属性の文のすべてが出現しうる。それに対して，行動系の働きかけ・意志の表出には，「そこにもう少し居ろ！」「もう少し着物姿でいよう。」のような「イル」を取る状態の文を除いて，動きの文，さらにその中の自己制御性のある文しか来ることができない。また，述べ立てにおいて，推し量りの形式を取ることのできない―断定形しか来ることのできない―直接体験の文になりうるのは，基本的に動きの文か状態の文に限られる。

参考文献

奥田靖雄 1985「文のこと―文のさまざま (1) ―」『教育国語』80: 41–49. むぎ書房
奥田靖雄 1996「文のこと―その分類をめぐって―」『教育国語』2–22: 2–14. むぎ書房
尾上圭介 2001『文法と意味Ⅰ』くろしお出版
国立国語研究所 1960『話しことばの文型 (1)』秀英出版
国立国語研究所 1963『話しことばの文型 (2)』秀英出版

仁田義雄 1991『日本語のモダリティと人称』ひつじ書房
仁田義雄 1997a「未展開文をめぐって」川端善明・仁田義雄（編）『日本語文法 体系と方法』1-24. ひつじ書房［仁田 2009 に再録］
仁田義雄 1997b『日本語文法研究序説―日本語の記述文法を目指して―』くろしお出版
仁田義雄 2009『日本語のモダリティとその周辺』ひつじ書房
松下大三郎 1930『訂正版 改撰標準日本文法』中文館書店
山田孝雄 1908『日本文法論』宝文館出版
山田孝雄 1936『日本文法学概論』宝文館出版
山田孝雄 1950『日本文法学要論』角川書店

第3章

モダリティについて

1. はじめに

　第1章では,「文について」と題して, 言語活動の基本的単位として文を捉える, という筆者の基本的な文に対する捉え方を述べ, 文の表している多様な意味に対する分析・記述の模索を示した。第2章では, 文の領域の問題の一つである文の種類について, 筆者の考えを概説した。本章では, 文, および文の成立に深くかつ本質的に関わると思われるモダリティについて, 少しばかり見ていきたい。本章では, 典型や中核に位置すると考えられるモダリティおよびそれらを表す表現形式だけでなく, モダリティとの関わりが問題になりそうな表現形式—言い換えれば, 従来, その位置づけ・所属が明確になされず, 考察がさほど行われずにきた諸形式—を広めに考察の対象に据え, それらによって実現され表される文法的意味を相互関係のもとに捉え, その体系化を試みる。したがって, モダリティも, いくつかのタイプに分けられ相互に関係づけられながらも, 従来よりは広めに捉えられることになる。本章は, また広義モダリティの体系への素描の試みにもなっている。

2. モダリティに関わる先行研究概観

まず初めに，現在，モダリティと呼ばれ，研究の進められることが多い現象・領域が，過去においてどのような捉え方をされていたのかを簡単に見ておく。もっとも，過去の研究では，モダリティという名づけで現象が捉えられていたわけではない。モダリティという名称の使われることの少なくない現在にあっても，モダリティが指すものは，研究者によってかなり異なる。まして，違う名称・捉え方で考察されていた先行研究においては，近似的な現象・領域が問題に上り考察されていた，ということである。

2.1 山田孝雄の統覚作用

まず，山田文法について，現在のモダリティ論にもそれなりに影響を与えたと思われる見解について瞥見しておく。

山田孝雄の〈統覚作用〉は，元来，文の内容的側面である思想の成立を説明するために導入されたものであった。そして〈陳述〉は，山田の設定する句の一種である〈述体の句〉の内容的側面の成立，そのことを通して述体の句の成立を説明するために導入された概念である。統覚作用そして陳述も本来個々の観念を一点において一つに統合する働きであった。ただ，それだけに止まらず，山田は統覚作用の内実を拡張させ，

> なほこゝに注意しおくべきは，吾人がこゝにいふ統覚作用とは，意識の統合作用を汎くさせるものなれば，説明，想像，疑問，命令，禁制，欲求，感動等一切の思想を網羅するものなり。　（山田 1936: 917–918）

と述べている。ここに述べられていることから明らかなように，山田は，個々の観念を一点において一つに統合する作用と，統合された全体表象を（話し手の立場から）あるあり方で把握・認定する作用との双方を，「統覚作用」という概念・コトバを使って捉えている。この拡張された統覚作用が，時枝が文の成立において主体的立場の表現が付加されることを要件として捉

2.2 時枝誠記の文成立論

時枝文法の極めて重要な特色の一つに，彼の詞・辞観がある。時枝にとって，詞とは，表現される事物・事柄の客体的概念的表現，主体に対立する客体化の表現，辞とは，表現される事柄に対する話し手の立場の表現であり，話し手に関することしか表現できない，と位置づけられるものである。

そして，語とは違った文の特徴として，（1）具体的な表現であること，（2）統一性があること，（3）完結性があること，という3要件が示されている。具体的な思想は，客体的なものが主体的なものに包み込まれること，したがって[詞＋辞]の結合によってなる，と捉えられている。また，文の成立の要件の一つである統一性については，

> 文に統一性があるといふことは，それが纏まつた思想の表現であることを意味する。如何に語が連続してゐても，纏まりのないものは文とは云ふことが出来ない。………。文の纏まりは何によつて成立するかといふならば，それは語手の判断，願望，欲求・命令・禁止等の主体的なものの表現によるのである。　　　　　　　　　　　　　　（時枝1950：234）

と述べている。辞の統括作用によって付与される，主体的な話し手の立場の表現が加わることによって，文の成立に必要な思想の統一性が与えられる，と捉えられている。このように，話し手の立場の表現を，文成立の重要な要件の一つとして位置づけることが，ある種の現在のモダリティ観に影響を与えていくことになる。

2.3 渡辺実・芳賀綏の陳述論

述語文の成立に対する渡辺実の考えは，叙述によって整えられた叙述内容に対して陳述という職能が結びつく・作用することによって成立する，とい

うものである。あえて，層状構造を用いて図示すれば，[[叙述内容]陳述]といったものになろう。このような捉え方が，[[命題]モダリティ]という文の基本構造観に影響を与えていることは明らかであろう——仁田もこのような捉え方をしている——。

ただ，陳述の内実が，渡辺にあっても研究の進展につれて少しばかり変化している。渡辺 1953 では，陳述の内実は，終助詞などによって表される，聞き手や話し手自身という言語者めあての主体的な働きかけであった。それが芳賀 1954 での批判を受け入れ，渡辺 1971 では，その内実は，言語主体が，素材や対象および聞き手と，自分自身との間に，何らかの関係を構成する関係構成的職能とされ，その陳述という職能に託される意義として，言語主体の断定・疑問・感動・訴え・呼びかけなどが取り出されている。

芳賀綏は，芳賀 1954 において，陳述を二種に分けている。一つは〈述定〉と呼ばれるもので，客体的に表現された事柄の内容についての，話し手の態度の言い定めである，とされるものである。この種の話し手の態度として，断定・推量・疑い・決意・感動・詠嘆などが上げられている。他の一つは〈伝達〉と呼ばれるもので，事柄の内容や，話し手の態度を，聞き手（時には話し手自身）に向かってもちかけ，伝達する態度である，とされるものである。このタイプとして，告知・反応を求める・誘い・命令・呼びかけ・応答などが上げられている——文構造への位置づけ方において異なるものの，仁田の，事態めあてのモダリティや発話・伝達のモダリティなどの類別に影響を与えているものと思われる——。

2.4　三上章・寺村秀夫のムード

三上章は，日本語の文に見られる題述構文の優越性，題目の背後にある格関係の取り出しを重視する立場から，文の構造分析に際して，〈不定法部分〉と〈ムード（ムウド）〉という二つの部分を取り出す。不定法部分とムードという名称は，最初の論文である「語法研究への一提試」では，〈不定法部分〉と〈決まり〉という名称で登場し，後に〈コト〉と〈ムード〉という用語に落ち着く。不定法部分とムードについて，「いわゆる無題的叙述，すなわち係助

詞「ハ」を使わないセンテンスは，結局一つの不定法部分を活用語尾のムゥドが包んでいる。」(三上 1953: 269) と述べ，ムゥドについては，「活用語尾にあらわれるサマをムゥドと呼ぼう。」(三上 1972: 123) と規定している。また，コトとコトの外部との別について，1958 年に書かれた「基本文型論」の中で—引用の頁は『三上章論文集』のもの—，

　　　明日ハ雨ガ降ルダロウ。
　　というセンテンスは，「明日，雨ガ降ルコト」を推量している，というふうに言い表わして，「ダロウ」をコトの外の傍点へ持って行く。命令文の命令も，「…スルコト」を相手に要求する，というふうにコトの外に出す。　　　　　　　　　　　　　　　　　　　　（三上 1975: 235）

と述べている。文を[コト＋ムード]に分かつ捉え方は，寺村秀夫に受け継がれていくことになる。

　寺村秀夫も，日本語の文の基本構成について触れ，

　　　文を，話し手が客観的に世界の事象，心象を描こうとする部分と，それを「素材」として話し手が自分の態度を相手に示そうとする部分から成るとする考え方をうけ入れ，前者（渡辺文法の「叙述内容」，シャルル・バイイの'Dictum'，フィルモアの'Proposition'）を「**コト**」，後者（渡辺文法の「陳述」，バイイの'Modus'，フィルモアの'Modality'）を「**ムード**」と呼ぶことにする。この用語は三上章のものである。　　（寺村 1982: 51）

と述べている—ゴチは寺村自身のもの—。三上だけからではないが，三上からの影響は明らかであろう。また，ムードを，コトに対する〈対事的ムード〉と話し相手に対する〈対人的ムード〉に分け，対事的ムードに，確言・概言的表現・事態説明的表現を認め，対人的ムードに，働きかけ・問いかけ・意向表明・主張・説得などと敬意を表すものを認めている。寺村のムード論の特徴の一つがテンスをムードに入れることであろう。

2.5　奥田靖雄のモーダルな意味とモダリティ

　先行研究の最後に奥田靖雄のモダリティ観について触れておく。奥田のモダリティ観—奥田はモダリティーと記す—の特徴の一つは，いわゆる命題そのものの描き出しにモダリティの影響を深く読み取ろうとするところにあろう。

　また，モダリティの中核にモーダルな意味を据えるのも，奥田のモダリティの特徴の一つである。〈モーダルな意味〉について，奥田は，

　　文の対象的な内容は，《私》の確認する出来事でもあるし，あるいは《私》の命令する出来事でもあるし，《私》の期待する出来事でもあって，《私》からきりはなされたところの，《私》とは関係ない出来事は文の対象的な内容としては存在していない。文の対象的な内容はつねに《私》の観点からのなんらかの意味づけをうけとっている。この意味づけを《モーダルな意味》とよんでおこう。モーダルな意味をともなわない，対象的な内容としての出来事は存在しないのである。　　　　（奥田 1996: 6）

と述べている。また，奥田 1985 は，モーダルな意味に基づく文の通達的なタイプとして，「Ⅰのべたて文 {1 ものがたり文，2 まちのぞみ文，3 さそいかけ文}，Ⅱたずねる文」の二類四種を設定している。モーダルな意味とは，文の対象的な内容が話し手から受け取る意味づけである。

　奥田の，モーダルな意味やモーダルな意味とモダリティとの相互関係についての記述は，さほど明示的なものではない。ただ，文の成立・存在にとって必須不可欠のものであるモーダルな意味が，モダリティ全体の根底にあるものとして位置づけられ捉えられている。そのことは，「モダリティーの階層的な構造の土台には，モーダルな意味がひかえている。つまり，モーダルな意味は，文の対象的な内容としての出来事が存在するし方として，あらゆる文につきまとっていて，モダリティーに属する，そのほかの文法的な意味をしたがえている。」（奥田 1985: 45）と，奥田が述べていることからも分か

ろう。

　さらに，奥田は，モダリティに対して，「《モダリティー》とは，はなし手の立場からとりむすばれる，文の対象的内容と現実とのかかわり方であって，はなし手の現実にたいする関係のし方がそこに表現されている。」(奥田1985: 44-45) と位置づけている。

　ただ，命題の中身である文の対象的内容と言えども，話し手が描き取ったものであれば，当然現実そのものではない。現実が話し手の立場から捉えられ描き出されることによって，命題に描かれている対象的内容になるのである。奥田のモダリティが，話し手が現実に対して取る関係のあり方を重視するものであることによって，奥田のモダリティは，命題の中身である対象的内容の成立そのものから，深く関与することになる。

3. 筆者 (仁田) のモダリティ観

3.1 文に対する筆者の基本的な捉え方

　筆者の文に対する基本的な捉え方は，第1章「文について」でもそれなりに触れた。文をどのような存在として捉えるかが，モダリティの捉え方やどのようなものをモダリティの表現と考えるかなどに，大きな影響を与えてくる。したがって，モダリティに対する筆者の捉え方を概説・素描するにあたっても，筆者が文をどのような存在として捉えようとしているのかを，簡単にでも再度見ておくことにする。

　筆者は，文を暫定的ではあるが概略次のように捉えている。我々は，現実との関わりの中で，言語を用いることによって，情報を構築・獲得したり，考えや感じを明確にしたり，また，得た情報や考えたことや感じたことや意志や要求などを，発したり相手に伝えたりしている。このような活動を〈言語活動〉という。我々が見聞きする文章・談話—これらを総称して〈テキスト〉と名づけておく—は，言語活動の所産である。文章・談話は，一つの文で出来ている場合もないではないが，通例，いくつかの文の連なりによって

出来ている—したがって，文は，自らがその中に出現・存在するテキスト・タイプやテキストでの出現位置などによって，影響を受け変容を被ることが少なくない。テキストは文にとって出現・生存環境である—。文は，このようなテキストの中に具体的に観察される基本的単位・存在である。したがって，文によって言語活動が行われている，と言えよう。文は言語活動の基本的単位である。

　このような言語の働きを捉えて，我々は，言語を用いて思考し，言語でもって伝達している，ということができる。言語は，思考と伝達の媒体として機能し存している。このような言語の有している機能は，文が言語活動の基本的単位であることによって，文に託され担われている。したがって，文そして文の担い表している意味は，そういった言語の有している，機能を実現するにふさわしい構造を有しているはずであるし，言語活動の基本的単位である，ということを反映したあり方を取っているにちがいない。文を，話し手が発話・伝達内容を聞き手（聞き手がいない，問題にならない，という場合をも含めて）に発話・伝達することにおいて成り立っている言語活動の基本的単位，という側面に重きを置いて捉えるのが，筆者の文への捉え方である。

　言語活動が何らかのある発話・伝達的な働き・役割を果すために形成され行われる活動であることからして，言語活動の基本的単位である文は，ある発話・伝達的な機能を帯びて存在している。より正確には，言語活動の所産であるテキスト全体で，当該の言語活動で果そうとしている発話・伝達的な働き・役割の総体が担い表され，テキスト形成の基本的単位である文が，全体的な発話・伝達的な働き・役割の実現のため，それぞれ，ある発話・伝達的な機能を（分）有している，と言えよう。しかし，逆に言えば，文が発話・伝達的な機能を担い帯びている，言い換えれば，文が自らの意味−統語構造の中に発話・伝達的な機能を表し分ける部分を有している，ということがなければ，テキストがある発話・伝達的な働き・役割を担い表すことはなく，したがって，言語活動がある発話・伝達的な働き・役割を果すこともできない，と思われる。文は発話・伝達的な機能を有し帯びた存在である—当然，

テキスト・タイプやテキストの中での出現位置によって，それぞれの文の有し帯びている発話・伝達的な機能のありようやその潜在・顕在といった現れ方は，変わってくる―，というのが，筆者の文に対する基本的な捉え方である。当然，情報や判断の体現者・表示者としての文，という特性に重きを置き，文の意味−統語構造を捉える立場・考え方も，一つの有力な立場・考え方であろうと思われるが，筆者は，まずもって，文を，言語活動の基本的単位として捉え，発話・伝達的な機能を担い表す存在として捉える―これは何も文が情報や判断などの体現者・表示者として重要な働きを果していることを否定するものではない―。

3.2 文の基本的な意味−統語構造―命題とモダリティ―

まず，筆者―筆者だけではないが―の考える日本語の文の基本的な意味−統語構造を示す。筆者は，以前から日本語の文の基本的な意味−統語構造として，概略，

図　日本語の文の基本的な意味−統語構造

| 命題 | モダリティ

のような構造を仮定している。文には，〈命題〉と〈モダリティ〉という質的に異なった二つの構成要素(部分)があり，それらは，おおむねモダリティが命題を包み込む，という層状の構造を取って存在していると考えられる。たとえば，

（１）　ねぇ困ったことにたぶんこの雨当分止まないだろうね。

という文を例に取れば，概略

ねぇ困ったことにたぶん | この雨当分止まない | だろうね

のような，包み包み込まれの層状構造を示す。「コノ雨（ガ）当分止マナイ」の部分が命題を表し，「ネェ困ッタコトニタブン」および「ダロウネ」の部

分がモダリティを表している。ただ，この層状構造も，文末部分は，「叱ラ＋レ＋テイ＋ナカッ＋タ＋デショウ＋ネ」のように，文法的意味を表す有標形式がそれぞれ分節化して表示される，という膠着性を受け，層状性を外的表現形式のレベルでもほぼ保っているが，述語より前方部分になると，自然さは落ちるものの，「ネェコノ雨困ッタコトニタブン当分止マナイダロウネ。」のように，モダリティを表示する要素を命題構成要素間に入れ込んだ文も成り立ち，線状的なレベルで，そのありようを捉えるべきものではない。上述の層状構造は，形態連鎖・単語連鎖という線状的なレベルのものとして捉えるものではなく，意味や機能の働き方・作用域の大小・広狭といった意味構造のレベルのものとして捉えなければならないものである。そうしなければ，「行キ＋マ＋セン」「行キ＋マシ＋タ」といった，形態連鎖の存在を取り上げ，発話時の待遇的な態度として存在する〈丁寧さ〉を，否定形式やタ形に後接されることにより，否定され存在しないものとして捉えたり過去のものとして捉えたりすることになってしまう―もっとも，命題とモダリティとの関係だけでなく，文末の文法カテゴリの働き方・作用域の大小・広狭が，多くの場合，外的表現形式の線状的あり方にもほぼそのまま現れる，というのが，これまた日本語の特徴であろう―。

　また，文に対する［［命題］モダリティ］という，包み包み込まれの層状構造も，杓子定規に取れば，節を一つしか含まない単文の場合にしか当てはまらないことになってしまう。たとえば，

　　（2）　明日は雨だろうが，君自身が顔を出して下さい。

は，逆接を表す従属節と主節という，節を二つ含んで成り立っている文であり，全体で一つの文である。従属節は，「〜雨ダロウガ，」が示すように，認識的モダリティの有標の形式を含んでいる。主節は，働きかけの一種である依頼のモダリティを帯びている。文全体に対して，［［命題］モダリティ］を機械的に当てはめれば，［［明日ハ雨ダロウガ，君ガ顔ヲ出スコト］シテ下サイ］のようなあり方に概略なり，命題の中に「ダロウ」で表示される認識のモダリティが出現している，という捉え方をしてしまうことになると思われる。従属節には従属度・文的度合といったものがあり，従属度・文的度合に応じて

出現する文法カテゴリの種類が定まっており，従属度が低く文的度合の高い従属節は，ある種のモダリティをも出現させうる，ということは，既によく知られたことである。したがって，文的度合の高い従属節を含んでいる複文では，従属節は，自らの中にある種のモダリティを出現させながら，文としてではなく，文の部分として存在しうる。文に対する[[命題]モダリティ]という層状的な捉え方は，従属節が含みうるある種のモダリティを前提にした上で，総体として捉えられたものである—文的度合の高い従属節と言えども，すべてのモダリティが自由に現れるわけではない。どのようなモダリティが現れうるかは，従属節のタイプによって決まっている。また，モダリティの表示形式は，現れる節のタイプによって，そのモダリティ的意味のありようを変容させる。これらのことも既によく知られたことであろう—。

　言語活動は，話し手が発話伝達内容を聞き手（聞き手の存在が問題にならない場合をも含めて）に発話・伝達することにおいて成り立っている活動である。したがって，言語活動が生じている限り，話し手や発話伝達内容が存在しない，ということはありえない。そのことを受け，文には，客体的な出来事や事柄を描き出した部分だけではなく，客体的な出来事や事柄をめぐっての話し手の捉え方，および話し手の発話・伝達的態度を表した部分が含まれている。両者の存在は，「きゃあ！」「車！」のような〈独立語文（未展開文）〉にあっても，未展開の独立語文ということから来る制限・制約を受けるものの，基本的に同断であろう。ただ，独立語文では，両者が未分化なまま一つに融合しているだけである—以下，述語文のみを考察の対象にし，独立語文についてはここでは触れない。ただ，第1章「文について」では独立語文についても瞥見してある—。

　客体的な出来事や事柄の描き出しを担当しているのが命題であり，客体的な出来事や事柄をめぐっての話し手の捉え方，および話し手の発話・伝達的な態度を担っているのがモダリティである。したがって，命題やモダリティは，概略，

　〈命題〉とは，話し手が外在世界や内面世界—言語内容以前の存在という意味で現実と呼んでおく—との関わりにおいて描き取ったひとまとまりの事

態，文の意味内容のうち客体化・対象化された出来事や事柄を表した部分である。

〈モダリティ〉とは，現実との関わりにおいてなされた，文の対象的な内容——命題内容——に対する捉え方，およびそれらについての話し手の発話・伝達的な態度のあり方を表した部分である。

のように，性格づけ規定できるものである。

　もっとも，命題と言えども，話し手が描き出したものであることによって，話し手による描き取りを経由している。したがって，話し手の立場において捉えた事態になっている。ただ，事態そのものに存する話し手の描き取り方の現れ・異なりは，モダリティとしない。たとえば，ある同一の不動産に対して，A，B二者が，「この物件は<u>高い</u>。」「この物件は<u>手ごろだ</u>。」と発した時の異なり，また，ある人間が別の人間に話をしている状況を，「太郎が次郎を<u>叱責した</u>。」「太郎が次郎を<u>諭した</u>。」と表現した時の異なりなどは，現実をどのような事態として描き取るかの，話し手による異なりであるが，描き取られた事態——文の対象的な内容——に対する捉え方ではなく，モダリティとして扱われることはない。さらに「太郎が次郎を叱った。」「次郎が太郎に叱られた。」によって表される能動・受動の異なりも，何を主役（中心）に据え事態を描き取るかという，話し手による事態の描き取り方の異なりであり，描き取られた事態に対する捉え方の異なりではない。

　ただ，モダリティをどのように捉え，それに何を含ませるかによるが，モダリティを広めに捉え，モダリティの中に，事態そのものの存在様態といった客体的なレベルに属すると思われるものを取り込むことによって，命題の中にもモダリティが現れることになる。

　モダリティの典型・中核は，発話時における話し手の，捉え方であり，発し方・伝え方である。発し方・伝え方——発話・伝達的な態度——は，引用文中での出現でもない限り，発話時における話し手以外の，発し方・伝え方を表すということはないが，事態に対する捉え方にあっては，発話時の話し手の，という性格から解放され，過去の捉え方や話し手以外の捉え方を表す，ということが起こってくる。表現形式が過去における捉え方や話し手以外の

捉え方を表すことに応じて，その表現形式によって表されるモダリティ的意味は，典型・中核的なものからずれ，周辺的な存在に移行していく。また，そのような移行を許す表現形式は，移行を起こさない表現形式に比して，典型度・中核度が低い。このことには，現象的には，当のモダリティ形式が，過去形（タ形）を取りうるか否か，否定形を持ちうるか否か，伝聞や問いかけの文に現れうるか否か，どのような従属節に現れうるかが関わってくる。

（3）＊彼は本学の学生<u>だろう</u>＋<u>た</u>。
（4）　彼が犯人に<u>ちがいなかっ</u>＋<u>た</u>。
（5）　雨はなかなか<u>止みそうに</u>＋<u>なかっ</u>＋<u>た</u>。

などが示しているような現象である。「ダロウ」はタ形を取ることはない。「ニチガイナイ」は，「＊ニチガイナク＋ナイ」が示すように，否定形を取ることはないが，（4）から明らかなように，タ形にはなりうる—ただ，話し言葉での出現は大変稀であろう—。それに対して，「（シ）ソウダ」は，否定形にもタ形にもなりうる。モダリティ形式として，「ダロウ」が最も典型で純粋なものであり，「ニチガイナイ」は，それに比して典型度・純粋度が落ちる。さらに「（シ）ソウダ」は，「ニチガイナイ」に比しても，その典型度・純粋度が落ちる—もっとも，モダリティ形式のタ形や否定形の現れ方や，モダリティ形式がタ形や否定形を取った場合にあっても，そのことにより，そのモダリティ形式の表すモダリティ的意味そのものが，過去のものになったり否定されたりしているかについては，注意深く観察する必要がある—。

　命題とモダリティは，文を形成する質的に異なった二つの部分といった存在であるが，両者は，無関係なものではなく，相互に関連がある。命令や意志のモダリティの出現は，命題に，未実現—したがって，テンスの分化を持たず，「今すぐ来てくれ。」のように，テンポラリティ的意味において未来—の意志的な事態をその内容として要求するし，命令形は，その表すモダリティ的意味を，二人称ガ格—文面での出現・不出現に拘わらず—のもとでは，命令としてまっとうするが，「政治家は私利私欲を捨てろ！」のように，総称的なガ格を取れば，「政治家は私利私欲を捨てなければならない。」のよ

うな，当為評価の意味へと移行させる―命題内容とモダリティの連関については，のちに一章を設けて見ていく―。

3.3　モダリティとムード

　ここで，モダリティとムードの関係およびそれに対する筆者の立場について触れておく。日本語の述語は，モダリティを表し分けるために形態変化を起す。通常〈ムード〉という用語は，モダリティを表し分けるための形態論的なカテゴリを指す。「スル」「スルダロウ」「シロ」「シヨウ」のような対立が作り出すものである。モダリティは，文全体の帯びている意味的なカテゴリ・質である。

　ムードは，テンスなどに比べて，形態論的カテゴリとして確立度が比較的低い。

　テンスでは，「{昨日／*明日}会議が行われた。」のように，タ形は，意味的に矛盾する未来を表す時の成分と共起しないし，「{*昨日／明日}会議が行われる。」のように，ル形は，過去を表す時の成分と共起しない。テンス形式としてのタ形には過去が，ル形には非過去が焼きつけられている。

　それに対して，ムードとモダリティには，次のような現象が生じる。
　（6）　彼はもう部屋に居る。
　（7）　彼はもう部屋に居るだろう。
　（8）　たぶん彼はもう部屋に居る。
「居ル」は，形態的にはいわゆる断定形であるし，「居ルダロウ」は推量形である。（6）は，確言―確言は確認と確信に分かれる。仁田 2009 参照―の認識のモダリティを帯びており，（7）のモダリティは推量である。（8）は，述語のムード語形が断定形であるにも拘わらず，「たぶん」の付加によって，文の帯びるモダリティ的意味は，推量に転化している。

4.　発話・伝達のモダリティの優位性

　ここで述べることは，第1章で「文以下になれない表現」という題でご

く簡単に触れた内容と関連していく。

　本章では，文は言語活動の基本的単位である，と捉えた。そして言語活動は，ある発話・伝達的な働き・役割を果すために行われ，それが可能になるのは，文が発話・伝達的な機能を担い帯びていることによっているとした。文が担い帯びている発話・伝達的な機能は，文が表している，文の対象的な内容をめぐっての，話し手の発話・伝達的な態度のあり方を表すモダリティ——これを〈発話・伝達のモダリティ〉と呼ぶ——によって実現され表される。本章では，すべての文は，表現形式での顕在化（表面化）・潜在化（裏面化）に拘わらず，発話・伝達のモダリティを有し帯びている，という立場に立つ。

4.1　発話・伝達のモダリティの必須性

　すべての文は，発話・伝達のモダリティを有し帯びている，ということは，単語連鎖が文であるのならば，その単語連鎖は，発話・伝達のモダリティを何らかのあり方で担い有している，ということである。これはまた，文は必ず発話・伝達のモダリティを有している，ということであり，さらに言えば，文成立の要件が発話・伝達のモダリティである，という強い主張をしていることにもなる——もっとも，文における発話・伝達のモダリティの存在は，外的表現形式のレベルにおいても顕わで見やすい場合もあれば，その存在が潜在・裏面化しているものもあり，さらに文が現れるテキスト・タイプやその出現位置によっては，文というより，文にもなりうる単語連鎖による概念表示体に過ぎず，発話・伝達のモダリティの存在などほとんど問題にならない場合もあろう。したがって，これらをどのように位置づけながら，文は発話・伝達のモダリティを有し帯びている，という立場を維持するかが，当然問題になってくる——。

　まず，発話・伝達のモダリティが外的表現形式の上でも顕わであるものから見ていく。

　　（1）　どうか僕に力を貸して下さい。
　　（2）　それでは私たちもそろそろ出かけましょう。
　　（3）　北海道は寒かったかい。

（1）の文の文末「貸シテ下サイ」は，依頼を表す形式であり，（2）の「出カケマショウ」は，誘いかけ—丁寧という文法的意味もともに表されている—を表す形式であり，（3）の「寒カッタカイ」は，問いかけを表している。〈依頼〉や〈誘いかけ〉や〈問いかけ〉は，いずれも発話・伝達のモダリティである。また，これらの文は，いずれも聞き手がいなければ成り立たない〈対聞き手発話〉である。さらに，聞き手の存在を必須とする対聞き手発話であることによって，

　（4）＊どうか僕に力を貸して下さいと思った。
　（5）＊それでは私たちもそろそろ出かけましょうと決心した。
　（6）＊北海道は寒かったかいと疑った。

が示しているように，これらの文は，「思う」や「疑う」などの，思考活動を表す動詞の埋め込み文にはなりえない。これは，これらの文が思考内容の段階に踏み止まれない存在であることを示している。それに対して，これらの文は，

　（7）　どうか僕に力を貸して下さいと言った。
　（8）　それでは私たちもそろそろ出かけましょうと誘った。
　（9）　北海道は寒かったかいと尋ねた。

のように，言語行為・言語活動を表す動詞に埋め込めば，適格文になる。このことは，言語活動は，（1）（2）（3）のようなタイプの文によって行われていることを示している。まさに，文が発話・伝達のモダリティを有し，言語活動の基本的単位としての存在であることを明示している。

　文は発話・伝達のモダリティを有し，それを有することによって文になる，という立場を取る場合，問題になるのは，発話・伝達のモダリティの表示形式を外的表現形式の上に顕わに表さない文についてである。たとえば，

　（10）　たぶん彼がこの会の代表理事だろう。
　（11）　やっぱり僕が間違っていたのかな。
　（12）　今年こそは車の免許を取ろう。

のような文の場合である。（10）（11）（12）の文は，いずれも，対者である聞き手の存在しない状況でも発することのできる〈非聞き手発話〉である—非聞

き手発話は，意志の表出のように，聞き手のいない状況で発する方が本来的である，というようなものもあるにしても，聞き手のいない状況でも発することができる，ということに過ぎず，当然，聞き手のいる状況で発することのできる存在である—。(10)の文末の「代表理事ダロウ」は推量というモダリティを表す形式であり，(11)の「間違ッテイタノカナ」は疑いを表す形式であり，(12)の「取ロウ」は意志を表している。〈推量〉や〈疑い〉〈意志〉は，いずれも〈事態めあてのモダリティ〉である。(10)(11)(12)の文は，いずれも，発話・伝達のモダリティの表示形式を顕在的に存在させていないことによって，

(13) たぶん彼がこの会の代表理事だろうと思った。
(14) やっぱり僕が間違っていたのかなと疑った。
(15) 今年こそは車の免許を取ろうと決心した。

が示すように，思考活動を表す動詞の埋め込み文としても，適格性を有している。つまり，思考内容の段階の存在として踏み止まるものである。したがって，(10)(11)(12)のようなタイプの文の存在をもって，ある種の文は，事態めあてのモダリティの存在によって文になりうる，とすることも，十分可能であろう。可能であるというよりは，より妥当性が高い立場・捉え方であると言えるかもしれない。

　文には，発話・伝達のモダリティの存在によって文として成立しているものもあれば，事態めあてのモダリティの存在によって文として成立しているものもある，という捉え方も，十分成り立ちうる可能性を認めながらも，本章および本書では，やはり，文は発話・伝達のモダリティを有し帯びている，という立場に立つ。

　本章では，以下のような現象の存在などをもって，本章のような立場もそれなりに容認しうると考えている。外的表現形式の上において，発話・伝達のモダリティを表す積極的な表示形式を持たず，顕在的な表示形式が事態めあてのモダリティを表すもののみである上掲の文は，

(16) たぶん彼がこの会の代表理事だろうと言った。
(17) やっぱり僕が間違っていたのかなと聞いた。

(18)　今年こそは車の免許を取ろうと答えた。

のように，発話・伝達的な態度のあり方の表示に関わる形式を付加することなく，このままの形で，言語行為・言語活動を表す動詞の埋め込み文にもできる。これは，(10)(11)(12)のような，事態めあてのモダリティの表示形式しか持たない文も，ある構文環境——発話・伝達のモダリティの出現が許され要請される構文環境——では，発話・伝達のモダリティを兼ねて表しているからである，と考えられる。つまり，「代表理事ダロウ」や「間違ッテイタノカナ」や「取ロウ」という形式は，まずもって事態めあてのモダリティの表示形式であるが，またある発話・伝達のモダリティをも表しる形式である。これは，表示形式が顕在的であれば，それが有し表している意味を削ぎ落とすことはできないし，その種の意味の出現を許容しない構文環境には現れえないが，ある種のタイプの形式——この場合，発話・伝達のモダリティの表示形式——が形態的に不在の場合，そのタイプの形式が担当する文法カテゴリの出現が許され要請される構文環境では，無標の形式が表す意味を担いうる，ということであろう。

　上掲の「たぶん彼がこの会の代表理事だろう。」「やっぱり僕が間違っていたのかな。」「今年こそは車の免許を取ろう。」は，文として成り立っていること——あるいは文を成り立たせていること——によって，それぞれの事態めあてのモダリティと，発話・伝達のモダリティのうち，ある捉え方をした事態を〈表明・表出〉するという，他に比して無色で消極的な発し方・述べ方を担い表している，と考えられる。〈表明〉は，聞き手がいる対話の場合であり，〈表出〉は，聞き手のいない独話の場合である。

　これらの文に現れている，事態めあてのモダリティ形式が兼備する発話・伝達のモダリティに対して，「たぶん彼がこの会の代表理事だろう。」のような場合を〈述べ立て〉——これにも表明型と表出型がある——と名づけ，「やっぱり僕が間違っていたのかな。」のような場合を〈疑念の表出〉ないしは〈疑念の表明〉とし，「今年こそは車の免許を取ろう。」のような場合を〈意志の表出〉ないしは〈意志の表明〉と名づけ，分かっておく。

　また，次のような現象に対する解釈のあり方も，筆者が本章のような立場

を取ることの，一つの根拠になっている。

　　（19）　明日は雨になるだろうが，君自身が来て下さい。
　　（20）　明日は雨になるだろうが，君自身が来るかい。

(19)(20)は，文的度合の高い逆接の従属節を含む複文である。主節そのことによって文が最終的に担い表している発話・伝達のモダリティは，(19)では依頼であり，(20)では問いかけである。(19)(20)の従属節は，「ナルダロウ」という，事態めあてのモダリティを表す形式しか有していないことによって，何ら発話・伝達的な態度のあり方を含まず，事態に対する捉え方を表しているのみなのか，あるいは，主節の発話・伝達のモダリティの遡行を受けて，依頼や問いかけを担い帯びているのであろうか。ともに否であろう。(19)(20)の従属節が依頼や問いかけの発話・伝達のモダリティを表していない，ということは明確であろう。また，(19)(20)の従属節「明日は雨になるだろう」は，事態に対する推量という捉え方―事態めあてのモダリティ―だけを有し表しているのでない。上掲の逆接の従属節においては，主節の依頼や問いかけという発話・伝達のモダリティの存在に拘わらず，［明日ハ雨ニナルダロウ］という，ある事態とそれに対する推量という捉え方が，聞き手に述べ立てられている―もっとも，従属節で出現する発話・伝達のモダリティは，最も無色で消極的な述べ立てのみである―。聞き手に，従属節での内容が述べ立てられた上で，依頼や問いかけが行われているのが，(19)(20)の文である。このことは，「～ナルダロウ」のような，発話・伝達のモダリティの表示形式を存在させず，顕在するのが事態めあてのモダリティの表示形式のみである，という表現にあっても，発話・伝達のモダリティの出現が許され要請される構文環境では，発話・伝達のモダリティが兼ねて表される，ということを示している。これはまた，文は発話・伝達のモダリティを有し帯びている，ということでもある。

4.2　文成立における発話・伝達のモダリティの優位性

　同趣のことは，以前にも既に何度か論じたことではある―以前の論考での議論は，本章で一部修正が施されている―が，次に，単語連鎖が文である存

在でしかなく，文の部分にはなりえない場合について簡単に見ておく。このことを，どのような文法的意味を表す形式を含んでしまえば，その単語連鎖は，もはや文でしかなく，文の部分に成り下がれないのか，という点を中心に見ていく。この観察も，やはり文の成立・存在にとって発話・伝達のモダリティが重要である，ということを示すためのものである。

(21)　明日は雨になる<u>だろう</u>。
(22)　明日は雨になる<u>だろう</u>＋が，さほど激しくはならないだろう。
(23)　静かに<u>しろ</u>！
(24) ＊静かに<u>しろ</u>＋が，なかなか静かにならない。
(25)　明日は雨になる<u>だろうね</u>。
(26) ＊明日は雨になる<u>だろうね</u>＋が，さほど激しくはならないだろう。

「ダロウ」は，(21) が示すように，それで文を成立させうる形式でもある。ただ，(22) が示すように，「ダロウ」は，発話・伝達のモダリティを顕在的には含まない，事態めあてのモダリティを表す形式であり，兼備するのが発話・伝達のモダリティの中で最も無色で消極的なものであることによって，逆接の従属節に含まれ，文の一部になりうる。それに対して，(23)(24) から明らかなように，命令という発話・伝達のモダリティが形式的に顕在化し，それを削ぎ落とすことのできない単語連鎖は，もはや文であり，いかに文的度合の高い従属節と言えども，文以下の存在・文の部分に成り下がることはできない。(25)(26) が示すように，「ネ」で表示されるモダリティは，〈副次的モダリティ〉であるものの，発話・伝達のモダリティ（の一種）であることによって，やはり，これを含む単語連鎖は，もはや文であり，文以下の存在・文の部分になりえない。

　以上の現象は，発話・伝達のモダリティを表す形式を顕在的に含んでしまえば，その単語連鎖は，もはや文であり，文以下の存在には成り下がれないことを示している。これは，顕在的な発話・伝達のモダリティの表示形式を出現させうる存在は文のみであり，文以下の存在ではそれが不可能である，ということでもある。また，このことは，言語活動の単位として，文は，その成立・存在にとって，発話・伝達のモダリティの現れ・存在を極めて重要

な要件としていることを示している。文は発話・伝達のモダリティを有して帯びている。

5. モダリティの様々

ここでモダリティの様々なタイプ，広義モダリティの体系について瞥見しておく。広義モダリティを，それぞれに対して下位種の存在を認めた上で，〈発話・伝達のモダリティ〉〈事態めあてのモダリティ〉〈客体的モダリティ〉の三類に大きく分かっておく。

5.1 発話・伝達のモダリティ

発話・伝達のモダリティを，〈発話機能のモダリティ〉〈副次的モダリティ〉〈丁寧さ〉の三種に分かっておく。発話・伝達のモダリティの中心は，発話機能のモダリティである。

〈発話機能のモダリティ〉とは，言語活動の基本的単位として，文がどのような発話・伝達的な役割・機能を担っているかを表し分けているものである。たとえば，

(1) 下らん心配をしないでさっさと<u>やれ</u>！
(2) そーだ，今度の休みに一緒に<u>旅行しませんか</u>。
(3) あのレストランの料理は<u>おいしかったかい</u>。
(4) どうやら会議が<u>始まったようだ</u>。
(5) この仕事は今夜中に<u>片づけておこう</u>。
(6) 出来ればもう一度彼に<u>会いたい</u>。

などによって説明すれば，次のようになる。(1)「ヤレ」で表されているのが命令であり，(2)の「旅行シマセンカ」で表されているのが誘いかけである。命令や誘いかけは，さらに〈働きかけ〉としてまとめられる。働きかけには，さらに「あの部屋には入るな。」のような〈禁止〉や既に挙げた依頼がある。命令・依頼・禁止は二人称ガ格を取り，誘いかけは一・二人称ガ格を取る。(3)の「オイシカッタカイ」で表されているのが〈問いかけ〉であ

る。働きかけと問いかけという二種の発話機能のモダリティは，聞き手の存在が必要な〈対話性〉を有している。それに対して，（4）（5）（6）の文を成り立たせている発話機能のモダリティは，聞き手のいない状況でも発話可能な〈独話性〉を有するものである。この独話性を有する文に現れ，これらを文として成り立たせている発話機能のモダリティを〈表明・表出〉と仮称し一括しておく。〈表明・表出〉とは，ある捉え方を伴った情報・判断や，意志・願望・希望といった自らの心的な意念を，取り立てて他者への伝達を意図することなく—他者の伝達を目指す場合もあれば目指さない場合もある，という姿勢で—発するという発話・伝達的態度である。これには，（4）の「始マッタヨウダ」のような〈判断系〉と，（5）の「片ヅケテオコウ」や（6）の「会イタイ」のような〈情意系〉とがある。判断系には，（4）のような〈述べ立て〉以外にも，既に挙げた〈疑念の表明・表出〉がある—疑念の表明・表出も広い意味では述べ立ての一種—。情意系には，（5）のような〈意志の表明・表出〉，（6）のような〈希望の表明・表出〉の外に，「明日，天気に<u>なぁれ</u>！」のような〈願望の表出〉がある。判断系にはないが，情意系には，その出現を許す命題内容に，一人称ガ格—願望を除く—や未実現の事態，という制限が存する。

　次に，副次的モダリティについて触れておく。〈副次的モダリティ〉とは，文の果す発話・伝達的な役割・機能の決定に関わるものではなく，それらのタイプを変更することなく，付随・付加的な発話・伝達の態度・姿勢を示すものである。「ね」「よ」「ぞ」「さ」「わ」「よね」「なあ」「とも」などの終助辞によって表される。

　　（7）　このケーキ，とてもおいしい<u>よ</u>。
　　（8）　このケーキ，とてもおいしい<u>ね</u>。
　　（9）　このケーキ，とてもおいしい<u>なあ</u>。

のように，命題内容に対する話し手・聞き手間での情報量から来る述べ方や命題内容に対する詠嘆などを表すものが代表的なものである。

　引き続き，丁寧さについて触れておく。丁寧さは，命題内容の増減に関わらず—したがって命題内容の構成要素ではない—，事態めあてでもないの

で，発話・伝達のモダリティの一種に入れてある，というものである。文末だけに現れるものでもなく，また，一文というより，文連続・テキスト全体に関わるものである。したがって，スタイル（文体）として扱われることも少なくない―その意味で，モダリティに入れてはあるが，特殊で周辺的な存在である―。〈丁寧さ〉とは，話し手が聞き手に対して，どのような待遇的態度でもって文を述べるかという，述べ方の態度を表したものである。

(10)　明日彼が日本に来る。
(11)　明日彼が日本に来ます。

のように，丁寧さは，普通（非丁寧）体 (10) と丁寧体 (11) として分化する。丁寧を表す丁寧体の存在は，独話では現れず，対話のみでの出現である。言い換えれば，丁寧さが分化・存在するのは，聞き手の存在が必要な対聞き手発話（対話）のみである。また，丁寧体が現れた文は，

(12)　*明日彼が来ますと思った。

のように，思考活動を表す動詞の埋め込み文にはなりえず，思考内容の段階には踏み止まれない存在である―その意味で，丁寧さを発話・伝達モダリティの一種にすることもまったく故なしとせずである―。

5.2　事態めあてのモダリティ

ここでは，事態めあてのモダリティについて簡単に見ておく。〈事態めあてのモダリティ〉とは，文に描き取られている対象的な内容―命題内容―に対する把握のあり方・捉え方を表したものである。基本で中心は，発話時の話し手の，把握のあり方・捉え方である。しかしながら，この発話時の話し手の，という特徴づけは，事態めあてのモダリティのタイプや表示形式，または使われ方によって，変容させられていく。

事態めあてのモダリティが最も豊かに現れるのは，〈述べ立ての表明・表出〉の場合である。その逆で，事態めあてのモダリティの表示形式が顕在的に現れることがないのが，働きかけの場合である。

5.2.1 働きかけと情意系の場合

　まず，事態めあてのモダリティの表示形式が顕在的に現れることがない〈働きかけ〉について瞥見しておく。「今すぐ出ていきなさい。」「どうか彼を助けて下さい。」「つまらんことを考えるな！」「さあ一緒に踊りましょう。」などが，働きかけという発話機能のモダリティを持つ文である。働きかけの意味的あり方からして，事態に対して，話し手はその実現を待ち望まれたものとして捉えていると思われるが，それが事態めあてのモダリティの表示形式として現れることはない。したがって，この働きかけにあっては，事態めあてのモダリティは出現しないと捉えるか，これらの発話機能のモダリティの命題内容になりうる事態がその実現を待ち望まれた事態である，ということを受け，せいぜい，事態めあてのモダリティは，発話機能のモダリティの表示形式と融合しながらそれに被さる形で存在する，という立場を取るかであろう。ただ，やはり後者の場合，少し無理があろう。

　次に，情意系について瞥見しておく。「よし，頑張ろう。」「風よ，もっと吹け！」などにあっては，事態に対する意志的把握・願望的把握，というものが，まさに事態めあてのモダリティである。また，「コーヒーが飲みたい。」や「すぐに行くつもりです。」などにあっては，「タイ」「ツモリダ」という形式が，言い切り形・一人称ガ格・未実現事態，という要件下で使われる——これらの要件が破られれば，述べ立てになる——ことによって，希望的把握・意志的把握，という事態めあてのモダリティを表すことになる。情意系にあっては，事態めあてのモダリティこそが形式として顕在的であり，それが言語活動——発話・伝達——の場にあって，他に比して無色で消極的な発話機能のモダリティである表明・表出を担い帯びることになるのである。

5.2.2 認識のモダリティ

　引き続き，判断系について見ておく。対話性を有する問いかけも，広義の判断系の一種である。判断系の述べ立てが，最も多様な事態めあてのモダリティの表示形式を出現させる。判断系に必須の事態めあてのモダリティが，認識のモダリティである。当為評価のモダリティは，任意で二次的な事態め

あてのモダリティである。また，働きかけには認識のモダリティは出現しない。認識のモダリティさらに言えば事態めあてのモダリティの出現のありようは，発話機能のモダリティのタイプによって定められている―このあたりにも，発話・伝達のモダリティの，事態めあてのモダリティに対する優位性・一次性を見て取ることができよう―。

〈認識のモダリティ〉とは，どのような認識的な態度・あり方で対象的な内容を捉えたかを表したものである。

まず，問いかけに出現する認識のモダリティから見ていく。「景気はそれで回復するかい。」「その会には彼も参加しますか？」などが問いかけである。問いかけに出現する認識のモダリティは，判定放棄型の〈疑い〉のみである―「景気はそれで回復するだろうか。」は，「ダロウ」を含んで疑われ問いかけられているのではない。「ダロウカ」全体が疑いの形式である。また，「カモシレナイ」や「ヨウダ」なども，「景気は回復するかもしれないのかい。」「彼が来たようなのかい。」のように，「ノ」を介してそれなりに対象化しなければ，問いかけられない。したがって，これらも問いかけに直接出現する認識のモダリティではない―。「景気がそれで回復するか疑った。」などを考慮して，疑いの表示形式をあえて取り出すとすれば，「カ」ということになろうか。「景気はそれで回復するかな。」「その会には彼も来るかしら。」などの，疑いの表明・表出に現れる認識のモダリティは，まさに疑いである。

狭義の述べ立てが有するのが，判定型の認識のモダリティである。述べ立てにあっては，判定型の認識のモダリティによる分化は必須である。これには，「明日は雨になる。」が表す〈確信〉，「たぶん明日は雨になるだろう。」が表す〈推量〉―両者は，確かなこととして推し量るか不確かさを有することとして推し量るか，という点で対立―や，「もしかしたら明日は雨になるかもしれない。」によって表される〈可能性把握〉，「きっと明日は雨になるにちがいない。」によって表される〈必然性把握〉―これら両者を合わせて〈蓋然性判断〉と仮称―や，「雨が降っているようだ。」「あの飛行機，どうやら飛び立つみたいだ。」「誰か来たらしい。」や「荷物が落ちそうだ。」によって表され

ている徴候性判断などがある―「(シ)ソウダ」は，タ形を取り否定形を持つことなどからして，後で触れる客体的モダリティの事態実現の様相に近い―。「カモシレナイ」に類する形式に「カモワカラナイ」があり，「ニチガイナイ」に類する形式に「ニキマッテイル」「ニ相違ナイ」がある―認識のモダリティについては，詳しくは仁田2009所収の「認識のモダリティとその周辺」を参照されたい―。

5.2.3 当為評価のモダリティ

最後に，当為評価のモダリティについて瞥見しておく。〈当為評価のモダリティ〉とは，事態の実現・実行に対する当然性・望ましさや必要・不必要，許容・非許容など，という評価的な捉え方を表したものである。たとえば，「合格したければ，もう少し真面目に<u>勉強しないといけない</u>。」のような必要を表すもの，「嫌だったら<u>行かなくてもいい</u>。」のような不必要を表すもの，「もう<u>帰ってもいいよ</u>。」のような許容を表すもの，「勝手に彼のものを<u>使ってはいけない</u>。」のような非許容を表すもの，「あまり無茶を<u>しない方がいい</u>。」のような望ましさを表すもの，「3時に出たのだから，もう<u>着いていなければならない</u>。」のような(論理的な)当然性を表すものなどがこれである。当為評価のモダリティを表すものには，外に，「(シ)ナクテハイケナイ」「(スル)ベキダ」「(セ)ザルヲエナイ」「(スル)シカナイ」「(シ)ナイワケニハイカナイ」「(シ)ナクテハダメダ」，「(シ)ナクテイイ」「(スル)マデモナイ」「(スル)コトハナイ」「(シ)ナクテカマワナイ」「(スル)必要ハナイ」，「(シ)テイイ」「(シ)タッテイイ」「(シ)テカマワナイ」，「(シ)テハダメダ」，「(ス)レバイイ」「(スル)トイイ」「(シ)タライイ」などがある。

当為評価のモダリティと認識のモダリティとは，「もう少し残っていな<u>ければならない</u>＋<u>だろう</u>」「この部屋には入っ<u>てはいけない</u>＋<u>かもしれない</u>」「あまり無茶をしない<u>方がいい</u>＋<u>ようだ</u>。」「もう帰っ<u>てもいい</u>＋<u>かな</u>。」のように，両者は一つの構文の中に共存することができ，当為評価のモダリティが認識のモダリティの前に出現しうる―この逆の連鎖は成り立たない―。

当為評価のモダリティと認識のモダリティは，ともに述べ立てに現れる事

態めあてのモダリティではあるが，認識のモダリティが述べ立てにとって必須の存在であるのに対して，当為評価のモダリティは，任意で二次的な存在である。しかも，上で見たように，両者は一つの構文にあって共存しえた。そのことをもって，当為評価のモダリティの形式のみが現れた文，たとえば，「早く帰る方がいい。」「そんなに急いで帰らなくてもいい。」のようなものに対して，無標の認識のモダリティが出現している，と捉えるか否かという問題がある。当為評価のモダリティを出現させうる命題内容には，未実現事態であるか，既実現であれば反事実表現である，という制約を持つものが多いことや，対者に対する勧めや制止や許可などに移行することなどを考え，本章では，当為評価のモダリティの形式のみが出現する文に対して，当為評価のモダリティの形式が無標の認識のモダリティを取って出現している文―情報・判断の表明・表出である他の述べ立てと同じ文―である，という場合も当然あろうが，認識のモダリティの出現が問題にならないタイプの文―事態めあてのモダリティが当為評価のモダリティのタイプの文―として存在している場合も少なくない，と考える。たとえば，「あの時彼の頼みを引き受ければよかった。」は既実現の反事実表現になってしまい，「あの時彼の頼みを引き受けるしかなかった。」は既実現の事態そのものを表している，というふうに異なりを示す。この異なりは，上述の当為評価のモダリティの文が有する特性の帯び方の違いであり，それに応じて，「(ス)レバヨイ」という形式の方が，事態めあてのモダリティが当為評価のモダリティのタイプの文，として捉えられやすいのに対して，「(スル)シカナイ」は，当為評価のモダリティの形式が無標の認識のモダリティを取って出現している文，と捉えられる傾向にある，という違いになって現れている。

5.3 客体的モダリティ

様々なモダリティへの瞥見の最後として客体的モダリティについて，ごくごく簡単に見ておく。〈客体的モダリティ〉とは，事態の実現の可能性や傾向性といった事態実現の様相や，主体の意図性・願望性といった主体の事態への構えを表したものである。本章で客体のモダリティとして挙げる形式は，

かなり雑多で，まだまだ整理が行われていないが，ここでは，客体のモダリティを，大きく〈事態実現の様相〉と〈主体の事態への構え〉とに分かっておく。〈事態実現の様相〉とは，事態をその実現可能性のもとに捉えたものや事態生起の傾向性を表したものである―もっとも可能性と傾向性が截然と分かれているわけではないが―。〈主体の事態への構え〉とは，主体の，事態実現への意図性や事態実現に対する望みを表したものである。

　客体的モダリティは，すべてその出現が任意の存在である。主体の事態への構えのタイプには，「スルツモリダ」「シタイ」などのように，文末・言い切り形・一人称ガ格・未実現事態といった条件のもとで使われた時，発話機能のモダリティにあっては情意の表明・表出，事態めあてのモダリティでは意志的把握・希望的把握に成り上がることがあるが，客体的モダリティは，基本的に，事態めあてのモダリティの一種である認識のモダリティや特定の発話機能のモダリティのもとに出現するものである。客体的モダリティは，既に命題内容内の存在である。

　まず，事態実現の様相の中の可能性について見ておく。

　　（13）　この時間帯だと，車より歩く方がかえって早いことがある。
　　（14）　このような状況では，少しのことで武力衝突が起こりかねない。
　　（15）　油断していると，深刻な事態にならないとも限らない。
　　（16）　そのような出来事は起こりっこない。

などが挙げられる。「（スル）コトガアル」には，「（スル）コトハナイ」という否定形式―肯否の対立―が存するが，「（シ）ナイトモ限ラナイ」「（シ）ッコナイ」には，「＊（シ）ナイトモ限ル」「＊（シ）ッコアル」のような肯定タイプはない。また，「（シ）カネナイ」にあっても，「見るに見かねて，つい助け船を出してしまった。」のような例もあるが，肯定形の使用は多くないだろう。さらに，「（シ）ッコナイ」は，他の形式と異なって不可能性を表している。可能性を表す他の形式には，「（スル）可能性ガアル」「スル公算ガ｛アル／高イ／大キイ｝」「（スル）恐レガアル」「（スル）危険性ガアル」，「（スル）フシガアル」「（スル）形勢ニアル」「（スル）勢イニアル」など挙げられる。ここで挙げられている形式は，事態実現の様相の可能性としての用法しか持っていな

いもの，という意味で挙げられているのではない。事態実現の様相の可能性を表しうるものとして挙げられている。「君がわざわざ行くことはない。」などでの用法は，不必要を表す当為評価のモダリティ形式としての使用である。また，様々な文法化の程度のものが，事態実現の様相を表す形式として挙げられている。さらに，「可能性ガアル」「公算ガアル」「恐レガアル」「フシガアル」などには，タ形を取って，「〜シタフシガアル」のように，過去における事態実現の可能性をも表しうる。

次に，事態実現の様相の中の傾向性について見ておく。

（17） 疲れた時，人は思わぬ間違いを<u>犯しがちです</u>。

（18） 彼でもそれに対しては<u>我慢しがたい</u>だろう。

などが挙げられる。傾向性とは，事態実現の容易さ・困難さという，事態の出現・成立に向かっての傾きを表したものである。傾向性を表す他の形式には，「（シ）ヤスイ」「（シ）ニクイ」「（シ）ヅライ」「（スル）傾向ニアル」などが挙げられる。

引き続き，主体の事態への構えについて触れておく。これは，大きく事態実現に対する主体の，意図性と願望性を表したものに分けられる。意図性には，既に挙げた「（スル）ツモリダ」の外に，「（スル）気ダ」や「（シ）テミル」「（シ）テミセル」などがある。また，願望性には，既に挙げた「シタイ」の外に，「（シ）テホシイ」「（シ）タガル」などがある。主体の事態への構えを表す形式は，主体（主語）めあての形式である――その点で，事態を対象にする事態実現の様相とは働き方が異なる――。「俺は彼に会うつもりだ。」や「酒が飲みたい。」のように，主体が一人称の時は，情意の表明・表出に成り上がるが，主体に一人称を取らない「（スル）気ダ」や「（シ）タガル」では，客体性は極めて顕わである。ということは，「<u>俺</u>，必ずそれをやり遂げ<u>てみせる</u>。」のように，文末・言い切り形・未実現事態で，一人称ガ格の時，話し手の事態に対する意志的な捉え方を表し，意志的把握である事態めあてのモダリティの表現へと傾くことになる。

さらに，「明日の早朝<u>出発することにする</u>。」や「なるべく早く彼に<u>会う予定です</u>。」のような予定を表すものも，意図性を広く捉えれば，主体の事態

への構えの中にまとめることも可能かと思われる。

　事態実現の様相と主体の事態への構えでは，上で触れたように，その働き方や作用域で異なりがある。事態実現の様相と主体の事態への構えとの関係は，主体の事態への構えが客体的モダリティの表示形式として働いている限り，事態実現の様相の中に出現しうるものである。さらに，主体の事態への構えとして挙げた形式が相互に対立をなし，一つの体系・組織をなしているなどとは言えない。たとえば，「見事に成功させてみせる＋つもりだ。」のように，一つの構文の中に共存しうる。客体的モダリティは，文法形式としても捉えることができるが，語彙的性格の高いものである。

　ところで，「彼は芥川賞を取ったことがある。」「彼は遅刻をしたことがない。」や「彼は約束を守ったためしがない。」のような，経験を表す形式「(シタ) コトガ {アル／ナイ}」「(シタ) タメシガナイ」などは，どのような位置づけを与えられるべき存在なのだろう。客体的モダリティの一種として位置づけるべきものなのか，あるいは，事態の時間的あり方に関わる形式として，アクチオンスアルトの一種に位置づけた方が整合的なのだろうか。

6.　モダリティ形式のタ形

　既に触れたように，モダリティ形式の中には，発話・伝達のモダリティのように，タ形になることもなければ否定形になることもない，という中核に位置し典型度の高いものもあれば，タ形を取ったり，さらに否定形を持ったりして，典型・中核から離れた周辺の存在である，というものもある。

　認識のモダリティ形式の中にあっても，「ダロウ」は，タ形を取ることもなければ，否定形になることもないし，話し手以外の捉え方を表すこともない。それに対して，「カモシレナイ」「ニチガイナイ」や「ヨウダ」「ミタイダ」「ラシイ」には，タ形が現れうる。事実，

　　（１）「きっと，そうかも知れないわね」オペラハウスから，着飾った
　　　　　観客が，十人ばかり出てきた。はねる時間には早すぎたから，中

休みの時間かもしれなかった。　　　（大庭みな子「三匹の蟹」）

のように，「カモシレナイ」はタ形を取って現れている。ただ，タ形つまり「カモシレナカッタ」の数は，さほど多くない。しかもまだそれなりに現れうるのは，例（1）のような，基本的なテンス形式がタ形の連鎖である〈語り物〉の中においてである――この場合にあっても，「カモシレナカッタ」は，「あまりの暑さで気が変になったのかもしれない。また，彼の見つめている車内吊りポスターの絵柄のなかに，人にはわからぬ，とてつもないユーモアを発見し，笑い出さずにはいられなくなったのかもしれなかった。彼がいつまでも笑い続けているので，隣にいた男が好奇心を押さえきれず，そっとたずねた。（『筒井康隆短編集』）」のように，なんなくル形に変わりうる――。さらに，〈論述〉といったテキスト・タイプにおいては，タ形の出現はきわめて稀である。筆者が手持ちの資料（朝日新聞の社説や天声人語など）で調べた結果，終止用法での出現率は，「カモシレナイ：1110例」対「カモシレナカッタ：2例」という比率であった。

　単独の文で，しかも主節末において，「カモシレナイ」がタ形を取ることは，日常会話ではまずないのではと思われる。タ形が現れうるのは，

（2）　山田にはその仕事が大変かもしれなかったので，田中に頼むことにした。

（3）　山田にはその仕事が大変かもしれなかった。それで，僕は田中に頼むことにした。

のように，従属節での使用や文連続の中にある場合である――これは，モダリティ形式の表すモダリティ意味が客体化へと変容させられる環境でもある――。このことは，「カモシレナイ」のようなタ形を取りうる疑似モダリティの形式――モダリティ形式の真正・疑似については，仁田（1991:52-59）参照――にあっても，文末といったモダリティの現れるべき位置においては，かなりの程度に真正性を保って使われる，ということを示している。

　さらに，モダリティ形式のタ形が，当該のモダリティ的意味の出現・存在の過去性を本当に表しているのか，という問題がある。

（4）　あの時，彼は洋子に会うつもりだった。

（5）　あの時，喉が乾いていて水が飲みたかった。
　　（6）　心細くて，あの時は本当に傍にいてほしかった。
などの，タ形は，「（スル）ツモリダ」や「（シ）タイ」「（シ）テホシイ」というモダリティ形式の表す意図や願望，というモダリティ的意味そのものが過去の存在であることを表している。それに対して，同一の形式であっても，
　　（7）　もっと前に君に会いたかった。
　　（8）　もう少し早くそのことを連絡してほしかったなぁ。
にあっては，「過去に実現しなかった事態に対する，今から振り返っての話し手の願望」を表している。これらのことは，形式がタ形だからと言って，形式の表す意味であるモダリティそのものが過去になっている，と単純に捉えてはいけないことを示している。

　形式がタ形を持つだけでなく，それが表すモダリティ的意味も過去になっているものは，より疑似性が高く，客体化されたタイプである。客体的モダリティの形式である「（スル）コトガアル」などは，
　　（9）　当時は盲腸の手術ですら命を落とすことがあった。
のように，タ形は，形態の上だけでなく，意味的にも過去に焼きつけられている―主体の事態への構えを表す「（シ）タイ」「（シ）テホシイ」は，既に触れたように，文末で一人称ガ格を取る場合，事態めあてのモダリティへとモダリティの階層を登るが，このことは，上掲のタ形の表す意味のあり方という点からも分かる―。

　当為評価のモダリティという，同じタイプに属する形式にあっても，
　　（10）　あの時彼に会っておけばよかった。
　　（11）　あの時は沈黙するしかなかった。
のように，異なりがある。「（ス）レバヨイ」では，モダリティ形式のタ形は，形式の表すモダリティ的意味が過去の存在であることを表していない。それに対して，「（スル）シカナイ」では，タ形は，通例のタ形のように，形式がタ形であることによって，形式の表すモダリティ的意味を過去の存在にしている。「（ス）レバヨイ」と「（スル）シカナイ」とでは，形式の性格が少し違うことを示している。「（スル）シカナイ」の方が「（ス）レバヨイ」より客体

的である，ということの現れであろう—このことは，また，先に触れた，「（スル）シカナカッタ」が，単なる既実現事態を表すのに対して，「（ス）レバヨカッタ」が，既実現事態の反事実表現である，ということと連動する—。

7. モダリティ的意味の変容化・希薄化への環境

　最後に，モダリティ形式の表すモダリティ意味が客体化へと変容させられたり，希薄化させられたりする環境について触れておく。

　モダリティ形式の表すモダリティ的意味が，発話時の話し手の捉え方，という真正性をより十全に保つのは文末であった。また，書き言葉の連文中ではなく，対話状況でのテキスト相当としての文である—もっとも，この種の捉え方そのものが，ある意味では，モダリティの中核・典型を発話・伝達のモダリティに置く，という立場に基因していると言えなくもない—。

　既に見たように，「カモシレナイ」などの事態めあてのモダリティ形式は，疑似性を有していると言えども，文末では真正性を保っている。ところが，「来るかもしれない人間がまだ来ていない。」のような連体修飾節の中では，「来る可能性のある人間がまだ来ていない。」のように，事態実現の様相を表す客体的モダリティに近似していく。これは，また，文的度合の低い節や構文，言い換えれば，モダリティ形式の真正度が落ちる環境の中にも生起できる形式であるからこそ，文末では真正度を高めて使われるものの，環境に応じたあり方で，そのような構文環境に生じている，ということであろう。

　最後に，書き言葉の連文中でのモダリティ形式の現れ方・あり方を瞥見しておく。たとえば，

　　（１）　東電によると，福島第一に5千台あったAPD（被曝線量計）の多くが3月11日の津波で流され，約320台しか残らなかった。12, 13日に他の原発から約500台を取り寄せたが，「充電器が足りない」として使用しなかったという。15日以後は作業班の代表者だけにAPDを持たせ，その被曝線量を作業班全員の線量として記録する運用を始めた。こうした対応について，31日になっ

て厚生労働省に報告した。　　　　　　　　（「朝日新聞」2012.9.4)
（2）　文部科学相の諮問機関である中央教育審議会は過日，大学教育の質の向上・改善のために，学生の学習時間を増やす必要があると報告した。学生の学力低下や，筆記試験によらないAO入試や推薦入試による学生の多様化が背景にあるが，そもそも大学教育の劣化は学生だけの問題だろうか。大学改革について，学生と教員の両面からあらためて考えてみたい。　（「朝日新聞」2012.9.3)

を見てみよう。非対話性の文連続であることによって，これらのテキストには，対聞き手発話の有標の発話・伝達のモダリティ形式は現れていない。テキストを貫き出現している発話・伝達のモダリティは，無色で消極的なタイプである表明・表出である。その分，この種の書き言葉テキストは，発話・伝達のモダリティが希薄である，と言えよう。事態あてのモダリティにあっては，（2）から分かるように，「ダロウカ」の疑い，「タイ」の願望的把握が示すように，有標形式の出現が可能である。ただ，（1）の第二文に現れている，伝聞を表す「トイウ」は，その文だけでなく，前に来ている最初の文にも働いている。最初の文も，「東電によると」の現れから明らかなように，第二文同様，命題内容の捉え方は伝聞である。伝聞であるということが，文連続の中にあることによって，「残ラナカッタ」のように，文末形式が無標でありながら表されている。文連続中の存在であることによって，モダリティ意味の形式的現れが希薄化しうる例であろう。さらに，（1）の「15日以後は作業班の代表者だけにAPDを持たせ，その被曝線量を作業班全員の線量として記録する運用を始めた。」は，命題内容を確かでしかないものとして捉えた〈確認〉，という事態あてのモダリティを帯びているが，次の文の「コウシタ」の内容として取り込まれている。これも，文連続中の文であることによるモダリティ的意味の希薄化の一つの現れであろう。

8.　おわりに

　本章では，様々なモダリティを概観した。その中で，発話・伝達のモダリ

ティに文の成立・存在において重要な位置づけを与えた．そして，それとの関連で事態めあてのモダリティを位置づけ，その中に認識のモダリティ，情意系のタイプ，当為評価のモダリティを取り出した．さらに，客体的モダリティとして，事態実現の様相と主体の事態への構えを区別した．また，モダリティ形式のあり方・働き方の移行を動的に捉えるように努めた．

参考文献

奥田靖雄 1985「文のこと—文のさまざま (1) —」『教育国語』80: 41–49. むぎ書房
奥田靖雄 1986「まちのぞみ文」『教育国語』85: 21–32. むぎ書房
奥田靖雄 1988「文の意味的なタイプ—その対象的な内容とモーダルな意味とのからみあい—」『教育国語』92: 14–28. むぎ書房
奥田靖雄 1996「文のこと—その分類をめぐって—」『教育国語』2–22: 2–14. むぎ書房
工藤　浩 2005「文の機能と叙法性」『国語と国文学』82–8: 1–15. 東京大学国語国文学会
高梨信乃 2010『評価のモダリティ』くろしお出版
寺村秀夫 1982『日本語のシンタクスと意味Ⅰ』くろしお出版
時枝誠記 1950『日本文法口語篇』岩波書店
仁田義雄 1991『日本語のモダリティと人称』ひつじ書房
仁田義雄 1997『日本語文法研究序説—日本語の記述文法を目指して—』くろしお出版
仁田義雄 2009『日本語のモダリティとその周辺』ひつじ書房
日本語記述文法研究会 2004『現代日本語文法 4 モダリティ』くろしお出版
芳賀　綏 1954「"陳述"とは何もの？」『国語国文』23–4: 47–61. 京都大学文学会
三上　章 1953『現代語法序説—シンタクスの試み—』刀江書院
三上　章 1972『続・現代語法序説—主語廃止論—』復刊 くろしお出版
三上　章 1975『三上章論文集』くろしお出版
山田孝雄 1922『日本文法講義』宝文館出版
山田孝雄 1936『日本文法学概論』宝文館出版
渡辺　実 1953「叙述と陳述—述語文節の構造—」『国語学』13/14: 20–34. 国語学会
渡辺　実 1971『国語構文論』塙書房

第4章

述語をめぐって

1. はじめに

　第1章では,「文について」と題して筆者の文に対する基本的な捉え方を概説した。さらに第2章では,文の領域の問題である文の種類について極めて簡単に触れた。第3章では,文の成立に重要な役割を果すモダリティについて,筆者の捉え方を概説し,そのタイプについて概観した。
　ここでは,（述語）文の中核成分である述語が,文の表し担う多様な文法的意味や文の構造のあり方をどのように実現・形成し,それに関わっていくのかを概説する。したがって,述語という成分が文の統語構造・意味的構造に対してどのような存在であるのかについて考察を巡らせることが目的の一つである。述語は,文の意味－統語構造にとって,中核的な要素であり,第一次的な支配要素である。日本語の文においては,述語は,最も核に位置する支配要素として——このような捉え方が既に一つの立場ではあるが——,文の内部に出現する様々な成分に対して,共起のありようを規定し相関するとともに,文が言語活動の単位として機能するために帯びなければならない様々な文法的意味を,広い意味での形態変化によって担い表し分ける。上述のようなことを考察することは,文の意味－統語構造全体に対する述語の地位・存在のあり方を,その内実に言及しながら明らかにすることにほかならないで

あろう。

　文に対する基本的な捉え方，文の種類，文の成立に不可欠な役割を演じるモダリティへと，概説の歩を進めたのであれば，本来，ここでは，文の命題部分への全体的な素描を行うべきであろうが，素描と言えども，命題部分全体への分析・記述は，文の意味－統語構造への分析・記述の大半を占めるだろう。文の意味－統語構造全体の分析・記述は，何冊かの本が必要になるものである—文の意味－統語構造の一端については，文法カテゴリを分析する，格の問題に迫るなどのあり方で，これまでの既発表の論文で少しは示した—。

　命題部分については，第二部で命題の意味的類型および意味的類型に関わる文のタイプを概説することで，その特徴・あり方の一端を示すことにする。

2. 述語をめぐっての先行研究概観

　まず，先行研究において述語がどのように認識され位置づけられてきたのかをめぐって，ごくごく簡単に見ておくことにする。ただ，ここで取り上げる先行研究は，広く先行研究を見渡した上で偏りなく選んだというものではない。論述上での都合をも含め，筆者仁田が自らの述語に対する捉え方を構築・説明する上で重要と思われるものを選んだものである。その意味で既に筆者によるかなりのバイアスのかかったものになっている。

2.1　学校文法の述語観への道

　先行研究への概観のまず手始めとして，学術研究以前と位置づけるべきかもしれないが，逆にある立場にあっては，ごくごく常識的な捉え方とも言える学校文法的な捉え方を見ておく。

　まず，現行の学校文法での述語の捉え方の淵源になっていると思われる大槻文彦の捉え方・説明のし方を瞥見しておく。大槻は，「人ノ思想ノ上ニ，先ズ，主トシテ浮ブ事物アリテ，次ニ，コレニ伴フハ，其事物ノ動作，作

用，形状，性質等ナリ。」(大槻 1987: 251) と述べ，「花，咲く。」「志，堅し。」などを例示し，「「咲く」又ハ，「堅し」ハ，其ノ主ノ作用，性質ヲ説明スル語ナレバ，<u>説明語</u>(筆者注：今で言う述語)ト称ス。」(大槻 1987: 252) と説明している。いわゆる主語に対する関係的意味の点からの特徴づけである。また，思想形成における，述語の後行性・新規性への指摘を感じさせる説明もある。

　さらに，学校文法に直接的で深い影響を与えたのが，橋本進吉である。以下に引く橋本に由来する言は，教科書への別記からのものであり，彼の学術的な立場を直ちにかつ十全に反映したものである，とは思えないが，彼の立ち位置・振る舞いが，今の学校文法に深い影響を与え，それを作っていったのは，事実である。橋本は，教科書に例文として上げられた「雲雀が飛ぶ。」「人生は短い。」「あれは巡洋艦です。」に対して，「右の文の「どうするか」「どんなであるか」「何であるか」を表はす「飛ぶ」「短い」「巡洋艦です」が「述語」であつて，」(橋本 1938: 213) と述べ，「右の「どうするか」「どんなであるか」「何であるか」を表はす語は，つまり何かを述べ，又は説明する語です。」(橋本 1938: 213) と説明する―加点原著―。動詞述語・形容詞述語・名詞述語という，品詞別の述語を上げ，主語に対する関係的意味のタイプを示し，主語に対する述語の意味的働きを通俗的に述べることで，述語を位置づけている。

　現在の学校文法の出発点になった教科書では，述語は次のように説明されている。「風が　吹く。」「花が　美しい。」「私が　当番です。」という例文を上げ，「文節と文節との関係を考えてみると，「吹く」「美しい」「当番です」という文節は，どうするか，どんなであるか，何であるかを述べたものであり，……。前者のような性質を持つ文節を述語，……という。」(文部省 1947: 7–8) と説明している―加点原著―。橋本の別記からの影響は明らかであろう。

2.2　山田孝雄の述格の捉え方

　文の内容的側面である思想の形成や文の成立に対する深い考察を踏まえ，述語に対する独自の捉え方を提出した学者に山田孝雄がいる。

山田の述語の捉え方は，単語の使われ方，言い換えれば，単語が文（句）を形成するために運用される際の当該単語の，他の単語との相互関係・資格のあり方である位格，および思想そして文およびその素である句―述体の句―の成立に対する捉え方に深く関わり特徴づけられている。まず，〈位格〉について，山田は，「観念語が文句を構成する成分として用ゐらるるために生ずる相互の関係の範疇を語の位格といふ。」（山田 1922: 284）と述べ，位格として7種を取り出し，その一つとして述格を定立する。

　そして，〈述格〉について，「用言が陳述をなすに用ゐらるゝときその位格を述格といふ。述格に立てる語を述語といふ。述語は又説明語ともいふことあり。」（山田 1936: 677）と説明している。この引用からでも分かるように，述語は，その形成材である用言が陳述の作用を果すことにおいて認定されている。述語の本質は陳述の作用を果すところにあり，述語の述語たるゆえんは陳述の作用を果すことにある。したがって，述語が文中の他の成分に対して果す働き，そして文形成に対して果す働きについては，山田の言う陳述なる概念を明確にすることが不可欠になる。

　山田にあっては，文さらに言えばその素である句は，その内面たる思想の成立をもって認定されることになる。そして，その思想は，各種の観念が一点において統合されることによって成立する。各種の観念を一点において統合する働きが，統覚作用と呼ばれるものである。さらに，句は，喚体の句と述体の句に分かれる。述格そしてそれを担う述語は，述体の句に関与するものである。そして，述体の句は，「述格を中心として構成せらるゝもの」（山田 1936: 963）と規定される。述体の句にあっては，思想形成の核をなす，各種の観念を一点において統合する統覚作用は，述格が担うことになる。そのあたりのことを，山田は，「述体の句は二元性の句にして主格と賓格との対立ありて，後二者を統合する述格あるべきこと既に屡々述べたる所なるが，その主格と賓格とは其の句の実質即ち観念内容を充すものにして，述格はその観念内容として対立せる二の者を結合して句としての統一を与ふるものにして，この述格なくば，この種の句は終に成立すべきにあらず。」（山田 1936: 964–965）と説明している。

山田にあっては、述格の本質したがって述語の本質は、上引から明らかなように、主・賓の二者を統合することにある。そしてこれが陳述の作用でもある。

> 述格は普通には主格に対して、陳述をなすに用ゐらるゝ位格なりといはるゝものなるが、これは実は通俗の見にして述格は主格と対立すべき必然の約束を有するものにあらず。……。抑も陳述をなすといふことは之を思想の方面よりいへば主位の観念と賓位の観念との二者の関係を明かにすることにして、その主賓の二者が合一すべき関係にあるか、合一すべからぬ関係にあるかを決定する思想の作用を以て内面の要素として、そを言語の上に発表したるに外ならず。 （山田 1936: 677）

と、述格の担う陳述の作用を説明している。そして、陳述の力のみを純粋に表したものがコピュラであり、通常の実質用言は、その一語中に用言の実質的方面である属性と形式的方面である陳述の力とが混一して存在していている、と説明している。そして、

> 通常用言が主格に対して陳述をなすといはれたるものは実はその用言の実質的方面たる属性を主格に対比することを主としていへるものにして、真に陳述の力を主格に対比せしめたりと確認しての言にはあらざるなり。 （山田 1936: 678）

と述べている。上の引用から分かるように、山田の述格は主格と対立するものではない。したがって、厳密に言えば、述語も、主語と直接的に対をなし対立するものではない。「彼は文法学者です。」において、「彼は」が主格に立つ語したがって主語ということになり、「文法学者」が賓格に立つ語—文の成分としての名づけは与えられていない—、「です」が述格に立つ語である。したがって、述格に立つ語は、「彼は」と「文法学者」の二者に対して、合一・非合一を決定し一つにまとめ上げることになる。ただ、山田にあって

も，形式用言「です」は，語の運用という点からは賓格の語と合わせて一つの用言として扱う，としている。

2.3 森重敏の立場

　山田は，述格の働きの本質を，通例とは異なり，主格(主語)と対をなし関係を取り結ぶことにすぐさま求めない。一つの通常の述語の中に，属性を担う実質的側面と陳述を担う形式的側面との両者の存在を見て取り，述語・述格の本質・中核を陳述の力に求め，一般とは異なって，主格・賓格と関係・対立を前提にして，それらを一つに統合する働きに，述格・述語の本質的な働きを見る。もっとも，山田の述語に対する位置づけ・捉え方も，やはり基本的には，述語を主語と対をなし相関するものとして捉える，という捉え方の一つのバリアントであると大きくは括られよう。これは，三上章のように，主語の認定は日本語文法研究のためには無益有害であるし，述語を中心に文の構造・組み立てを見ていこうとする述語中心観とは，異なるものである。

　山田と同様に，述語を主語との対をなすもの，主語と相関するものとして述語を捉えようとする立場に，森重敏などがいる。いくぶん啓蒙的な書き方のものではあるが―このことは内容の独自性とは関わらない―，森重は，「述語は，主語あっての述語である。「どうする」「どうだ」「何だ」は「何が(は)」についてのことである。これを主語と述語は相関するというが，相関するには相関する両項―主語と述語―間に関係それ自体としての一つの力が働いていなければならない。この力を一般に陳述と呼んでいる。」(森重 1971: 71)と述べている―加点原著―。述語は，主語と相関することにおいて存在している，という捉え方である。また，山田とは少しばかり異なると思われるが，主語と述語を相関させることになる関係構築の作用を陳述という用語を用いて呼んでいる。

2.4 渡辺実の述語観

　ここでは，渡辺実の述語観について瞥見しておく。渡辺は，山田の，述語の陳述による句―通常に言う節―の成立に対する捉え方，および時枝誠記

の，話し手の立場の表現であるとされる辞による文の成立に対する捉え方の，双方の優れたところと問題点を克服すべく，独自の構文的職能観に立ち，句(節)と文との成立を構文論的な分析・記述のし方で説明し分けようとした。

渡辺は，文について，「文とは要するに，陳述のための，陳述による，陳述の表現である。」(渡辺 1971: 108) と述べている。渡辺の陳述は，山田のそれとは少しばかり異なるが，やはり陳述は述語という存在によって果される構文的職能である，ということになる。もっとも，文を作り上げるにあたっての関係構成の職能を担う成分，たとえば，統叙の機能を担う統叙成分，陳述の機能を担う陳述成分，連用の機能を担う連用成分など，構文的職能と成分とが基本・中心になる渡辺の構文論にとって，述語という用語・捉え方はさほど重要でないが，従来の研究との関連もあって，述語に対しても，自らの立場による捉え方を示している。

文の成立を陳述という職能において捉える渡辺の述語観は，主語と対をなすもの，対立するものとしての述語，という捉え方ではなく，述語を中心に文の統語構造を捉えようとする述語中心主義である，と言えよう。そして，述語について，「述語とは，①素材（概念）と②統叙，③素材（叙述内容）と④陳述または再展叙，以上二重の職能的結合体である。したがって成分としては二成分に相当する。」(渡辺 1971: 70) と説明することになる。述語という文の成分は，渡辺の構文論においては，自らの設定する職能を二重に担う二成分相当である，とされる。ただ，これは語り方ほどに奇抜であるというものではない。これは，述語の有する上向きの機能と下向きの機能を捉えたものである。つまり，述語による係りの成分をまとめる受けの機能—渡辺の言う統叙の職能—と，述語が広い意味での形を変えることによって担い分ける切れ続きの機能—渡辺の言う陳述および再展叙の機能—とを捉えたものである。述語は，自らに従属してくる成分をまとめ上げながら節を作り上げ，さらに主節の述語に対して係っていくこともあれば，そこで断止し文を完成させることもある存在である。

2.5 言語学研究会の捉え方

　ここでは，言語学研究会の述語に対する捉え方をごくごく簡単に見ておく。言語学研究会の考え方・捉え方については，鈴木重幸が，言語学研究会を代表して，自らのグループが編纂に協力した小学校の文法教科書に対して解説する形で書いた日本語文法書を中心に見ていく。

　言語学研究会では，単語を，語彙−文法的な単位と捉え，言語の基本的単位として重視し，文を組み立てる基本的な存在・構築材と位置づけている。単語を文形成の基本的な単位として位置づける，ということは，単語を，文の直接的な構成要素をなしうる存在として捉える，ということである。文の成分は基本的に単語から成り立っていることになる。単語が文の成分として機能するときに取る広い意味で形態的な変化は，基本的に単語の語形変化になり，単語の語形変化を形成する諸要素は，単語の内部要素ということになる。したがって，従来の助詞，助動詞の大部分は単語以下の存在として位置づけられる。

　また，単語が文の成分として帯びる他の単語との関係的な意味や，単語連鎖が文になるにあたって帯びる様々な文法的意味―これらを彼らは陳述的な意味と呼ぶ―を重視し，十全に取り出せるように努めている。単語の形態的な変化形によって表される文法的意味は，類として共通性を有し，種として対立的な異なりを有するいくつかのグループに分けられる。種として対立的に異なるいくつかの文法的意味を一つにまとめる共通する類としての文法的意味を，文法カテゴリ―彼らは文法カテゴリーと表記―と呼ぶ。文法カテゴリを重視しながら，文の成分さらに言えばその構築材たる単語の形態変化とそれが表す文法的意味を十全に取り出そうとするのが，言語学研究会の一つの優れた特徴である。この特徴は，彼らの述語の捉え方にも現れている。

　文の意味−統語構造を述語中心に見ていくか，主語と述語との対立・相関において見るか，という点からすれば，言語学研究会の述語の捉え方は，主語と対をなし相関するもの，という立場である。「主語と述語とは相互に分化した文の部分であって，述語をぬきにして主語を規定することができない

し，逆に，主語をぬきにして述語を規定することはできない。」（鈴木 1972：68）と述べているところに，そのことはよく現れている。述語の文法的な特徴については，「述語は，ただ属性（動き，存在，状態，性質……）一般をあらわすのではなく，主語のあらわすものごとの属性をあらわす。それだけではない。さらに，述語は，いろいろな陳述的な意味をもあらわす。」（鈴木 1972：68）と特徴づけ説明している―加点原著―。述語の意味を主語との関係の中で働き立ち現われるものとして捉えている―これは何も珍しいことではなく，極めて伝統的な立場―。また，述語が文を形成するときに帯びる文法的意味を，〈陳述的な意味〉として取り出している。陳述的な意味としては，述語の表す属性が主語の表すモノゴトに対して成り立つのか否かを表す〈みとめ方〉，モノゴトと属性の関係がいつ成り立つのかを表す〈とき〉，文の素材内容や聞き手への話し手の態度を表す〈モダリティー〉―鈴木の表記に従う―を上げている。述語の表す文法的意味を，体系的に扱い，文法カテゴリとして取り出しているのが言語学研究会の優れた点の一つであろう。

文法カテゴリと関連して，宮島 1972 は，用言的カテゴリと動詞的カテゴリに分け，前者にはテンス・ムード・みとめ方・ていねいさ・中止・条件などを属させて，後者にはアスペクト・ボイス，およびムードのうちの命令・意志を属させている。これは述語を形成する品詞が異なれば，述語に現れる文法カテゴリが異なってくる，ということへの言及につながっていく。

3. 筆者（仁田）の述語の捉え方

3.1 述語概観

ここでは，筆者仁田の述語に対する捉え方を簡単に述べていく。まず，述語の特性・本質についてごく簡単にまとめておく。

述語とは文の成分の一つである。〈文の成分〉とは，一つの統一体である文を，表層の表現形式のレベルで分割していったときに切り出される部分的まとまり・下位的構成要素である―これとは違った，題目・解説という情報通

達のレベルでの分割によって切り出される部分的まとまりも設定できる—。当然，文の成分は，動詞や形容詞や名詞や副詞といった，単語の文法的性格の異なりによる下位類である品詞とは別物である。ただ別物ではあるが，述語の文法的な特性として語られるものの中には，動詞などの品詞から来る文法的な特性であるものも少なくない。

〈述語〉とは，文のセンター・中核成分であり，第一次的な支配要素である。述語は，動きや状態や属性などの語彙的意味を担い，自らに依存・従属してくる他の諸成分をまとめ上げ，文を形成する成分である。自らに依存・従属してくる諸成分を一つにまとめ上げることで，述語は，文の表している意味内容である一つの事態を構築する。さらに，述語は，文を形成するために，その形態を変化させたり，いわゆる助動詞や助詞を付加させたりしながら，肯否，テンス，丁寧さ，モダリティなどの文法カテゴリを表示し，種々の断続関係を表し，様々なタイプの節の述語になる。節の述語になるということは，述語は節を構築するということである。その節が他に従属していく節を持たない場合—その文に存在する唯一の節であるときも—，述語は文を形成することになる。

3.2 品詞による述語のタイプ

述語は，述語を形成する品詞のタイプによって，動詞述語・形容詞述語・名詞述語に分けられる。形容詞述語には，イ形容詞述語とナ形容詞述語がある。さらに副詞も述語になることがある。動詞述語によって出来ている文は動詞文，形容詞述語からなる文は形容詞文，名詞述語によって出来ている文は名詞文と呼ばれる。

（1）　稔はその時はっきりと男の顔を<u>思い出した</u>。
（2）　雨がしとしと<u>降っています</u>。
（3）　君，すぐに現場に<u>飛んでくれ</u>。
（4）　わたしたちも家が<u>欲しい</u>わ。
（5）　林さんはフランス語研究に<u>熱心でした</u>。
（6）　北海道の冬は<u>寒い</u>。

(7) 森田さんはその時分はまだ副社長だった。
(8) 行き先はスイスのジュネーブね。
(9) 彼の歩き方はとてもゆっくりだった。
(10) 手持ちのお金は今や少しです。

（1）（2）（3）の「思い出した」「降っています」「飛んでくれ」が動詞述語であり，（4）（6）の「欲しいわ」「寒い」がイ形容詞述語で，（5）の「熱心でした」がナ形容詞述語であり，（7）（8）の「副社長だった」「スイスのジュネーブね」が名詞述語である。さらに，（9）（10）の「ゆっくりだった」「少しです」は副詞を核とした述語である。副詞による述語は，意味的にも形態的な作られ方—「ダ」の類を伴う—の点からも，（ナ）形容詞述語の周辺に位置するものとして扱ってよいだろう。

　名詞述語は，「ウドはウコギ科の宿根草。」のように名詞だけで出来ている場合もないではないが，通例，「彼は報道カメラマン{だ／です／かもしれない／にちがいない／らしい／のようだ／みたいだ}。」のように，いわゆる助動詞—筆者はこれらを判定詞と呼んでいる—を付加することによって作られる。ただ，ある種の終助辞は，「あなたが私のパートナーね。」「これ，あなたへの手紙よ。」「犯人はあいつさ。」のように，判定詞なしでも名詞述語を形成しうる—「*犯人はあいつださ。」のように，「ダ」を伴うと逸脱性が生じる場合もあるが，当然「あなたが私のパートナーだね。」のように，「ダ」の後にも現れうる—。

　形成する品詞からした述語の種類は，一対一の関係ではないが，その述語によって形成される文の表す意味的類型に深く関わる—文の表す命題の意味類型については第二部で瞥見する—。動詞述語の中心・典型的なあり方は，動きを表す文を形成することであり，それに対して，形容詞述語や名詞述語は，状態や属性を表す文を形成する。

4. 述語の統合機能

　文ないしは節を構築するに際して，何が述語の最も重要な機能なのだろう

か，そしてそれは述語を形成している単語の有している文法機能とどのように関係しているのだろうか。そのようなことを，ここでは少しばかり考えてみたい。

述語は，節を作り上げる成分である。その節が他に依存することのない節—主節—であるとき，述語は文を作り上げる成分になる。単語が世界の一断片を表すのに対して，節が担い表すものが，ある出来事・事柄という一つの事態であることを考えれば，いくつかの，世界の一断片を一つにまとめ上げ，一つの事態を作り上げるのは，述語が，他の成分の表す世界の一断片を一つに統合するからである。このことからすれば，文形成における述語の最も中心的な機能は，述語に依存・従属してくる他の諸成分を一つにまとめ上げる，述語の統合機能である，ということになろう。

単語の有する文法機能・文法的な特性が，その単語がどのような文の成分になりうるかに大きな影響を与え，そのことを基本的に規定していることを考えれば，文の成分が有する文法機能も，その文の成分になりうる単語の有している文法機能・文法的な特性と密接に関係していることは，言うまでもないだろう。

述語の有する統合機能を，述語が文(節)を構築する上での極めて重要な機能と捉え，それがどのようなものであるかを，ここで少しばかり見ていくことにする。ここでは，形容詞述語や名詞述語についても触れはするものの，動詞によって形成された動詞述語を中心に考えていく。動詞は，述語を形成するのがその中心的な文法機能であり，さらに述語の統合機能が最も多彩に現れるのが動詞述語である。

4.1 統合機能の中核的な内実

動詞述語の場合，述語の中心的な統合機能の内実はいわゆる動詞の格支配として現れる—当然，述語が統合する要素は格成分だけではない—。動詞の格支配は，動詞に依存・従属する成分を受動的に受け止め一つにまとめ上げる，というものではなく，その成分の同一文(節)中での現れを自らが指定・要請し，一つにまとめ上げる，というものである。

（1）　木が枯れた。
（2）　先生が子供を慰めている。
（3）　犬が怪しい男にかみついた。
（4）　博は洋子と結婚した。
（5）　博は洋子に花束を贈った。
（6）　会計が会員から会費を集めた。

上掲の例文は，動詞述語さらに言えば動詞が，どのような格成分を自らがその出現を要請し，そしてまとめ上げ一つの事態を構築するか，という統合機能の多様な内実を示している。それぞれの述語動詞は，（1）ではいわゆる主語つまりガ格成分，（2）では主語とヲ格補語，（3）では主語とニ格補語，（4）では主語とト格補語，（5）では主語とヲ格補語，ニ格補語，（6）では主語とヲ格補語，カラ格補語，の出現をそれぞれ要請し一つにまとめ上げている。ガ格成分は他の補語と違った統語的特徴・地位を有している——したがって，補語から取り出して主語として一応別扱いする——ものの，基本的には動詞にその出現をあらかじめ要請される要素の一つである。

　動詞が，述語になって文（節）を形成するとき，自らの有している語彙的意味が表す動き・状態・属性を実現・完成するために，どのような名詞句の組み合わせを取るかが決まっている。このような，動詞が，文（節）の形成にあたって，自らの表す動き・状態・属性を実現・完成のために最低限必要な名詞句の組み合わせを選択的に要求する働きを〈格支配〉と仮称しておく。動詞がその出現を要求する名詞句の組み合わせを〈格体制〉と仮に呼んでおく。（1）「枯レル」は［Ｎガ］，（2）の「慰メル」は［Ｎガ，Ｎヲ］，（3）の「カミツク」は［Ｎガ，Ｎニ］，（4）の「結婚スル」は［Ｎガ，Ｎト］，（5）の「贈ル」は［Ｎガ，Ｎヲ，Ｎニ］，（6）の「集メル」は［Ｎガ，Ｎヲ，Ｎカラ］，と表記できる格体制をそれぞれに取る。格体制の中に現れる名詞句が，その動詞が述語として文を形成するとき，主語や補語として出現することになる。格体制としてその現れを要請される，ということは，動詞の表す動きや状態などの参画者として，ある意味で動詞の語彙的意味の中に既に存在していたものが，分立し出現したのである。たとえば，「贈ル」は，「誰カガ」

「何カヲ」「誰カニ」贈るという動きである。本来内在していたものが分立したのであれば，それは統合されて一つになることを前提としている—どのような類的な（範疇的な）語彙的意味を有している動詞が，どのような格体制を取るかなどの詳しい記述，および意味格に対する暫定的な取り出しは，仁田 2010a でかなり詳しく述べた。また，格については仁田 2009 でも触れてある—。

　属性の持ち主だけが必要になるタイプの名詞述語の場合は，主語に対する統合が大きく前面化するが，述語の統合機能の対象は，当然主語だけではない。述語の表す動きや状態などを実現・完成させ一つの事態を構築するのに必要な成分全体が，述語の統合機能の対象になる。動詞述語の統合機能の中核的な内実は，動詞がそれぞれの格体制を支配することにある。

　動詞述語では多彩な現れを呈した格体制も，形容詞述語や名詞述語の場合，状態や属性の持ち主だけである，という場合が少なくない。「柿の実が赤い。」「彼は北海道生まれだ。」のような場合がそうである。「赤い」という形容詞述語や「北海道生まれだ」という名詞述語が必要とするのは，状態や属性の持ち主を表す主語だけである。さらに主語の出現は，動きを表す動詞述語の場合とは異なって，述語にあらかじめその出現を指定されている，というあり方ではなく，事態をまとめ上げるのが述語の統合機能である，ということを認めるにしても，述語と主語とは互いに他を前提とした相互対立的存在である。述語と主語は，述語である状態や属性の持ち主として主語が在るという側面とともに，主語を占めるモノの帯びる状態や属性として述語が在るという側面とを，ともに有している。

　もっとも，形容詞述語にも名詞述語にも，主語以外の成分の出現を要求するものもある。

　　（7）　彼は京都の地理に詳しい。
　　（8）　太郎は次郎と友人だ。

（7）の「詳シイ」は主語とニ格補語を，（8）の「友人ダ」は主語とト格補語を，それぞれに出現させている。

　述語に依存・従属してくる成分を一つにまとめ上げ，一つの事態を形成す

る，という述語の統合機能は，述語のタイプの違いを越え，総ての述語に存したが，その内実―特に中核的な部分―のありようは，述語のタイプ，しかも類的な語彙的意味―これを範疇的意味と仮称―からした述語のタイプによって異なっている。

統合機能の中核的な内実のありようの異なりには，述語を形成している単語の語彙的意味の類型が深く関わっていた。このことは，統合機能を発動させるものは，動詞や述語全体であるが，統合機能の内実の異なりを引き起こすものは，動詞や述語の表す語彙的意味の部分であることを示している。たとえば，

（9） 太郎が銀行からお金を引き出し，次郎が銀行にお金を預けた。

において，「引キ出ス」の統合機能の中核的な内実が［Nガ，Nヲ，Nカラ］であり，「預ケル」の統合機能のそれが［Nガ，Nヲ，Nニ］であるのは，「引キ出ス」と「預ケル」の語彙的意味の類型の異なりによっている。

動詞述語の語彙的意味を担っているのは，動詞の語幹部分である。次の(10)の「引キ出シ」は，(9)「引キ出シ」とは異なり，動詞「引キ出ス」からの転成名詞である。ただ，両者は極めてよく似た語彙的意味を有していると言えよう。

（10） 太郎の銀行からのお金の引き出し

が示すように，転成名詞「引キ出シ」は，規定語を受け止め，自らの表す意味を修飾・限定する，という機能―これも受けの機能，統合機能の一種―を有しているが，動詞述語が有している，いくつかの，世界の一断片を一つにまとめ上げ，一つの事態を形成する，という統合機能ではない。述語の統合機能は，述語全体さらに言えば動詞全体―これを述語性とか用言性とか仮称することも可能か―に担われている。

4.2　統合機能の拡大

上述のような，述語の統合機能の中核は，その述語によって構築される文（節）が表す事態の骨格部分の形成を担っている。ただ，述語の統合機能の対象は，事態の骨格部分をまとめ上げ形成するだけではない。述語による文形

成の過程を登るにつれて、他の依存・従属してくる成分をも一つにまとめ上げ、文全体の表している意味内容を構築していくことになる。

「彼が本を読んだ。」のように、「読ム」という動詞述語によって構築される文（節）が表す事態の骨格部分は、

(11) 彼は熱心に本を読んだ。

(12) 彼は何時間も熱心に本を読んでいた。

のように、拡大させられていく—このあたりの事は、第1章の「言表事態の形成」の箇所でも触れた—。事態の骨格部分が拡大していく、ということは、述語が、事態の骨格部分を拡大・展開させていく依存・従属成分を受け止め、一つにまとめ上げる、ということである。事態の骨格部分は、骨格部分を豊かにしたり限定したりする補足的情報・背景的情報を付け加えることで、より具体的なものへと成長していく。(11)では、「熱心ニ」という、事態の実現のあり方を特徴づける成分が付加され、それをも含め述語の統合機能が働いている。(12)では、「何時間モ」という、事態の内的な時間的特性に言及する成分が付加され、事態がさらに拡大・成長している。

(13) 彼は何時間も自宅の書斎で熱心に本を読んでいた。

(14) 彼はしばしば何時間も自宅の書斎で熱心に本を読んでいた。

(15) あの頃彼はしばしば何時間も自宅の書斎で熱心に本を読んでいた。

(13)では、さらに事態成立の外的背景の一つである、所の表現を表す状況語が付加され、それを含め述語の統合機能の対象になっている。(14)では、一定の期間における事態生起の回数的なあり方を表す表現を付加させ、それを含め述語の統合機能でまとめ上げている。さらに、(15)では、事態の成立した時を表す成分を加え、それをも述語が統合し一つにまとめ上げることで、事態の内容をさらに豊かにし成長させている。このように、事態の骨格部分は、付加的な情報を表す成分を出現させ、それを含め述語が一つにまとめ上げていくことによって、拡大・成長していく。

骨格部分を拡大・成長させる成分の出現には、述語が帯びることになる文法カテゴリが関わり、それと相関している。たとえば、事態の内的な時間的

特性に言及する成分の現れ方にはアスペクトが関わっているし，どのようなタイプの時の成分が現れるかには，テンスが関わっている。事態の骨格部分を形成する，という述語の統合機能の中核部分に大きな影響を与えたのが，述語の語幹部分であったのに対して，事態を拡大・成長させていく成分の出現・統合には，述語の帯びる文法カテゴリが関わってくる。

4.3 述語のタイプによる統合機能発動の抑制

　述語を形成する単語は，自らの形態を変化させたり，いわゆる助詞—筆者自身は助辞と呼ぶ—を付加させたりすることによって，種々の断続関係を表し，様々なタイプの節の述語になる。述語の有する統合機能の中核的な内実は，述語の表す語彙的意味の類型に大きく影響されていた。それは，述語の統合機能の中核的な内実が，述語を形成する動詞や形容詞という単語の統合機能に基本的に還元できる，ということでもある。ただ，その単語によって形成された述語がどのようなタイプの述語になっても，その単語の有していた統合機能が維持されるか，ということについては，少しばかり考えてみる必要があろう。

　ここで問題にするのは，事態の骨格部分を形成するところの，統合機能の中核についてである。拡大・成長させていく成分に対する統合機能の中には，文形成の過程を登らなくては出現しないものがあった。しかし，述語を形成する単語の統合機能に基本的に還元できる，事態の骨格部分を形成する統合機能の中核であれば，総てのタイプの述語，文形成の総ての段階において発動する，と考えられるのが通例であろう。それらが，文形成の過程のある段階において，その発動を抑圧・変容させられることがあれば，それは，統合機能の中核と言えども，単語の語彙－統語的タイプと述語という文の成分との相互作用の結果の発現・発動である，ということになろう。

　(16)　太郎は大学に出かけたが，次郎は自宅でレポートを書いていた。
　(17)　先生が子供を激しく叱ったので，子供が泣き出した。
　(18)　彼が本当のことを僕に話してくれれば，僕は彼を助けるつもりです。

事実，(16)の「出かけたが」のように逆接・対立関係を表す従属節の述語であれ，(17)の「叱ったので」のように原因・理由を表す従属節の述語であれ，(18)の「話してくれれば」のように条件を表す従属節の述語であれ，「出カケル」「叱ル」「話ス」という動詞は，その統合機能の中核部分の内実—[Nガ，Nニ][Nガ，Nヲ][Nガ，Nヲ，Nニ]という格体制として現れる動詞の格支配—を維持している。しかし，このような場合ばかりではない。

　　(19)　男は，ゆったりと椅子に坐って，おいしそうにコーヒーを飲みながら，新聞を読んでいた。

(19)の2つの下線部では，「坐ル」「飲ム」という動詞が取る[Nガ，Nニ][Nガ，Nヲ]の格体制の中に存するガ格成分を出現させることができない。下線部は，ともに主節の動きが行われるときの，主体の付帯状況や動きの様態を表している—この例では，[男ハ[ユッタリト椅子ニ坐ッテ[オイシソウニコーヒーヲ飲ミナガラ]]新聞ヲ読ンデイタ]のように，「ゆったりと椅子に坐っておいしそうにコーヒーを飲みながら」全体が「新聞を読んでいた」の様態を表している—。二重線部の「坐って」や「飲みながら」を述語と見ない考え方もないではないが—「シナガラ」の形を鈴木1972は副動詞として別立て—，ここでは，ガ格成分は取らないものの，ニ格成分やヲ格成分を取ることによって，様態を表す従属節の述語として捉える。

　主節の動きの様態とは，主節の動きが実現するときのあり方を，動きとともに現れる様々なありように言及することによって表したものである。たとえば，[塀ガ壊レル]という事態・動きが発生したその時，[バリバリト音ガ立ツ]のではなく，[ミシミシト音ガ立ツ]という事態が付随的に起こっていたのであれば，[ミシミシト音ガ立ツ]ことに言及することが，主節事態の行われ方・様態を表すことになる。上述の事態を表現するにあたって，「みしみしと音を立てながら，塀が壊れた。」とは言えるが，「*みしみしと音が立ちながら，塀が壊れた。」とは言えない。主節事態に付随して起こった事態は，主節事態の主体が同時にその事態の主体であると捉えられることによって，主節事態の実現のし方を表す様態になる。このように，様態を表す従属

節の述語は，ガ格成分を出現させることができない。様態を表す従属節の述語のように，動詞が本来持つ統合機能の発現が一部抑圧・変容させられる述語の存することが分かる。述語の統合機能の中核にあっても，その発現・発動は，単語の語彙-統語的タイプと述語(のタイプ)という文の成分との相互作用の結果である。

様態を表す従属節の述語が主語を取るという統合機能を抑圧する，という現象は，従属節の独立度や文的度合・従属度に関わっているし，また主語の統語的な位置に関わっている。よく知られているように，述語の帯びる文法カテゴリの出現には，それが現れる節の文的度合が大きく関わっている。

5. 節形成からした述語の種類

既に触れたように，述語を形成する単語は，自らの形態を変化させたり，いわゆる助詞を付加させたりすることによって，種々の断続関係を表し，様々なタイプの節の述語になる。述語の働き・使命は，節の中核成分，第一次的な支配要素として，自らに依存・従属してくる成分を統合し，節を形成することである。述語が形成する節には，様々なものがある。その節が他に従属していく節を持たない場合，(その)述語は文を形成することになる。既によく知られているように，節のタイプに応じて，その節の取りうる依存・従属成分の種類や述語の帯びる文法カテゴリの種類が決まっている。したがって，述語の形成する節の異なりは，また，述語の種類の異なりでもある。

以下，節の様々を見ることを通して，述語の種類の様々を瞥見する。

節のタイプとしては，まず他に依存・従属することのない節が上げられる。単文の場合，文中に存する唯一の節なので，従属を予想させる主という修飾は良くないかもしれない。自立節とでも呼ぶ方がふさわしいかもしれないが，ここでは，他に依存・従属していかない節をとりあえず〈主節〉と仮称しておく。それに対して主節に従属する節として，従属節・埋め込み節・連体修飾節の三種を取り出しておく―節については，第2章「文の種類をめ

ぐって」の中の「節による組み立てからの文分類」でもごくごく簡単に触れた―。〈従属節〉は，節としての地位を保ちながら，様々な意味的関係で主節に直接的に従属し連なっていくものである。〈埋め込み節〉とは，節が成分形成として働いているものである―ここでは名詞節として機能している場合を取り上げた―。埋め込み節では節から成分への格下げ（rank shift）が行われている。〈連体修飾節〉とは，名詞への修飾・限定を行うものである。これは，従属節とは違って，主節との関係のあり方が間接的である。

5.1 埋め込み節を形成する述語

　以下，それぞれの節を瞥見しながら，それぞれの節を形成する述語を例示していく。まず埋め込み節―埋め込み節を成分節とも呼ぶことがある―から見ていく。以下，少しばかり名詞節として働いている埋め込み節の例を挙げて，ごく簡単に説明を加えておく。
　（1）　慣れない場所で初めての人に会うのは気が重い。
　（2）　僕は彼が運動場で元気よく走っているところを目撃している。
　（3）　昨日僕は彼が9時頃家に帰ってきたのに気づいた。
埋め込み節は成分相当として機能する。（1）は主語，（2）はヲ格補語，（3）はニ格補語を形成している。これらはいずれも動詞述語の場合のものであるが，形容詞述語や名詞述語も，
　（4）　彼が学生に親切なことは皆がよく知っている。
　（5）　太郎が次郎と親友であることに気づかなかった。
のように，埋め込み節の述語になりうる。（4）が（ナ）形容詞述語から出来ているもので，（5）が名詞述語から出来ている埋め込み節である。埋め込み節の述語は，（4）の「親切な」からも分かるように，いわゆる連体形を取る。また，名詞相当の節として働くために，「ノ」「コト」「トコロ」といった形式名詞を名詞節形成辞― complementizer（補文標識）と呼ばれたもの―として取る。
　また，この他にも，
　（6）　彼がいつ帰った（の）かを教えて下さい。

（7）　彼が学生に親切 {φ／だった} か誰も知らない。
　（8）　太郎が学生 {φ／である} かは不明だ。
などのように，疑問の対象になる名詞節を取る埋め込み節がある。これには，「カ」が名詞節形成辞として働く―名詞節形成辞の「ノ」を前接させう る―。また，ナ形容詞述語や名詞述語の場合，語幹や名詞だけで埋め込み節の述語として働きうる。

　さらに，いわゆる引用節も埋め込み節の一種として位置づけられよう。「上司は僕に直ぐに現場に行ってくれと指示した。」「僕はたぶん彼が犯人だろうと推測した。」などが，引用節を含む文である。これらは，「上司は僕に現場への直行を指示した。」「僕は容疑者を推測した。」でのヲ格補語と等価の資格で働いている。したがって，引用節も埋め込み節の一種として扱うことが可能であろう。

　ただ，特に発話動詞の補語相当としての引用節の述語は，上掲の例文から分かるように，主節と同等の資格で，いわゆる終止形で，発話・伝達のモダリティや認識のモダリティを出現させる。

5.2　連体修飾節を形成する述語

　次に，連体修飾節を取り上げ，連体修飾節を形成する述語を見ておく。連体修飾節の述語は，いわゆる内の関係と外の関係でかなり異なりを示す。ちなみに〈内の関係〉とは，主名詞（被修飾名詞）が，連体修飾節の述語の統合機能の対象，つまり連体修飾節の述語に対して主語や補語や状況語として意味解釈される場合である。それに対して，〈外の関係〉とは，連体修飾節の述語の統合機能の対象にならない場合である―内の関係・外の関係という用語は，寺村秀夫が1975年から1978年にかけて4回にわたり『日本語・日本文化』に掲載した論文で使われたもの。ただし，章末の参考論文では，参照のしやすさを考え，それが収録されている『寺村秀夫論文集』を挙げた―。

　（9）　昨年僕はかって父が愛したA市を訪れた。
　（10）　彼らが対立候補の擁立を画策している {φ／という} 噂を聞いた。
　（11）　僕は母から直ぐ自宅に戻れ {という／との} 電報を受け取った。

（9）（10）（11）の「A市」「噂」「電報」が主名詞であり，それ以前の下線部が連体修飾節である。（9）が内の関係，（10）（11）が外の関係である。内の関係での連体修飾節の述語はいわゆる連体形である。それに対して，外の関係では，連体修飾節の述語は多様な形態を取りうる。いわゆる（無標の）終止形，というだけでなく，「という」や「との」を取り，（11）の例が示すように，主節の述語と同様に命令形も現れうる。ただ，「という」を取るものの中にも，「彼女は子供が病気勝ちという理由で採用されなかった。」が示しているように，ナ・ノ形容詞述語―「病気勝ちだ」は「病気勝ち｛な／の｝人」のように両形が可能―の場合，語幹だけで述語として働きうる。

　また，形容詞の場合，述語として働いているしたがって節なのか，それとも規定語に過ぎないのか，の区別がそう簡単でない場合が存する。「激しかった雨が先ほど止んだ。」「激しい雨が先ほど降った。」にあっては，前者はタ形を取りうるが，後者は「*激しかった雨が先ほど降った。」が示すように，タ形にはなりえない。前者が述語的であるのに対して，後者は，規定語として位置づけがふさわしいものだろう。

5.3　従属節を形成する述語

　ここで従属節を形成する述語の諸種について瞥見する。述語には，主節に近い文的度合の節を作る述語もあれば，独自の主語を持ちえない独立性の低い，その意味では述語，したがって節というよりは，修飾語などの成分に近いものもある。

【等位節】

　まず，主節に近い文的度合の高い節を作る述語から例示していく。最も主節に近い文的度合の高い節として，〈等位節〉と仮称するものがある。

　　（12）　弟はアメリカに留学したが，兄は日本で研究を続けた。
　　（13）　雨も激しくなるだろうし，風もより一層強まるかもしれない。

などがこれである。また，「彼は，背がとても高いし，体格も堂々としている。」や「父は検事だったが，母は弁護士でした。」なども，形容詞述語，名詞述語によって形成されている等位節である。等位節を形成する述語は，

「ガ」「シ」といういわゆる助詞が付加されて作られる―筆者は，助詞を助辞と呼び，独立度は高いが，単語以下の存在と位置づけている―。典型的な等位節では，(12)において，「兄は日本で研究を続けたが，弟はアメリカに留学した。」のように，従属節と主節を入れ換えても，意味はほとんど変わらない。当然，「お腹を壊したが，無理して出かけた。」のように，等位性が低くなれば，従属節と主節を入れ換えることはできない。

【原因・理由節】

次に原因・理由節を取り上げる。〈原因・理由節〉とは主節の事態が生じるための原因や理由を表している節である。これには，文的度合の異なる二種のものがある。

(14) 改築にはお金がかかるだろうから，私は貯金を解約した。

(15) 改築にはお金がかかりそうなので，私は貯金を解約した。

などがこれである。(14)は，助辞「カラ」を伴うもので，終止形述語で出来ており，(15)は，「ノデ」を伴うもので，連体形述語で出来ている。「カラ」を伴う述語の方が「ノデ」を伴う述語より文的度合が高い。

原因・理由節の一種として，無効になった原因・理由を表すものがある。「ノデ」述語と対をなすものである。「一生懸命勉強したのに，試験に合格しなかった。」がこれである。述語は，連体形に「ノニ」を伴う形式を取る。

【条件節】

続いて，条件節を作る述語が上げられる。〈条件節〉とは，主節の事態の実現・成立が，ある事態の存在の仮定の元に成り立つとき，その仮定された事態を表すものである。

(16) 雨が降れば，いつもこの辺りは水が出る。

(17) これ以上酒を飲むと，立っていられなくなる。

(18) 情報をお聞きになりましたら，直ぐお教え下さいませ。

などが条件節であり，「スレバ」「スルト」「シタラ」が条件節を形成する述語である。また，「もう少し足が速かったら，僕も大会に出たのだが。」は，形容詞述語による条件節の述語であり―反事実条件を表しているが―，「彼が学生であれば，料金は割引される。」は，名詞述語による条件節の述語で

ある。他に,「彼が{賛成してくれる／賛成してくれた}なら,この計画は必ず成功する。」が示すように,「{スル／シタ}ナラ」も条件節を形成する述語である。

条件節の一種には,「いくら雨が降ったって,この堤防は崩れない。」などのように,有効に働かない条件を表すものがある。「シタッテ」や「シテモ」が無効条件を表す節を形成する述語である。

【様態節】
さらに,独自の主語を持ちえない独立性の低いしたがって文的度合の極めて低い節に,様態節がある。〈様態節〉とは,主節の表す事態が,どのような行われ方・様態・付帯状況で実現したかを表している節である。

(19) 僕は,コーヒーを飲みながら本を読んでいた。
(20) 救急車は,サイレンを鳴らしつつ交差点を走り抜けた。

などが様態節の例であり,「シナガラ」「シツツ」が様態節を形成する述語である。既に触れたように,様態節は,様態節独自の主語を取れない。また,「彼は,足を投げ出して,人の話を聞いていた。」の「シテ」—テ形—も,様態節を形成している。ただ,よく知られているように,テ形および中止形—いわゆる連用形—は,様々な節の述語になりうる。

【並列節】
最後に並列節を作る述語を瞥見しておく。〈並列節〉は,複数の事態を例示的に示す働きをするものである。並列語が述語に対して間接的にしか関係を持たなかったように,並列節も,それぞれは部分的存在として一つにまとめ上げられ,全体で主節に対して様々な関係でつながっていく。したがって,他の従属節とは少しばかり異なる。

(21) 夏休みは,論文を執筆したり,調査に出かけたりします。

などが,並列節の代表であろう。「シタリ」が並列節を形成する述語である。(21)は,最後の並列節が主節の事態として機能しているものである。ただ,このようなものだけではなく,「彼は,足を投げ出したり体を傾けたりしながら,A氏の話をきいていた。」のように,全体で様態節として働いたり,「雨がこれ以上降ったり風がさらに強くなったりすれば,避難勧告が出る。」

のように，条件節として働いたり，「人手が集まらなかったり資金が足らなかったりしたので，会社の立ち上げを延期した。」のように，原因・理由節として働いたり，「弟は検事だったり弁護士だったりしたが，兄はずっと大学の教員だった。」のように，等位節としても働く。

さらに，並列節を形成する述語には，「分からなければ，人に聞くなり，自分で調べるなりしなさい。」のように，述語が「スルナリ」になるものや，「人に聞くにしろ，自分で調べるにしろ，問題点を整理しておくほうがよい。」のように，述語が「スルニシロ」の形式を取るものなどがある。「分からなければ，人に聞くか，自分で調べるかしなさい。」の「スルカ」なども，並列節を形成する述語として位置づけられよう。

6. 述語の帯びる文法カテゴリ

これも既によく知られていることではあるが，述語の文構造上の地位によって，その述語が帯びる文法カテゴリの数や種類が異なっている。述語が帯びる文法カテゴリは，その述語が形成する節のタイプによって決まってくる。節には，従属性の高い節，言い換えれば文的度合の低い節もあれば，従属性の低い，文的度合の高い節もあるし，その中間に位置するような節もある。文的度合の高い節の述語ほど，多様な文法カテゴリを帯び，文形成の過程の高い段階に現れる文法カテゴリを出現させうる。

6.1 様態節の述語

まず，節独自の主語を取りえず文的度合の最も低い様態節から，その述語が帯びうる文法カテゴリを見ていく。既に見たように，様態節を形成する述語は，「シナガラ」「シツツ」「シテ」などである。

（1）　僕は，壁に押し付けられながら話を聞いていた。
（2）　僕は，顔を｛上げて／上げないで｝話を聞いていた。
（3）＊音楽を聴きましながら本を読んでいた。
（4）＊音楽を聴いているらしいながら本を読んでいた。

様態節には，(1)が示すように，ヴォイスは現れうる。(2)のように，肯否も現れうるが，否定の出現は稀である―「シナガラ」は否定を取らない―。そして，(3)から丁寧さが現れないことが，(4)からアスペクトや認識のモダリティが現れないことが分かる―「酒を飲んでいながら，ウィスキーを注文している。」「下を向いていて，彼に気づかなかった。」が示しているように，「シナガラ」や「シテ」が持続相を取ると，様態節の述語にはならない―。また，「メガネを{かけた／*かける}まま風呂に入っている。」の「シタママ」も，タ形が使われながら様態節の述語として働いているが，無標形式であるル形が現れず，「シタママ」に固定されており，テンスという文法カテゴリが分化・存在しているとは言えない。様態節の述語には，アスペクト，テンス，丁寧さ，認識のモダリティや発話・伝達のモダリティは出現しない。

6.2 条件節の述語

次に，条件節を形成する述語が帯びる文法カテゴリについて見ておく。
　（5）　これ以上きつく握られていると，血行が滞ってしまう。
　（6）　すぐに熱が下がらなくても，心配はありません。
　（7）　彼にお会いになられましたら，ぜひお伝え下さいませ。
(5)にはヴォイス，アスペクトの有標形式が出現し，(6)には肯否の有標形式が出現し，(7)には丁寧さの有標形式が出現している。「スレバ」「シタラ」「スルト」や「シテモ」によって形成される条件節には，ヴォイスやアスペクト，肯否そして稀に丁寧さが現れるが，テンス，認識のモダリティや発話・伝達のモダリティは出現しない。
　（8）　彼が来るなら，皆も来る。
　（9）　彼が来たなら，全員そろったことになる。
ただ，上掲の例から分かるように，「ナラ」付加によって形成される条件節の述語にはテンス形式が現れうる。さらに「ノナラ」の形式では，「*雨が降るだろうのなら，傘を持って行きなさい。」のように，「ダロウ」で表される認識のモダリティの出現は無理だが，「雨が降るかもしれないのなら，傘

を持って行きなさい。」のように，「カモシレナイ」などは現れる。

6.3 ノデ原因・理由節の述語

引き続き，「ノデ」付加によって形成される原因・理由節の述語について見ておく。

　　　(10)　かなり汚されていたので，掃除に時間がかかった。
　　　(11)　さほど集まらないかもしれませんので，小さな部屋で十分です。
　　　(12)＊さほど集まらないだろうので，小さな部屋で十分だ。

(10) の「汚サ＋レ＋テイ＋タ＋ノデ」からは，ヴォイス，アスペクト，テンスの出現が可能であることが分かるし，(11) の「集マラ＋ナイ＋カモシレ＋マ＋セン＋ノデ」からは—この分節化を線条的に捉えてはならない。「カモシレナイ」の形態自体が普通体形として，丁寧体形の「カモシレマセン」と対立—，肯否，丁寧さおよび「カモシレナイ」などの認識のモダリティ形式の出現可能性が分かる。ただ，(12) が示すように，原因・理由を表す「ノデ」述語には，認識のモダリティの「ダロウ」は現れえない。原因・理由を表す「ノデ」述語には，ヴォイス，アスペクト，肯否，丁寧さ，さらに真正度の高い「ダロウ」や伝聞の「ソウダ」を除く認識のモダリティ形式が出現するが，「ダロウ」などの真正度の高い認識のモダリティや発話・伝達のモダリティは現れえない。

6.4 カラ原因・理由節および等位節の述語

述語の帯びる文法カテゴリのタイプについて，「カラ」付加によって形成される原因・理由節の述語と等位節の述語は同じ振る舞い方をする。したがって，ここでは，両者について瞥見しておく。

　　　(13)　お金がかかるだろうから，貯金を解約した。
　　　(14)＊お金がかかるだろうねから，貯金を解約した。

「カラ」述語で形成される原因・理由節では，「ノデ」述語で形成されている原因・理由節に出現する文法カテゴリに加えて，「ダロウ」の認識のモダリティ形式の出現が可能である。ただ，(14) から分かるように，発話・伝達

のモダリティは現れえない。

　次に,「ガ」「ケレド」「シ」などの付加によって形成される等位節の述語について見ておく。

　　（15）　さほど激しくは荒らされていなかったでしょうが,やはり修理にはかなり手間がかかるでしょう。
　　（16）　彼は,伊豆では,温泉にも入っただろうし,おいしい料理もたべたことだろう。

等位節は,最も文的度合の高く従属性の低い節である。「荒ラサ＋レ＋テイ＋ナカッ＋タ＋デショウ＋ガ」が示すように,ヴォイス,アスペクト,肯否,テンス,丁寧さ,「ダロウ」で表される認識のモダリティが出現する。

　　（17）＊もう少し静かにしてくださいが,なかなか静かにならない。
　　（18）＊彼も来るだろうねし,彼女も来るだろう。

上掲（17）（18）の例文から分かるように,等位節の述語と言えども,発話・伝達のモダリティは出現しえない。

6.5　主節の述語

　主節には,文的度合の高かった等位節にも現れえなかった発話・伝達のモダリティが出現する。

　　（18）　彼はさほど期待されていなかっただろうね。
　　（19）　あの人が理事長ですか？
　　（20）　あまり騒ぎまわらないで下さい。

述語の意味－統語的タイプによって出現が不可能になっていないかぎり,そこで文が成立する主節の述語には,ヴォイス,アスペクト,肯否,テンス,認識のモダリティ,丁寧さ,発話・伝達のモダリティなど,総ての文法カテゴリが出現する。上掲の例文がこのことを示している。

　既に,引用節については,埋め込み節の周辺に存する一種として位置づけた。これも既に触れたが,発話動詞の引用節を形成する述語は,述語が帯びる文法カテゴリのあり方に対して,主節と同様の振る舞い方をする。「太郎は次郎にA氏は皆にさほど期待されていなかっただろうねと言った。」「先

生は学生たちに少しは静かにしなさいと命じた。」が示すように，ヴォイス，アスペクト，肯否，テンス，認識のモダリティ，丁寧さ，発話・伝達のモダリティなど，総ての文法カテゴリが出現しうる。

7. 述語間の層状構造

　これも，南 1974 以来，既によく知られたことではあるが，節と節との間，したがって節を形成する述語間にあっては，包み包み込まれの層状構造が存在する。

　節の中には，文的度合の低く従属性の高い節もあれば，文的度合の高く従属性の低い節もあり，もはや文以外のなにものでもない節もある。これを述語の方から見れば，述語には，様々な文的度合の節を形成する述語があると，ということである。たとえば，

　　(1)　うつらうつらしながら人の話を聞くと，相手に失礼になるので，
　　　　　目を開けていようとしたが，つい眠ってしまったのですか。

(1)の文は，「うつらうつらしながら」という，動きの行われ方を表す様態節が，「人の話を聞くと」という条件節に包み込まれ，「うつらうつらしながら人の話を聞くと」になり，それがさらが「相手に失礼になるので」という原因・理由節に包み込まれ，「うつらうつらしながら人の話を聞くと，相手に失礼になるので」になる。さらにそれらが，「目を開けていようとしたが」という等位節に包み込まれ，「うつらうつらしながら人の話を聞くと，相手に失礼になるので，目を開けていようとしたが」になり，最終的にそれら全体が「つい眠ってしまったのですか」という主節に包み込まれ，(1)の文が出来上がっている。これは，また，それぞれの節を作る述語の包み包み込まれの関係である。つまり，(1)は，

　　[[[[[うつらうつらしながら] 人の話を聞くと] 相手に失礼になるので]
　　目を開けていようとしたが] つい眠ってしまったのですか]

という包み包み込まれの層状構造を有している。これを節のタイプの包み包み込まれの層状構造にすれば，次のようになる。

図　節の階層構造

このことは，それぞれの節を形成する述語が帯びうる文法カテゴリのありようと関係する。様態節には，ヴォイスそして稀に肯否という文法カテゴリは現れえたが，それ以外の文法カテゴリは現れえない。条件節には，上記の文法カテゴリに加えてアスペクトが現れえた。「ノデ」述語の原因・理由節には，さらにテンスの出現が加わる。等位節には，認識のモダリティがさらに現れえた。主節には，発話・伝達のモダリティを含め総ての文法カテゴリが出現しうる。

　述語の帯びうる文法カテゴリの多寡は，その述語が作る節の大きさ・文的度合の大小である。

　条件節と原因・理由節は，条件節を形成する述語形式が，仮定的な条件を表すか，事実的な継起的条件づけを表すかで，その包含関係が変わりうる。

　　（2）　天候が悪化したら山登りを中止するので，ぜひ登りたい人には不満だろう。

　　（3）　問題が生じたので原因を調べたら，意外なことが分かった。

（2）は，[[天候が悪化したら]山登りを中止するので]のように，[[条件節]原因・理由節]という包含関係を取っている。「天候が悪化したら」は仮定的な条件を表している。それに対して，（3）の「原因を調べたら」は，事実的な継起的条件づけを表しており，（3）は，[[問題が生じたので]原因を調べたら]のように，[[原因・理由節]事実的な継起的条件づけを表す節]という包含関係にある。事実的な事象を内部に含みながら，それ全体を仮定的な事象にすることは論理的に無理があろう。したがって，内部に事実的な事象

を表す原因・理由節を含む場合，条件節を作る述語は，仮定的な事象ではなく，事実的な継起条件づけを表すことになる。

　以上，述語を筆者はどのように捉えているか，述語の文法的な働きはどのようなものであるのか，節を作る述語のタイプにはどのようなものがあり，述語の示す文法的な特性が，それぞれでどのように異なるのかを粗々と見てきた。

参考文献
大槻文彦 1897『広日本文典』吉川半七
鈴木重幸 1972『日本語文法・形態論』むぎ書房
鈴木重幸 1996『形態論・序説』むぎ書房
寺村秀夫 1992『寺村秀夫論文集Ⅰ—日本語文法編—』くろしお出版
仁田義雄 1997『日本語文法研究序説—日本語の記述文法を目指して—』くろしお出版
仁田義雄 2002『副詞的表現の諸相』くろしお出版
仁田義雄 2009『日本語の文法カテゴリをめぐって』ひつじ書房
仁田義雄 2010a『語彙論的統語論の観点から』ひつじ書房
仁田義雄 2010b『日本語文法の記述的研究を求めて』ひつじ書房
橋本進吉 1938『改制新文典別記 口語篇』冨山房
南不二男 1974『現代日本語の構造』大修館書店
南不二男 1993『現代日本語文法の輪郭』大修館書店
宮島達夫 1972『動詞の意味・用法の記述的研究』秀英出版
森重　敏 1971『日本文法の諸問題』笠間書院
文 部 省 1947『中等文法 口語』中等学校教科書株式会社
山田孝雄 1922『日本文法講義』宝文館出版
山田孝雄 1936『日本文法学概論』宝文館出版
渡辺　実 1971『国語構文論』塙書房

第二部

命題の意味的類型との関わりにおいて

第5章

命題の意味的類型への概観

1. はじめに

　第一部では,「文とモダリティを中心に」と題して,語とともに言語の基本的な存在の一つである文に対する筆者の基本的な捉え方を概説し,文が有している本質的と,筆者には映る特性を概観し,文の成立に重要な役割を果すモダリティについて少しばかり詳しく触れた。さらに,文の意味－統語構造の中核成分として,その構造の骨格を決定する述語の働きのあり方を概観した。

　文は,それぞれがそのあり方に,相互に影響を与え合いながらも,大きく〈命題（言表事態）〉と〈モダリティ（言表態度）〉という二つの部分に分かれる。両者は,概略次のように規定できよう。命題とは,話し手が外界や内面世界―両者を合わせて現実と仮称―との関わりにおいて描き取ったひとまとまりの事態,文の客体化・対象化された内容である出来事・事柄を表した部分である。それに対して,モダリティの中核は,現実との関わりにおいて,話し手が描き取った言表事態―文の対象的な内容―に対する,発話時に話し手の立場からした捉え方・把握のあり方,およびそれらについての話し手の発話・伝達的な態度のあり方を表した部分である―中核・典型から外れるにしたがって,この特性を欠いていく。もう少し詳しい説明は第3章「モダリ

ティについて」を参照―。

　本書では，文の意味−統語構造全体だけでなく，命題部分の意味−統語構造に対しても全体的な概観は行われない―そのような考察は，概観でさえさらに別の一冊が必要になる―。この第二部では，命題部分に対する考察として，「命題の意味的類型との関わりにおいて」と題して，その意味的類型の概説を行い，静的事態という意味的類型に深く関わる文タイプを取り上げ，少しばかり具体的に見ていく。命題の意味的類型を取り出すということは，命題が事態を描き出していることにより，命題部分に描き出されている事態の意味的類型を取り出す，ということでもある。

　本章では，そういった命題の意味的類型に対する，筆者の基本的な考え方・立場をごくごく簡単に示す。奥田靖雄の所論に導かれ，奥田の所論に対して感じる違和感がどのようなものであるのかを押さえながら，筆者が従来抱いていた命題の意味的類型に対する考え方を明確化していくことを試みる。

2.　先行研究概観

2.1　奥田靖雄に至るまで

　ここでは，命題の意味的類型にあたるものが，従来，いかに捉えられ，いかに分類されてきたかを見ておく。命題の意味的類型についての考察で注目すべきものに，奥田靖雄の所論がある。奥田の所論について見ていく前に，それ以前ないしはその他の考察について，少しばかり触れておく。

　命題の意味的類型への考察として，まず取り上げるべきは，佐久間鼎の所論である。佐久間は，カール・ビューラーの所説に拠りながら，言語の果す機能として，表出・うったえ・演述を取り出す。表出は，感嘆や感動の文として現れ，うったえは，命令や願望などの文として出現する。そして，演述を「事がらについて述べるというはたらき」としたうえで，演述の機能を担う文を〈いいたての文〉と名づけ，その下位類として，〈物語り文〉と〈品さだ

め文〉を取り出し，品さだめ文をさらに〈性状規定〉と〈判断の表現〉とに分けている。

　物語り文と品さだめ文に対しては，それぞれ，

　　物語り文といふ方は，事件の成行を述べるといふ役目に応じるもので，品さだめ文の方は物事の性質や状態を述べたり，判断をいひあらはしたりするといふ役割をあてがはれるものです。　　（佐久間 1931：153）

と規定し性格づけている。この，物語り文・品さだめ文（性状規定・判断の表現），といった二類三種が佐久間鼎の分類である。

　また，佐久間は，物語り文・品さだめ文に対する性格づけを行うとともに，定立した文のタイプと文構成とを，物語り文「（何々）が（どうか）｛する／した｝。」，性状規定「（何々）は（かう～）だ。」，判断の表現「（何々）は（何か）だ。」というふうに，相関づけている。

　佐久間の分類は，まずもって，言語の果す機能との関連で定立されたものではあるが，以上からも分かるように，いわゆる命題の意味的類型にも，題目の有無や述語の品詞性を中心とした文の構成上の類型にも，結びつく分類であった。佐久間の分類は，以後の文分類の出発点になる。

　次に，三上章の提案する文類型について，ごく簡単に見ておく。三上は，佐久間鼎を継承しながら，

　　私はこれ（注：佐久間の分類）を祖述するものであるが，ただ内容本位の命名を，形式本位の名称に戻して次のように改める。（三上 1953：40-41）

と述べ，佐久間のいいたての文を，〈動詞文〉と〈名詞文〉に分け，名詞文をさらに〈形容詞文〉と〈準詞文〉とに分けている。準詞文とは，いわゆる他の文法研究で言うところの名詞文である。

　また，動詞文・名詞文については，「動詞文は事象の経過（process）を表し，名詞文は事物の性質（quality）を表す。」（三上 1953：41）と，内容的な面

からの性格づけをも行っている。この，動詞文・名詞文（形容詞文・準詞文）という，二類三種が三上章の分類である。三上の分類は，まずもって，述語を形成する品詞からの文の類別であるが，それと結びつく文の内容的側面の類型にも言及している。

　引き続き，寺村秀夫の分類について瞥見しておく。寺村の分類は，佐久間ならびに三上の流れの上に位置づけられるものである。もっとも，寺村は，明確に，自らの提案する類型を，文というレベルでの類型ではなく，文の要素である〈コト〉——一般に言うところの命題—レベルでの類型として差し出している。

　寺村は，そういったものとして，大きく〈動的事象の描写〉と〈性状規定〉〈判断措定〉とを類別し，動的事象の描写と性状規定・判断措定の中間にあるものとして，「憎ム，憎イ」などで作られる〈感情の表現〉と「アル，ナイ」などの〈存在の表現〉を取り出している。

　寺村のコト（命題）の類型は，まずもって，述語がいかなる名詞句を取って命題を形成するかという，命題の内部構造への分析・記述のためのものであった。命題の内部構造を形作る述語の取る名詞句の組み合わせが，命題の核たる述語の意味的なタイプに密接に関わっていることから，命題の内部構造に関わる類型は，また，命題の意味的類型につながることになる。

　最後に，益岡隆志の提出する類別について見ておく。益岡の類別も，佐久間および三上，直接的には寺村を受け継ぐものである。益岡は，世界を対象として命題の内容に描き出すことを〈叙述〉と呼び，その叙述の類型として，これまた，大きくタイプの異なった存在として〈事象叙述〉と〈属性叙述〉とを取り出し，事象叙述から〈動的事象〉と〈静的事象〉を取り出している。動的事象とは，いわゆる動作動詞で形成されるものであり，静的事象とは，状態動詞・動詞のテイル形・感情形容詞や動作名詞を述語とする文である。また，属性叙述についても，「花子はわがままだ。」が表すような〈内在的属性〉と，「ぼくも忙しい。」のような〈非内在的属性〉という下位類化を試みている。

　寺村や益岡にあっても，これら諸類型は，切り離された不連続な存在とし

2. 先行研究概観 | 143

てではなく，連続性を持つ存在として捉えられている。たとえば，益岡は，

内在的属性叙述→非内在的属性叙述→(中間型)→静的事象叙述→動的事
象叙述

といった連続性を差し出している。

2.2 奥田靖雄の考え方

2.2.1 奥田の命題の意味的類型

筆者は，現時点において，命題の意味的類型に対する奥田靖雄の所論を，大変注目すべきものであると評価している。もっとも，注目すべき所論であるということと，記述が常にクリアーであるということは，必ずしも連動しない。奥田は，このテーマに関連する問題を何年にもわたって何度か取り上げている。したがって，かえって相互に食い違う記述の出現する可能性がないわけではない。そのようなこともあって，本章では，これから少しばかり詳しく奥田の所論を追っていくことにする。

奥田は，いわゆる命題にあたるものを〈文の対象的な内容〉と呼び，対象的な内容に対する意味的類型については，

> …ことば行為のもっともちいさな単位としての文は，その対象的な内容の観点から，(a) 出来事，つまり物の具体的な運動 (動作，変化，状態) をえがきだしているものと，(b) 物の質，特性，関係を表現しているものとの，ふたつの意味的タイプに分けることができるだろう。
>
> (奥田 1996: 4)

と述べている。また，物の質・特性・関係の系列には，〈特徴〉[1]というカバータームが与えられている。つまり，奥田にあっては，文の対象的な内容は，まず出来事と特徴とに分けられる。さらに，出来事は，動作と変化と状態に分けられ，特徴からは物の質と特性と関係が下位的タイプとして取り出

---

[1] もっとも，奥田 1988「文の意味的タイプ」では，特徴というカバータームは，動作や状態を含め，述語の表す総ての意味的タイプを含んで使われている。

されている。この，出来事（動作・変化・状態）と特徴（質・特性・関係）の二類六種[2]が，命題の意味的類型に対する奥田の公刊された最も新しい考え方であろう。

次に，奥田の取り出した出来事や特徴の内実がどのようなものであるのかを見ておこう。説明の都合上，まず特徴から見ていく。特徴に対しては，

> この特徴を表現している文では，人や物の，そのときそのときの具体的な存在のし方がきりすてられていて，その人や物の質や特性や関係が，具体的な場面からぬきとられて，抽象的なかたちでさしだされている。したがって，この種の文は，人や物の具体的な現象形態の記述にとどまっている文とはちがって，人や物を一般的に特徴づけているということになるだろう。　　　　　　　　　　　　　　　　　　　（奥田 1996: 3–4）

といった説明が施され，

1. 特性を表現している文「彼女は背がたかい。」「りんごは すっぱくて，あまい。」「新潟は雪がおおい。」「繁子はこどものころはやせていた。」「荒川の水はいつもにごっていた。」
2. 関係を表現している文「タラバガニはカニとはちがっている。」「花子は母親によくにている」
3. 質を表現している文「クジラは哺乳類に属する動物だ。」「日本は島国だ。」「彼はかって教師だった。」「彼女はむかしはなまけものだった。」

のような例が挙げられている。もっとも，特性と質は，いちいちの例文に対した時，その振り分けに迷いがないほど明確な存在ではない[3]。さらに，特性・関係・質は，命題の意味的な異なりであるにしても，それが存在し出現

---

[2] 奥田の 1988 年の論文「時間の表現 (1)」では，まず，出来事と特性に分けられ，出来事からは動作・変化・状態が取り出されているものの，特性には下位類が存していない。

[3] 「繁子はこどものころはやせていた。」が特性で，「彼女はむかしはなまけものだった。」が質である，というのは，さほど分かりやすいものではない。

する文の文法的意味の現れへの異なりを，いかほど招来するかについては，疑念がある。筆者には，特徴の下位的タイプである特性・関係・質は，以下で見る出来事の下位種である動作・変化・状態と同程度にその自己存在を主張しうるものではないように思われる。

一方，出来事については，

>…わたしたちは，具体的な現象としての，人や物の動作，変化，状態を《出来事》とみている。　　　　　　　　　　　　　　（奥田 1996: 3）

と述べ，動作・変化・状態のそれぞれに対して，
1. 動作をえがいている文「きこりは山で木をきっている。」
2. 変化をえがいている文「きこりも木もびっしょり雨にぬれた。」「木がどさっとたおれた。」
3. 状態をえがいている文「きこりが 寒さに ふるえている。」「きこりにたおされた木は静かによこたわっている。」

のような例を挙げている。

　命題の意味的類型として，特性・関係・質を〈特徴〉—用語への好みは別の問題—としてまとめ，〈動作〉〈変化〉〈状態〉を取り出すのは，ごく穏当で妥当な，したがって，正統的であり，ある意味では常識的な類別であると言えよう。問題は，命題の意味的類型のそれぞれに対する内実であろう。ここでは，まず，挙げられている例文から，奥田の言う動作動詞のテイル形「きこりは山で木をきっている。」が〈動作〉であるのに対して，変化動詞のテイル形「きこりにたおされた木は静かによこたわっている。」が〈状態〉に入れられている点に留意しておこう—もっとも変化の主体は，人ではなく物であるが—。奥田にあっても，また，我々にあっても，状態をどのように規定し，その内実をどのように定立するかは，命題の意味的類型の取り出しにおいて，一つの重要な鍵になり問題点になるだろう。

2.2.2 奥田の状態

　状態の内実のありようは，当然他の類型の内実に影響を与える。そのようなこともあって，まずもって，状態に対する奥田の所論に耳を傾けよう。状態については，奥田は，1988 年の論文「時の表現 (1)」と 1994 年の論文「動詞の終止形 (その 2)」で比較的詳しく述べている。奥田は，状態という用語の氾濫・無規定的な使用に対して，

> アスペクト研究[4]において，この《状態》という用語は，規定なしに，やたらにつかわれている。　　　　　　　　　　　　（奥田 1988b: 10）

と警告を発している。まずもって，私自身，この警告を受け止めなければならない。

　状態について，奥田では，

> …《状態》とは，いちいちの，具体的な物のなかに一時的におこってくる出来事である。この出来事というのは，物の内面や外面で進行する，物それ自身の動きであって，動作のように，ほかの物へはたらきかけていくようなことはしない。　　　　　　　　　　　　（奥田 1988b: 11）

> 《状態とは，物それ自身の内面や外面でおこってくる，物それ自身の一時的な動きである》という規定が，もっともらしく思える。
> 　　　　　　　　　　　　　　　　　　　　　　　　　　（奥田 1988b: 11）

> この《状態》という用語でよばれる出来事は，いちいちの，具体的な物につきまとって生じる現象である。しかも，かぎられた時間帯のなかに一時的に生じてくる現象である。　　　　　　　　　　　　（奥田 1988b: 11）

---

[4] 奥田「時の表現 (1)」で，「意味的なカテゴリーとしての《状態》が言語外的な現実の，どの側面をきりとって，うつしだしているか，ということの規定が，アスペクト研究にとって，さしせまって解決しなければならない課題であるように思えるのである。(11 頁)」と述べているが，アスペクトのみならず，状態は，命題の意味的類別のためにも，その内実を明確にしなければならない存在である。

…《状態は，ひとつひとつの物が，ある時間的なありかのなかで，一時的に採用する，その物の存在のし方である》という規定がなりたつ。《状態とは，ときとして生じてくる特徴的な出来事であって，いちいちの物をきわだたせる，物のあり方，物のありよう，物のありさまである。》《状態》はすべての物を一般的に特徴づけることはできない。（奥田 1988b: 12）

などのように，規定され説明されている。この規定・説明から，奥田が〈状態〉をどのように捉えているのかが，ほぼ分かろう。状態は，出来事であり，出来事の一種である。出来事は，その出現・存在が一時的という限定された具体的な時間帯に位置づけられるものである。したがって，時間的な性格づけの点から，状態も，限られた具体的な時間帯に一時的に出現・存在するのみである，ということになる。その点については同感でき納得のいく特徴づけである。

また，それが生じる物との関係から，状態は，「具体的な物につきまとって生じる現象」「物の存在のし方」「物のあり方」「物のありよう」「物のありさま」である，と説明されている。物に生じる現象であれ，物の存在のし方であれ，物のありさまであれ，広い概念であり，動作・変化・状態・特性[5]を取り込み含み込んでしまう。状態と特性との異なりは，時間的な性格の違いから区別できるにしても[6]，状態と，動作や動きとの違いは，時間的な性格づけの点からもモノとの関係のあり方の点からも，分明ではない。分明でないというより，奥田は，上引のように，「物の内面や外面で進行する，<u>物それ自身の動き</u>[7]であって，動作のように，ほかの物へはたらきかけていくようなことはしない」というふうに，状態を動きとして規定している。これに

---

[5] 奥田の 1996 年の論文「文のこと」でのカバータームである特徴が，ここでいう特性にあたり，論文「文のこと」に現れる特性は，特徴の下位タイプの一つを指す。

[6] 1988 年の論文「時間の表現 (1)」では，状態は，時間的に一時的に存在する物のありようとして性格づけられて，特性は，「物に恒常的にそなわっている特性」「時間をこえて物にコンスタントに存在する特性」として性格づけられている。

[7] 下線，仁田。

は，いわゆる人間の生理・心理的現象を表す動詞によって形成される事態を，どの類型に位置づけるのか—あるいは，どの類型に所属するのが基本であると見なすか—が関わっている。生理・心理動詞の表す事態をどのように位置づけるかは，誰にあっても難しい問題である。奥田は，それを状態であると位置づける。事実，奥田は，

> 「しびれる」とか「ふるえる」とか「すくむ」とかいうような，生理的な現象をとりあげるなら，《状態》も動きであることがよくみえるだろう。　　　　　　　　　　　　　　　　　　　　　　　　（奥田 1988b：11）

と述べている。また，1994 年の論文「動詞の終止形 (その 2)」の中でも，「イラダツ，呆レル，驚ク，浮カレル，ヤスラグ，退屈スル，迷ウ，困ル」などや，「痛ム，ウズク，震エル，ホテル，汗バム，ノボセル，疲レル」などや，「賑ワウ，混ム，ドヨメク，ザワメク」などや，「光ル，輝ク，キラメク」などを，人間の心理的状態，人間の生理的状態，場所の状態，物の状態を表すものとして，状態として差し出している。当然異論などの生じうる点であろう。

　さらに，状態に対する上掲の「物それ自身の動きであって，動作のように，ほかの物へはたらきかけていくようなことはしない」という規定・説明では，「走ル（たとえば，「今スグ彼ガ走ル。」），歩ク，イザル，泳グ，遊ブ，踊ル，暴レル，騒グ，働ク」なども状態に入ることになってしまう—もっとも，これらは，その後の論文「動詞の終止形 (その 2)」では，〈動き〉に入れられている。ただ，動きが分明ではないし，奥田 1988b では状態が動きとして規定されている。動きについては後で触れる—。これらは，いずれも，上掲の規定・説明にあるように，物の（人も物の一種であろう）それ自身の動きであって，他の物へ働きかけていくようなことのないものである。いかなる規定も，該当現象を過不足なく捉え切ることは至難の業である，ということを認めるにしても，これらの動詞を状態に含んでしまう規定・説明には，やはり問題が存すると言わざるをえない。違和感を覚え，問題に感じるの

は，規定・説明のし方に対してもないわけではないが，規定・説明の内実に対してである。

2.2.3 奥田の動作そして動き

奥田—1988年の論文「時の表現 (1)」—にあっては，「動作のように，ほかの物へはたらきかけていくようなことはしない」—言い換えれば，動作は他の物に働きかけていくもの—というふうに，動作の概念・内包は，きわめて限定されたあり方で出てくる。事実，1994年の論文「動詞の終止形 (その2)」では，

> 意味的なカテゴリーとしての《動作》は，客体へはたらきかけていく主体，主体のはたらきかけをうける客体，過程としてのはたらきかけ，はたらきかけの結果としての，客体に生じてくる，あたらしい状態をその構成要素としてふくみこんでいる，ということになる。
>
> （奥田 1994: 32）

と述べられている。従来から展開されてきた，いわゆる他動性の議論と関連して，他動性の高い動作を動作の一つの極に位置するものとして取り出すことは，間違っているとは思わない。ただ，動作全体が，この最も他動性の高い動作に引きずられるとすれば，それには問題が存しよう[8]。また，動作にいくつかのタイプがあることを認め，上掲のような動作を，他動性の高い動作として位置づけうるにしても，動作の典型，最も動作らしい動作として，これが動作であるという語り方で捉えることは，行き過ぎではなかろうか。これは，動作をどのようなものとして捉えるか，言い換えれば，動作の本質規

---

[8] もっとも，奥田は，「動作動詞のいいあらわす《動作》は，すべてがひとしく意味特徴のセットをバランスよくそなえているわけではない，ということになる。そして，典型的な《動詞》からなんらかの構成要素としての意味特徴をうしなうことで，動作動詞は中心から周辺へとおしだされていく。（奥田 1994: 33）」と述べ，いわゆる対象非変化他動詞や自動詞をも，動作を表す動詞として捉えられる工夫を施している。

定が関わってくる問題である．ここでの動作は，奥田がアスペクト論の中で以前使用した《主体の動作》という用語[9]の内包からは，既にずれている．動作の中心点の限定化が行われている．この限定化への動きには，動作という用語が人間の活動を強く連想させることが関連しているのかもしれない．

さらに，動作という用語の内包限定化に関連して，〈動き〉という用語が何を表すかが問題になってくる．ただ，奥田にあっては，動きという用語は，動作と異なって明確に規定されてこなかった．したがって，動作の内包の揺れ・異なりに応じて，また，動きという用語も，その内実や動作との関係性を変動させてきた．奥田は，1994 年の論文「動詞の終止形（その 2）」の中で，「揺レル，回ル，流レル，燃エル，舞ウ，鳴ル」などを挙げ，

> …アスペクトの観点[10]からばかりではなく，ムードの観点からも，《物》の機械的な運動をとらえている動詞は，動作動詞からくべつすることが必要であるだろう．……，動作動詞のグループにのこしておくわけにはいかないだろう． （奥田 1994: 36）

と述べ，これらを《物のうごき》を表す動詞として位置づけている．さらに，「鳴ク，吠エル，サエズル」などを生物の動きに入れ，「歩ク，走ル」などに対して，「…うごきの主体が生物か人かによって，動作動詞とみるか，うごき動詞とみるか，きめることもできる．（奥田 1994: 37）」と説明する．上掲から，奥田―少なくとも「動詞の終止形（その 2）」を公刊したころ―にあっては，動作の内実にとって，人に生じることが重要な要件に映っているようだ．また，奥田の定立する命題の意味的類型である，出来事（動作・変化・状態）と特徴ないしは特性の中には，その一タイプとして動きという類

---

[9] 「アスペクトの研究をめぐって」参照．同名の二種の論文は，ともに，『ことばの研究・序説』所収．

[10] 奥田は，この種の動詞に対して，「継続相と完成相との意味的なちがいがはっきりしたすがたではあらわれてこない．（奥田 1994: 36）」と述べるが，完成相「部屋に入った時，ベルが鳴った」と，継続相「部屋に入った時，ベルが鳴っていた」は，アスペクト的意味が同じだとは思えない．

型は現れてこない。既に見たように，さらに，状態の規定・説明に，状態は（物の）動きであるとして，動きが現れる。奥田にとって，動きが，意味的類型としてどのような位置にあるのかが，定かには見えてこない。これは，単に動きの捉え方に止まらず，動きの内実の変化によって，動作の広がりに変容が出てくるし—その逆もまた真なり—，動きの位置づけのあり方によって，状態の広がりにも影響が生じる，といったふうに，命題の意味的類型全体に影響を及ぼす問題であろう。

3. 命題の意味的類型への私論

3.1 命題の意味的類型

ここで，命題の意味的類型に対する筆者の考え方を，覚え書風に記しておく—第2章「文の種類をめぐって」でもごくごく簡単に触れた—。より詳しい記述・説明は，次章以後で少しばかり述べるが，さらなる考察は今後の課題である。もっとも，命題の意味的類型とは，命題部分に描き出されている（言表）事態の意味的類型でもある。

また，命題の意味的類型と文法カテゴリ，たとえば，テンス特に未来表示や断定形というモダリティ形式の表すモダリティ的意味との相関については，第三部「命題と文法カテゴリの相関をめぐって」でごく簡単に触れる。

筆者が提出する命題の意味的類型は，大変シンプルなものであり，極めて常識的ですらある。そのような常識的な類別として，動き・状態・属性—属性は特性と呼ぶことも考えられよう—を取り出す。この三類が，命題したがって命題に描き出される事態の意味的類型として，筆者が定立する基本的なタイプである。

ただ，以下に触れるように，動きと状態は，その存在が時間的限定性を持って具体的なモノの上に出現するものである点において，共通性を持っている。いわゆる〈現象〉と呼ばれるものである。それに対して，属性は，時間の中で変わり消滅することがあるにしても，その存在は，モノに備わってお

り，時間的に限定された事態としては捉えられていない。したがって，動き・状態・属性は，動きと状態が，異なりを有することを前提としたうえで，属性から取り出され，まず大きく現象としてまとめられる。

　さらに，動きは，アスペクト特にテイル形の基本的なアスペクト的意味の現れ方に注目することによって，主体運動・主体変化に分かれる—ただ，これはあくまで動きの下位種—。この，動き（主体運動・主体変化）・状態と属性という二類三種—ただ，状態は，一方で，動きとは異なって，属性とある種の類同性を有している—が，命題したがって命題の描き出す事態の意味的類型に対する筆者の基本的な考え方である。

　まず，動きから簡単に見ていこう。〈動き〉とは，ある一定の具体的な時間の流れの中に始まり展開し終わる—展開が瞬時で，始まりと終わりが同時的である，というものをも含めて—，というあり方で，具体的なモノ（人をも含めて）の上に発生・存在する事態，つまりその現れ・存在が時間的限定性を持っている事態である，というふうに，概略特徴づけることができよう。したがって，動きは，具体的な一時的な時間の中に出現・存在するのみである。さらに，動きは，それ自体が発生・展開・終了という時間的な内的展開過程を有している事態である。

　次に，状態について簡単に述べておく。状態も，具体的なモノの上に発生・存在し，具体的な一時的な時間の中に出現・存在する事態，したがってその存在に時間的な限定性を有している事態である。ただ，動きとは異なって，状態自体が，発生・展開・終了という時間的な展開過程を有しているわけではない。〈状態〉とは，限定を受けた一時的な時間帯の中に出現・存在する，モノの，展開していかない—言い換えれば，その時間帯は続く—同質的な一様なありよう・あり様である，と概略特徴づけることができよう。つまり，状態が動き同様に一時的な存在であるのは，状態の内実であるモノのあり様自体が，ある時間の流れの中で始まり展開し終わっていく，という時間的な展開過程を有していると捉えられているからではなく，同質的なあり様が時間枠・時間的限定性を持って出現・存在しているからに過ぎない。したがって，動きと異なって，状態では事態の発生・終焉の端緒を取り出せな

い。状態にあっては，現出している今の状態とは異なる以前の状態からの，または今の状態とは違う以後の状態への，交替は，状態の内的な時間的展開による移行であるとは捉えられていない。

最後に属性について簡単に触れておく。〈属性〉とは，時間の中で変わったり消滅したりすることがあるにしても，他のモノではない，そのモノである，ということにおいて，そのモノに恒常的に備わっているしたがって時間的に限定されていない，と捉えられているモノの同質的なありよう・あり様である，と概略特徴づけることができよう。他のモノから自らを区別し取り立てる特徴や質が属性である[11]。したがって，属性は，他のモノとの関係の中で問題になり取り出される存在である。それに対して，動きや状態は，そのモノの他の時間帯におけるあり方との異なりにおいて，問題になり取り出される存在である。

既に見てきたように，自らが時間的な展開過程を有しているか否かにおいて異なるものの，動きと状態は，ともに時間的限定を帯びた存在である。それに対して，属性は時間的限定を有していない。また，動きは，時間の流れの中で自らを展開させ変化させていったのに対して，状態は，属性とともに，同質的で一様なあり様を呈している。事態が，あり様を変動させることを動的事態と呼び，変動させず同質的で一様なあり様を呈することを静的事態と呼べば，動きが動的事態であるのに対して，状態と属性は静的事態である，ということになる。動き・状態・属性は，時間的限定性という点で動きと状態が類同性を有し，変動せず一様であるという点で状態と属性が類同性を有している。

ここで，動きや状態や属性の例を少しばかり挙げておく。
  (1) 今から彼は手紙を書く。／さっき彼は手紙を書いた。
  (2) あっ，ザイルが切れる。／あっ，ザイルが切れた。

---

11 奥田は，1988年の論文「時の表現 (1)」の中で「意味的カテゴリーとしての《特性》は，もともと物にそなわっている側面をとらえていて，ひとつの物をほかの物からとりたてながら，その物を特徴づける。(奥田 1988: 7)」と規定し，「《特性》は，恒常的に物にそなわっている，安定した特徴である…(奥田 1988: 10)」と説明している。

(3) 今この部屋に人がたくさんいる。／さっきこの部屋に人がたくさんいた。
(4) 目が痛い。／さっき目が痛かった。
(5) 彼，今顔色がとても青い。／彼，先ほど顔色がとても青かった。
(6) A先生は学生にとても{厳しい／厳しかった}。
(7) 彼はとても早く{走る／走った}。
(8) 北海道の冬は寒い。
(9) 彼は北海道生まれだ。

(1)と(2)とが，筆者の言う〈動き〉である。さらに，(1)「今カラ彼ハ手紙ヲ書ク。」が主体運動であり，(2)「アッ，ザイルガ切レル。」が主体変化である。〈主体運動〉は，主体に残る動きの結果の局面を有していない動きである。言い換えれば，動きの結果，主体が新しいあり様を獲得したとは捉えられていない動きである——これは，動き自体の持続的な展開過程の有無から，持続的な展開過程を有する「割ル，読ム，走ル，泣ク，…」などと，持続的な展開過程を引き出せない「発見スル，目撃スル，…」などとに，まず分かれる——。それに対して，〈主体変化〉は，主体に残る動きの結果の局面を有している動きである。言い換えれば，動きの結果，主体に招来される新しいあり様を含まなければ，動き自体が成り立たないものである。主体変化が主体への結果の局面を有する動き，というふうに積極的に性格づけられたのに対して，主体運動は主体への結果の局面を持たない，というふうに消極的にしか特徴づけることができない——ただ，テイル形が〈動きの最中〉を実現するか否かは，動きが持続的な展開過程を有しているかが関わっている[12]——。これら両者は，動きの下位種であり，動きは，いずれも事態自らが時間的な展開過程を有していることによって，具体的な一時的な時間の中に自らの存在を有するのみである。動きの概略規定をした箇所で，動きは具体的なモノの上に発生・存在する事態，と述べたが，たとえば，「ステゴサウルスは中生代白亜紀には滅んだ。」のような文をどのように解釈するのかには，問題

12　このあたりのいくらか詳しい説明は，仁田1983の「動詞とアスペクト」を参照。

が残る。主体を表す存在「ステゴサウルス」は，種としての存在であり，具体的な個別存在ではない。この文を，個別存在ではない種総体というモノに生じた動きと捉えるのか，既に「ステゴサウルス」の属性を表した文に転化していると捉えるか，という問題である。前者の場合であれば，動きにも，指示対象を持たない種的存在の上に生じる例外的な場合がある，ということである。

さらに，（3）（4）（5）の例が，状態の例である。「今コノ部屋ニ人ガタクサンイル。」や「目ガ痛イ。」や「彼，今顔色ガトテモ青イ。」の文によって表される事態は，事態自らが時間的な展開過程を持っているわけではないものの，事態の存在は，時間枠・時間的限定性を持って成り立っている。これら状態の表す事態は，時間的に一時的にしか存在しえない事態である。ある一定時間の前には存在せず，一定時間の後にも存在しない事態である。

それに対して，（6）（7）（8）（9）の例が，属性の例である―（7）の「走ッタ」の例では，具体的な過去の動きとしての読みも当然可能であるが，過去に有していた走力という属性としての読みの場合を取り上げている―。たとえば，「A先生ハ学生ニトテモ厳シイ。」や「彼ハ北海道生マレダ。」などの文が表す事態は，モノが備えている側面において，そのモノが他のモノでないことによって，そのモノが有し呈しているあり様として，モノ（「A先生」や「彼」）の上に時間的な限定性なく存在している―言い換えれば，存在しているそのあり様は，一定時間の後に存在しなくなる，ということが前提とされていない―，と捉えられているモノのあり様である。

上述の，事態自らが時間的な内的展開過程を有しているのが動き，時間的限定性を帯び，一時的にしか存在しえない同質的で一様なあり様が状態，時間的限定性を持たずモノに備わり存在しているあり様が属性，といった命題の意味的類型は，事態の，世界における存在のあり方の類型である，と言えよう。事態が，主に時間的な点から世界にどのようなあり方で存在するのか，といった点からの類別である。

ところで，ヴォイスや肯否やアスペクトが，命題の意味的類型の形成・決定に関わっているのに対して，テンスは，命題の一部として命題の意味的な

内実を形成し—事態の真偽値に関わり—，命題の意味的類型と密接な関係を有するものの，命題の意味的類型の形成そのものには直接的に関わらない。テンスは，命題の意味的類型の外側にある。だからこそ，命題のテンスのありようは，その命題の意味的類型から影響を受けるのである。命題の意味的類型が内容であり，テンスは命題・事態がまとう形式である。それに対して，アスペクトは命題の意味的類型の形成に関わる存在であった。当然，アスペクトも，命題したがって事態の意味的類型と相関を持つ。ただ，その相関は命題・事態の意味的類型形成段階における相関である。ある意味的類型の命題・事態にはアスペクトが出現するが，ある意味的類型の命題・事態には出現しない，といったあり方においての関与である。これは逆に言えば，アスペクトの存在の有無が命題・事態の意味的類型の異なりに関わっている，ということでもある。したがって，動詞のテイル形(持続相)の表す事態に対する，意味的類型としての位置づけが問題になる。「子供ガ運動場デ<u>遊ンデイル</u>。」「母親ガサンマヲ<u>焼イテイル</u>。」などは，ある時間帯続く同質的と捉えられるあり様—言い換えれば，持続時間帯での事態の変動が問題にならず同質的と捉えられているあり様—であり，これは，筆者が状態と名づけた類型が有している特徴の一部である。筆者は，このようなテイル形の表す事態に対しても，事態自らの有している時間的展開過程の一部（事態の内的な一局面）として捉えることによって，事態の意味的類型は動きである，という立場を取る。さらに「子供ガ椅子ニ<u>座ッテイル</u>。」「窓ガ<u>開イテイル</u>。」などに対しても，状態として類別したものと共通する特徴を有していることを認めながら，事態そのものが有している内的な一局面であると捉え，事態の意味的類型は動きである，という<u>立場に立つ</u>—これが，とりあえず筆者の現時点での結論である。状態については，次章「状態をめぐって」で少しばかり具体的に見た。また，テイル形の表す持続状態も「局面としての持続状態」の箇所で簡単に触れた—。ただし，後の二例のような主体変化動詞にあっては—特に最後の例では—，動きの結果，主体に新たに発生しているあり様を，動きの有している局面の維持として捉えるか，新たな状態の発生として捉えるかの，力点のおき方によって，動きと状態との間を揺れ動くこと

になる。奥田 1994「動詞の終止形 (その2)」も触れているように，特に，主体変化動詞においては，そのテイル形において，状態と動きが接近してくる。事実，奥田 1996 では，「きこりに倒された木は静かに<u>横たわっている</u>。」というふうに，テイル形の例が状態として差し出されている。人ではない物である「木」が「横タワル」という主体変化を起こすことはない。したがって，その状態は，動き(変化)の結果としての状態としてよりは，単なる状態に近づいている。それに対して，「木が<u>倒れている</u>。」であれば，「木」は「倒レル」という変化を起こすことがあり，動き(変化)の結果としての状態性はより高くなろう。

3.2 動きか状態か

筆者は，「壊ス，切ル，割ル，乾カス，開ケル，置ク，…」などといった，対象に対して変化を引き起こす，他動性の高い，いわゆる対象変化他動詞だけでなく，「叩ク，蹴ル，ナデル，…」や「見ル，読ム，…」などの，対象に対して変化を起こさない，いわゆる対象非変化他動詞や，「歩ク，走ル，遊ブ，暴レル，騒グ，働ク，…」などの自動詞も，さらに，奥田が，1994年の「動詞の終止形 (その2)」の中で「動作動詞のグループにのこしておくわけにはいかない」とし，物の動きを表すとした「揺レル，回ル，流レル，燃エル，舞ウ，鳴ル，…」などや，生物の動きである「鳴ク，吠エル，サエズル，…」なども，同じように動きという命題の意味的類型に属し，命題の意味的類型という点では差がない，という立場を取る[13]。さらに言えば，命題の意味的類型にとって，一つの類別となるのは，〈動作〉—他動性の高いタイプをその典型して取り出されるような動作—ではなく，自らが発生・展開・終了という時間的な内的展開過程を持つところの〈動き〉である，と考える。

次に，動きと状態の間で，その所属が問題になる生理・感覚や心理・感情を表す動詞と形容詞について，少しばかり考えてみる。既に触れたように，この種の動詞・形容詞の位置づけは，なかなか難しい問題である。

---

[13] 事実，奥田の以前の論文「アスペクトの研究をめぐって」での扱いでは，これらは一括されることになる。

たとえば，これは，
(1) 足がずきずき{うずく／痛む}。
(2) 足がずきずき痛い。
(3) 彼の態度には呆れる。
(4) 彼の態度には不愉快だ。

などの取り扱いの問題である。結論から言えば，動詞で形成されている(1)(3)と，形容詞で形成されている(2)(4)では，極めて近いところを有しながら，基本的に，動詞で形成されている事態は動きであり，形容詞のそれは状態である，という位置づけをする[14]。それは，(1)や(3)が「足ガズキズキウズキカケタ」「彼ノ態度ニハ呆レカケタ」のように，起動を表す「(シ)カケル」という形式が共起しうる—さらに，「足ガウズキダシタ」のように，事態始まりの局面を表す形式や，「彼ノ態度ニハ呆レテシマッタ」のように，事態の実現をも表す形式が共起しうる—のに対して，(2)や(4)には，これらの形式は共起しない。起動や事態の始まりの局面や事態の実現を表す形式が共起しうるのは，その事態自らが時間的な内的展開過程を有しているからである。それに対して，この種の形式が生起できないのは，事態がそのあり方として時間的な展開過程を有していないからである，と考えられる。既述した，事態自らが時間的な展開過程を有するか否かといった，動きと状態に対する特徴づけからは，動詞系が動きで，形容詞系が状態である，という結論になる—もっとも，動きや状態への特徴づけが変われば，これらの所属も変わる—。ただ，両者の差はごく小さいものである。生理・心理動詞は，他の動きの動詞と異なり，形容詞と同じく，発話時に発生・存在する事態を表しうる。また，動きを形成する通例の動詞が，「コレカラスグ書ク。」「アッ，荷物ガ落チル。」のように，直後に実現する動きを表せたのに対して，生理・心理動詞では，「*コレカラスグ驚ク。」「? アッ，顔ガホテ

---

14 もっとも，生理・心理動詞が総て同じであるというのではないし，また，用法においても異なりの存することを認めた上での一般化である。たとえば，「ああ，困った。」は状態的であるが，「さきほどから困っている。」や「この前うまくやれなくてすごく困ってしまった。」は，動きを表していると位置づけられる。

ル。」のように，発話時以後に起こる動きの顕在的な実現を捉えることが難しい—生理・心理動詞のル形が未来を表しにくいことについては，第三部「命題と文法カテゴリの相関をめぐって」の中の「事態の類型と未来表示」の章で少しばかり考察をする—。やはり，この種の生理・心理動詞は，一般の動きの動詞に比して，動き性が希薄である。

　動きの中にも，典型的で，その変動のあり方や展開過程の観察が容易なものと，典型から外れ，変動のあり方や展開過程の捉えにくいものもある。典型的で中核的な動きが，人の他のモノに対するしかも対象であるモノのあり様を変えてしまうまでに至る物理的な働きかけである。その次に続く動きが，他のモノのあり様の変化までを招来することは前提とはしていない，人の他のモノに対する物理的な働きかけである。他のモノのあり様を変えてしまうような作用であっても，人ではない存在の行う作用は，人のそれに比してやはり典型からずれていく。また，他のモノに対する（他のモノを目指す）人の動きであっても，物理的でない働きかけは，その変動や展開過程を外から観察しにくく，典型的な動きからずれていく。さらに，モノではない，周囲の状況や自然界の，あり様変動なども，変動の規模が大きく，人間の感覚器官からは緩やかに映り，その変動や展開過程を捉えにくいものであろう。したがって，動きの周辺に位置するものであろう。また，人間の内面に生じる生理・心理的なあり様も，内面に発生し，またその発生も突発的である—予兆を感じさせない—こともあるものゆえ，外からその変動や展開過程を捉えにくいものである。やはり，動きの典型から外れたものである。

　動きへの特徴づけ，状態への特徴づけは，上で述べたようなものである。ただ，コトバの説明だけでなく，それの文法現象への現れしたがってその違いを支える文法的証左の提示が必要になろう。動きと状態を分ける文法的証左については既に触れたが，ここでは文法的証左ということを自覚した形で再度提示しておく。

　筆者は，そのような文法的な形式的証左として，いわゆる局面動詞の付加の可否を考えている。「（シ）カケル」という動きの段階を表す形式，「（シ）テシマウ」という動きが実現したことを表す形式が付加しうる，ということ

は，その命題および命題内容である事態が動きとして位置づけられることの文法的証左である。「（シ）ハジメル／（シ）ダス」が付加できれば，当然動きである。ただ，「（シ）ハジメル／（シ）ダス」は事態が持続性を持っていなければ共起できないので，「＊彼ハ死ニハジメタ。」とは言えない。したがって「（シ）ハジメル／（シ）ダス」は動きを取り出す文法的証左には不向きである。また「（シ）ツヅケル」も，持続性があれば，「良イ夫婦デアリツヅケルノハ難シイ。」のように，状態にも付加される場合があるので，やはり文法的証左にはなりえない。

　ここで問題になるのは，ル形で現在を表す，という文法的特性の取り扱いである。筆者の基本的立場は，状態であればル形は現在を表す，ただ，ル形が顕在的な事態の現在を表すからといって状態であるとはしない，というものである。筆者は，ル形で現在を表しうる動きに対して，(a) 向こうから電車が来るのを見て「電車ガ来ル。」という場合や，「アッ，富士山ガ見エル。」などの，発話時に事態全体を捉えることができるタイプ，(b)「手ガ震エル。」「頭ガノボセル。」「足ガウズク。」「イライラスル。」などの生理・心理動詞は，やはり特殊なタイプであるが，話し手の内面に生じている事態であることによって，事態の発生の端緒であれ，展開側面であれ，発話時の話し手に捕捉可能であるタイプ，(c) さらに，地震で部屋が揺れているのに対して「コノ部屋，揺レルネ。」や「コノ電車，混ムネ。」などは，雨が降るのを見て「今日モヨク降ルナァ。」のように，事態の評価づけを行うことで，ル形で現在を表しうるものにつながるタイプ，などとして位置づける，言い換えれば，動きでありながら，何らかの事情でル形でありながら，現在を表している，という立場に立っている。ル形現在より，「（シ）カケル」「（シ）テシマウ」などの局面動詞の付加を，動きか状態かを分ける文法的証左として重視するのは，動きが時間的な展開過程を有している事態であるのに対して，状態は，それ自体が時間的な展開過程を持たず，事態の発生・終焉の端緒を取り出せない（取り出しがたい），という特徴が，異なりの重要な要素になっている，と捉えているからである。

　また，奥田の〈文の対象的な内容〉─筆者が命題と呼ぶものが描き出してい

る内容に相当すると思われる。いわゆる筆者の（言表）事態―に対する意味的な類型化は，〈動き〉と〈状態〉という分け方・まとめ方ではなく，〈動作〉〈変化〉〈状態〉という分類のし方である。したがって，その中の動作を筆者の動きに比して，その異なりに言及することは，そもそもあまり意味がないのかもしれない。奥田の動作は，既に変化と別立てされたものである。さらに，既に引用した奥田1996では，状態まで含めて運動としてまとめられている。したがって，運動の規定にもよるが，奥田の言うそのような状態が筆者の状態と異なってくるのは，当然なのだろう。

3.3 状態と属性

　最後に，状態と属性について少しばかり比べて見ておく。
　状態を表すのは，何も感覚・感情形容詞だけではない。「オイ，顔色ガ青イヨ。」「柿ノ実ガ真ッ赤ダ。」「手ガ冷タイネ。」「外ガヤケニ賑ヤカダ。」「明日カラ忙シイ。」などや，「父ハ東京デス。」「車内ハ大混雑ダ。」「彼ハアレ以来ダンマリダ。」「彼ハ病気ダ。」などのような文も，状態を表す文である。これらは，いずれも具体的に一時的な限定を持った時間の中でのみ存在する事態である。それに対して，「アノ山ノ先端ハ切リ立ッテイル。」「彼ノ目ハ吊リ上ッテイル。」「生アル者ハ死ヌ。」などや，「彼女ハ素直ダ。」「柿ノ実ハ赤イ。」「彼ノ作ル服ハ上品ダ。」などや，「彼女ハ正直者ダ。」「彼ハ大学ノ教師ダ。」「アノ男ハ前回ノ優勝者ダ。」「人間ハ哺乳類ダ。」などの文は，属性を表す文である。これらは，いずれもモノに備わったあり様として恒常的―出現・存在の時間帯が予め限定されていない―にモノに存在する事態である。
　状態と属性も，ある点で連続していくし，捉え方でそのいずれにも属させられそうな場合も存する。それらを選り分ける形式的な文法的証左を提出できれば，その方が両者の類別にとってより分明である。そのような文法的証左として次のようなものが考えられる。
　まず，次のような文法現象が指摘できよう。一時的な存在である状態と，時間的限定性を持たない恒常的な存在である属性とを選り分ける一つの基準

として，〈度数の副詞〉との共起が取り上げられる。度数の副詞とは，「何度モ，何回カ，幾度モ」などである。

(1) 僕は<u>何度も</u>おなかが痛かった。／彼は<u>何回か</u>顔色が青かった。／彼はあれ以来<u>幾度も</u>だんまりだ。

(2) ＊あの山の先端は<u>何度も</u>切り立っていた。／＊彼女は<u>何回か</u>正直者だった。／＊人間は<u>幾度も</u>哺乳類だった。

(1)の文(群)は，状態の文であり，基本的に度数の副詞を共起させることができる。それに対して，(2)の文(群)は，属性の文であり，度数の副詞を共起させることが通例できない。属性に度数の副詞が生起して逸脱性を帯びないで存することができれば，それは，「A先生ハ学生ニ何度カ厳シカッタ。」のように，属性からした態度の現れを表しており，もはや状態の文に移り動いている，と考えられる。状態が度数の副詞を取りえるのは，状態が具体的な時間に存する一時的な存在であるからである。生起・存在に一時的という時間的限定性があるということは，別の時間帯にまた現れるということでもある。状態は繰り返し出現可能である。それに対して，属性は恒常的な存在であった。したがって，逆に繰り返し性を持たない。

また，タ形の意味解釈の違いも，状態と属性の違いを大枠において示している。

(3) 僕，昨日お腹が<u>痛かった</u>。

(4) 昨日隣の部屋はすごく<u>賑やかだったね</u>。

(5) 彼女はとても<u>正直者でした</u>。

(6) そういえば鯨は<u>哺乳類だったよ</u>。

(3)(4)は，状態の文であり，タ形は事態の存在が過去にあることを表している。それに対して，(5)(6)は属性の文である。属性の文では，「<u>亡くなった父は背が高かったよ。</u>」のように，属性の持ち主が現在既に存在せず，したがって属性の持ち主と属性の結びつき，という事態そのものが過ぎ去った存在である，ということにでもならない限り，そのタ形は事態の存在の過去性を表さず，事態を認識した認識時の過去性や思い起こしなどを表す。(6)などの属性の持ち主は，類を表し発話時においても存在するもので，

3. 命題の意味的類型への私論 | 163

そのタ形は思い起こしや発見である。

　状態が一時的にしか存在しえなかったのに対して，属性は，時間的限定性を持たず，物に恒常的に存在する，そのモノを他から区別する特徴であった。しかし，これは，何も属性が決してなくなることのない不滅の特徴である，ということを意味しているわけではない。属性とモノとの結びつきは，属性の種類により，存在する時間的ありように違いがある。「A先生ハ学生ニ厳シイ。」や「彼ハ病弱ダ。」などは，属性であるが，比較的変わりやすい属性である。これらは，

　（7）　若い頃A先生は学生に厳しかった。／若い頃彼は病弱だった。

が示すように，タ形を取り，過去のある期間に存在した属性を表している。したがって，タ形の表す過去は，属性の存在する時間位置を表している—ちなみに，「昨日A先生ハ学生ニ厳シカッタ。」は既に状態に移行—。それに対して，「椅子ガ硬イ。」「彼ハ背ガ高イ。」などは，比較的変動しにくい属性であるし，「彼ハ北海道生マレダ。」などのような属性は，一度生ずれば消滅することのない属性である。それらが，

　（8）　昨夜坐った時，あの椅子は {*硬い／硬かった}。

　（9）　たしか彼は {北海道生まれだ／北海道生まれだった}。

のように，タ形を取った時，既に述べたように，タ形は属性の存在した時間位置ではなく，属性を認識した認識時を表している。

　既に触れたように，状態と属性は，ある点で連続していく。モノが備えている側面において，そのモノが他のモノでないことによって，そのモノが有し呈しているあり様—これは属性の特徴—であって，存在する時間帯が予め定まっている—これは状態の特徴—ようなものは，どうなるのだろう。たとえば，年齢や学年などは一年で変化し消滅する。「彼女ハ六歳ダ。」や「アノ子ハ二年生デス。」は，「彼女ハ昨年五歳ダッタ。」「アノ子ハ先月マデ一年生デシタ。」や「彼女ハ来月カラ七歳ダ。」や「アノ子ハ来年カラ二年生デス。」が成り立ち，タ形は事態の存在が過去であることを表し，ル形は現在ないしは未来であることを表す。このようなものは，状態と位置づけるべきなのか，それとも属性と位置づけるべきなのだろうか。

以上，奥田の所論に導かれながら，それを検討することを通して，筆者の考える命題の意味的類型の概要—常識的なものであるが—について粗々と見てきた。各論的な問題の一二については，次章以後で少しばかり触れる。

参考文献
奥田靖雄 1985『ことばの研究・序説』むぎ書房
奥田靖雄 1988a「文の意味的なタイプ—その対象的な内容とモーダルな意味とのからみあい—」『教育国語』92: 2–14. むぎ書房
奥田靖雄 1988b「時の表現 (1)」『教育国語』94: 2–17. むぎ書房
奥田靖雄 1988c「時の表現 (2)」『教育国語』95: 28–41. むぎ書房
奥田靖雄 1993「動詞の終止形 (その 1)」『教育国語』2–9: 2–9. むぎ書房
奥田靖雄 1994「動詞の終止形 (その 2)」『教育国語』2–12: 27–42. むぎ書房
奥田靖雄 1996「文のこと—その分類をめぐって—」『教育国語』2–22: 2–14. むぎ書房
佐久間鼎 1931『日本語の特質』育英書院
寺村秀夫 1982『日本語のシンタクスと意味Ⅰ』くろしお出版
仁田義雄 1983「動詞とアスペクト」『計量国語学』14-3: 113–128.
益岡隆志 1987『命題の文法』くろしお出版
三上　章 1953『現代語法序説』刀江書院

第6章

状態をめぐって

1. はじめに

　前章「命題の意味的類型への概観」では，筆者は，文の担い表す事柄的内容・事態の基本的な大きな意味的類型として，〈動き〉〈状態〉〈属性〉を取り出し類別した。

　本章は，そのうち〈状態〉に焦点を当て，それがどのような意味的特徴を持ったものであるのか，そして，そのことによって，どのような統語的な振る舞い方をするものなのかを，少しばかり明確にしようとするものである。また，これは，言い換えれば，〈状態〉をどのようなものとして定立することが，〈状態〉を表しているとされる様々な文を捉えうると考えるのか，つまり〈状態〉の一般的な規定としてどのようなものを選び取るのか，ということである。これはまた，〈状態〉という類型の元にどのような内実を持った事態を所属させるのか，という選択でもある。本章では，〈状態〉の一般的規定・その内実のありようを〈動き〉との関係を考え，明確にしていくことを通して——本章では行わないが，当然，〈属性〉との関係のあり方を通しての〈状態〉の明確化も必要であり，前章でほんの少しばかり〈状態〉を〈属性〉と比較した。また，次章でも少し行う——少しなりとも明らかにしていこうとするものである。

2.〈動き〉〈状態〉〈属性〉への暫定的規定

　本章で〈状態〉について少しばかり考察を加えるにあたって，本書で既に何度か触れているが，ここでも，論述展開の関係から，筆者が使用する概念・用語について暫定的な規定を，まず示しておこう。

　文は，大きく，話し手が外界や内的世界—これを現実と仮称—との関わりにおいて描き取ったひとまとまりの事態を表した部分と，それを発話時の話し手の立場において捉えた捉え方，およびそれらについての話し手の発話・伝達的な態度を表した部分とから成り立っている。事態は，文の表す意味内容のうち，対象的な事柄的内容としての存在である。ただ，言うまでもないことであるが，事態は，客観的な現実そのものではなく，話し手の描き取り方・捉え方を通して切り出されたものである。事態として，私たちの廻り・内外いわゆる人間の捕捉可能な世界に存在・生起するあらゆるモノゴトが描き取られている。簡単に言えば，事態として描き取られているのは，様々な出来事・事柄，言い換えれば，モノの存在，モノ（とモノ）が呈する現れ，モノのあり方・特徴などである。

　本章で問題にする事態の意味的類型とは，そのような様々な内実を有する事態を，事態とそれが生起・存在する時空のありよう・関係の異なりという点からした類別である。事態の，時空へのさらに時空での現れを中心にした，事態の類別として，本章では，〈動き〉〈状態〉〈属性〉という三つのタイプを取り出す—〈動き〉は，さらにテイル形の表すアスペクト的意味の異なりなどから〈主体運動（主体非変化）〉と〈主体変化〉に分かれる—。

　前章でおおよその概観を行ったが，ここでも，〈動き〉〈状態〉〈属性〉に対して，暫定的な規定・特徴づけを行っておく。

　〈動き〉とは，ある一定の具体的な時間の流れの中，言い換えれば限定を受けた一定の時間帯の中に出現・存在し，それ自体が発生・展開・終了していく—展開が瞬時で，発生と終了が同時的である，というものをも含めて—，という時間的な内的展開過程を有する，というあり方で，具体的なモノ（人や物を含めて）の上に発生・存在する事態である。〈動き〉は，外的あるいは

2. 〈動き〉〈状態〉〈属性〉への暫定的規定 | 167

内的なエネルギーが供給され，それを受けてのモノの呈するありようの変動である。たとえば，「あっ，男が手紙を破く。／さっき男が手紙を破いた。」「ここの桜は4月の初めには開花するでしょう。／あそこの桜も4月の初めには開花したでしょう。」「あっ，手が震える。／あっ，手が震えた。」「もうすぐお湯が沸く。／今しがたお湯が沸いた。」などの文が表している事態が，〈動き〉である―もう少し詳しい説明は前章を参照―。

　〈状態〉とは，限定を受けた一定の時間帯の中にしか存在しないものの，事態の発生・終焉の端緒を取り出せない，つまり時間的な内的展開過程を持たない等質(同質)的な，具体的なモノの一時的なありよう，といった事態である。さらに言えば，一定の時間存在する，モノの上に生じる等質的なありようとして把握できる，ということは，モノの上に現れる等質的なありようが，そのありようを把握する基準時点以前から続いており，基準時点をまたいで基準時点以後にも存続していくと想定されている，からである。ただ，そのありようは，一定時間以前には存在せず，一定時間以後にも存在しない，と捉えられている。〈状態〉は，時間の流れの中に存在する外的あるいは内的な刺激・要因や関係の中で，モノが帯びる(モノに現れる)一時的なありようである。外的・内的な刺激・要因や関係がなくなれば，状態もそのさまを変える，つまり消滅する。たとえば，「今この部屋に人がたくさんいる。／先ほどまでこの部屋に人がたくさんいた。」「今も彼は少し熱がある。／先ほど彼は少し熱があった。」「このところ何だか寂しい。／最近何だか寂しかった。」「海は荒れ模様です。／その時海は荒れ模様でした。」などの文が表している事態が，〈状態〉である。

　モノには，存在として様々な側面が備わっている。類似しているモノは，備わっている側面もまた類似している。モノが具有している側面の典型は，その側面でのありようが，そのモノをそのモノとして他のモノから区別するところの，モノの物性的な側面である。たとえば，大きさ・重さ・色・形・硬さ・可動性等々である。また，モノの具有側面が人間によって認識・把握されたものであることからして，人間にとってのモノとの関係のあり方が，そのモノの具有側面として立ち現われてくる。モノの使用のされ方・有用性

などがその一例であろう。たとえば，「この種の花は茶会でよく使われる。」などのようなものがその例である。〈属性〉とは，他のモノではない，そのモノである，ということにおいて，そのモノが具有している側面で取るあり方・特徴である。ある側面での，そのモノの有しているあり方・特徴は，他のモノの同じ側面でのあり方・特徴との関係の中で取り出されることになる。〈属性〉は，同類の他のモノとの関係の中で取り出される，モノが具有している側面でのあり方・特徴である。たとえば，「あの崖は切り立っている。」「A 先生はとても厳しい。」「彼は北海道生まれだ。」「くじらは哺乳類だ。」などの文が表している事態が，〈属性〉である。

　事態は，その現れ・存在が時間的限定性を持ったものか否かで，まず二類に分かれる。その現れ・存在が時間的限定性を有しているのが，〈動き〉と〈状態〉である。それに対して，時間の中で変わったり消滅したりすることがあるにしても，その存在はモノに備わっており，時間的な限定性を持っているとは捉えられていないのが，〈属性〉である。

　ある具体的な時間・空間の中に出現・存在する〈動き〉〈状態〉は，具体的な時間・空間に出現・存在することによって，思考や推論によって推し量られなければ把握できない場合があるにしても，私たちが直接見聞きし触れ感じうる存在である。言語表現的には，〈動き〉〈状態〉は，いわゆる現象（描写）文として出現しうる。たとえば，「あっ，列車が走りだした。」「柿の実が真っ赤だ。」などがそうである。それに対して，〈属性〉は，そのモノをそのモノたらしめるためにモノが具有している側面でのあり方・特徴である。〈属性〉がモノの有している側面でのあり方・特徴であるということは，〈属性〉はモノに潜みモノとともにある存在である。ある時空の中でモノが呈する現れを捉えることで，〈動き〉〈状態〉が捉えられたのに対して，〈属性〉は，モノが呈する現れだけからは捉えられない。モノの呈する現れを元にして一般化・抽象化し引き出す—この作業においては，類似のモノが有する同類の側面との比較・対比が重要になる—ことによって捉えられた存在である。言い換えれば，思考や推論によって初めて把握される存在である—もっとも思考や推論がほとんど感じられない場合もある。大きな箱が届いて，とっさに

2. 〈動き〉〈状態〉〈属性〉への暫定的規定 | 169

「箱，でか！」などと言うものである。ただ，この場合も，瞬時に自分の想定している箱の標準的な大きさとの比較において発せられている─。このことは，たとえば，「昨夜彼はとても優しかった。」が，ある時空におけるモノが呈する現れを捉えており，〈状態〉を表しているのに対して，「彼はとても優しい。」は，ある時空におけるモノが呈する現れそのものではなく，モノが呈する現れを元にして，一般化・抽象化し引き出したモノの有する側面でのあり方・特徴を捉えており，〈属性〉を表している，ということが分かろう。

　時間的限定性を帯びた事態は，出現・存在する時間帯の中でそのありさまを変えるか否か，出現・存在時間帯の中で発生・展開・終了という時間的展開性を持つか否かによって，二種に分かれる。時間の中でそのありさまが変化していく，言い換えれば時間的展開性を持つ事態が〈動き〉であり，出現・存在時間帯の中でそのさまが変わらない，時間的展開性を持たない事態として捉えられているのが〈状態〉である。〈状態〉が〈動き〉同様に一時的な存在であるのは，〈状態〉の内実であるモノの呈するありよう自体が，ある時間の流れの中で始まり展開し終わっていく，という時間的展開過程を有しているからではなく，モノの呈するありようを招来した外的・内的な刺激・要因や関係が時間枠・時間的限定を持っていることによる，と捉えられている。たとえば，「君，酔っぱらったのかい。顔が少し青いよ。」というような状態にあっては，現出している今の状態とは異なる以前の状態からの，今の状態とは異なる以後の状態への，交替は，状態そのものの内的な時間的展開による移行であるとは捉えられていない。

　ただ，〈動き〉と〈状態〉とは，決定的に異なるものではなく，連続していくところのあるものであろう。〈動き〉の中にも，動き性・変動性・活動性が低く，〈状態〉寄りのもの，〈状態〉の中にも，それなりの自らの変動性が感じられ，〈動き〉に近いものが考えられよう。

　〈状態〉と〈属性〉は，その出現・存在が時間的限定を持った具体的・顕在的な現れか否かで異なる。出現・存在が時間的限定を持った具体的・顕在的な現れが〈状態〉であり，時間的限定を持たない，一般化・抽象化された潜在

的なモノのあり方が〈属性〉である。ただ，この違いも常に截然としているわけではないだろう。たとえば，上空からエアーズロックを見て「あの岩，でかい。」と叫んだ時などは，〈属性〉を表していると考えられるが，具体性・顕在性は高いだろう。〈属性〉の表出的な表現では，具体性・顕在性は高くなる。〈状態〉と〈属性〉は，その出現・存在が時間的限定を持っているか否かで異なるが，出現・終焉の端緒を取り出せず―時間的に広がった存在として捉えられている―，等質的なありようとして捉えられている点で共通している。

3. 先行研究瞥見―奥田靖雄の《状態》を中心に―

　既に，前章「命題の意味的類型への概観」で奥田靖雄の文の対象的な内容―筆者の言う命題および命題に描き出されている（言表）事態に対応―に対する類型化については，かなり詳しく見た。さらに奥田の言う状態については，筆者の感じる違和感をも含めて見ておいた。論述展開の明確化のため，ここでも繰り返しを厭わず，奥田の所論を追いかけておく。

　かつて，文の担い表す事柄的意味・事態に対して，動き（運動／動作）と状態，あるいは動的事態と静的事態，などといった，素朴な二分法が一般的であった時があった。状態なる用語は，いくつかのタイプの事柄的内容・事態を含む雑多なものであった。その意味で，奥田が，「アスペクト研究において，この《状態》という用語は，規定なしに，やたらにつかわれている。」（奥田 1988 : 10）と述べているのは，もっともであるし，かつての筆者の用語法への反省をも含めて同感できる評言である。その意味もあって，本章では，奥田靖雄の所論を中心に参考・検討対象にする。

　奥田には，動作や状態について比較的詳しく言及した論文に，「時の表現(1)」(1988)，「動詞の終止形（その2）」(1994)，「文のこと―その分類をめぐって―」(1996)，「動詞（その一）―その一般的な特徴づけ―」(1997) などがある。以下，それらでの記述を追いながら，状態についての奥田の考え方を検討することにする―当然，奥田の状態を明らかにする過程で，彼の言う動作にも言

3. 先行研究瞥見—奥田靖雄の《状態》を中心に— | 171

及することになろう—。

状態という事柄的内容・事態の類型に対して，奥田は，

> この《状態》という用語でよばれる出来事は，いちいちの，具体的な物につきまとって生じる現象である。しかも，かぎられた時間帯のなかに一時的に生じてくる現象である。　　　　　　　　　（奥田 1988: 11）
>
> 《状態は，ひとつひとつの物が，ある時間的なありかのなかで，一時的に採用する，その物の存在のし方である》という規定がなりたつ。
>
> 　　　　　　　　　　　　　　　　　　　　　　　　　（奥田 1988: 12）
>
> 言語的な意味としての《ただの状態》は，多少とも時間の長さをもっている，一時的な現象をとらえているが，その現象は変化の結果として生じてくるものではない。とりまく環境のはたらきかけのもとで，べつにかわったこともない，正常な生理・心理に，その自己運動として，とめようもなくおこってくる，アブノーマルな現象である。……。変化がなければ，あたらしい状態はうまれてこないとすれば，先行する状態は，あまりにもノーマルな，名まえをもたない状態であるため，その状態からの移行は言語的な意識のそとにとりのこされているのである。
>
> 　　　　　　　　　　　　　　　　　　　　　　　　（奥田 1994: 38–39）

などのように，規定し特徴づけている—同趣の記述は他の箇所にも存在—。この規定・特徴づけから，奥田が状態をどのように捉えているかが，ほぼ分かろう。状態は，出来事であり，出来事の一種である。出来事は，限られた時間帯の中に一時的に生じる現象である。したがって，状態も，限定された時間帯の中に一時的に生じる現象である。また，とりまく環境からの働きかけの元に，具体的な物の上に生じる物の一時的な存在のし方であり，それは他の状態からの移行とは捉えられていない，といったものである。同感できき納得のいく特徴づけである。

さらに，奥田は，文の描き出す事柄的内容つまり事態を，大きく《出来事》と《特徴》に分け，出来事のタイプについて，「わたしたちは，具体的な現象

としての，人や物の動作，変化，状態を《出来事》とみている。」(奥田 1996: 3) と述べている。奥田にあっては，出来事は《動作》《変化》《状態》という下位的タイプに分かれることになる。時間的限定性を持った出来事の中に，状態が動作・変化とともに類別されながら，大きくまとめられることには，筆者も同感である。

　ただ，筆者が問題に感じ，すぐさま賛成できない点は，状態の，出来事の他のタイプ，特に動作との関係であり，動きや運動に対する奥田の位置づけ方・捉え方である―動きや運動は，奥田にあっては明確な規定・位置づけを持たない―。動きや運動に対する捉え方は，動き・運動と動作ならびに状態との関係づけ方を通して，奥田の言う動作と状態の関係・割り振りに影響を及ぼすことになる。〈主体〉変化は，比較的限定された語彙的意味を持つことによって，変化の結果のモノのありようの捉え方―つまり〈結果の状態〉をどのように捉えるか―により，状態との関係・割り振りが問題になるが，変化の内実によって，変化と状態との関係・割り振りが，動作の場合ほど大きく変動することはない。動作は，その内実が多様で雑多である。したがって，動き・運動の捉え方の異なりによって，動作と状態との関係・割り振りに大きな違いが出ることになる。

　結論的な物言いをすれば，奥田の状態は，筆者の〈動き〉の側にかなり入り込んだ内実を有する存在になっている。もっとも，奥田が出来事―運動と呼び変えられている用語例もある。筆者の現象に該当―を動作・変化・状態に分け，筆者が現象を動き―動作ではなく―と状態に分けることからして，割り振りの内実が異なってくるのは，当然なのかもしれない。

　奥田は，状態とされる出来事について，「物の内面や外面で進行する，物それ自身の動きであって，動作のように，ほかの物へはたらきかけていくようなことはしない。」(奥田 1988: 11) と述べている。状態も，モノ自体の動きとして規定されているのが特徴である。留意しておくべきだろう。動詞を主に議論・考察の対象に据えていることも影響しているのか，奥田にあっては，動作と状態は，その違いより共通性が強調される述べ方がなされている。たとえば，「動詞の語彙的な意味は，動作，変化，状態，ひとくちにい

えば人や物の運動をとらえているものとして規定することができる。動作，変化，状態をひっくるめて，《動作》という用語で代表させることもある。」（奥田 1997: 2）などは，それを物語っているだろう。

奥田が，状態の内実として，モノが呈するどのような現れを考えているのかは，

> 「しびれる」とは「ふるえる」とか「すくむ」とかいうような，生理的な現象をとりあげるなら，《状態》も動きであることがよくみえるだろう。また，「いらいらする」とか「たいくつする」とか「あきれる」とかいうような，心理的な現象をとりあげるなら，《状態》とよばれるものの，具体的な内容がみえてくるだろう。いずれも，からだや心のなかで生じる，一時的で偶発的な動きである。さらに，「にぎわう」とか「混雑する」とか「ざわつく」とかいうような，社会生活のなかでおこってくる現象は，人間があつまってくる物＝空間での，人びとの動きである。このように物そのものにつきまとって，おこってくる内的な運動をひっくるめて，《状態》という用語でよぶことができるとすれば，《状態とは，物それ自身の内面や外面でおこってくる，物それ自身の，一時的な動きである》という規定が，もっともらしく思える。（奥田 1988: 11）

などの記述から分かろう。上の引用から，奥田にあっては，動詞で表されようと生理現象や心理現象は状態である，ということになることが分かろう。また，「物それ自身の内面や外面でおこってくる，物それ自身の，一時的な動きである」という，上引のような規定だけからでは，奥田の状態は，動作も変化も，排除できず含み込んでしまうのではないだろうか。出来事すべてに当てはまってしまうのではないだろうか。

奥田が類別し取り出す動作の典型は，動作という用語から暗示されるように，人間の動き・運動である。そのことは，「<u>あるく</u>，<u>はしる</u>のような動詞は，うごきの主体が生物か人かによって，動作動詞とみるか，うごき動詞とみるか，きめることもできる。」（奥田 1994: 37）と述べられていることから

も窺えよう。さらに，動作の典型・中心は，いわゆる他動性の高い動き・運動である。これは言い換えれば，人の呈する(人に生じる)動き・運動であっても，他動性や意志性の低いものは，動作から状態に追いやられる傾向にある。事実，奥田1996は，状態の文として，「きこりは寒さに震えている。」を挙げている。また，物(さらに生物)や自然界が呈する動き・運動にあっては，変化を表さないものは，動作から追いやられたり，状態に所属させられたりする傾向にある。「《物》の機械的な運動をとらえている動詞は，動作動詞からくべつすることが必要であるだろう。」(奥田1994: 36)と述べ，位置づけの明確でない《物のうごき》や《うごき動詞》とされている。奥田の事態の類別には，出来事の下位種として，《動作》《変化》《状態》だけでなく，下位種に元来入っていない《うごき》が，位置づけの明確化なしに──動作と状態の間に来る存在であろうが──，いつの間にか導入されることになる。

　状態を表すと奥田が見なす動詞が，奥田1997にまとめられ挙げられている──奥田1994にも同類の一覧表がある。また，両者では少し出入り・移動がある──。奥田の文字使いにこだわらず，それを示せば，

　　Ⅰ人間の生理的な状態
　　　しびれる，震える，ほてる，痛む，うずく，ひきつる，汗ばむ，のぼせる，くらむ，凍える，かじかむ，疲れる
　　Ⅱ人間の心理的な状態
　　　①なごむ，安らぐ，もだえる，いらだつ，呆れる，困る，驚く，妬ける，浮かれる，たまげる，めいる，めんくらう，高ぶる，迷う，退屈する，恥じる，おびえる，喜ぶ，悲しむ，②見える，聞こえる
　　Ⅲ場所の状態
　　　にぎわう，混む，ざわめく，どよめく，混雑する
　　Ⅳ物の状態
　　　光る，輝く，きらめく，揺れる，回る，きしむ，鳴る，匂う，かおる
　　Ⅴ自然の状態
　　　かすむ，煙る，蒸す，しばれる，冷える，しける，荒れる，なぐ，う

ねる，吹雪く，しぐれる，降る　　　　　　　　（奥田 1997: 10-11）

のようになる。「光る，回る，鳴る」などや「荒れる，吹雪く，しぐれる，降る」などを含む，従来一般的に考えられていたものをかなり超えた動詞が挙げられている。従来一般的に考えられていたものをかなり超えた動詞が挙げられていることに，刺激を感じるとともに，問題をも感じないわけにはいかない。さらに，奥田 1997 では，「泣く，笑う，ほほえむ」までもが，動作動詞か状態動詞かの間を揺れ動いている。

　ここで，工藤真由美の述べるところをごく簡単に見ておこう。工藤も，いわゆる言語学研究会に拠りながら活動している研究者であり，その意味で，基本的に奥田と同じ方向にある。工藤も，状態を運動─運動は奥田の動作・変化を含むもの─とともに，時間的限定性を有した一時的現象─奥田や筆者の出来事に該当する─に属させながら，状態と運動の異なりを，

　　〈運動〉と〈状態〉は，どちらもアクチュアルな一時的現象である点では
　　共通しているが，時間のなかでの〈動的展開〉があるかどうかで異なる。
　　　　　　　　　　　　　　　　　　　　　　　　　　（工藤 2004: 177）
　　ここで重要なのは〈運動〉と〈状態〉とが，〈一時的現象〉の点で共通しつ
　　つ，〈動的〉か〈静的〉かで対立していることである。　　（工藤 2002: 49）

のように説明している。工藤のこの説明の方が，ある意味で言えば常識的であることもあって，筆者にはより納得がいく。また，工藤 2002 では，「悲しむ，安心する，心配する，感謝する，感激する，喜ぶ，同情する，望む，困る，弱る，寒がる，寂しがる，不安がる，うんざりする，いらいらする，ちくちくする，痛む，感じる，見える，聞こえる，臭う，ぬるぬるする，しらける，吹雪く，流行る」が，状態を表す動詞として例示されている。ただ，疑問がないわけではない。状態に与えられている動的展開がないないしは静的，という説明からして，状態を表すとして例示されている動詞は，そ

れをはみ出しているのではないか，という疑問を感じる——これも，動的展開や静的をどのように規定し，どのような形式的証左によって選り出すのかによるが——。

4. 〈状態〉を求めて

　ここでは，筆者が〈状態〉をどのような意味的特徴を有する事態として捉えようとしているのかについて述べていく。〈動き〉との関係，異なりと似通いに注意を払いながら，筆者の立場での〈状態〉の内実を少しでも明確にすることを試みる。
　〈状態〉は，〈動き〉とともに，限定された時空の中で，具体的なモノが呈する(モノに生じる)現れ・モノの存在のありようである。限定された具体的な時間帯に具体的なモノに生じる現れであることから，〈状態〉は，〈動き〉とともに，私たちにとって直接見聞きし触れ感じうる存在である。いわゆる現象と呼ばれるものである。ただ，〈状態〉は，〈動き〉と違って，時間の進展の中で，自らが自らのありようを変えていく，とは捉えられていない。〈状態〉は，等質的な，具体的なモノの一時的な(時間的限定を持った)ありようである。等質的なありようが，モノの上に一定の時間帯存在する，ということが，動的展開を持たないとか静的であるとか表現されることの一つの内実である。〈状態〉は，時間的な内的展開過程を持たない(動的展開を持たない)ことによって，事態の発生・終焉の端緒を取り出せない。もっとも，〈動き〉であっても，変動や動きの顕在性・外的現れ性が低いことによって，事態の発生・終焉の端緒を取り出しにくいものがないわけではない。
　〈状態〉の意味的特徴づけとして，(1)時間的限定性を持っている，(2)具体的なモノが呈する現れ・モノの存在のありよう，(3)時間的な内的展開過程を持たない，そしてその現れとして，(a)モノの等質的なありようの存在時間帯での存続，(b)事態の発生・終焉の端緒が取り出せない，ということが観察される。(1)(2)は，〈動き〉と共通する。(3)が〈状態〉を〈動き〉から分かつ特徴である。したがって，(3)時間的な内的展開過程をどの

ように捉えるかによって，〈動き〉と〈状態〉との関係・割り振りが異なってくる。

　いったい何のために，〈出来事〉は，〈動き〉と〈状態〉に分けられるのか。やはり，〈動き〉か〈状態〉かの違いが，それが示す統語的な振る舞い方の異なりを招来するからであろう。〈動き〉と違って，〈状態〉が命令や意志の文になることはない——その意味で，「そこに居ろ！」が可能な「居る」は〈状態〉の特殊なタイプ——，というモダリティでの振る舞い方の異なりとして現れることもあるが，中心はテンスであり，さらに中核はアスペクト・アクチオンスアルトでの振る舞い方である。

4.1　局面としての持続状態

　「この部屋は少し蒸し暑い。」などのようなものだけでなく，「男が部屋で本を読んでいる。」や「あれ，戸が開いている。」なども，モノの等質的なありようが，ある限定を持った時間帯に出現・存在していることを表している，と捉えられていることは確かであろう。さらに，これらにあっては，事態の示すモノの等質的なありようが，発話時をまたいで存続しており，したがって，テンスの点で現在を表している。その意味で，動詞のある形態論的な形——つまりテイル形——を取ってはいるが，これらの文は状態を表しているのではないか，という捉え方・立場が出てきて当然であろう。「男が部屋で本を読んでいる。」や「あれ，戸が開いている。」は，〈動き〉を表した文なのか〈状態〉を表した文なのか，という疑問である。結論から言えば，筆者は，これらの文を〈状態〉という事態を表した文だとは捉えない。〈動き〉——前者の文は〈主体運動（主体非変化）〉で，後者の文は〈主体変化〉——という事態が有している時間的展開過程のある局面・段階を描き出したものである，と捉えている。さらに少しばかり実例を追加する。

　（1）　少女が紙片を調べ，何か彼に話している。

　　　　　　　　　　　　　　　　（吉行淳之介「食卓の光景」）

　（2）　客を乗せたバスや車が，狭い道を息苦しそうに走っている。

　　　　　　　　　　　　　　　　（川辺豊三「公開捜査林道」）

（３）　「ぼくは九時ごろからパチンコをやって，その時刻ごろにはウドン屋でウドンを食べていましたね。」　（坂口安吾「能面の秘密」）
　　（４）　「それから十分ぐらいたち，私が峠に着いたら，車がとまっていました。」　（川辺豊三「公開捜査林道」）
　　（５）　「身内だって，気味が悪いだろうさ。顔半分ひしゃげちゃってるんだもの」　（島田一男「国道駐在所」）
　　（６）　出入口の横に，勘定場があり，レジスターのうしろに少女が坐っている。　（吉行淳之介「食卓の光景」）

スル形の表す〈完結（完成）相〉に対して，これらのシテイル形は，〈持続（継続）相〉と通例呼ばれているものである。持続相を取るこれらの文では，文の表す事態は，モノの，等質的と見なされ扱われるありようが，基準時点をまたいだ限定性を持った時間帯を通して存続している，というものである。その意味で，これらもまた状態的である。持続的な等質的な，モノのありようは，〈動き〉が主体非変化である―筆者が〈主体運動〉と名づけているもの―（１）（２）（３）では，〈動きの最中（動作継続／進行）〉と通例呼ばれるものであり，〈動き〉が〈主体変化〉を表す（４）（５）（６）では，〈結果状態の持続（結果継続／結果の残存）〉と呼ばれるものである。

　持続相(テイル形)で表示された文が表すものも，時間的限定性を持った等質的な，モノのありようであった。その点で〈状態〉と名づけた事態の意味的特徴と同じである。ただ，〈状態〉の意味的特徴の一つとした「事態の発生・終焉の端緒が取り出せない」という点に関してはどうであろうか。

　〈動きの最中〉を表す場合にあっては，モノの等質的なありようの発生・終焉の端緒を取り出しうる存在である―これは〈動き〉の「限界－非限界」(telic – atelic)に拘わらない―。たとえば，（２）で「バスや車が走っている」という，時間的限定性を持った等質的な，モノのありようが存続しているのは，「走りはじめる」という端緒があってのことである。発生だけでなく，終焉も予定されている。「走ル」という動詞の表す動きは，動きの終りの限界が予め定められた動きではないが，走ることが終わる点が，走っているという等質的なありようの終焉である。このことは，「（シ）オワル」という局

面動詞を取りうる「話ス」「食ベル」という動詞が使われている（1）にあっても（3）にあっても，同様である。

　また，このことは，〈結果状態の持続〉にあってはどうであろうか。（4）で「車がとまっていた」という，時間的限定性を持った等質的な，モノのありようが存続しているのは，「車がとまる」という，モノの等質的なありようの発生の端緒があってのことである。ただ，〈結果状態の持続〉では，〈動きの最中〉と異なって，発生の端緒は取り出しうるものの，終焉の端緒は明確ではない，というより基本的に取り出せない。（4）にあっても，「車がとまっている」という等質的なありようの終焉は予定されてはいない。「牛が死んでいる」のように不可逆的な変化の存在を考えれば，〈結果状態の持続〉には，終焉の端緒がないことが分かろう。

　テイル形によって表される局面として持続状態は，等質的なありようの発生の端緒が存することによって成立しているものであった。これは，〈状態〉の有している，事態の発生の端緒が取り出せない，という意味的特徴の一つを欠いていることになる。テイル形によって表される局面として持続状態を〈状態〉として捉えないことの理由がここにある。

　事態の意味的類型の一つとしての〈状態〉と〈動き〉の有する一つの局面としての持続状態とを分かつものとして，事態発生の端緒の有無を取り出した。「この部屋の中のどこかに，手提金庫の二千万円がかくされているかもしれません。(川辺豊三「公開捜査林道」)」が，事態の類型としては〈状態〉ではなく，〈動き〉の局面である〈結果状態の持続〉であると捉えるのは，このモノの等質的なありようの存続が，「二千万円がかくされる」という事態発生の端緒があっての存在であるからである。それに対して，意味的にかなりの程度において近似している「この部屋の中のどこかに，手提金庫の二千万円があるかもしれません。」に対して，〈状態〉を表した文と位置づけるのは，事態発生の端緒を言語表現からは取り出すことができないからである。

　〈動きの最中〉には，事態発生の端緒だけでなく，事態終焉の端緒が存した。それに対して，〈結果状態の持続〉には，事態終焉の端緒はなく，事態発

生の端緒だけが，〈動き〉の局面の持続状態を〈状態〉から異なる存在にしていた。したがって，タイプの特徴として〈結果状態の持続〉は，事態発生の端緒が不鮮明になれば，〈動き〉の局面の持続状態から〈状態〉に移行する——〈結果状態の持続〉を作るテイル形の〈属性〉への移行もまた少なくない——。「井戸が<u>かわいている</u>。」が〈結果状態の持続〉的であるのに対して，「喉が<u>かわいている</u>。」は〈状態〉寄りである。これは，後者では事態発生の端緒が明確でないことによっている。

　ここで少しばかりテアル形を持つ文についても考えてみたい——テイル形よりもさらに周辺的な問題であろう——。

　（7）　焼入れをおわった刀身が，水槽のふちに<u>よこたえてあった</u>。
　　　　　　　　　　　　　　　　　　　（大河内常平「安房国住広正」）
　（8）　丁度手で握るあたりに"明珍"と銘が<u>刻んであった</u>。
　　　　　　　　　　　　　　　　　　　　　　（高井有一「仙石原」）

などのような文についてである。これらの文については，局面・段階としての〈状態〉という観点においても，問題になることは，従来ほとんどなかった。（7）（8）の文を，事態の意味的類型としては〈動き〉であり，それがテアル形——こういう名づけ方が，既に，動詞のある形態論的な形つまり広義の語形として捉えている——を取ることによって，〈動き〉という事態が，動き後の局面として対象に対する持続状態を表したものである，と位置づけるか，あるいは，「シテアル」は，派生表現ではあるものの，もはや既に一つの事態を表現しており，〈状態〉である，と位置づけるか，という問題ではある。（7）（8）の表している事態は，いずれも広い意味で存在という事態類型に属すると思われる。つまり，（7）（8）は，「刀身が水槽のふちにあった。」「手で握るあたりに銘があった。」にかなりに近い。しかし，（7）（8）が表す広い意味での存在というモノのありようは，主体の「横タエル」「刻ム」という動きの実現・発生の結果である。その意味で事態発生の端緒が読み取れないわけではない。今の筆者は，動きの〈局面としての状態〉という捉え方に傾いてはいるものの，局面をどう捉えるかにもよるが，もはや状態を作る派生表現，という捉え方もできると思われる。迷いがないわけではない。

4.2 〈動き〉か〈状態〉か―生理動詞・心理動詞などについて―

　動きであれ状態であれ，世界（宇宙）に出現・存在している現象にあって，モノやモノ相互の動き・運動が関与しないものは存しないであろう。モノとモノがある位置関係にある（位置関係を保つ），という極めて静的に思われる現象にも，モノ相互の引力のありようのようなものが関与している。その意味でモノの持つ力・動きが働いている。だからと言って，言語表現に対しても，現象・出来事はすべて動きであり自己運動である，と特徴づけ一括してしまうことは，類別そのものをそもそも危うくするのではないだろうか。

　捉え方・述べ方の違いもあろうが，筆者は，言語表現として描き出された出来事を，すべて動きを表したものだとは捉えない。動きがある（動きが顕わである）と捉えられているものもあれば，動きがない（動きが顕わでない）と捉えられているものもある，という立場を取る。前者が筆者の言う〈動き〉であり，後者が〈状態〉である。

[A]　物・自然界などの変動

　生理・心理動詞について考察を加える前に，まず，物や自然界の変動を表す動詞群についてごく簡単に見ておく。

　人間ではない，物や自然界が呈する一時的なありようは，動きの担い手が人間や動物でないことによって，主体の可動性が感じられにくくなり，それが呈する事態も動きとは感じられない，という傾向が出てくるのであろう。奥田1997では，以下に挙げる「回る」や「鳴る」は，「物の状態」を表す動詞，つまり状態を表すとされている。確かに動きの典型から外れるところがあるにしても，これらによって表されている事態は，限定を有する時間帯に出現・存在するのみであり，モノの呈するありようは，発生・展開・終了という時間的な内的展開過程を持っている。

　　（1）　わざと返事を，ワンテンポ遅らせた。「鍵は開いてるわ」ノブが
　　　　　回る。男が入ってくる。　　　　　　（綾辻行人「迷路館の殺人」）
　　（2）　「なにか聞こえる……」二人の見つめるオレンジ色の盤の上を，

　　　　　針がゆっくりと回ったが，なんの物音もしなかった。「故障かしら」
　　　　　　　　　　　　　　　　　　　　　　　（星新一「ボッコちゃん」）
（３）　レフト・アローンの最後の曲が終わった。布を裂くような音でレコードはまだ回っている。
　　　　　　　　　　　　　　　　　　　　（村上龍「限りなく透明に近いブルー」）
（４）　控え室には誰も居なかった。天井の扇風機がゆっくり回っていた。
　　　　　　　　　　　　　　　　　　　　　　　（丸山健二「夏の流れ」）
（５）　眠り込んでしまったのかな？そんな気もするが，確信はもてない。ウエストミンスター寺院の鐘が鳴った。
　　　　　　　　　　　　　　　　　　　　　　（安部公房「スプーン曲げ少年」）
（６）　勝田さんの室では監督や助監督まで加わり近処の若い衆も集めて歌留多が始まり，マンドリンも鳴っていた。（石川達三「蒼氓」）

　上の引用例から分かるように「回る」「回った」「鳴った」などの〈完結相〉は，動きの開始点や動き全体を表し，「回っている」「回っていた」「鳴っていた」などの〈持続相〉は，局面としての持続状態を表している。アスペクト的対立が存在している。また，これらは，動きとしての典型度は落ちるにしても，〈動き〉であることによって，「プロペラが回りかけた。」「チャイムが鳴りだした。」のような，時間的な内的展開過程を持つからこそ現れうる形式―アクチオンスアルトの形式―を取りうる。

　さらに，次のような動詞群についても見てみよう。

（７）　妻がクリーニングしたばかりのズボンとシャツを出した。「雨降るわね」私一人の朝食の時，妻が言った。
　　　　　　　　　　　　　　　　　　　　　　　（丸山健二「夏の流れ」）
（８）　さいなら言っておいて良かったとぼくは思った。綿雪が，まっすぐ降っている。　　　　　　　　　　　　（後藤紀一「少年の橋」）
（９）　ぼくらは一列になって尾根を駆けあがった。大粒の雨が降りしきり，視界は灰色にかすんだ。　　　　　　（野呂那暢「草の剣」）
（10）　父親は穏やかな口調で言った。少し熱があるようだから，気を付けてくれ。……あたり一面，ぼやっとかすんでいた。

(北杜夫「百蛾譜」)
(11) 氷雨になって，かいま見る月山も白くなって来ました。「冷えるの。こげだときは，熱っちゃいものがいちばんの御馳走だ。」
(森敦「月山」)
(12) 今日は友引なので，仕事が無かったのである。友を引くという日なので，おおかたの家がこの日は避ける。かまの火は点けられないままで，しんと冷えている。　　(重兼芳子「やまあいの煙」)

上の例に現れる「降る」「かすむ」「冷える」は，いずれも奥田1997が「自然の状態」を表す動詞としたものである。確かに自然界の動き・運動によって，ある一時的なありようが出現・存在しているものである。また，モノのありようを呈する主体は，「視界」「あたり」やたとえば「気温」といったもの，さらに，「降雨」という自然現象と一体化しているものから，あえて引き出され主体化させられた「雨」というものである。言い換えれば，自然界の動きでは，動きの引き起こし手・担い手が分明でない。分明でない分，動きとして認識されにくくなるのであろう。ただ，これらの動詞にあっても，スル形(完結相)が，基準時点をまたいで，一定の時間帯モノに存在する等質的なありようを表しているとは捉えられない。一定の時間帯モノに存在する等質的なありようを表しているのは，シテイル形(持続相)の方である。そのことは，(7)の「雨降るわね」，(8)の「綿雪が降っている」を見れば明らかであろう。「降る」は，動き全体を表し，未来を意味している。それに対して，「降っている」は，現在存続している局面としての持続状態を表している。ただ，「冷える」のような動詞にあっては，シテイル形の表すものが，(12)が示すように，局面としての持続状態であるにしても，スル形は，(11)から観察されるように，現在を表しうる。このことには，この例での「冷える」が，出現する自然現象から来る生理感覚を表していることによる──生理感覚については後で少しばかり詳しく見る──。さらに「蒸す」なども，「今日は蒸すね。」のように，これと同じ振る舞いを取る。確かに「降る」などに比して，「冷える」は動き性が低い。ただこれも生理感覚につながる自然現象を表す「冷える」の場合に言えることであって，物の動き(変

動）を表す場合は，動き性はより明確である。「夜は更けている。酒も冷えた。(斯波四郎「山塔」)」「そっと川底からビールを上げた。とても冷えていた。(丸山健二「夏の流れ」)」などが，物の動きを表す例であるが，この場合，「もうすぐビール，冷えるよ。」のように，スル形は，動き動詞一般と同じく未来を表すことになる。

　もっとも，「場所の状態」とされる動詞の中には，「了仙寺は，…寒いとはいえ観光シーズンに入ったいま，おびただしい団体客で連日にぎわっている。(山村直樹＋中町信「旅行けば―」)」のように，スル形では使いづらく――未来を表すル形の用法は極めて稀であろう――，シテイル形使用が中心であり，その意味でシテイル形・状態動詞になりかけているものもある。ただ，やはり「賑わいはじめた」「賑わってきた」という形――事態の時間的展開を表す形式――を持ち，動き動詞としての側面も保持している。

　前章でも見たように，ただ，この自然界などの変動を表す動詞群では，何らかの評価づけを帯びてくるものの，「今日はしばれるね。」「今日も降るね。」や「この電車，揺れるね」「ここ，混むなぁ。」のようにル形で現在を表しうるのも事実である――これも，この種のその時の状態を表す用法もあるが，また，「雨，降り出してきた。」「ここも混みはじめたね。」のように使われ，自然界などの変動を表しうる――。

［B］　生理動詞・心理動詞をめぐって

　心理・感情を表す動詞や生理感覚を表す動詞の，事態の類型への所属やテンス・アスペクトの問題は，誰にあっても難しい問題である――この問題については，前章「命題の意味類型への概観」でも少し触れた――。これらが〈動き〉に属するのか〈状態〉に属するのかは，人によって意見の分かれるところであろう。論者による所属のさせ方への揺れを招来する文法現象の一つに，これらの動詞がスル形で現在を表すということがある。

　ここでは，生理動詞や心理動詞を取り上げ，それらを基本的に〈動き〉ないしは〈状態〉のどちらに属させる方が，時間的特性からした事態の類別としては妥当性が高くなるのか，また筆者はどういった立場を取るのかについて述

べていく。
　(13)　「いったい，どうしたんだ。どこか痛むのか」
　　　　　　　　　　　　　　　　　　（目木晴彦「寂寥郊野」）
　(14)　頭は熱くてたまんないし，寒気がするんだ，どうやっても寒気が
　　　　ひかないんだよ。　　　（村上龍「限りなく透明に近いブルー」）
　(15)　おれはリングの中央へけんめいに歩いて行くが，不意にひざの力
　　　　が抜ける。頭がくらくらする。　　（沢木耕太郎「一瞬の夏」）
などは，いわゆる生理動詞と呼ばれるものである。いずれもスル形で，通常の動き動詞が表せない現在を表している。何らかの説明がいる文法現象であろう。また，スル形現在という，この現象の存在が，生理動詞をして〈状態〉を表すと捉えさせていることの最大要因であろう。
　(16)　みどり「あいつが悪いの，吐血とか下血とか症状見せりゃすむ話
　　　　　でしょ，どこまでも元気なのははた迷惑よ，なんで悩むの私が」
　　　　　　　　　　　　　　　（一色伸幸「シナリオ・病院へ行こう」）
　(17)　みち子，突然床をドンと踏み鳴らす。みち子「あー，腹が立つ」
　　　　　　　　　　　　　　　（山田洋次「シナリオ・釣りバカ日誌」）
　(18)　「全くいらいらするぜ。こんな選挙ははじめてだ」
　　　　　　　　　　　　　（ジェームス三木「シナリオ・善人の条件」）
などは，いわゆる心理動詞と呼ばれるものである。上の例では，いずれもスル形で現在，しかも現前に存在する顕在的な事態—潜在的な事態ではない—の現在が表されている。その意味で，生理動詞と同様，通常の動き動詞が見せない文法現象を示している。
　ただ，スル形現在は，生理動詞では普通であるが，心理動詞ではさほど多くない。さらに「思う，考える，信じる，確信する，察する，推測する，予測する，推察する，想像する，判断する，理解する，疑う，怪しむ，いぶかる，願う，望む，希望する，期待する」などの思考動詞では，さらにスル形で現在を表すことは稀である—それでも，[勇造「まんず信じてくれねえと思うけど，われは知らなくてあったことだ」／健吉「うんにゃ。信じるよ。」（長谷部日出雄「シナリオ・夢の祭り」）]の「信じる」のように，スル形が現在

を表している場合がないわけではない―。

　［生理動詞→心理動詞→思考動詞］の順でスル形現在の出現度は減っていく。スル形現在の多さは，その動詞がより状態化していることを示している。生理感覚を表す生理動詞の状態化はそれなりに高く，次に心理・感情を表す心理動詞が続き，思考活動を表す思考動詞は状態化していない。

　また，これらいずれにあっても，持続状態を表すテイル形を有している―「痛む」という動詞もテイル形を持たないわけではないが極めて稀―。「頭が熱っぽく，全体に寒気がしている。(山口瞳「酒呑みの自己弁護」)」「頭がくらくらしている。」「ディックはきっと，一人でくよくよ悩んでいるのだわ。(目木晴彦「寂寥郊野」)」「ちかごろあることで腹が立っているので…(司馬遼太郎「街道をゆく（Ⅰ）」)」「真剣に構ってもらえない小さい息子はいらいらしている。(阿部昭「言葉」)」のようにである。前二例が生理動詞の例で，後三例が心理動詞の例である。持続状態を表すテイル形が存し使われる，ということは，動詞そのもの―したがってスル形―が，一定の時間帯存続する等質的なありようを表すことを，自らの語義の基本としていないことを示している。つまり〈状態〉を表すことが基本ではない，ということである。

　筆者は，生理動詞の方が心理動詞より状態化が進んでいると捉えるが，生理動詞・心理動詞を〈動き〉を表す動詞として位置づける，という立場を取る―これも，すべての生理動詞・心理動詞を一括して扱うわけにはいかないだろう。「悩む」や「いらいらする」などに比して，「心配する」や「敬愛する」は，テイル形での使用が普通で，動き性が低い―。生理動詞の方が心理動詞より状態的であることには，生理的なありようの現れが，外的・内的な刺激・要因からの不可避的な反応に過ぎないのに対して，心理的なありようの現れは，外的・内的な刺激・要因に対する主体の応じ方に選択の余地を残すものである，ということが関わっているのであろう。生理動詞の中でも状態化の進んだ動詞が「痛む」である。

　　(19)　「医者を！痛い……もうれつに痛むぞ……早くしないと，手おくれになってしまうじゃないか！」　　　　　　　（安部公房「砂の女」）

は，同じような状況の表現に，形容詞「痛い」とともに動詞の「痛む」が使われている。「痛む」の状態化がかなり進んでいることを示している例であろう。

4.3　統語的証左を求めて

　以下，少しばかり生理動詞・心理動詞を，〈状態〉としてではなく〈動き〉を表す動詞として位置づけうる統語的証左を取り上げることにする―これについても，生理・心理動詞に限ったあり方ではないが，〈動き〉を〈状態〉から選り出す形式的な証左として，前章「命題の意味的類型への概観」でも少しばかり触れた―。

　[1]　「(シ) ハジメル／ダス」や「(シ) テシマウ」「(シ) テクル」といった，いわゆるアクチオンスアルトの形式の付加の可否を取り上げる―「(シ) カケル」は，生理・心理という動きが，外的現れのない内的なものであることにより，起動の端緒が定かでないことから共起することは稀―。

　（1）　機動隊の足音が確実に近づいてくる。息が切れ，横腹が痛みはじめた。　　　　　　　　　　　　　　　　（三田誠広「僕って何」）
　（2）　吾一は背すじが急にぞくぞくしてきた。（山本有三「路傍の石」）
　（3）　今まで大きな問題を空に描いて，骨組だけは略出来上がっている位に考えていた私は，頭を抑えて悩み始めた。
　　　　　　　　　　　　　　　　　　　　　　　　（夏目漱石「こころ」）
　（4）　しだいに『あらわし班』全員がいらいらしてきた。
　　　　　　　　　　　　　　　　　　　　　　　　（加藤幸子「夢の壁」）

（1）（2）が生理動詞の例であり，（3）（4）が心理動詞の例である。また，（1）（3）は「(シ) ハジメル」という形式を，（2）（4）は「(シ) テクル」という形式を付加させている例である。さらに「頭がのぼせてしまった。」や「あいつのやり方には呆れてしまった。」のように，「(シ) テシマウ」の付加も可能であろう―ただ，これらアクチオンスアルトの形式がすべての生理・心理動詞に同程度に付加可能というわけではない―。これらの形式はいずれも，事態が時間の中で展開していくことによって，その展開の段階・ありよ

うを表し分ける形式である。したがって，これらが共起するということは，その動詞が表す事態が，事態の発生・終焉の端緒が取り出せない等質的なありようの存続を表すのではなく，時間的展開過程を有する事態を表していることを示している。つまり，〈状態〉でなく，〈動き〉を表しているということである。

〈状態〉を表す代表的な動詞「居る」や「有る」は，これらの形式を取らない。「*男が部屋に居はじめた。」「*僕は熱があってきた。」は，逸脱性を持った非文法的な文である。「どうかしたの，君，少し顔が青いよ。」や「お腹が痛い。」といった形容詞述語で形成された〈状態〉を表す文が，これらの形式を取らないのは言うまでもない。

[2]　「（シ）ソウダ」という形式は，直後に起こる事態の徴候を表す場合と，外見から推定される現前のありようを表す場合がある。時間の流れの中での展開性がなければ，「（シ）ソウダ」は，直後に起こる事態の徴候を表すことはない。

　（5）　なんだか足がうずきそうだ。
　（6）　奴のことでいらいらしそうだなぁ。

は，外見から推定される現前のありようではない。「あっ，荷物が落ちそうだ。」と同様に，直後に起きる事態を徴候から推定したものである。ちなみに（5）が生理動詞の例であり，（6）が心理動詞の例である。

それに対して，典型的な〈状態〉を表す文では，「君，なんだか熱がありそうだよ。」や「ずいぶんお腹が痛そうだね。」のように，直後に起こる事態を表さない。外見から推定される現前のありようである。

この種の異なりは，生理動詞や心理動詞が，基本的には，等質的なモノのありようの存続を表した〈状態〉ではなく，時間の中で展開していく〈動き〉を表したものであることを示している。

[3]　〈状態〉は，基準時点をまたぐ等質的なモノのありようの存続を表している。それがスル形で現在を表しうることの基因である。確かに生理動詞・心理動詞も，スル形で現在を表しうる。心理動詞のスル形現在は，「悩むな。どうすりゃいいんだ。」「あぁ，いらいらする！」「ほんとむかつく。」

のような表出型の文が多い。これらに対して，発話時点を明示する時の成分を共起させると，「??{今／現在}悩む。」「??{今／現在}いらいらする。」「??{今／現在}むかつく。」のように，スル形では座りは悪く，「{今／現在}悩んでいる。」「{今／現在}いらいらしている。」「{今／現在}むかついている。」のように，シテイル形にする方が座りがよい。これは，心理動詞において，通常，等質的なモノのありようが基準時点をまたいで存続していることを表すのは，スル形ではなく，シテイル形であるからであろう。

生理動詞にあっては，「今歯が{うずいている／うずく}。」「現在目が{しょぼしょぼしている／しょぼしょぼする}。」のように，基準時点をまたいでの等質的なありようの存続を明示する場合にあっても，シテイル形の方が多いとしても，スル形でも可能であろう。このことも，生理動詞の方が，心理動詞より状態化していることを示す一つの現れであろう。

当然，典型的な状態表現では，「{今／現在}僕は熱がある。」「{今／現在}君，顔色が青いよ。」のように，問題なく，基準時点をまたいでの等質的なありようの存続を明示させることができる。

生理動詞や心理動詞でのスル形現在は，たとえば，「ハンカチを4つに畳みます。」と，行為を行いながら発話することによる現在に近いのではないだろうか。そして，心理現象より生理現象の方が，発話時に収まる断片的な現象が取り出されているのであろう。

5. おわりに

本章では，〈状態〉の明確化を，〈動き〉という類型と対比させながら，その意味的特徴を取り出す，というあり方で行ってきた。〈状態〉とは，事態の発生・終焉の端緒を取り出せない，基準時点をまたいで限定された時間帯存続するモノの等質的なありようである，とした。その結果，〈状態〉はかなり限定された存在になった。たとえば，「机の上に本がある。」「この部屋に大勢の人が居る。」「お腹が痛い。」「とてもつらい。」「彼のことが心配だ。」「柿の実が真っ赤だ。」「俺，腹ぺこだ。」「彼は病気だ。」「桜が満開です。」のよう

に，形容詞述語・名詞述語が中心で，動詞述語で本来的に〈状態〉を表すものは，極めて少ない，という位置づけである．また，従来一部で〈状態〉を表すとされていた物や自然界の変動を表す動詞はもちろんのこと，生理動詞や心理動詞も，基本的に〈動き〉を表す，という捉え方をしている．

参考文献
奥田靖雄 1988「時の表現 (1)」『教育国語』94: 2–17. むぎ書房
奥田靖雄 1994「動詞の終止形 (その 2)」『教育国語』2–12: 27–42. むぎ書房
奥田靖雄 1996「文のこと―その分類をめぐって―」『教育国語』2–22: 2–14. むぎ書房
奥田靖雄 1997「動詞 (その一) ―その一般的な特徴づけ―」『教育国語』2–25: 2–11. むぎ書房
工藤真由美 2002「現象と本質―方言の文法と標準語の文法―」『日本語文法』2–2: 46–61. 日本語文法学会
工藤真由美 2004「現代語のテンス・アスペクト」尾上圭介（編）『朝倉日本語講座 6 文法 II』172–192. 朝倉書店
佐藤里美 1997「名詞文の意味的なタイプ」言語学研究会（編）『ことばの科学 8』151–212. むぎ書房
仁田義雄 2001「命題の意味的類型についての覚え書」『日本語文法』1–1: 6–23. 日本語文法学会
仁田義雄 2005「名詞文についての覚え書」佐藤喜代治博士追悼論集刊行会（編）『日本語学の蓄積と展望』277–299. 明治書院
仁田義雄 2010「事態の類型と未来表示」『日本語文法』10–2: 3–21. 日本語文法学会
樋口文彦 1996「形容詞の分類―状態形容詞と質形容詞―」言語学研究会（編）『ことばの科学 7』39–60. むぎ書房
Geoffrey, N. Leech 1971 *Meaning and the English Verb*, London: Longman Group Ltd. ［国広哲弥訳 1976『意味と英語動詞』大修館書店］

第7章

属性を求めて

1. はじめに

「命題の意味的類型との関わりにおいて」と題されたこの第二部では，まず，「命題の意味的類型への概観」において，事態の基本的な大きな意味的類型として，〈動き〉〈状態〉〈属性〉を取り出し類別した。そして，各論の一つとして，前章で状態についての筆者の考え方・捉え方を述べた。ここでは筆者が属性をどのように捉え，属性を表す命題・事態の内実として，どのようなものを考えているのかを，ごくごく簡単に触れておく。

2. 動き・状態・属性への概括

前々章（第5章）および前章（第6章）でおおよその概観を行ったが，ここでも，論述の便宜上，〈動き〉〈状態〉〈属性〉に対して，概略的な特徴を見ておく。

〈動き〉とは，ある一定の具体的な時間の流れの中，言い換えれば限定を受けた一定の時間帯の中に出現・存在し，それ自体が発生・展開・終了していく—展開が瞬時で，発生と終了が同時的である，というものをも含めて—，という時間的な内的展開過程を有する，というあり方で，具体的なモノ（人

や物を含めて）の上に発生・存在する事態である。事態の現れ・存在の時間的限定性と，その発生・展開・終了という時間的な内的展開過程を持つことが，動きの特性である。

〈状態〉とは，限定を受けた一定の時間帯の中にしか存在しないものの，事態の発生・終焉の端緒を取り出せない，つまり時間的な内的展開過程を持たない等質（同質）的な，具体的なモノの一時的なありよう，といった事態である。さらに言えば，一定の時間存在する，モノの上に生じる等質的なありようである。事態の現れ・存在の時間的限定性と，事態自らが時間的展開性を持っているとは捉えられていない，というのが，状態の特性である。

〈属性〉とは，時間の中で変わったり消滅したりすることがあるにしても，他のモノではない，そのモノであることによって，そのモノに恒常的に備わっている，言い換えればそのモノとともに在る，したがって時間的に限定されていない，と捉えられているモノの同質的なありよう・あり様である。事態の現れ・存在に時間的限定性が存しない，したがって，当然，事態の時間的展開性が存在しない，というのが，属性の特性である。

3. 属性をめぐって

動き・状態・属性は，上で見たように概略特徴づけられる。属性を表す文の具体例については，次章（第8章）の「形容詞文についての覚え書」，次々章（第9章）の「名詞文についての覚え書」でもそれなりに挙げることにする。特に「名詞文についての覚え書」では，属性のタイプにも触れる形で，文例を挙げることになる。内容的に重なる部分もあるが，ここで，属性についての筆者の捉え方をごく簡単に述べておく。

概括の章で，属性について，他のモノではない，そのモノであることによって，そのモノに備わっている（そのモノとともに在る），モノのありよう・あり様である，という趣旨の特徴づけをした。ただ，この特徴づけは，哲学などで言う，「そのモノに固有の性質」「それがなければ，そのモノでなくなるような性質」「ある種類のモノがすべて持ち，もしそれを持たなかっ

たら，そのモノでないような性質」など，と規定づけられるモノのありよう・あり様を意味しているのではない。いわゆるモノに本質的で固有の性質・ありようと言われるものを示しているわけではない。本書での属性は，哲学で偶有性と言われる，あるモノの本質的ではない，偶然的な性質・ありようを含むものである。ある哲学の用語辞典によれば，「紙」の属性・偶有性への説明として，「表面に字を書ける」という性質・ありようが属性の例として挙げられ，色が白くても赤くても紙であることから，紙の色が白いとか赤いというありようが偶有性の一例として挙げられている。当然，「硬い・柔らかい」「厚い・薄い」「細長い・幅広だ」「つるつるしている・ざらざらだ」「新しい・古い」なども，紙の偶有性に過ぎない。以上明らかなように，言語研究・文法研究で属性と呼ぶものは，偶有性を中心とするものである。

　言語研究・文法研究で問題になる属性は，たとえば「人間」について言えば，「哺乳類である」とか「二足歩行をする」とか「言語獲得の能力がある」とか「体毛がほとんどない」とか「道具を使う」などといった，人間という種全体の有している特性・ありようとして，他の種との区別に大きく貢献する特性・ありようが中心ではなく—当然この種のものも取り上げられるが，これは，「人間」という種としての存在が具有している側面や側面の下位タイプにほぼ該当するだろう—，「足が速い」とか「話下手だ」とか「毛深い」とか「不器用だ」とかいった，当該の個体・グループを同種の他の個体・他のグループから分かち特徴づける，その種の存在が具有している側面での特性・ありようが中核になってくる。

　世界に存在するすべてのモノが多様な属性を有している。モノが有している属性の多さは，そのモノが有していると考えられる側面の多さと比例する。常識的に考えて，モノの帯びる属性の多さは，［無生物→植物→動物→人間］の順で多くなっていく。人工物や自然物も，それが有しているとされる側面さらに言えば側面でのありよう・あり様である属性は，人間との関係において捉えられたものが少なくない—抽象的な存在などの帯びる属性は，人間との関係において取り出されるものが基本だろう—。

ここで少しばかり，モノの呈しているありよう・あり様が属性として捉えられる場合と状態として捉えられる場合との違い，その違いを招来するものについて考えてみよう。そして，そのことが属性というものの明示化にいくばくかの助けになってくれよう。

　状態と属性とは，それが呈するありよう・あり様が時間的展開性を持たない，という点で共通している。ともにいわゆる静的事態である。それに対して，次の点で異なっている。状態の表すありよう・あり様，言い換えれば状態という事態は，その現れ・存在が時間的限定性を持ったもの，一時的なものとして捉えられているのに対して，属性の表すありよう・あり様，言い換えれば属性という事態は，時間の中で変わったり消滅したりすることがあっても，他のモノではない，そのモノであることによって，そのモノに備わったありよう・あり様であり，ありよう・あり様自体のあり方においてモノから離れて時間の中に限定的・一時的に存する存在とは捉えられていない。状態がモノの呈する一時的なありよう・あり様であるのに対して，属性はモノに備わっているありよう・あり様である。これは，ありよう・あり様の存在の時間的限定性の有無ということと密接に関わってくる。時間的限定性を持った事態が状態であり，時間的限定性を持っていないと捉えられている事態が属性である。

　たとえば，次の例文を見比べてみよう。

　（１）　彼は<u>病気</u>だ。
　（２）　彼は<u>健康</u>だ。

問題にしたいのは，（１）と（２）に対する，状態解釈が優勢か，属性解釈が優勢か，という点である。（１）は状態を表している，と解釈されるのが優勢で通例であろう。それに対して，（２）は，属性として解釈されるのが，優勢で通例であろう。その違いはどこから来るのであろうか。人間には，体調や健やかさという側面が存在すると考えられる。勤めに出たり学校に行ったり人と会ったり遊びに行ったりなど，といった通常の日常生活を送りうる状況が，体調・健やかさの点で，「健康（だ）」といえるありよう・あり様であり，そのような通常の日常生活を送るのに問題が生じる状況が，体調・健

やかさの点で「病気(だ)」と捉えられるありよう・あり様なのであろう。言い換えれば、体調・健やかさという側面にあって、常なるありよう・あり様が「健康」であり、常ではないありよう・あり様が「病気」なのである。その側面にあって常ではない、ということは、そのありよう・あり様が時間的に限定性を帯びた一時的な存在である、ということである。その意味で「病気」は状態と捉えられるありよう・あり様であり、「彼は病気だ。」という文は状態を表す文である、と捉えられることになる。それに対して、「健康」というありよう・あり様は、身体的な体調・健やかさという側面にあって、通常の日常生活を送っている人間が、特例的にではなく通例有しているありよう・あり様である。モノに備わっている側面にあって、その側面での常なるありよう・あり様は、そのモノの属性として捉えられるものである。したがって、「健康」は属性と捉えられるありよう・あり様であり、「彼は健康だ。」は属性を表す文である、と捉えられることになる。

（1）と（2）に対して、状態として捉えるのが通例か、属性として捉えるのが通例であるかの違いは、次のことを示している。状態とは、モノが有している側面にあって、その側面での常ではない特例的なしたがって一時的なありよう・あり様であり、属性とは、その側面での常なるありよう・あり様である。状態か属性かの捉え方の違いに、側面でのありよう・あり様の、常であるか、常でない特例的であるかが関わっている。モノの有している側面での常ではない特例的なありよう・あり様は、その出現・存在が一時的で時間的限定性を持ったものである。これらがモノの状態として取り出されることは、状態という事態の性格からして納得が行くところであろう。モノが呈する一時的なありよう・あり様とは、モノの有している側面で一時的に現れるありよう・あり様である。また、「彼は病気です。」より、「彼は下痢気味です。」「彼は歯痛です。」などの方が状態であることは、明白であろう。「病気（だ）」より、「下痢気味（だ）」「歯痛（だ）」の方が、側面でのありよう・あり様としてより個別的・特例的であり、したがってその分、事態の現れがより顕在的に捉えられるからであろう。

ただ、側面での常ではない特例的なしたがって一時的なありよう・あり様

が状態として取り出されるにしても，側面でのありようが，常であるありようと常ではない特例的なありようとに分かたれ，常であるありようが属性として取り出される，というようなことは少ない。常であるありようは，無標であり，一つのありようとして気づかれにくく，したがって名づけられることも稀であろう。そして，通例から外れた特例的なありようであっても，永続性を持っていれば，属性として取り出されることになる。

さらに，「常」という言葉の意味するものには，二つの方向性がある。一つは，同一個体の中における常であり，他の一つは，種の中での常である。前者における「常」「常ではない」は，時間の流れと関係しており，「常ではない」は，一時的なありようであり，状態として捉えられることになる。それに対して，後者における「常ではない」は，属性として捉えられる。言葉としての良し悪しは別問題として，「僕は障碍者です。」の「障碍者」は，当初，種の中における常ではないありようとして，属性を表していた。この段階にあっては，常であるありようを取り出し名づけ，属性として捉えることは行われていなかったと思われる。「彼は健常者です。」のように，「健常者」という名づけが行われ，側面での他のありようとして捉えられることにより，［障碍者－健常者］は，「常ではない」ありよう対「常である」ありようから，側面でのありようの二つのタイプのそれぞれを表す属性になった。属性の基本・中心は，モノの有する側面でのありよう・あり様のそれぞれのタイプを表すものである。

「彼は健康だ。」と「彼は病気だ。」の対比から来る解釈の異なりは，「彼は健康だ。」が，「彼は病気だ。」の，体調・健やかさの側面における常ではないありよう・あり様に対して，当該側面での常であり通例であるありよう・あり様であることによって，属性として捉えられている，という傾向性が強かった。しかし，「健康」というありようがそのように捉えられるのが，通例で一般的である，ということを意味しはしない。たとえば，

　　（3）　彼は病弱だ。←→（4）　彼は健康だ。

に対して，（3）と（4）を比べてみよう。「病弱（だ）」も「健康（だ）」も，ともにそれぞれ，人間に備わっている体調・健やかさという側面でのありよ

う・あり様の一種である。「病弱」「健康」は，モノの有している側面でのありよう・あり様のタイプを表すことによって，属性を表している。属性であるありよう・あり様は，このタイプのものが一般的で基本である。また，ここで，状態である「病気(だ)」が事態の現れとして顕在タイプのものであるのに対して，属性である「病弱(だ)」が事態の現れとして潜在タイプのものであることに留意しておいてよいだろう。

さらに，次の例文を比べてみよう。

（5） 僕，B君より体重が1キロ重い。
（6） 僕，朝より体重が1キロ重い。

（5）の文での「重い」が，属性を表していると解釈されることが通例であるのに対して，（6）での「重い」は，状態を表していると解釈されることが優勢であり普通であろう。（6）の「重い」は「増えている」につながるものであろう。このことは次のことを示していると思われる。状態は，同一のモノが他の時間帯で呈するありよう・あり様，言い換えれば異なる時間帯での現れと比べて取り出され捉えられるありよう・あり様である。それに対して，属性は，同種の他のモノとの比較において取り出され捉えられる，ある側面でのありよう・あり様である。また，

（7） 今朝は寒い。
（8） 北海道は寒い。

を見てみよう。（7）での「寒い」は状態として捉えられるのが，通例であり自然であり，（8）での「寒い」は属性を表している，と捉えられるのが自然である。これには，サマの担い手である名詞のタイプの異なりが影響している。「今朝」のような，時間の流れの中での存在でしかないある一定の時間帯を表す名詞と，永続して続くモノである「北海道」という名詞との違いである。ある一定の時間帯へのありよう・あり様は状態として捉えられ，永続的に続くモノへのありよう・あり様は属性として捉えられる傾向にある。ただ，永続的に続く「北海道」のようなモノに対しても，

（9） 北海道は東北より寒い。
（10） 北海道は昨日より寒い。

が示すように，同種の他のモノとの比較において取り出されたありよう・あり様を差し出す（9）は，属性として捉えられ，ありよう・あり様を，同一のモノの他の時間帯との比較において取り出し差し出したものである（10）は，状態として捉えられる。

　以上から，状態と属性の特性として，次のことを指摘・確認しておこう。状態でのありよう・あり様は，同一のモノにあって他の時間帯との関係・比較の中で取り出されるありよう・あり様であり，それに対して，属性でのありよう・あり様は，ある側面において，同種の他のモノとの関係・比較において取り出されるありよう・あり様である。

4. 属性表現の一例

　ここで少しばかり，属性を表す文の例を挙げておこう。既に述べたように，属性とは，種的存在であれ種の中の個的存在であれ，他のモノではない，そのモノであることによって，そのモノに備わっている，ある側面でのありよう・あり様であった。例示対象は何でもいいのであるが，人間である「男」と人工物である「本」についての属性表現を少し集めてみた。以下にその例の一部を挙げる。

（1）「あの男は僧でも何でもなく，もとは私の所の寺僕です」
　　　　　　　　　　　　　　　　　　　　（小松左京「易仙逃里記」）
（2）　件の男は夫婦の頼んだ刺客らしく，…（小松左京「易仙逃里記」）
（3）　…片野から五千円の譲渡金をせしめた男は名うての悪ブローカアだった。　　　　　　　　　　　　　　（中山義秀「厚物咲」）
（4）　男は地廻りのクリークであった。　　（中山義秀「厚物咲」）
（5）「八九十人いるだろうよ。男は医者，薬剤師，衛生員，大工，汽罐夫，散髪夫，女は看護婦だ」　　　　（辻亮一「異邦人」）
（6）　男は白痴の乞食でした。　　　　　　（吉田知子「無明長夜」）
（7）　確かに相手の男は大きかった。　　（石原慎太郎「太陽の季節」）
（8）　男は……，神も仏罰もおそれない豪の者だった。

(宇野鴻一郎「鯨神」)
(9) …男は,寝床の郷田さんより,ドッシリした貫禄があった。
(辺見庸「自動起床装置」)
(10) 世に食通といわれる男は,すべてこれ大食漢である。
(山口瞳「酒呑みの自己弁護」)
(11) どうせそんな男はロクデナシにきまっている。
(田辺聖子「感傷旅行」)
(12) 「男はみんな身勝手だ。女は弱いものなのよ」
(李恢成「砧をうつ女」)
(13) その男は四十前後と思われました。 (吉田知子「無明長夜」)
(14) 「あ,あの男は唯一人の独り者や」(山本道子「ベティさんの庭」)
(15) 「この男はね,御隠居さん」と年寄が答をひきとっていった。
(柏原兵三「徳山道助の帰郷」)
(16) 「そうだ,この男はユダヤ人だ」 (北杜夫「夜と霧の隅で」)
(17) 男はジュリーだった。 (萩野アンナ「背負い水」)
(18) その男は伊佐と云った。 (小島信夫「アメリカン・スクール」)
(19) その人は,その男は,あんたの婚約者だというのは,ほんとうか?
(三浦哲郎「忍ぶ川」)
(20) 黒江辰夫というあの男は,宮垣先生の幼馴染みか何かなんじゃないか。 (綾辻行人「迷路館の殺人」)

などが,「男」を属性の担い手とした属性表現の一例である。(1)から(6)が「職業・生業」といった側面からの属性化である。(5)には,たくさんの職業名が挙げられている。(6)の「乞食」も生業のたぐいと考え,ここに挙げた。例文を集めた資料体は,小説や新聞が中心で,芥川賞作品をはじめ,日本文学の代表作品が中心である。資料体が変われば現れ方も変わろうが,ここで集めた資料体の中では,「職業・生業」といった側面からの属性が多かった。他にも,「泥棒だった」「陸軍大尉で」「第一外科の医師であり」「有名な画家であった」などがあった。(7)の「大きかった」は身体的特徴である。他に「小さい,がっちりしている」「肥えている,痩せている」

「のっぽだ，ちびだ」「毛深い」「はげている」「足が長い，目が吊り上がっている」など，いろいろなありようが取り出せよう。（8）「豪の者」，（9）「貫禄がある」は，性格および性格の外的現れ（態度）からの属性である。他に「意気地なしだ，弱虫だ，泣き虫だ，怖がり，根性なしだ，我慢強い，辛抱強い」などが取り出せよう。（10）の「大食漢」は，飲食傾向といった側面からのもので，他に「小食だ，食が細い，好き嫌いが多い，大酒飲みだ」などが挙げられよう。資料の中にも「おい，この男は昔から<u>酒で鳴ってるやつなんだ，（尾崎一雄「ヒヨトコ」）</u>」のようなものがあった。（11）の「ロクデナシ」や（12）の「身勝手」は，善悪，良・不良，快・不快，好悪など話し手の価値・評価づけを帯びた属性である。他にも，「卑怯者，食わせ者，悪人，善人，正直者，人格者，律義者，切れ者」や「情が厚い，冷淡，優しい，親切，厳しい，きつい，公平」などが挙げられよう。（13）「四十前後」，（14）「独り者」，（15）「御隠居さん」は，人間の成長・人生の段階でのありようからの属性である。他に，資料中に「頑強な老人」があり，「二十歳」や「若い，年寄りだ，幼い」「青年，子供，大人，働き盛り，娘盛り」などが取り出せる。（16）「ユダヤ人」は，民族・出自からの属性である。「黄色人種，白人，山岳民族」や「南の国の生まれだ，華族の出だ」などが挙げられる。これに近いものに，「日本人，オランダ人，ギリシャ人，スイス人」などの国籍からの属性がある。（17）「ジュリー」，（18）「伊佐」は名前による属性化である。（19）「あんたの婚約者」，（20）「宮垣先生の幼馴染み」は，人間が持つ係累や人との関係性といったものからの属性である。「私の夫，僕の娘，Aさんの上司，彼の学生，山田の旧友，Bさんの相棒」などが挙げられる。以上，例文を元に取りだした側面はさらに下位類化できるだろうし，また，側面そのものについても，性別や社会的地位・社会との関係性—これは社会との関係の多様さに応じて多様に下位類化できる—や経済的なありよう，さらに能力・特技や動作傾向など，といったものが考えられよう。

　次に，「本」を取り上げる。

　（21）この本は，その題名が示すように，<u>野鳥の生態に関する本であ</u>

る。　　　　　　　　　　　　（仁部富之助「野の鳥の生態」）
(22) その本は日本における最初の<u>岩登り</u>のことを書いた本であり，…
　　　　　　　　　　　　　　　　　　　　　（新田次郎「孤高の人」）
(23) まして，この本は<u>所謂私小説</u>ではない。（曽野綾子「太郎物語」）
(24) 父が買いあたえてくれる本は，<u>科学物語か偉人伝のたぐいばかり</u>
　　　だった。　　　　　　　　　　　　　（五木寛之「風に吹かれて」）
(25) この本は，目で見る<u>歳時記</u>だ。　　　（「天声人語」1992,1,12）
(26) 院長室で見た本は<u>『非行と回復』</u>という題であった。
　　　　　　　　　　　　　　　　　　　　　　（立原正秋「冬の旅」）
(27) …本はカズオが忘れていった<u>マラルメの詩集</u>だ。
　　　　　　　　　　　　　　　（村上龍「限りなく透明に近いブルー」）
(28) 要するにこの本は，…或る人間の生活ぶりを，まざまざと感じさ
　　　せたという点で<u>面白かった</u>のである。
　　　　　　　　　　　　　（小林秀雄「モオツァルト・無常という事」）
(29) ……，私にとってこの本は青春期の子供に接する際の親のとるべ
　　　き態度を教えてくれた<u>貴重な本</u>であった。
　　　　　　　　　　　　　　　　　　　　　（曽野綾子「太郎物語」）
(30) 「はあ，<u>魔法の本</u>は，<u>ばかげていますか</u>」
　　　　　　　　　　　　　　　　　　　　　（星新一「ボッコちゃん」）
(31) 「つまらぬことを！大体お前，あんな本はもう<u>古いのだ</u>」
　　　　　　　　　　　　　　　　　　　　（北杜夫「楡家の人びと」）
(32) 三冊の大きい本は<u>極新しい</u>。　　　　　（森鴎外「二人の友」）
(33) その本はあまり<u>厚くない</u>，古びた<u>大判</u>の本だった。
　　　　　　　　　　　　　　　　　　　　　（星新一「ボッコちゃん」）
(34) この本は米国の環境保護団体<u>「アース・ワークスグループ」編</u>
　　　<u>だ</u>。　　　　　　　　　　　　　　　（「天声人語」1990,10,22）
(35) 南アの問題と歴史を簡潔にまとめたこの本は<u>5年前の作品</u>だが，
　　　…　　　　　　　　　　　　　　　　　（「天声人語」1991,6,21）
(36) 「この本は<u>売れますか</u>。」と様子を聞いて見たりした。

(山本有三「路傍の石」)
(37) この種の本は，<u>若いビジネスマンやOLがよく買ってゆくそうだ</u>。
(「天声人語」1988,1,8)
(38) この本はみなぼくの<u>義兄のものなのだ</u>。
(アラン・シリトー「フランキー・ブラーの没落」)

などが，「本」を属性の担い手とした属性表現の一例である。(21)「野鳥の生態に関する本」から(27)「マラルメの詩集」までが，内容および内容のタイプといった側面からの属性である。(26)は，本の題名を記すことで内容のタイプを示したものであり，(27)は，作者とジャンルの複合によるものである。集めた資料体の中では，この側面からの属性が最も多かった。(28)の「面白かった」から，(31)の「古い」—ここでの「古い」は，外形への言及ではなく内容への言及—までが，内容に対する評価といった側面からの属性である。他に「傑作，駄作，失敗作，大作」や「難しい，易しすぎる，分かりづらい」「下らない，素晴らしい出来だ」などが取り出せよう。(32)(33)の「新しい」「厚い」「古びた」「大型本」は，本の外形・外観という側面からの属性である。他に「豪華な装幀だ，ハードカバーだ，薄い，重い」などもこれだろう。(34)の「「アース・ワークスグループ」編だ」は，編者・著者など製作者の側面からの属性である。(35)の「5年前の作品だ」は，刊行時期からの属性化である。(36)(37)は，販売物である，ということから来る売れ方・購入層などといった側面からの属性である。また，(37)の例は，動詞文が属性の表現になっているものである—動詞文による属性表現については，後の節で少しばかり例を挙げながら見ていく—。本には，作り手があり，内容があり，販売購入される物であるなどといった様々な側面を持っており，その側面のありよう・あり様が，本の属性群を形成することになる。また，(38)の「義兄のものだ」は，本には所有者があることから来る属性であろう。ただ，所有者は比較的短期間で変わりうるものであり，「この本は1週間前まで<u>Aさんの所蔵だった</u>。」などは，タ形が，過去における事態を表しており—「そういえば，あの本は<u>マラルメの詩集だった</u>。」のタ形の意味との違いに留意—，状態の表現である。所有者のような

側面でのありようは，属性と状態にまたがるものであろう。

　例示対象は「男」と「本」であったが，例示対象が変われば—たとえば「女性」「男の子」や「椅子」になれば—，立ち現われる側面やその側面でのありようである属性も変わってこよう。ここでは，モノには，多様な側面があり，様々な属性の表現がある，ということが例示できれば，その目的は達する。「本」などの属性表現の例から，モノ特に人工物に対する属性は，人間との関係において捉えられたものが少なくないことが分かろう。

5. 属性のタイプ

　「名詞文についての覚え書」の章での記述と重なるのではあるが，ここでもごくごく簡単に，属性のタイプについて触れておく。

　哲学などでは，既に触れたように，本書でいう属性は，そのモノに固有でそのモノに本質的な性質である属性と，そのモノに固有でも本質的でもない性質である偶有性とに分けられる。言語研究・文法研究での属性のタイプはそのようなものではない。プロトタイプ論が教えてくれるように，同じ種・類に属するモノでも有している属性のあり方には異なりがあり，連続性がある。鳥は空を飛びうる動物であるが，ニュージーランドにいるキューイは飛ぶことのできない鳥である。

　ここでは，属性のタイプを，まず先天的な属性と後天的な属性に分ける。ただ，このタイプ分けは，生き物などの成長・発展を遂げるモノ特に人間を中心に取り出されたタイプ分けである。

5.1　先天的な属性

　先天的な属性とは，そのモノがそのモノとして出現・存在した時点において所有している属性である。先天的な属性を類指定と生来の属性とに分ける。

　まず，類指定から見ていく。「クジラは哺乳類だ。」「トンボは昆虫よ。」のように，〈類指定〉とは，系統樹などの分類上の上位のクラスやある特性から

設定された類を取り出し，そのモノが所属する類を指定することで，そのモノの存在を，関連する他のモノ群の中に位置づけるものである。

（1）　ライオン，ネコ科の哺乳類。　　　　　　　　　　（『広辞苑』）
（2）　石英や長石は地殻中によく見られる鉱物です。
　　　　　　　　　　　　　　　　　　（青木正博『鉱物・岩石の世界』）
（3）　地球は半径が6378 kmもある惑星です。
　　　　　　　　　　　　　　　　　　（青木正博『鉱物・岩石の世界』）
（4）　フジバカマ，川岸の土手に生える1〜2メートルの多年草。
　　　　　　　　　　　　　　　　　　　　（山と渓谷社『日本の野草』）
（5）　モウセンゴケ，日当たりのよい湿地に生える食虫植物。
　　　　　　　　　　　　　　　　　　　　（山と渓谷社『日本の野草』）

などがその例である。（1）から（3）は，あるモノが分類学上のある上位の類に所属するということを，そのモノの属性としたものである。（1）のような，系統樹上の上位の類を差し出すのみ，というような属性表現は，伝える情報量が少なく，類指定においても稀である。類指定の中心は，（2）（3）のように，規定語を伴いながら上位の類を差し出すものである。（4）（5）は，純粋な分類上の上位類を差し出したものではない。そのモノであれば，必ずその類に属するものの，ある特性からした類を設定し，それにそのモノが所属することを述べることによって，属性として表現したものである。「クジラは水棲動物です。」も，ある特性から設定した類に属することを表した類指定である―「クジラは哺乳類である。」と比較―。水棲動物でない，クジラはいないが，水棲動物はクジラの類だけではない。

　次に，生来の属性について見ておく。

（6）　「そうか，君は五月生まれだったな」　（沢木耕太郎「一瞬の夏」）
（7）　トルストイが華族の出だって事は始めて知った事なんだもの，吃驚してしまう。　　　　　　　　　　　　　　（林芙美子「放浪記」）
（8）　平安前期六歌仙の一人。高貴の家柄出身だが，藤原一門の官僚社会でははみ出し者だった。　　　　　　　　（大岡信「折々のうた」）
（9）　「修一郎は長男だ。成城にひきとるのが当然だろう」

(立原正秋「冬の旅」)
(10) 「そうだ，この男はユダヤ人だ」 (北杜夫「夜と霧の隅で」)
などが，ここで生来の属性として捉えているものの例である。さらに，「今度生まれた犬は牡だ。」や「このイルカはアルビノ種だ。」なども，このタイプである。——「生来」という言葉は，生まれつきといった意味で，その点「先天的」と変わらないが，「先天的」は，「後天的」という対語を持つので，上位概念として利用し，ここでは，「生来」を，便宜上その下位種に用いる——〈生来の属性〉とは，性別，人種，血縁的な続柄，何時・何処{に／で}の出生など，といった，モノの出現・出来と同時に，そのモノの与り知らないところでそのモノに附与される属性である。

ここで，類指定と生来の属性が示す違いについて指摘しておく。類指定と生来の属性には，同一種・類に属するモノの間における属性選択の余地に違いが存在する。たとえば，

(11) *ハクジラは哺乳類だが，ヒゲクジラは哺乳類ではない。
(12) 彼は京都生まれだが，僕は大阪生まれだ。

などにおいて，(11) が類指定であり，(12) が生来の属性の例である。類指定では，そのモノの属性として，そのモノの所属類を差し出しているのであるから，(11) が示すように，同一類に属しながら，その類に属するという属性を持つモノと持たないモノとが両存する，ということはありえない。それに対して，生来の属性は，同一の類・種に所属する種・個体であっても，種・個体で附与される属性が異なることによって，モノにより有する属性が異なる。

先天的な属性は，医学などの進歩により「あの人は先月まで男性でした。」のように，特例的に変わりうることがあるにしても，通例は変わりえない属性である。また，そのことを受けて，「*彼は昨年まで京都生まれだった。」「そういえば，彼は京都生まれだった。」から分かるように，そのタ形は，過去に存在した属性つまり過去の事態を表せず，想起や認識時の過去性を表すのみである。

5.2 後天性な属性

　次に後天的な属性について瞥見する。〈後天的な属性〉とは，そのモノの出現・存在の後に，そのモノが新たに獲得したり，そのありようを変えたりする属性である。ここでは，後天的な属性を，〈変わらない属性〉と〈変わりうる属性〉とに分ける。

　一度獲得されればその後も変わらず保持され続ける属性が，後天的でありながら変わらない属性である。たとえば，

　（１）　杏子も<u>都会育ちだけあって</u>，たいていは道を知っていた。
　　　　　　　　　　　　　　　　　　　　　　　　　　（古井由吉「杏子」）
　（２）　塩月博士は<u>東北大の出身</u>だが，私の師でもある。
　　　　　　　　　　　　　　　　　　　　　　（市野義夫『産業医からの警告』）
　（３）　ゴルフ場へ行って，よその会社の男に紹介されると，その男も<u>明倫出だったりした。</u>　　　　　　　　　　　　（曽野綾子「太郎物語」）

などが，この，後天的でありながら変わらない属性の例である。さらに，「山本は<u>法学士だった</u>。（小松左京「お茶漬けの味」）」や「彼は<u>犯罪者だ</u>。」なども，このタイプの例である。経験したり行なったり獲得したりしたことなどが履歴・記録として，後々まで，そのモノの属性として保持され続けているのが，この後天的でありながら変わらない属性である。このタイプでは，経験を表すテイル形が示す属性解釈・属性の含みが問題になってくる。「彼は金メダルを<u>取っている</u>。」は，「彼は<u>金メダリストだ</u>。」に近づいていく。

　先天的な属性と後天的でありながら変わらない属性は，「そういえば，彼は<u>京都生</u>まれだった。」「調べてみたら，彼は<u>文学博士だった</u>。」のように，そのタ形が過去の事態を表さず，想起や認識時の過去性を表す点で共通している。ただ，保持され続けるにしても，後天的な属性は，後に獲得されたものであるという点において，先天的な属性とは異なっている。「そう言えば，その時彼は<u>既</u>に文学博士だった。」と「*そう言えば，その時彼は<u>既</u>に京都生まれだった。」とでは，その適格性に異なりが存在する。後者が先天的な属性であり，前者が後天的な属性である。後天的な属性は，属性未獲得・未

出現の期間が存在することにより，ある時点で出現済みであることを示す「既に」と共起しうる。それに対して，属性未出現期間のない先天的な属性には，「既に」は共起しない。

　引き続き，後天的でしかも変わりうる属性について触れる。たとえば，
　（4）「この神津さんという人は，実に驚くべき<u>名探偵</u>ですね」
　　　　　　　　　　　　　　　　　　　　　　　（高木淋光「妖婦の宿」）
　（5）　梅若：今時のガキは多かれ少なかれ<u>マザコン</u>だ。
　　　　　　　　　　　　　　　　　　　　　　　（内館牧子「ひらりⅠ」）
　（6）「君は<u>勇気があって</u>，<u>立派で</u>，<u>きれいだ</u>」　　（安部公房「壁」）
　（7）「古川さんは…，Ｋテレビの川北社長とも<u>親しいんです</u>」
　　　　　　　　　　　　　　　　　　　　　　　（松本清張「溺れ谷」）
などが，この後天的で変わりうる属性の例である。後天的で変わりうる属性とは，モノの出現後のある時期に，そのモノが所有するようになり，その後の時間の経過の中で（変わらないかもしれないが）変わりうる属性である。

　変わりうる後天的な属性には，変わりやすい属性と変わりにくい属性との傾向の違いが存する。
　（8）「秋幸，<u>背が高い</u>ねえ」と芳子は言った。　（中上健次「岬」）
　（9）「私，<u>やせっぽち</u>です」　（赤川次郎「セーラー服と機関銃」）
身体的特徴からの属性にしても，（8）「背が高い」，（9）「やっせぽち」では，変わりやすさが異なるだろう。「背が高い」などは，比較的変わりにくい属性であろう。「? 秋幸は，<u>背が高いが，昨年は背が低かった</u>。」は，自然さが落ちるだろうが，「私は，<u>今はやせっぽちですが，昨年は逆に少し太めでした</u>。」は自然だろう。微妙で程度差でしかないという傾向も強いが，属性のタイプによって変わりやすさの差があり，それが時の成分しかも基準時からの時間的隔たりの小さい時の成分との共起の容易さに影響を与えている。

　（10）　軽く咳込んだので背中を擦ってやると，お前は<u>優しい</u>なあ，と振り向いて唇を歪めた。　（村上龍「限りなく透明に近いブルー」）
などは，今現に顕在化している現象（「背中を擦る」）を契機に，属性（「優し

い」)を捉えたものである。顕在的な現象を契機に，属性を捉えている分，属性は，常なるありようというより，一時的・時間限定的で構わない。このようなものは状態につながっていく。過去の現象を契機に捉えたありようである「昨日，お前は優しかった。」などのようなものは，既に状態化している，と捉えたほうがよいと思われる。

　変わりうる後天的な属性は，その属性の出現・存在に期間が存する。
　　（11）「50年代には，こいつは革新系のオルグでした。わしは酒ばっかりのんでました」　　　　　　　　　　（小松左京「日本アパッチ族」）
　　（12）　森田さんは私と同県の出身で，今は堀切バネの社長であるが，その時分はたしか副社長だった。　　　（上林暁「ブロンズの首」）
などは，この種の属性が存在期間を有するものであることによって，時の成分が共起し，タ形が過去に事態を表している例である。

　人工物や自然の無生物では，先天的な属性と後天的な属性の違いが，人間などの場合ほど明確ではない。「文殊堂書店は，新宿でもK書店と並ぶ老舗である。(斉藤栄「江の島悲歌」)」や「宿のテレビは，……，旧式のしろものである。(山村直樹＋中野信「旅行けば」)」などは，時の経過によって獲得される属性つまり後天的な属性であるが，このようなタイプはさほど多くないものと思われる。「海の家〈芳の家〉は，……，葦簀（よしず）張りの仮設休憩所だ。(赤江瀑「八月は魍魎と戯れ」)」や「彼の車はジープだ。屋根は取り外し自由のカンバス製だ。(川辺豊三「公開捜査林道」)」は，出現・存在（あるいは作り変えられた）時のありよう，属性である。当然「海の家〈芳の家〉は，トタン張りの休憩所だ。」や「彼の車はスポーツカーだ。屋根は開閉式だ。」になりうる。この場合の属性の変化は，作り変え買い換えられることによって獲得したものである。したがって，作り変え買い換えではあるが，出現・存在当初における属性であるとも言えよう。

6. 動詞文による属性表現

最後に,「彼はよく喋る。」が「彼はお喋りだ。」に近い意味を表しているように,動詞文でありながら,属性表現として解釈される文について,属性を表すようになる要因を中心に,少しばかり例を挙げながら触れておく。たとえば,

(1) 鼻は高く,<u>尖っている</u>。　　　（梶山季之「コーポラスの恐怖」）

(2) （般若の勝は）腰が温まったかなと思う時分にはまたいなくなって忘れた頃に<u>戻ってくる</u>。　　　（泡坂妻夫「鬼女の鱗」）

(3) 「ドライアイスを詰めたクーラーを担いで見て気が変わったのかな。思ったより重いので。年寄りはすぐ<u>気が変わる</u>」

（日下圭介「残酷の天使」）

などは,述語が動詞で出来ているが,文は,動きではなく,属性を表している。(1)は「鼻」の外的形状,(2)は「般若の勝」の行動傾向,(3)は「年寄」の心的傾向性など,といった属性を表している。(1)(2)と(3)は,次の点で異なる。(1)(2)には指し示される個別・具体的なモノが存在するのに対して,(3)が指し示すのは類であり,個別・具体的なモノを指し示していない。

また,(1)の「尖っている」は,テイル形で使用されるのが基本で,動きを表さない,いわゆる属性動詞と言われる動詞である。「部屋は南北に長く,東と南が庭に<u>面していた</u>。(日下圭介「残酷の天使」)」や「魚は,魚の顔が<u>分かる</u>のかね。(日下圭介「残酷の天使」)」の「面している」や「分かる」も属性動詞である。さらに「分かる」は可能動詞と呼ばれるものである。ここでは,属性動詞使用の動詞文は,属性動詞が属性を表すことを務めとすることから,考察の対象から外す。

動きは,ある限定を受けた一定の時間帯の中に,時間的な内的展開過程を有するというあり方で,具体的なモノの上に発生・存在する事態である。それに対して,属性は,他のモノではない,そのモノであることによって,そのモノの具有する側面において,そのモノに備わっている一様で同質的なあ

りよう・あり様である。動きは，その事態を形成するありよう・あり様が時間の流れの中で発生・展開・終了へと変動していく。それに対して，属性は，そのモノの具有する側面において，そのモノに備わっているありよう・あり様であり，変動なく同質的で一様である，と捉えられている。動詞文でありながら，属性を表す文は，変動する事態を内に含みながら，モノに備わっている同質的で一様なありよう・あり様として捉え直さなければならない。そのためには，動詞文の表す動きが，非具体化・非個別化していくことが必要になる。動きが非具体的・非個別的になる，ということは，動きが，顕在的な存在ではなく，潜在化していくということでもある。

以下，動詞文の表す動きが非具体化・非個別化していく要因や，非具体化・非個別化の程度とその文の解釈が動きか属性かのいずれに傾いていくかの相関性について，少しばかり触れてみたい。

まず，動きの担い手を表す名詞が総称として使われ，動きの担い手が類を表し，個別・具体的なモノを指し示していない場合から見ていく。たとえば，

(4) 人間というものは，本当の自分の秘密を決して告白しないものである。　　　　　　　　　　（河盛好蔵「親とつき合う法」）

(5) たいてい，人はそうやって，ひそやかに自らのまったく知らぬままに滅びにいたる門を，くぐるものであるかもしれない。
　　　　　　　　　　　　　　（栗本薫「真夜中の切裂きジャック」）

(6) 人は生まれ，人は死ぬ。　（栗本薫「真夜中の切裂きジャック」）

(7) イヌやオオカミなどは，鼻がよくきく。においで何があるかを知る。　　　　　　　　　　　　（「文研の学習図鑑・動物」）

(8) 最高裁判所の裁判官は，法律の定める年齢に達した時に退官する。　　　　　　　　　　　　　（日本国憲法・第79条第5項）

などは，動きの担い手を表す名詞が総称用法で使われ，指し示されているモノが類や種全体であり，動きの担い手は個別・具体的なモノではない。(4)の「人間というもの」は，「トイウモノ」を付加することで，名詞「人間」が類を表すあり方で使われていることを示している。さらに，(4)

（5）の文は，文末に「モノ（ダ）」が付け加わり，文が担い手・主体の本質規定・傾向性規定を表していることを示している。

　動きの基本は，限定された具体的な時間帯の中に出現・存在する事態である。具体的な時間の中に出現・存在する事態の担い手は，複数や多数であっても具体・個別的なモノでなければならない。具体・個別的なモノを指し示せない類・種という存在を表す担い手の上に起こる事態は，その出現・存在を限定された具体的な時間帯の中に定立することができない。これは，また，その類・種に属するモノであれば，その事態の出現・成立をある具体・個別的な時間帯に指定・限定することはできないが，その事態の出現・存在が逃れがたい・ありうるものであることを意味している。事態は，顕在的ではなく，潜在的で可能態である。そして，出現・存在の逃れがたい・ありうる事態は，動きであれども，動作傾向・変動傾向などといった，そのモノの有する属性になっていく。上で見たように，動詞文の属性表現化の要因の一つとして，動きの担い手を表す名詞が総称用法で使われ，動きの担い手が具体・個別的なモノではなく，類や種全体を指し示す場合を挙げることができる。これは，動詞文が属性表現化するにあたっての極めて強力な要因である。

　上掲の例は，人間や動物の類・種を担い手とするものであったが，次に，現象や抽象的なモノの例を挙げておく。

　　（9）　かぜはウイルス感染によって起こります。（『家庭の健康と医学』）
　　（10）　理性，判断力はゆっくり歩いてくるが，偏見は群れをなして走ってくる。　　　　　　　　　　　　（岩波文庫編集『ことばの饗宴』）
　　（11）　「第四期の変性梅毒に進むと，そういう症状はよく出る。」
　　　　　　　　　　　　　　　　　　　　　　　（島田荘司「毒の女」）

などはこの例である。いずれも担い手「かぜ」「理性，判断力，偏見」「そういう症状」の，発生や出現のあり方・特性といった属性を表すものとなっている。

　以上，動詞文が属性表現化するにあたっての強力な要因として，動きの担い手が具体・個別的なモノではなく，類や種全体を指し示すことを挙げた。

(12) は虫類や両性類は，体温が外の温度の変化につれて変わります。
　　　　　　　　　　　　　　　　　　　　　　　（「文研の学習図鑑・動物」）
(13) 哺乳類は，食べものを自分でさがして食べる。
　　　　　　　　　　　　　　　　　　　　　　　（「文研の学習図鑑・動物」）

などは，まさに，動きの担い手が類や種全体であることによって，動きが具体・個別化できず，担い手の属性を表すようになったものである。ただ，これらはいずれもル形を取っている。ル形を取るということは，事態の発生・出現時間に枠が被せられていない，したがっていつでも発生・出現しうるということでもある。それに対して，

(14) 両生類や，は虫類のなかまは，遠い昔の時代に栄えていた。
　　　　　　　　　　　　　　　　　　　　　　　（「文研の学習図鑑・動物」）
(15) 哺乳類は，遠いむかし，は虫類から生まれた。
　　　　　　　　　　　　　　　　　　　　　　　（「文研の学習図鑑・動物」）

などは，類や種全体を表す担い手がタ形を取って現れた文である。タ形を取ることによって，動きの担い手は類・種全体であり，したがって個別的な動きではないものの，動きの発生・出現は過去に限定されることになる。その分，(14)(15)の文は，類・種全体に生じた動きという解釈が残り，(12)(13)に比して，属性解釈の程度が減じていると思われる。

　また，ここまで見たものは，動きの担い手が個別・具体的なモノではなく類・種全体であり，かつそれが属性の担い手になっている，というものであった。属性の担い手が類・種全体でなく，具体性が高くなっても，動きという事態が非個別・非具体であれば，属性読みが出てくる。たとえば，

(16) この種の本は，若いビジネスマンやOLがよく買ってゆくそうだ。
　　　　　　　　　　　　　　　　　　　　　　　（「天声人語」1988,1,8）
(17) この本は，若いビジネスマンやOLがよく買ってゆくそうだ。
(18) この本は，若いビジネスマンやOLによく買って行かれるそうだ。

(16)は，まだ「この種の本」というタイプを表すものになっているが，それを(17)(18)のように「この本」にして具体性を高めたものにしても，動

きの主体・担い手が種的存在「若いビジネスマンやOL」であるため,「この本」は,やはり個別的なモノではありえず,動きは非個別・非具体であり,「この本」に起こりうる事態を表すに過ぎず,属性化していく。

以上,動きの担い手が類・種を表し,個別・具体的なモノを指し示していない場合を取り上げた。そして,動きの担い手が類・種であることにより,動きが非具体的・非個別的そして潜在的・可能態になり,いつでも起こりうるものとして担い手の属性になっていく場合を見てきた。以下,動きの担い手が類・種ではなく,個別・具体的なモノでありながら,動詞文が属性表現化する場合について見てみたい。この場合にあっても,動きが非具体化・非個別化することが,動詞文が属性表現化する重要な要因である。そのような,動きを非具体化・非個別化する要因にどのようなものがあるかを,以下瞥見しておく。

動きが非具体的・非個別的である,ということは,動きの出現・存在時が,ある特定の時間帯に限られない,ということである──動きの担い手が類・種であれば,当然,動きの出現・存在時はある特定の時間帯に限られない──。動きの出現・存在時をある特定の時間帯に限らせない一つの要因として,時間的な特定化を受けていない条件表現の共起が挙げられる。時間的な特定化を受けている条件表現とは,「明日の三時までに返済すれば,山田は君を許すでしょう。」のようなものであり,事態の出現・存在の時間帯はある特定の時間に限定されることになる。

(19) (久保は)ふだんは真面目だが酒癖が悪く,泥酔すると喧嘩したりすることがある。　　　　　　　　　　（日下圭介「残酷の天使」）

(20) (彼は)夜半,単車の爆音が家に近づき,家の近くで停まったりすると,体がすくんでしまうのである。　　（川上宗薫「七色の女」）

などが,時間的な特定化を受けていない条件表現を伴っている文の例である。条件表現の存在は,かくかくの条件下では,例外的状況が生じでもしない限り,その種の事態が発生・生起することを示している。言い換えれば,その個別・具体的なモノには,かくかくの条件の出来の元では,その事態の出現・存在が逃れがたいということである。出現・存在の逃れがたい事態

は，動きであれども，動作傾向・態度傾向などといった，そのモノの有する属性になっていく。

 (21) 逢うたびに，みどりは大村の心のなかに，自分をもたれこませてくる。   （田村泰次郎「愛欲の果てに」）

なども，条件表現に類する表現が共起したものであろう。やはり，ある条件，ある状況の元で，ある事態が逃れがたく出現することを表している。「彼は，この町に来る度に，例の喫茶店を訪れる。」なども，同様である。「みどり」や「彼」の動作傾向したがって属性を表すものになっていく。

 動きが非具体化・非個別化するにあたっては，動きが個別で一回の出現・存在であってはならない。一回の個別的な動きは，個別・具体的な動きに他ならない。したがって，動きが回数を限られないあり方で，出現・存在の蓋然性の高いものであることが必要になる。「彼は百メートルを10秒で走る。」や「彼はスワヒリ語を流暢に話す。」や「彼は人のとても嫌がることをする。」などが，「彼は足が速い。」「彼はスワヒリが上手だ。」「彼は嫌な奴だ。」に近い意味で理解されるのは，実現のあり方や程度やそれに近い表現が使用されているだけではない。その種の動きが回数を限られることなく，高い蓋然性で出現・存在することを表しているからである。

 回数を限られることなく，高い蓋然性を表す表現には，「よく」や「いつも」を含んだ表現，習慣として理解される表現などがある。ここでは，「よく」と「いつも」を共起させている表現を取り上げ見ておく。

 まず，「いつも」を共起させているものを挙げる。

 (22) 佐和は，いつも殆ど音を立てずにうごく。
         （栗本薫「真夜中の切裂きジャック」）

 (23) 「あなたはいつも着物をお召しになる時，パンティを何もお穿きにならないんですか？」 （北原武夫「男を喰う人妻」）

などが，「いつも」を共起させている文の例である。いずれも，出現・存在の限られた動きではなく，出現・存在が絶対的・必然的であることを表している。(23)は，条件表現をも伴い，その条件の元では，その事態の出現・存在は絶対的・必然的であることを表している。その種の動きが出現すると

きは，常にその動きである，ということは，動きの担い手にとって，その動きは，逃れがたい動きとして，担い手の動作傾向を表し属性表現化している。

上掲の例は，いずれもル形を取っているものである。ル形であることによって，担い手の存在時間帯という制限はあるものの，動きの出現・成立時に枠は被せられていない。出現・成立時の時間枠からの解放が起こっている。それに対して，

(24) (彼は)世の中を<u>いつも</u>，はすに構えて少しおりたところから<u>眺めていた</u>。　　　　　　　　　　　　(栗本薫「真夜中の切裂きジャック」)

のように，タ形を取ったものは，動きの出現・成立時が過去に限定されている。動き総体が過去に現に行われたものを表すことになり—動きの顕在性・現実性が高くなり—，その分，このタイプは，担い手の過去の動作傾向という解釈と担い手が過去に常に行った動きとの双方への傾きを有し，両者の間を揺れ動いている。

次に，「よく」を共起させているものを挙げる。

(25) 石上は職業柄，<u>よく</u>本を<u>読む</u>。　　　　　　(斉藤栄「江の島悲歌」)
(26) 小原は<u>よく</u>その手を<u>用いる</u>。　　　　　　(川上宗薫「七色の女」)

などがこれである。このタイプにおいては，「よく」を伴うことで，動き出現の蓋然性の高さを表している。出現・成立の蓋然性の高い動きは，担い手の動作傾向を表す方向に進んでいく。(25)のように，動作傾向は，「石上は読書家だ。」のように，ある種の近似的な名詞文を想定しやすいものでは，属性解釈がより容易になろう。

(27) 「おつきあいがないんですか」「(お隣の方は)朝出て夜帰ってくるだけですもの。<u>週末はよく</u>ゴルフに<u>お出かけ</u>のようだし」

(三好徹「第三の罠」)

は，「週末は」のような時の成分に「よく」を伴ったものである。時の成分の存在によって，時間帯毎の蓋然性の高い動きを表し，習慣へとつながっていくものである。「彼は毎朝1時間散歩をする。」や「A氏は週に1度晩酌をする。」のように，習慣的な動きも，動作傾向を表し，やはり属性解釈に

移っていく。
　上掲の例文は，いずれもル形を取っていたが，
　　（28）　在日中，彼はゴルフをしなかった。といって，スポーツ嫌いだったわけではなかった。学生時代にはサッカーをやっていたとかで，日本の試合をよく見に行っていた。　（三好徹「第三の罠」）
　　（29）　「子供の頃から刺青が好きでね。近所にあったんだ，彫師の家が。よく遊びに行ってた。」　（赤江瀑「雪華葬刺し」）
などは，タ形を取ったものである。タ形を取ることによって，既に何度も指摘しているように，事態は過去に実現した動きを表すことになり，文は，属性表現としてよりも，担い手の過去の高頻度の動きとして解釈されやすいと思われる。ただ，担い手が総称的で類・種を表す場合は，
　　（30）　昔，女たちは，よく首にホータイをまいた。
　　　　　　　　　　　　　　　　　　　　（田中小実昌「オホーツク妻」）
のように，担い手の過去の動作傾向そして属性を表していると思われる。
　また，習慣的な時間帯毎の動きであっても，
　　（31）　僕はこのところ毎年，夏休みにもほとんど家に帰らず，その口実として浅草の古いビヤホールにアルバイトを見つけていた。
　　　　　　　　　　　　　　　　　　（栗本薫「真夜中の切裂きジャック」）
のように，タ形を取っている場合は，過去の時間帯に現に実現した習慣的な時間帯毎の動きを表し，担い手の属性への表現への移行は起こりにくい。
　さらに，
　　（32）　「うちも，あまりドラマは見ないね。娘は歌番組ばかり見てるし」
　　　　　　　　　　　　　　　　　　　　　（赤川次郎「理由なき反抗」）
のように，補語が「バカリ」などを伴うことで，動きの繰り返しが表されて，属性解釈の傾向が現われてくるような存在も指摘できよう。
　文の表す事態が属性化している，ということからは離れるが，
　　（33）　馬場佐十郎：オランダ語を中野柳圃に学んだ。文化五年天文方に地誌御用の一局が設けられるに及んで江戸に招請され，世界地図編纂の調査に当った。八年には「厚生新編」の訳述に当るなど西

洋学術書の翻訳に従事した。十年魯西亜辞書取調掛となり，松前に拘束中のロシア人ゴローヴィンからロシア語を学んだ。また，十一年には師柳圃のオンダ文法書を訂正し，オランダ語文法の基礎をつくった。　　　　　　　　　　（『明治維新人名辞典』）

などのようなものは，事項への説明を行う事典というテキスト・タイプの影響をも受け，それぞれの文は過去の動きを表す文でありながら，総体として，個人の履歴を表し，運用論的に主体のありようの説明として理解されよう。モノについての説明は，そのモノがどのようなモノであるかを述べることであり，この種の過去の動きは，そのモノの履歴を表し，運用論的に属性的な意味合いを作り出す。

　経験を表すテイル形は，これが一定程度文法化されたものであろう。属性の表現であれば，「Aさんはフルマラソンを一度完走している。」や「Aさんがフルマラソンを一度完走している。」のように，主体・担い手は題目や特立として表示され，「あっ，雨が降っている。」のように，現象描写文の動作主を表す，いわゆる中立叙述の「ガ」を取りえない。

　以上，属性に関する筆者の考え方を粗々と述べた。また，動詞文が属性表現化する場合の一端にも触れた。

参考文献
奥田靖雄 1988「時の表現 (1)」『教育国語』94: 2–17. むぎ書房
奥田靖雄 1994「動詞の終止形 (その2)」『教育国語』2–12: 27–42. むぎ書房
奥田靖雄 1996「文のこと―その分類をめぐって―」『教育国語』2–22: 2–14. むぎ書房
工藤真由美 2002「現象と本質―方言の文法と標準語の文法―」『日本語文法』2–2: 46–61. 日本語文法学会
佐久間鼎 1931『日本語の特質』育英書院
仁田義雄 2001「命題の意味的類型についての覚え書」『日本語文法』1–1: 6–23. 日本語文法学会
仁田義雄 2005「名詞文についての覚え書」佐藤喜代治博士追悼論集刊行会（編）『日本語学の蓄積と展望』277–299. 明治書院
仁田義雄 2010「事態の類型と未来表示」『日本語文法』10–2: 3–21. 日本語文法学会

樋口文彦 1996「形容詞の分類―状態形容詞と質形容詞―」言語学研究会（編）『ことばの科学 7』39–60. むぎ書房
益岡隆志 1987『命題の文法』くろしお出版

第8章

形容詞文についての覚え書

1. はじめに

　第二部では,「命題の意味的類型との関わりにおいて」と題して,動きを表す文ではなく,従来研究や言及の手薄であった状態や属性を表す文を中心に簡単に筆者の考え方・捉え方をここまで述べてきた。従来の研究・言及の中心が動きを表す文であった,ということは,また,動詞文が従来の研究・言及の中心であり,形容詞文や名詞文への研究・言及が手薄であったということを物語っている—ただ,最近は形容詞文・名詞文への研究・言及も盛んに行われはじめ,状態や属性への言及も増えてきている—。ここでは,前章までの命題・事態の意味的類型に対する状態・属性への言及を受け,述語の品詞による文の種別である形容詞文について少しばかり見ていく。形容詞文によって表されている事態は,状態や属性である。

　文は,述語がどういう品詞の単語によって形成されているかによって,動詞文,形容詞文,名詞文に分かれる。形容詞文の形容詞述語にはイ形容詞とナ形容詞—従来形容動詞と呼ばれていたもの—がある。動詞文・形容詞文・名詞文という述語の品詞からする文の類別は,完全に対応するわけではないが,また,その文が表し担っている言表事態の意味的類型に密接に関わるところの類別である。(言表)事態とは,出来事(現象)や事柄(属性)といった

文が表し担っている意味内容のうちの対象的・客体的部分のことである。当の文におけるアスペクトやテンスやモダリティなどといった文末の文法カテゴリの現れ・そのあり方には，その文の表している事態がどういった意味的類型の持ったものであるかが，密接に関わっている。事態の意味的類型と文末の文法カテゴリの現れ方には重大な相関関係が存する―この種の相関のごく一部については，第三部「命題と文法カテゴリの相関をめぐって」で少しばかり触れる―。

　本章は，形容詞を述語とする形容詞文がどのような意味的類型の事態を描き出しているのか，そういった事態の意味的類型の異なりがテンスの現れにどのように関わっているのかなどについて，形容詞の非過去形を中心に，ごく簡単な見取り図を得ることが目的である。

　動詞文や形容詞文や名詞文の表す事態の意味的類型は，おおよそ次のように大きく概括することができる。〈動き（動的事態）〉を中心に表しうる動詞文―もっとも動詞文にあっても動きを表さないものも少なくない―に対して，静的事態―状態・属性―を表す形容詞文・名詞文が取り出される。静的事態を表す文は，「僕は頭が痛い。」「彼はとてもハイテンションです。」のような状態の表現であったり，「Aさんは背が高い。」「クジラは哺乳類だ。」のような属性の表現であったりする。

　事態が動き（動的事態）を表す文は，事態そのものが時間的展開・構成の表し分けに深く関わる表現形式であるアスペクトを有している。だが，事態が静的事態―状態・属性―を表す文は，事態そのものが内的な時間的展開過程を持たないことによって，アスペクトを有していない。それに対して，（絶対的）テンスとは，基本的に事態の成立時と発話時の時間的先後関係の表現である。つまり，（言表）事態の発話時への関係づけである。したがって，テンスが存在するためには，文の表している事態が，何らかの点で，その生起・存在をある特定の時間位置に位置づけられる顕在的な事態であることが基本的に必要になる―繰り返しが限定的であれば，事態は顕在的と捉えられるが，限定がなくなり習慣的になるにしたがって，事態は潜在的になり，事態の意味的類型も属性に傾く―。ある特定の時間位置に位置づけられるとい

うことは，事態の生起・存在の時間帯が無限定でなく，ある限定された時間帯にのみ生起・存在する顕在的な事態である，ということであろう。ある特定の時間位置に位置づけることができない，ということは，事態と発話時（ないしは基準時）との関係が取り結べない，ということである。発話時との一定の関係を取り結べないことによって，この種の意味的類型の事態を表す文は，通常のテンスを持たないことになる。ある特定の時間位置に位置づけられる，言い換えればその存在が時間的に限定された事態を〈出来事(現象)〉と仮に呼べば，通常のテンスを有する文は，出来事(現象)に基本的に限られるということになる。

2. 状態としての在り様と属性としての在り様

　最初にまず基本的・原則的なことを述べておく。

　形容詞文が表す事態は，広い意味でモノの在り様である。在り様は，動き(動的事態)ではなく，モノが呈する静的なあり方・ありようである。モノの静的な在り様には二つのタイプがある。動きではなく，静的な在り様であることによって，いずれにしても，時間の流れの中で展開してはいかないものの，ある特定の時間位置に位置づけられる，言い換えればその存在が時間的に限定された在り様と，ある特定の時間位置に位置づけられない，その存在が時間的に限定されているとは捉えられていない在り様とが，まず分かたれる。前者が〈状態としての在り様〉であり，後者が〈属性としての在り様〉である。簡単に言えば，状態と属性である。状態としての在り様は，在り様の存在時と発話時との間に一定の関係を取り結ぶことができることによって，通常のテンスを有している。それに対して，その存在をある特定の時間位置に位置づけられない属性として在り様は，在り様を発話時に限定的に関係づけることができず，テンスから解放され，通常のテンスを持たなくなる，と一般的に言える。たとえば，

　（1）　机の上に本が有る。
　（2）　この机には左右に引き出しが有る。

は，動詞文の例ではあるが，（1）は，発話時における［机の上における本の存在］という，特定の時間位置に位置づけられる時間的限定を持った状態としての在り様を表しており，テンスを有している。それに対して，（2）は，［この机の特性］という，時間的限定が前提とされていない，特定の時間位置に位置づけられない属性としての在り様を表しており，テンスから解放された，通常のテンスを持たない文である。

　同じようなことが形容詞文の表す在り様についても言える。「柿の実が真っ赤だ。」や「手がかゆい。」のように，その存在をある時間位置に位置づけられる時間的限定を持った在り様は，その存在をある特定の時間位置に位置づけることのできる在り様，いわゆる状態である。非過去形を表すこの場合，在り様は，発話時に位置づけられるものである。また，その存在が時間的限定を持ったこの種の在り様は，「柿の実が真っ赤だった。」や「手がかゆかった。」のように，過去形の場合，その存在は過去の時間帯に位置づけられる──言い換えれば，現在においては，［柿の実が真っ赤である］［手がかゆい］という在り様は，通例既に消滅している──。いわゆるテンスを有している。それに対して，「彼は背が高い。」「象は鼻が長い。」のように，その存在を，ある時間位置に位置づけられず時間的限定を前提としない在り様は，その存在をある特定の時間位置に位置づけることのできない在り様，いわゆる属性である。非過去形では，その属性が発話時において成り立っているものの，その属性としての在り様の成立・存在は発話時に限定されたものではない。また，「（そう言えば）彼は背が高かった。」「象は鼻が長かった。」のように，過去形は，思い起こしや発見などを表し，属性の成立・存在を過去の時間帯に限定しない。非過去形と過去形は，非過去──この場合，現在──と過去という，通常のテンス的意味対立を表さない。属性は，テンスから解放されており，通常のテンスを持っていない。

　属性として在り様を表す形容詞文と状態としての在り様を表す形容詞文の実例を，少しばかり挙げておく。

　　（3）　朝になると，山口は「腹が痛い」と云い出した。

（倉光俊夫「連絡員」）

（4）「冬の光でも，寝不足の目にはまぶしいね」義兄は眼鏡の奥の目を細めながら，椅子に腰掛けた。（小川洋子「妊娠カレンダー」）
（5）君はとうとう先生にまで嘘を吐くようになったのか，そんな嘘吐き誰に教わった，先生は本当に悲しいぞ。
　　　　　　　　　　　　　　　　　　　　　（長谷健「あさくさの子供」）
（6）「どこか悪いのかい」「ううん。そうじゃないんだけど……。ね，土曜には行くから，今日は……。辛いのよ，話をするのが」
　　　　　　　　　　　　　　　　　　　　　（柴田翔「されどわれらが日々」）

などが状態としての在り様を表す形容詞文の例である。（3）（4）は，生理感覚を表すものであり，（5）が感情を表すもの，（6）は生理感覚が基本で感情にもつながっていくところのあるものである。

（7）　カズオ・マコト「太鼓は重い…」
　　　　　　　　　　　　　　　　　　　（剣持亘他「シナリオ・さびしんぼう」）
（8）　私には，誇るべき何もない。……。肉体よごれて，心もまずしい。
　　　　　　　　　　　　　　　　　　　　　　　　　（太宰治「冨嶽百景」）
（9）　「（オツネサンは）カンは大いによくないね」
　　　　　　　　　　　　　　　　　　　　　　　　（坂口安吾「能面の秘密」）
（10）　私の額のしわは，もう深い。　　（尾崎一雄「虫のいろいろ」）
（11）　このクラブへ集まってくるかたがたというのは，……，話の泉でも出られそうな博学多識，……。　　（高木淋光「妖婦の宿」）
（12）　（女は）よく見ると二十七，八だが，ピンクのスーツのおかげでひどく若い。　　　　　　　　　　　（鮎川哲也「急行出雲」）

などが属性としての在り様を表す形容詞文の例である—（12）は，話し手の把握時の評価的捉え方が色濃く存するものの，やはり属性である—。

　状態を表す形容詞文は，テンスを持ち，非過去形は発話時(現在)に，過去形は過去の時間帯に限定的に位置づけられる在り様を表すのに対して，属性を表す形容詞文は，通常のテンスを持たず，非過去形では，属性の成立・存在は，発話時において成り立っているものの，発話時に限定されてはいないし，非過去形は，過去の時間帯に成立・存在した属性を表しているわけでは

ない。形容詞文の表す状態と属性のテンス的なあり方は，一般的・原則的には上述のようなものである。ただ，必ずしもこれだけには限らない，もう少し複雑な現れ方をする。以下，そのようなことについてごくごく簡単に見ていく。

3. 非過去形の場合

　形容詞述語にも，動詞述語と同様に，形態的に二つのテンス語形が存在する。［痛イ－痛カッタ］［赤イ－赤カッタ］がその二形である。イ形が非過去形であり，タ形が過去形である―ナ形容詞述語の場合は，名詞述語と同じ形態変化をする―。タ形が積極的にテンスを指定・色づけられた有標（marked）の語形であるのに対して，イ形は無標（unmarked）の語形である―ただ，形容詞文の場合，両形が常に通常のテンス的意味対立を表し実現するわけではない―。

　まず，イ形―ナ形容詞の非過去形に対しても，本章ではイ形と便宜上呼んでおく―を取る形容詞文から見ていくことにする。考察にあたって取り上げる例文は，テンスの現れを問題にすることから，なるたけ会話文あるいはそれに類する文に限ることにする。

3.1　特定の時間位置に位置づけられる形容詞文

3.1.1　時間的限定を受けることによるもの

　まず，状態を表す場合に限らず，イ形を取る形容詞文が，何らか点でそれが表す在り様がある特定の時間位置に位置づけられていることを表している場合から見ていこう。在り様の存在がある特定の時間位置に限定的に位置づけられる一つの方法として，形容詞文の表している在り様を時間枠で区切ってしまう方法がまず挙げられる。形容詞文がいわゆる〈時の成分〉の限定を受ける場合である。在り様は，その存在を時の成分の表す時間枠に限定されることによって，ある特定の時間位置に位置づけられるようになるものである。通常ある特定の時間位置に位置づけられることのない属性としての在り

様も，この方法によって時間的に限定されたものになりうる——もっとも，この種の方法の極めて難しい属性もある——。

時間的限定の付与による限定化には，(a) 現在——在り様であるので，この現在は広げられた現在——に存在する在り様を表す場合と，(b) 未来に生起・存在する在り様を表す場合がある。また，これは後に述べることではあるが，夕形を取った場合，夕形が過去を表す有標形式であることによって，属性の在り様も，何らかの過去のある時間帯と関係づけられ，広い意味で現実的なものになる。

(a) 現在に存在する在り様

まず，時の成分の共起によって，現在に存在する在り様を表している場合から見ていこう。

　　（1）「おめえ，この頃，やけに付き合いがわるいじゃないかョ」
　　　　　　　　　　　　　　　　　（剣持亘他「シナリォ・さびしんぼう」）
　　（2）　最近僕は明る過ぎる光に弱い。眼の病気かな。

などがこのタイプである。これらは，ともに時の成分による時間的限定がなければ，［オマエハヤケニ付キ合イガ悪イ］［僕ハ明ル過ギル光ニ弱イ］という，ある特定の時間位置に位置づけられることのない属性としての在り様を表すものである。この種の在り様は，その時現実に現れていなくても成り立つ潜在的なものである。「明るい光がまぶしい。」「明るい光で眼が痛い。」と比べれば明らかように，（2）の表している在り様は潜在的である。時間限定によって在り様が顕在・現実化したわけではない——「昨晩彼は彼女にとても優しかった。」では，優しさを示す行為が現実化している——。属性としての在り様が，時間的に無限定なあり方から，時の成分の表す時間枠に限定されることによって，発話時間帯周辺という限定されたあり方で発話時と関係を取り結ぶことになったものである。時の成分である「コノ頃」「最近」の表す時間枠の限定を受けて，広げられた現在に位置づけられる在り様を表しているのが，この（1）（2）である。ただ，形容詞述語で表される在り様は，発話時周辺を表す時の成分の限定を受ければ，すべて現在に存在する在り様

を表すようになるわけではない。「??この頃彼は背が高い。」のようなものは，すわりが悪い。形容詞の表す在り様にも，人に対する態度のように比較的時間の流れの中で変動しやすいものもあれば，変わりうるにしても，ゆっくりとした変化で一度獲得すれば通常は可逆的に変化しにくいものや，生得的で変わりにくいものもある。そのような在り様は，時の成分の共起そのものが稀で，そのことによる時間限定は困難だろう。

　（1）（2）は，いずれも特定の指示対象を有するものであった。（1）（2）が示すように，時の成分による時間限定によって，ある特定の時間位置に位置づけられる時間的限定を持った在り様になるものは，特定の指示対象を持ったものが，通常であり中心であった。しかしながら，稀ではあるが，次のように，総称名詞で表された特定の指示対象を持たないものであっても，ある特定の時間位置に位置づけられた在り様になることは不可能ではない。

　（3）　近頃女性は男性より強い。

の「女性」は，特定の指示対象を持たない総称名詞としての用法である。これは総称的な属性ではあるものの，「近頃」という時の成分によって，その属性の存在位置に時間枠・時間的限定を付与されることになったものである。総称名詞を取っているにも拘わらず，テンス性を帯びるのは，時の成分の共起によって，属性として在り様の存在位置に特定の時間枠・時間的限定を付与されることによってである。

(b)　未来に生起・存在する在り様

　次に，時の成分の共起によって，未来に生起・存在する在り様を表すものについて見ていこう──動きと違って，在り様のイ形のテンス的意味の基本は現在である。それが未来を表すのは，何らかのあり方でその存在位置が未来であることが分かることが必要──。たとえば，

　　（1）　「明日からひどいぞ，毎日出掛ける」　　　（伊藤桂一「蛍の河」）
　　（2）　「しかし，君もこれからたいへんだねえ」　（松本清張「砂の器」）
　　（3）　「これで当分尾行は無理だな」（赤川次郎「セーラー服と機関銃」）

などがこの例の一例である。これらの文によって表されている在り様は，

「僕はお腹が痛い。」や「やたら故郷が恋しい。」のような，状態としての在り様を表す形容詞文の典型的・代表的なタイプではなく，その意味で分りやすい例ではないが，属性としての在り様ではなく，状態を表しているものである。これらは，いずれも「明日カラ」「コレカラ」「当分」—この「当分」はこの文脈では「コレカラ当分」といった意味—のような，未来のある一定の時間帯を示す時の成分の共起によって，形容詞の表す在り様が，その生起・存在の時間位置を，未来の一定の時間帯に限定されることになったものである。そして，そのことによって，形容詞文のイ形(非過去形)が未来というテンスを表している場合である。たとえば，「彼は忙しい。」「僕は暇だ。」や「とても寒い。」という現在の状態を表す文が，「明日から彼は忙しい。」「僕は来月は暇だ。」や「明日はとても寒い。」のように未来を表す時の成分を取ることによって，未来に生起・存在する状態を表す文になるのと同じである—第三部「命題と文法カテゴリの相関をめぐって」でも触れるが，非過去形（イ形）が未来の状態を表しうる文は，そう多くない—。また，「とても寒い。」の文は，日々の気温の移り変わりを表す状態としての在り様を表す文から，「北海道の冬はとても寒い。」のように，容易に属性としての在り様を表す文に移り行く—状態と属性の捉え方による連続性・接近を示している—。

3.1.2 現前現象としての在り様

在り様の意味的類型あるいは文のタイプがテンスの現れに密接に関わっているものとして，次のような文を見ていこう。

　　（1）　西の空が<u>まっかだ</u>。　　　　　　　　　　（「にほんご・4下」）
　　（2）　見てみな。波が<u>荒い</u>よ。
　　（3）　あっ，本が<u>無い</u>。

これらは，眼前に顕在的に展開する静的現象であるところの時間的限定を持った在り様を描き取った文である。現前しかも眼前に存在する状態である。「雨が降っている。」「子供が向こうからやってきた。」のような動詞述語で形成された現象描写文に対応するところの形容詞述語版といったものであ

る，と言うことができよう。いずれも，発話時，眼前という時空に生起・存在している一時的な在り様を，目に映ったまま写し取った文であり，文全体が新情報を伝えているものである―もっとも，（3）には［本ガ存在シテイル］といった予想・前提が必要になる，といったことにおいて，何ら前提を必要としない（1）（2）とは，一時的な在り様を現前現象として描写したものであるといっても，少しばかり異なるのかもしれない―。「柿の実が赤い。」などもこれである。眼前に展開する一時的在り様を現象描写したこれらの文は，題目を持たず，推量系の有標のモダリティ形式の存在を許さない―筆者が確認と呼ぶタイプ―。形容詞文の表している在り様が眼前に客観的に存在している，といったことから，このタイプの形容詞文を形成する形容詞は，いわゆる属性形容詞である。ただ，そのイ形が，テンスを有し現在を表す，という使われ方をする一つの代表的なものである。

3.1.3　外的な一時的状態としての在り様

　一定の時間位置に存在する客観的な世界の在り様といったものを表している，という点において，ここで外的な一時的状態としての在り様として述べるものは，前で見た現前現象としての在り様として述べたものと，基本的に変わらない。形容詞文の表す言表事態の意味的類型としては異なっていない。ともに状態としての在り様を表すタイプである。異なっているのは，現前現象としての在り様が，在り様の担い手とそれが呈する様とを，題と解説とに分かつことなく，一つの現象としての在り様として，目に映ったままを描き出しているのに対して，ここの外的な一時的状態としての在り様は，客観的な外的な在り様を，在り様の担い手とそれが呈する様を，題目・解説構造の元に，在り様の担い手についてそれがいかなる様を呈しているのか，というあり方で描き出し述べている，という描き出し方・述べ方の異なりである。いわゆる現象描写文であるのが現前現象としての在り様であり，かつて筆者が判断文と呼んだものであるのが外的な一時的状態としての在り様である。

　例を少しばかり挙げておこう。

（1）「あ，ここもいっぱいだな」　　　　　　　　（「いつも」）
（2）「向うはにぎやかだね」　　　　　　　　　　（「水平線」）
（3）「心配ないよ。お父さんもお母さんも元気だ」（「長き眠りの」）
（4）「満月だわ！真昼みたいに明るいわよ」　　　（「三人家族」）
（5）「ジロさんがいないだけで，静かだねぇ」　　（「半熟」）
（6）「パパ，どうしたのかしら？」「お仕事が忙しいでしょ」
　　　　　　　　　　　　　　　　　　　　　　　（「三人家族」）
（7）「そうですか。…お嬢さんは大丈夫ですか？」（「できごと」）
（8）「あなた，あぶのうございます」　　　（里見弴「多情仏心」）

などが，外的な一時的状態としての在り様を表すものである。これらは，「ココ」や「向ウ」や「オ父サントオ母サン」の呈している外的に客観的に捉えることのできる一時的な在り様を表している。状態としての在り様である。現前現象としての在り様が現象描写文である，ということを受けて，推量系の有標のモダリティ形式の共起を持たなかったり，問いかけの文にならなかったりしたのに対して，外的な一時的状態としての在り様は，いわゆる判断文であることによって，（6）「（パパは）お仕事が忙しいでしょ。」や（7）「お嬢さんは大丈夫ですか？」が示すように，推量系の有標のモダリティ形式—この例では念押しとして働いている—を持ちうるし，問いかけの文にもなりうる。

　もっとも，現前現象としての在り様と外的な一時的状態としての在り様とは，つながるところを有するものである。形容詞文における現象描写文といわゆる判断文との差は，動詞文に比べて希薄である—現象の中心は動きである。したがって現象描写文の中心領域は動詞文—。たとえば，「顔が蒼い。子供を早くおろすんだ。（水上勉「赤い毒の花」）」の下線部は，現前現象の在り様を表している文であると思われるものの，「君ハ」というさらに後に控えている現象の持ち主を想定できる点において，既に外的な一時的状態としての在り様に一歩近づいている。

　客観的な外的な在り様を表すこのタイプの形容詞文は，外的な在り様であることによって，属性形容詞から形成されており，そのイ形はテンスを有し

ており、その在り様が時間的に限定されており、状態であり、現在を表している。

3.1.4 在り様としての感情・感覚
（a）感情

続いて、感情といった心的状態を表す形容詞文について見ていこう。

（1）「私、あなたがいらっしゃったこと、とても嬉しいわ」
　　　　　　　　　　　　　　　　　　　　　　（「悲しみよ」）
（2）「離れていると、余計なことばかり想像して辛いの」
　　　　　　　　　　　　　　　　　　　（佐多稲子「くれない」）
（3）「わたしたちも子供が欲しいわ」　　（嘉村礒多「崖の下」）
（4）「こわいですか？」　　　　　　　　（梅崎春生「幻化」）
（5）「嫌いよ、あなたも青木さんも」　　（原田康子「いたずら」）

などが、この在り様としての感情を表している文である。いわゆる感情形容詞によって形成されている形容詞文である。これらは、いずれも発話時に顕在的に存在している感情といった在り様を表しており、発話時に現実的に存在する在り様である、という点において、既に述べた現前現象としての在り様や外的な一時的状態としての在り様と変わるところがない。ただ、それらと異なるのは、前者がその存在を外界に客観的に認知・確認することができる外的な在り様であるのに対して、ここで取り上げる在り様としての感情は、心的状態という内的な在り様である、ということである。内的な心的状態であるということによって、登場人物に視点をおいた物語り的な文でもない限り、このタイプは、述べ立ての文では、（1）（2）（3）（5）が示すように、一人称ガ格に限られ、問いかけの文では、（4）が示すように、二人称ガ格に限られる。

「さっきから嬉しいの。」のような時の成分を取り、発話時以前から存在し発話時も存在する心的状態として在り様をも表しうるものの、これらの心的状態は、発話時での出現・存在に焦点があり、その分、その在り様は顕在的であると言えよう。形容詞のイ形は、「ドキドキしている」より発話時に限

定された場合の「ドキドキする」にある点で近い——ただ，本書では基本的に「ドキドキする」などの心理動詞は動きを表すという立場に立っている——。

（5）の「嫌イダ」は，発話時に顕在的に存在する心的状態であったが，

（6）「わたし，頭の悪い子って嫌いなのよ」　（原田康子「夜の出帆」）

は，それが表している心的状態が，発話時に限定された心的状態でない分，潜在化していく方向にある。話し手は，「嫌イダ」と発言している時に嫌いであるという心的状態を必ずしも喚起させているとは限らない。ここで見られるような在り様の潜在化には，「頭ノ悪イ子ッテ」のような特定の指示対象を持たない総称名詞の使用が密接に関わっている。さらに，

（7）「あたしは子供の時から，ゴキブリが大嫌いなんだもん」

（剣持亘他「シナリオ・さびしんぼう」）

のような例は，より持続的であり，その分，潜在化した心的な在り様を表し，一人称者の性向という属性の表現に近づいている。

さらに，顕在的な心的状態から属性への移行は，感情の主体を消去し，そして，そのことで感情主を不特定となし，感情の対象を題目として取り立てることで——総称的になればさらに——，一層進むことになる。たとえば，

（8）「待たされるのは，いやだ」　（梅崎春生「幻化」）

（9）　注射は怖い。

などがその例であろう。当然，顕在的な心的状態から潜在的な属性への移行には，いくつかの段階があり連続的である。また，この種の現象には，従来，感情形容詞と属性形容詞との両面を持つと言われている形容詞が関わってくる。

顕在的な心的状態から潜在的な属性へのいま一つの方向として，

（10）　あの子は注射が怖い。

（11）　彼はほめられるのが嬉しい。

のように，視点を移すことなく，ガ格（主体格）を一人称者から三人称者に変えるといったものである。潜在的な属性の表現へと移行したものは，既にそのイ形は，発話時に限定されず，テンスから解放され，通常のテンスを持たなくなる。

(b) 感覚

次に，感覚といった生理的な在り様を表す形容詞文について簡単に見ていこう。

（1）「あたし頭が<u>痛い</u>」　　　　　　　　　　（川端康成「硝子」）
（2）　わあ，太陽が<u>まぶしい</u>。
（3）「さあさ，早く寝んね寝んね。おばあちゃんも<u>眠いよ</u>」
　　　　　　　　　　　　　　　　　　　　　　（佐多稲子「くれない」）
（4）「<u>痛い</u>の？<u>苦しい</u>の？」　　　　　　（川端康成「片腕」）

などが，この在り様としての感覚を表している文である。いわゆる感覚形容詞で形成されている文である。表しているものが，外的な在り様ではなく，内的な在り様であるという点は，在り様としての感情の場合と同じである。これらは，いずれも発話時に顕在的に存在する在り様を表している。ただ，在り様としての感情に比べて，在り様の顕在性や発話時のものである，といった時間的なあり方は，こちらの方が明確である。当然のこととして，形容詞のイ形は現在を表している。ガ格(主体格)の人称制限などは，感情形容詞と同じである。

（5）「あら，<u>犬だって毬は痛いんですわ</u>」　（川端康成「お信地蔵」）

のように，潜在的な属性の表現への移行が存在することも，また同様である。

以下の例は，感情・感覚形容詞によるものであるが，三人称者の感情・感覚を，外への現れから捉えたものであることによって，内的な在り様の表現から客観的に外的に存在する外的な一時的状態としての在り様の表現に，既に移っている。

（6）「ほんとね，みんな<u>楽しそう</u>」　　　　　　（「死が二人を」）
（7）　そりを引いている馬はだいぶ<u>くるしそう</u>です。
　　　　　　　　　　　　　　　　　　　　　　（「にほんご・4下」）

（6）が感情の外的な在り様としての現れを，（7）が感覚の外的な在り様としての現れを表したものである。

3.1.5 主客に渉る在り様

　ここで述べるものは，感覚の一種であるという点において，既に述べた在り様としての感覚につながるものである。ただ，主体の内的な生理感覚を表すとともに，そういった生理感覚を引き起こしたモノの在り様を表す，という点が異なっている。在り様というものが，ある感覚器官によって捉えられたものである，ということからすれば，形容詞の表す在り様は，一般的に言って主客の相互作用によるものである，ということになろう。ただ，そうであるにしても，「アノ船ハ大キイ。」の「大キイ」のような在り様は，そのモノに遭遇した時の感覚器官のありようとしてではなく，その船の持っている容量といった客観的なありようを捉えたものであり，「彼ノ不在ガ寂シイ。」の「寂シイ」は，寂しさを引き起こしたモノ―出来事をも含めてモノという用語を使う―の持っている客観的なありようではなく，そういったありようを持ったモノに遭遇・想起した時の感覚器官―心的に感じ取ることをも含めて―のありようを捉えたものである，といった，いずれかへの傾きを有している。それに対して，ここで主客に渉る在り様として述べるものは，主客への両面性を積極的に表すところにその特徴がある。このタイプとしては，温度感覚を表すものと味覚を表すものが挙げられる。
　まず，内的な生理感覚を表す場合から見ていこう。
　　（1）「それにしても，<u>さむいな</u>」
　　　　　　　　　　　　　　　　　　（荻岩睦美「銀曜日のおとぎばなし5」）
　　（2）「ああ，<u>暖かいわ</u>」　　　　　　（川端康成「屋上の金魚」）
　　（3）「<u>うまいな</u>」　　　　　　　　　　（梅崎春生「幻化」）
　　（4）「どう耕ちゃん，<u>うまいかえ</u>」（松本清張「或る『小倉日記』伝」）
これらは，ともに，発話時に顕在的に存在する主体の生理感覚といった内的な在り様を表したものである。（1）（2）が温度感覚を表すものであり，（3）（4）が味覚を表すものである。発話時に顕在的に存在する在り様であることによって，これらの形容詞のイ形は，現在を表している。また，述べ立ての文である（1）（2）（3）では，感覚の主体は一人称者であり，問いかけの文である（4）では，二人称者である。これらも，在り様としての感情・

感覚と同様の人称制限を示している。

　温度感覚・味覚といったこの種の在り様は，生理的な内的な在り様を表すだけでなく，そういった内的感覚を引き起こしたモノの在り様をも表しうるところに，その特徴がある。

　　（5）　（人の手に触れて）「やだ，手が冷たい！」
　　　　　　　　　　　　　　　（くらもちふさこ「東京のカサノバ」）
　　（6）　「おまえの手，バカにあったかいよ」　　　　　　（「遊び」）
　　（7）　「や，うまいよ，このフライ」　　（獅子文六「自由学校」）
などは，モノの顕在的な外的な在り様を表している。その在り様は，モノが現に，ある内的な生理感覚を感じ手に引き起こしており，そして，そのことが，まさにそのモノが発話時の現在に顕在的に有している在り様に外ならないといったものである。状態としての在り様である。（5）（6）は，温度感覚からのもので，ともに「手」が現在帯びている一時的状態を表している。言い換えれば，「手」は，以前は違う状態であった，ということである。（7）は，味覚からのもので，「フライ」が現在有している顕在的な在り様である。（7）の表している在り様は，（5）（6）に比して，「このフライ」が長期的に有している在り様で，属性寄りである。その点で次に見る属性の発話時における認定につながっていく。ただ，このフライのうまい，という在り様は，感じ手がそのように感じることによってその時に顕在化する在り様である。言い換えれば，感じ手がそのように捉えなければ存在・発現しない在り様である。モノの潜在的な属性ではなく，このような，感じ手が捉えたモノの顕在的な在り様を表しうるところに，主客に渉る在り様の特徴がある。また，

　　（8）　けさは，…めっぽう寒いや。　　　（太宰治「富嶽百景」）
なども，このタイプである。

　さらに，これにも在り様としての感情・感覚と同様，モノの潜在的な属性を表すタイプが存する。

　　（9）　このマンションは，全館冷暖房ではない。それは各部屋がそれぞ
　　　　　れ行っているから，廊下は寒い。　（川辺豊三「公開捜査林道」）

(10)「冷たいお茶はおいしい」　　　　　　（水上勉「赤い毒の花」）

などがそうである。潜在的な属性を表すこのタイプでは，イ形は，その在り様は発話時に限定されておらず，テンスから解放されている。

3.1.5　属性の発話時における認定

　形容詞の表す在り様が，主客の相互作用によって切り取られたものである，ということについては，既に触れた。モノが大きいとか，モノが美しいとかいった在り様は，モノ自体の呈する客体的なありようが重要であるとともに，それをそのように主体が捉えることによって，認定されるものである。形容詞の表すモノの在り様がそういったものであることによって，モノとモノの呈する在り様は，時間の流れの中のある特定の時間位置においてしか成り立たない，といったものではない。ただ，ここで触れるものは，そのような，永続的・長期的に存するところの属性といった潜在的な在り様に対して，それを発話時のいま発見・認定したというあり方で表現したものである。たとえば，

（1）（女が踊っているのを見て）「なかなかお上手ですね」
　　　　　　　　　　　　　　　　　　　　　　（松本清張「溺れ谷」）
（2）（女が盛装しているのを見て）「なかなかきれいですよ」
　　　　　　　　　　　　　　　　　　　　　　（松本清張「溺れ谷」）
（3）少女，手にとり，「きれいですね，赤い鼻緒」　（「旅の」）
（4）「しつこいね，あんたも」　（川辺豊三「公開捜査林道」）
（5）（椅子に座った女を見て）「若いな。実に若い」
　　　　　　　　　　　　　　　　　　（赤川次郎「セーラー服と機関銃」）

などが，そのようなものである。これらは，いずれも，モノの有している属性としての在り様を述べたものであるが，それが，発話時の今それを見い出し認定した，というあり方で述べられている，といったものである。こういったタイプを，ここでは〈属性の発話時における認定〉と仮称しておく。この属性の発話時における認定では，形容詞のイ形は，テンスから解放されテンスを有していないというよりは，現在を表すというテンス性を帯びている

ものと思われる。ただ，このタイプがテンスを有するのは，通常の場合のように，文の担っている在り様の時間的なあり方によるものではない。在り様は，属性であることによって，ある特定の時間位置に位置づけられるようなものではない。テンス性は発見・認定の時間位置によって付与されている。このように，属性の存在の時間位置と属性の発見・認定の時間位置とが遊離した形で発現できるのは，既に述べたように，形容詞の有している主客相互性によっている。

　「ここもいっぱいだな。」といった外的な一時的状態としての在り様は，時間の流れの中で展開はしないものの，時間の中で存在・消滅する在り様であり，「ココ」が常に持っているわけではない，つまり時間的限定を持った在り様を表している。それに対して，「(女が踊っているのを見て)なかなかお上手ですね。」といった属性の発話時における認定は，上に触れたように，ある特定の時間位置に位置づけられる必要のない永続的な在り様，つまり，踊りそのものが時間の中で生起・消滅するにしても，「女ノ踊リ」と「上手デアル」ということの結びつきそのものは，発話時の現在に限られたわけではなく，永続的であるという在り様を表している。

　また，「仕事が忙しいですか？」といった外的な一時的状態としての在り様の表現は，「今仕事が忙しいですか？」のように，在り様の存在の時間位置を示す時の成分を普通に取りえた。それに対して，「あなたの踊り，なかなかお上手ですね。」といった属性の発話時における認定の表現は，「?今あなたの踊り，なかなかお上手ですね。」が示すように，時の成分を取ると，おかしな文ないしはタイプを変えた文になってしまう—もっとも，時の成分としてではなく，「今のあなたの踊り，なかなかお上手ですね。」のように，属性の担い手であるモノを限定する規定成分としては共起可能—。

　属性の存在が発話時において認定されるにあたっては，属性の担い手が発話時において認定者の前に存在していることが必要になる。発話時といった特定の時間位置に属性の担い手が存在するためには，属性の担い手はモノ一般であるわけにはいかない。したがって，次に述べる属性としての在り様が，「女は弱いが，母は強い。」のように，総称用法の名詞を取りえたのに対

して，属性の発話時における認定では，総称用法の名詞を取ることは通常ない。

　また，ここで述べた属性の発話時における認定は，外的な一時的状態としての在り様や属性として在り様と常に截然と分かたれ切るわけではない。例文（1）は，属性の担い手の「女ノ踊リ」が極めて限られた時間幅の中でしか存在しないことによって，外的な一時的状態としての在り様により近づいているだろう。それに対して，（3）は，属性の担い手である「赤イ鼻緒」がかなり永続的に存することによって，属性として在り様に近づいているだろう。

3.2　特定の時間位置に位置づけられない形容詞文—属性としての在り様—

　イ形の最後として，その存在をある特定の時間位置に位置づけることのできない在り様について，見ていくことにする。その存在をある特定の時間位置に位置づけることのできない在り様とは，モノがそのモノであることによって，そのモノが有している性格・性質といった在り様である。この，そのモノがそのモノであることによってモノが具有している性格・性質を，ここでは〈属性としての在り様〉と呼んでおく。属性としての在り様を表す形容詞文では，在り様の存在が，ある特定の時間位置に位置づけられない，時間的限定を持たないものであることによって，そのイ形は，発話時に限定されず，テンスから解放され，通常のテンスを持っていない。

　動きであれ，在り様であれ，その存在がある特定の時間位置に位置づけられる事態には，在り様・動きの担い手として総称名詞が通常生起することはない—「ステゴサウルスは中生代白亜紀には滅んだ。」のようなものは，総称名詞でありながら，長い時間帯ではあるが，特定の時間位置に位置づけられている，と言えるものだろう—。総称用法の名詞の生起は，この属性としての在り様の独壇場である。

　　（1）「芝居は迫力が大切だぞ」　　　　（井上ひさし「笑劇全集・上」）
　　（2）「ずるするなら止しだ。女はこすいや」　　　　（「男と女と」）
　　（3）「東大出のエリートなんて，空しいものだね」

(赤川次郎「さびしがり屋の死体」)
（4）「首をきるのはなかなかむずかしいでしょう？」
(小島信夫「アメリカン・スクール」)
などの例が，担い手に総称名詞を取る属性としての在り様を表すものである。在り様の存在がある特定の時間位置に位置づけられていないことは，このタイプでは極めて明瞭である。在り様の担い手は，特定の指示対象を持たないことによって，ある特定の時間位置に存在することはありえない。在り様の担い手からして，特定の時間位置に位置することがありえないのであれば，在り様がある特定の時間位置に存在するようなことは，ありえようはずがない。

ただ，特定の指示対象を持たない総称的な属性の担い手だけが，その存在をある特定の時間位置に位置づけられない在り様を表すわけではない。たとえば，

（5）「君も利口だね」　　　　　　　　　　　（松本清張「溺れ谷」）
（6）「自慢じゃないが，僕は音楽が不得意だ」
(剣持亘他「シナリオ・さびしんぼう」)
（7）「この女性，なかなか口が堅いです」　（井伏鱒二「本日休診」）
（8）「この航空路は，割と危険なんですよ」　（梅崎春生「幻化」）
などは，ある特定の指示対象について，それが具有する潜在的な属性を述べた文である。在り様の担い手がある時空に存在する特定物であることによって，このタイプは，既に述べた外的な一時的状態としての在り様や属性の発話時における認定に移りうる可能性を有している。しかしながら，在り様の担い手とそれが呈するありようとが特定の時間位置において結びつくものでないことによって，上の諸例は，そのイ形が，通常のテンスを帯びないところの属性としての在り様を表している。

属性としての在り様を表すものには，大きく，［Ⅰ］「彼女は色が白い。（「にほんご・4下」）」「毛は小男だ。おれよりもずっと小さい。(中野重治「むらぎも」)」「八郎はたいそう背が高い。（「にほんご・4下」）」「私，そう若くありませんわ。（「死が」）」「母のさとは海べに近い。（「にほんご・4

下」)」のように，それがいかなる属性であるかを，外界あるいは外界への何らかの現れによって客観的に確かめられるタイプのものと，[Ⅱ]価値的な評価の観点から属性化である「女の子は，手がかからなくて，いいわねえ。(剣持亘他「シナリォ・さびしんぼう」)」「坊主がお肉食べちゃ，マズいんじゃないの？(剣持亘他「シナリォ・さびしんぼう」)」や，程度的な評価の観点からの属性化である「あんたは凄いねえ。(赤江瀑「八月は魑魅と戯れ」)」「そんな風に言うんなら，ずいぶんあんたはひどい。(佐多稲子「くれない」)」のように，モノの属性の存在・認定が，主体の捉え方に大きく依拠しているタイプのものが存在する。後者[Ⅱ]は，認定者がそのように捉えるといったことが，属性の存在の重要な要因をなしていることにより，特定の指示対象を持つ属性の担い手を取る時，前者[Ⅰ]に比べて，属性の発話時における認定の表現になりやすい。「あなたは冷たいのね。(川端康成「母」)」「貴様は馬鹿だ，愚図だ。(剣持亘他「シナリォ・さびしんぼう」)」「こういういい方，ザツだよな。(幸福)」などは，属性としての在り様と属性の発話時における認定の間に来るようなものであろう。

4. 過去形の場合

　以下，ごく簡単に形容詞述語がタ形を取った場合について見ていく。既に述べたように，タ形は積極的にテンス性を付与された有標形式である。したがって，属性の表現であっても，タ形を取ることで，動きの場合とは異なったテンス的意味になるものの，何らかの点で過去に関わってくる。
　まず，在り様の存在が過去のある特定の時間位置に位置づけられているものから見ていこう。この種の在り様は状態としての在り様である。
　[1]　まず，〈過去の現象としての在り様〉を表しているものから見ていく。これは，形容詞述語版の現象描写文といったものである。過去のある特定の時間位置に生起・存在した現象を，そのまま言語に写し取った文である。ある特定の時空に生起・存在することによって，このタイプの形容詞文は，テンスを有しており，そのタ形は過去を表している。このタイプに属す

る例は多くない。たとえば，
（1）「さっき見たんだ。海が真っ青だったよ。」
（2）ふっと目を覚ました時は日が高かった。

(三浦朱門「冥府山水図」)

の下線部が過去の現象としての在り様を表している形容詞文である。

[2] 続いて，〈過去の在り様としての感情・感覚〉の表現について見ておく。たとえば，
（1）「僕，大磯で，オバサマにお目にかかれて，ほんとうに，うれしかった」 (獅子文六「自由学校」)
（2）「あなたはほんとうにこわくなかったんですか？」

(梅崎春生「幻化」)

（3）新聞で久保君の訃を知った。……。私は悲しくて淋しかった。

(上林暁「ブロンズの首」)

（4）「ごっ，ごめん。いたかった？」

(萩岩睦美「銀曜日のおとぎばなし1」)

（5）乳房がくすむったかった。 (有島武郎「或る女」)
（6）「暑かったろう」 (瀬戸内晴美「夏の終り」)

などが，この過去の在り様としての感情・感覚を表す例である。（1）（2）（3）が，過去のある特定の時間位置に顕在的に存在した感情を表したもので，それに対して，（4）（5）（6）が，過去の特定の時間位置に顕在的に存在した感覚を表したものである。これらの文は，感情や感覚がある一定の限定された時間帯に存在する，という時間的限定を持ったものであることによって，状態としての在り様を表している。これらの文は通常のテンスを有しており，タ形は過去のある特定の時間位置に存在する在り様を表している。

[3] 次に，〈過去の外的な一時状態としての在り様〉の表現について見てみる。ここで見るものは，一定の時間位置に存在する客観的な世界の在り様といったものを表している。ただ，その在り様の存在が過去の特定の時間位置である，というものである。

（1）　「森さんはフランス語に熱心でした」
　　　　　　　　　　　　　　　（松本清張「或る『小倉日記』伝」）
　（2）　久保君はその時はまだやつれていなくて，元気そうだった。
　　　　　　　　　　　　　　　　　　　　（上林暁「ブロンズの首」）
　（3）　「国会前というとゼンガクレンですか」「一生懸命だったなあ。女
　　　　子学生が一人しんだ」　　　（佐木隆三「ジャンケンポン協定」）
　（4）　イカは新鮮で，しこしこしてうまかった。　（梅崎春生「幻化」）
　（5）　曇った夜だったが風がなまあったかった。
　　　　　　　　　　　　　　　　　　　　　（鮎川哲也「急行出雲」）

などが，この過去の外的な一時状態としての在り様を表している例である。これらは，いずれも，過去のある特定の時間位置に存在した客観的な外的在り様を表している。この種の在り様は，属性としての在り様と異なって，在り様の担い手とそれが呈する様は，ある特定の時間位置を限って結びついているものである。（4）（5）は，内的な生理感覚を一次的に表しているのではなく，モノの呈している一時的な在り様である。ただ，味覚や温度感覚からしたモノの在り様の表現である。感覚からのものであることによって，過去のある時にそのように感じたといったことをも表すことになり，先に見た過去の在り様としての感情・感覚につながっていく。ここで見たものは，外的な一時状態としての在り様を表す，という在り様の類型的あり方から，テンスを有しており，そのタ形は，通常の過去を表している。

　[4]　最後に，〈過去の属性としての在り様〉を見ておく。属性としての在り様は，その存在を特定の時間位置に限定されない永続性・長期性を持ったものである。したがって，そのイ形は，「微分幾何学は難しい。」のように，発話時に限定されず，テンスから解放されている。ただ，タ形は，イ形に比して，何らかの点で過去に関わる，というテンス性を帯びてくる。

　在り様の担い手として総称名詞を使用すれば，在り様の存在は，時間的限定性を帯びがたい。時間的限定からの解放の代表である総称用法の名詞が使われた属性としての在り様から見ていく。もっとも総称名詞が形容詞文のタ形に現れることは，多くはないと思われる。

（1）　アラスカヒグマはエゾヒグマより大きい。
　　（2）　アラスカヒグマはエゾヒグマより大きかった。
　　（3）　当時アラスカヒグマはエゾヒグマより大きかった。
イ形の（1）は，時間的限定から解放された，「エゾヒグマ」と比べた「アラスカヒグマ」の具有している属性を表している。それに対して，タ形を取っている（2）では，属性は過去の時間帯に限定された存在ではないものの，そのような属性に対する話し手の認識・発見が過去にあった，ということを表している。さらに時の成分が共起したタ形を取っている（3）では，時の成分が過去の時間帯という時間限定を持っていることによって，「アラスカヒグマ」の具有している属性に変更が生じた，という読みが出てくる。タ形がテンス性を付与された有標形式である，ということの現れであろう。
　　（4）　「しかし公私の別は非常にやかましかった」
　　　　　　　　　　　　　　　　　　　　（松本清張「或る『小倉日記』伝」）
なども，このタイプであろう。
　特定の指示対象を持つものに対する属性としての在り様の表現について見ておこう。
　　（5）　あの人形は立派だったわ。……無形文化財の人達の人形が木偶に
　　　　　見えたわ。　　　　　　　　　　（赤江瀑「八月は魍魎と戯れ」）
　　（6）　「仲間三人だったけれど，福が一番強かった。」
　　　　　　　　　　　　　　　　　　　　　　　　（梅崎春生「幻化」）
　　（7）　「あいかわらずの，沼地あるきだった。ただね，花がきれいだっ
　　　　　たよ」　　　　　　　　　　　　　　　（水上勉「赤い毒の花」）
などがその例である。現実の事態として，属性の担い手がそれが呈する様を変更する・失うことがあるにしても—その可能性は，（7）が最も大きく，（6）がそれに続き，（5）では認定者が捉え方を変えない限り，属性は存続する—，属性の担い手とそれが呈する様との結びつきは，永続性・長期性を持ったものとして捉えられている。（5）（6）（7）のタ形は，話し手による属性の体験時・認識時の過去性を表している。属性としての在り様がタ形を取って現れた場合の代表的・中心的な用法が，これである。

ただ,

(8) 彼は勝負にはてんたんだった。　　（上林暁「ブロンズの首」）
(9) 死んだじいさんもその頃はまだ若かった。　（「にほんご・4下」）
(10) 子供の頃から100メール競争は苦手だった。　　　　（「微熱」）

のような, タ形の元に現れる属性としての在り様の代表的・中心的なあり方から少し外れるものもある。上の諸例は, そのようなタイプである。(8)は,「テンタンダ」が表す在り様が態度といった外への現れを伴うことによって,「昨日彼は彼女に優しかった。」につながる一時的な状態に近いところを有している。(9)は, 属性の担い手が既に存在しない過去のモノであることにより, 担い手とそれが呈する様との結びつき, という属性そのものが既に過去のものになっている—この例では,「その頃」という時の成分や「まだ」の共起が, 属性の存在の過去化に一定の役割を果している—。(10)は, 時を表す表現が起点を表す「カラ」を取って共起していることによって, 過去から現在に続く属性を表している。

以上, 日本語の形容詞文について, それが表す在り様の意味的類型とそのテンス的あり方を粗々見てきた。

参考文献
川端善明 1983「文の構造と種類—形容詞文—」『日本語学』2–5: 128–134. 明治書院
高橋太郎 1986「形容詞のテンスについて」宮地裕（編）『論集日本語研究（一）』明治書院 [『動詞の研究』1994: 208–227. むぎ書房に再録]
高橋太郎 1987「動詞・その4」『教育国語』91: 48–65. むぎ書房
寺村秀夫 1982『日本語のシンタクスと意味Ⅰ』くろしお出版
西尾寅弥 1972『形容詞の意味・用法の記述的研究』秀英出版
仁田義雄 1986「現象描写文をめぐって」『日本語学』5–2: 56–69. 明治書院

元原稿執筆以降の追加参考文献
樋口文彦 1996「形容詞の分類—状態形容詞と質形容詞—」言語学研究会（編）『ことばの科学7』39–60. むぎ書房
八亀裕美 2008『日本語形容詞の記述的研究—類型論的視点から—』明治書院

注：本章中の例文には，出典が略称のみのものがある。本章の基になった原稿の執筆時期が比較的古く，出典を完全に追い切れなかったことからくるものである。

第9章

名詞文についての覚え書

1. はじめに

 「文とモダリティを中心に」と題された第一部では，文に対する筆者の基本的な捉え方を概説し，文の本質的な特性を概観し，文の成立に重要な役割を果すモダリティについて少しばかり詳しく触れた。「命題の意味的類型との関わりにおいて」と題されたこの第二部では，命題として描き出されている事態の意味的類型について概観し，従来研究や言及の手薄であった状態や属性を表す文について少しばかり見てきた。第8章（前章）では，状態や属性を表す文の一つである形容詞文について，簡単にではあるが，少しばかり具体的に見た。
 ここでは，動詞文とは異なり，状態や属性という事態の意味的類型・内実の実現・表示に深く関わる，という点では，前章で見た形容詞文と基本的に同趣の，文（の述語）のタイプの一つである名詞述語文（名詞文）について具体的に見ていくことにする。
 本章の目的は，名詞述語で出来ている文，つまり名詞文の担い表している事柄的な内容・命題内容の意味的類型を，それが示す時間的性質や述語（さらに主語）を形成する名詞のタイプに注目しながら，少しばかり見ていくことにある。対象的な内容の意味的類型から名詞文を考察するにあたっては，

動詞文や形容詞文の表す命題内容の意味的類型にも目配りをし，それらとの位置づけにも配慮しながら考察を進めていくことが必要になろう。

2. 先行研究瞥見

　まず，少しばかり先行研究について見ておく。名詞文の類別については，古くは，三上章 1953 の措定の文と指定（一致認定）の文の区別が重要であろう。「私は幹事です。」が措定の文で，「幹事は私です。」が指定の文である。この〈措定〉と〈指定〉に当たる異なりは，その後の研究においても，名づけや規定のし方を変えながらも，受け継がれていくことになる。

　本章が取り扱う，名詞文の表す命題内容の意味的類別についての，詳しく優れた研究としては，高橋太郎 1984 や佐藤里美 1997 などがある。より正確に言えば，他にも注目すべき研究はあると思われるが，本章の筆者には，高橋や佐藤の研究に共感が感じられ，それらを参考にしながら，本章の論述を進めていくということである。

　高橋 1984 は，主語名詞に対する述語名詞の関係的意味のあり方を，次のように四類に分けている。〈動作づけ〉〈状態づけ〉〈性格づけ〉〈同一づけ〉と名づけられる四類がこれである。

　動作づけとは，述語が主語のさししめすものごとの運動をさししめしているもの，と規定され，「父が帰ってきた。」のようなものが基本で，「動作づけは，名詞述語の本来の任務ではない。(30頁)」と述べられている。「わしは絶交だ。」などが，名詞文における動作づけとして挙げられている。

　状態づけについては，述語が主語のさししめすものごとの状態をさししめしているもの，と規定されている。さらに，「状態づけというのは，あるモノゴトが，一定の時間(時点または持続期間)において，どのようなありさまにあるかをさししめす関係である。このなかには，一定時間における動作のようす，性格のありさま，変化過程のなかの位置などがふくまれる。(27頁)」と，説明が加えられ，「そのとき彼は飯を喰っていた。」「カキの実は，まだ青い。」「震災の時，彼女は一年生だった。」などが挙げられている。最

初が動詞文，二番目が形容詞文，最後が名詞文の例である。名詞文の例としては，さらに，「私は夢中だった。」「おれはいい気持ちだ。」などが挙げられている。

性格づけについては，述語が主語のさししめすものごとの質的な属性をさししめしているもの，と規定されている。「クジラは哺乳類だ。」「太郎はよい人間だ。」「彼女は陽気な性質だ。」「家はあの下だ。」などが挙げられている。さらに，動作づけ・状態づけと性格づけについては，「…，性格づけは，モノゴトを，すでに用意された世界観の地図のどこかに位置づける関係である。動作・状態づけはデキゴトをしめすので，空間や時間の状況語でひろげられ，また，テンスをもつことを基本とするのだが，性格づけは，あらかじめ固定された地図のうえに位置づけるのであるから，テンスからのがれやすい。(23頁)」と，それらの時間的性質の異なりを指摘している。ただ，高橋の規定の範囲では，状態づけと性格づけの異なりは，常に明確であるわけではない。

同一づけについては，主語と述語が同一のものごとをさししめしているもの，と規定され，「あれは花子さんです。」「あなたの荷物ってこれ？」「さっきの人は昨日来た人でしょう。」などが，例として挙げられている。このタイプは，三上の指定の文に当たるものである。ただ，同一づけに与えられている，主語と述語が同一のものごとを指し示すという規定は，誤ってはいないものの，これだけでは不十分であろう。

佐藤1997は，奥田靖雄の，対象的な内容からした文の分類に全面的に寄りかかりながら，人名詞を主語に取る名詞文の対象的な内容を，意味的タイプの点から分類したものである。同一認定の名詞文を除き，名詞文の表す対象的内容を，まず，大きく，〈特徴を表現する文〉と〈出来事を表現する文〉とに二分する。さらに，特徴を表現する名詞文を，〈質〉〈特性〉〈関係〉の三種に分け，出来事を表現する名詞文を，〈状態〉〈滞在〉〈動作〉の三種に分けている。

奥田の与えた性格づけに従い，質については，「他の物からみずからをくべつする，本質的な特性のセット（156頁）」と規定され，「彼は会社員だっ

た。」や「クジラは哺乳類だ。」のような文が挙げられている。後者は恒常的な質を描くもので，前者は変化の起こりうる質である，という点についても触れている。

　特性についても，奥田の「本質規定にまでたちいらない，物の側面におけるポテンシャルな特徴（167頁）」という規定に従っている。年齢を表す「妹はまだ五つ。」や出身を表す「陸さんもそちらの方のお生まれですか。」や性格を表す「叔父はじきに驚くたちである。」のような文が挙げられている。ただ，質と特性との異なりは，分かりやすいものではない。

　関係については，主語に据えられた人物を，別の人物や物との関係を表す述語で特徴づける文である，とされている。「私たちは従兄妹同士よ。」や「この人は私の親友だ。」などが挙げられている。ただ，〈関係〉が，〈質〉〈特性〉と同列に，横並びにその存在を主張しうる下位的タイプであるかには，疑問が残る。というより，関係は，質・特性とは同列の存在ではないだろう。

　次に，出来事に属する三種について見ておく。まず状態から見ていく。状態についても，やはり奥田の「多少とも時間の長さをもっている，一時的な現象（194頁）」という規定を引き，「主人の妹は病気である。」や「弟たちまで大はしゃぎだ。」や「佐吉は自分が引き受けたという顔付きだ。」などを挙げている。

　滞在とは，人がその空間に滞在することを表現するもので，「野々宮さんはまだ学校ですか。」や「岩本は留守だった。」などが挙げられている。ただ，〈滞在〉を，〈状態〉とは異なるものとして〈状態〉から同列的に取り立てる必要性は，よく分からない。

　動詞の表す動作と，動作性名詞の表す動作との異なりを認めながら，いちおう名詞文にも動作を表すものを立てている。「彼は帰りじたくだ。」や「今夜もあの人は徹夜でしょう。」などが挙げられている。

3. 動き・状態・属性

　既に本書で何度か述べたことではあるが，ここでも論述展開の都合上ごく簡単に，動き・状態・属性について触れておく。

　奥田靖雄らの刺激を受けながら，筆者が命題の意味的類型をどのように捉えているかを，ここで簡単に記しておく。命題の意味的類型についての，筆者の基本的な考え方は，仁田2001に記してある。筆者は，命題の意味的類型として，〈動き〉〈状態〉〈属性〉の三種を認める。以下，仁田2001から，動き・状態・属性に対する規定・特徴づけの中核部分を抜き出しておく―本書においても，少し増補修正を加え，第5章「命題の意味的類型への概観」と題して収録されている―。

　まず，動きについて簡単に見ておく。〈動き〉とは，ある一定の時間の流れの中に始まり展開し終わる，というあり方で，モノの上に発生・存在する事態である。したがって，動きは，一時的な時間の中に出現・存在するのみである。さらに，動きは，それ自体が発生・展開・終了という時間的な―展開が瞬時で，始まりと終わりが同時的である，というものをも含めて―内的展開過程を有している事態である。たとえば，「今から彼は手紙を書く。」や「さっき彼は手紙を書いた。」などが，その命題内容が動きを表している文の例である。

　次に，状態について簡単に見ておく。状態も，一時的な時間の中に出現・存在する事態である。ただ，動きと異なって，状態自体が，発生・展開・終了という時間的展開過程を有しているわけではない。〈状態〉とは，限定を受けた一時的な時間帯の中に出現・存在する，展開していかない―言い換えれば，その時間帯は存続する―モノの，一様な同質的なありようである。ただ，状態が一時的な存在である，といっても，それは，動きの場合とは異なって，状態の内実であるモノのありよう自体が，ある時間の流れの中で始まり展開し終わっていく，という時間的な展開過程を有していることによるものではなく―言い換えれば，その発生や終焉の端緒を取り出せない―，同質的なありようが時間枠・時間的限界性を持って出現・存在しているに過ぎ

ないことによるものである。たとえば,「今この部屋に人がたくさんいる。」「さっきこの部屋に人がたくさんいた。」や「腹が痛い。」「さっき腹が痛かった。」や「僕,明日は非番です。」などが,その命題内容が状態を表している文である。

　最後に,属性について簡単に見ておく。〈属性〉とは,時間的限定を持たない,したがってモノの存在にあわせて永続的に続きうる可能性を持った,モノに備わっている,モノの同質的なありようである。また,他のモノから自らを区別し取り立てる特徴や質が属性である。したがって,属性は,他のモノとの関係の中で問題になり取り出される存在である。それに対して,動き・状態は,そのモノの他の時間帯におけるありようとの異なりにおいて,問題になり取り出される存在である。「A君は自分自身にとても{厳しい／厳しかった}。」「北海道の冬は寒い。」「あの人はすこぶる善人だ。」「彼は沖縄生まれだ。」などが,その命題内容が属性を表している文である。

4. 名詞文をめぐって

4.1 モノのアリヨウを表す名詞文と同定を表す名詞文

4.1.1 名詞が述語になるということ

　動詞は,はなやかな格支配を持ち,さまざまな文法カテゴリを自らの形態変化として有し,その中心的役割が述語となることであった。また,形容詞は,(連体)規定語になるのがその中心的な役割であるにしても,それなりに述語にもなりうる単語類である。これは,動詞の典型・基本が動きを表すことにあり,形容詞がモノの外的・内的なアリサマを表していることによっている。

　文が担い表している事柄的な内容・事態の意味類型として,既に動き・状態・属性を取り出した。文が表す事態が動きや状態や属性である,ということは,文の中核・センターをなす述語が,そもそも動き・状態・属性といったモノのアリヨウを表している,ということでもある。動詞の表す動きや形

容詞の表すサマは，述語が表さなければならないモノのアリヨウを担当するのにふさわしい単語類である。それに対して，名詞はどうであろうか。最も名詞らしい名詞は，広い意味で〈モノ〉を表していると言えよう。したがって，名詞の中心的な役割は，述語になることではなく，述語の表すアリヨウが担われ体現している存在，つまり，主語(や補語)になることである。モノを表すことをその典型・基本とする名詞が，モノのアリヨウを表すのは，さほど当然でもありふれたことでもない。述語になる名詞には，それなりの工夫が必要になり，かなりの制限が伴う。言い換えれば，モノを表す名詞が述語になりうるには，何らかの点においてアリヨウを表していると解釈されうることが必要になる。動詞が自由に述語になりえたのに対して，名詞は自由に述語になるわけではない。このことは，用例を少し調べてみればすぐにも分かることではあるが，さほど自覚されているとは思えない。まずこのことを心に留めておこう。

　たとえば，「牛」「本」「海」のような，種という，モノの基本的な存在を指し示す一次的な名詞のみを単独で用いて，「Nハ牛ダ。」「Nハ本ダ。」「Nハ海ダ。」型の名詞(述語)文を作ることは，思いの外難しいし，限定される。たとえば，「電話帳も本である。」「黒海は海で，カスピ海は海ではない。」のようなものは，述語に位置する名詞が主語名詞によって指し示されるモノの属する類を表すことによって，主語名詞の指し示すモノのアリヨウを表しているものである。「クジラは哺乳類だ。」や「さそりは虫よ。」のような，いわゆる〈類づけ〉と呼ばれるものである。類指定は，典型的な内包に関して，何ら新しく付加されるものがないという点で，モノのアリヨウのとしては特殊なタイプである。それに対して，「その動物は牛です。」は，主語に来るモノに対して，述語で新たに内包・特徴を付け加えているという点で，モノのアリヨウを表す名詞文の通例のタイプに属する。ただ，述語名詞が種という基本的な存在であるため，それが有する内包は，種的存在であるモノに共有するもの以外に付加された情報を含むものではない。付加情報を含まない内包で主語に来ているモノのアリヨウを述べ立てても，その情報価は高くない。種を表す基本的な一次名詞がモノのアリヨウを表す名詞述語なること

が，さほどありふれたことではない基因がここにある。

　基本的な一次名詞の有している内包によってモノのアリヨウを表すというあり方を積極的に利用したものに，「彼は（まるで）牛だ。」「本は本であって，読んでも腹がふくれるわけではない。」のようなものがある。前者はいわゆる比喩的表現である。述語名詞の属する類や種が主語名詞のそれとは異なり矛盾することにより，述語名詞の有する内包が主語たるモノの特徴として付加されることが，主語たるモノのアリヨウとして意味を持ってくるタイプである。後者はいわゆる自同判断と呼ばれるものである。外延も内包も同じである名詞を述語に据えることによって，述語名詞の有する内包に焦点が当り，モノのアリヨウとしての解釈を容易にしているタイプである。

　比喩的表現や自同判断のようなものは，アリヨウを表すごく普通の名詞文ではない。アリヨウを表すごく普通の名詞文は，以下のようなものである。

　　（1）　わたしはぼんやりとその牛を眺めた。白黒まだらの，郷里の牧場でよく見た乳牛だ。　　　　　　　　　　（筒井康隆「姉弟」）
　　（2）　その本はあまり厚くない，古びた大判の本だった。
　　　　　　　　　　　　　　　　　　　　　　　（星新一「ボッコちゃん」）
　　（3）　「日本海は灰色の海です」　　（重兼芳子「やまあいの煙」）

これらはいずれも，基本的で一次的な名詞が単独で述語になっているものではない。（1）は「その牛は乳牛だ」といったものであり，述語名詞の「乳牛」は，語構成のレベルにおいて既に，一次的な「牛」という名詞に対して，使用目的といった点からの特徴や限定を含んで存在している。また，（2）（3）は，規定語というあり方で形状や色合いという特徴・限定が付加されている。いずれも，名詞述語全体でモノのアリヨウを表すのに適した意味になっている。

　以上見てきたように，基本的な種を表す一次的な名詞が単独で名詞述語を形成し，モノのアリヨウを表す文を作ることは，それほどありふれたことではない。

4.1.2 同定を表す名詞文

　自らが担い表す事柄的な内容・事態が動き・状態・属性といったモノのアリヨウであるのが，動詞文・形容詞文であった。さらに，名詞を述語にする名詞文も，モノのアリヨウを表している。ただ，名詞文には，主語に来るモノのアリヨウを表してはいない文がある。主語に来る名詞句の表す意味内容に該当する存在を述語名詞で差し出すものがある。これを〈同定〉を表す名詞文と呼んでおく。以下に挙げたものが同定を表す名詞文の実例である。

（1）「丹前を着せられた野田の死体を海岸に搬(はこ)んだのは<u>政彦です</u>」　　　　　　　　　　　　　　　　（島田一男「国道駐在所」）

（2）「専造さんが，待ってるでしょうに…と，言ったのは<u>お母さんだぜ</u>」　　　　　　　　　　　　　　　　（島田一男「国道駐在所」）

（3）「君たちが書かねばならないのは<u>"探偵小説"だ</u>」
　　　　　　　　　　　　　　　　（綾辻行人「迷路館の殺人」）

（4）小三郎：仕事ってヤツは，好きなことと一致するのが一番だよ／
　　　ゆき子：でもひらりの好きなことって<u>相撲ですよ</u>。
　　　　　　　　　　　　　　　　　　（内館牧子「ひらり1」）

（5）玲子「行き先は<u>スイスのジュネーブね</u>」
　　　　　　　　　　　　　　　　（橋本忍「シナリオ・日本沈没」）

（6）「義父がころされたのは，<u>夜の八時5分ごろ</u>」
　　　　　　　　　　　　　　　（山村直樹＋中野信「旅行けば」）

（7）エレベーターの中に立っていたのは，<u>一人の若い女性であった</u>。
　　　　　　　　　　　　　　　　　（斎藤栄「江の島悲歌」）

（8）「農薬の管理責任者は，<u>私でした</u>」　（吉目木晴彦「寂寥郊野」）

（9）「先生の高校二年の冬休みは，主に読書をして過ごしました。その中でも想い出深いのは，<u>皆さんもよく御存知のリトル・ウィミン『若草物語』でした</u>」　（剣持亘他「シナリオ・さびしんぼう」）

（10）「要するに，あたしの任務は，<u>彼に元気をつけ上手に貝殻島まで突進させ，そしておっぽり出して帰ってくることでした</u>」
　　　　　　　　　　　　　　　　　　（中薗英助「霧鐘」）

〈同定〉というのは，主語名詞句の表す意味内容に該当する存在を探せば，述語名詞で指し示され表されるモノやコトに一致するということを表すものである。(1)を例に取れば，「死体を海岸に搬んだ（人間）」に該当し一致するが「政彦」と名づけられるモノ(者)であることを表しており，(5)では，「行き先」に当る場所が「スイスのジュネーブ」と名づけられている場所に該当することを表している。さらに，(10)では，「あたしの任務」に該当し一致する存在は，「彼に元気をつけ上手に貝殻島まで突進させ，そしておっぽり出して帰ってくること」というコト・内容である。これらの文の名詞述語は，主語名詞によって指し示されたモノのアリヨウを表しているのではない，主語名詞句によって概念化された存在に該当するモノ・コトなどを差し出しているのである。もっとも，(7)が「エレベーターの中に立っていたのは，若い女性であった。」になれば，(7)は同定ではなくなる。主語の表している人の属性というモノのアリヨウを表している。

　ここで，同定するということと，モノのアリヨウを述べる，ということの違いを，「農薬の管理責任者は，私でした。」と「農薬の管理責任者は，老人でした。」とで見ておこう。前者が同定を表す名詞文であり，後者がモノのアリヨウを表す名詞文である。前者では，主語名詞「農薬の管理責任者」は，ある人間を指し示しているのではなく，「農薬の管理責任者」という概念を表しており，述語名詞「私」が，その概念に該当し充当する存在を差し出している。それに対して，後者では，主語名詞「農薬の管理責任者」が，ある者(モノ)を指し示しており，述語名詞「老人」が，属性というそのモノのアリヨウを表している。

　モノのアリヨウを表す名詞文とは違って，同定を表す名詞文では，述語にモノを差し出すことによって，基本的で一次的な，言い換えれば，最も名詞らしい名詞が，自由に単独で述語になりえた。「僕が見たのは，{犬／花／本／家／川／風景}だ。」などのようにである。また，同定は，動詞文・形容詞文にはない名詞文固有の領域である。

4.2　名詞文の表す事態のタイプ

　先に見たように，同定を表す名詞文が，名詞文のみに出現する名詞文固有の存在として，名詞文のタイプにおいて，まず他のものから区別され取り出されることになる。したがって，名詞文は，〈同定を表す名詞文〉と〈モノのアリヨウを表す名詞文〉とにまず分かれる。モノのアリヨウは，動詞文においても形容詞文においても存在するタイプであった。名詞文にあって，モノのアリヨウを表すタイプとして取り出されるのは，基本的に〈属性を表す名詞文〉と〈状態を表す名詞文〉である。

4.2.1　属性を表す名詞文

　次に，モノのアリヨウを表す名詞（述語）文を見ていく。名詞文にあっては，属性を表すタイプがモノのアリヨウを表すタイプの中心である。
　モノのアリヨウの一種である属性について，もう一度述べておこう。属性とは，時間的限定を持たない，したがってモノの存在にあわせて永続的に続きうる可能性を持った，モノに存在する，モノの同質的なアリヨウであり，他のモノから自らを区別し取り立てる，そのモノの有し帯びている特徴や質，言い換えれば，モノが，他のモノではなく，そのモノである，ということによって，そのモノが具有している側面で取るあり方・特徴である。
　たとえば，
　　（1）「わたしはある劇団の演出家で，彼女は俳優です。」
　　　　　　　　　　　　　　　　　　　　　（星新一「ボッコちゃん」）
　　（2）「お巡りさんだぜ，俺は…」　　　（島田一男「国道駐在所」）
　　（3）「私，やせっぽちです」　　（赤川次郎「セーラー服と機関銃」）
　　（4）太宰さんは，ひどいデカダンで，それに性格破産者だ，…
　　　　　　　　　　　　　　　　　　　　　　　（太宰治「富嶽百景」）
　　（5）「彼は偉い男ですよ。恐らく十年に一度，二十年に一度生まれる
　　　　か生まれないかという天才でしょう」　（高木淋光「妖婦の宿」）
　　（6）「アンナ，お前はまたとない幸福者じゃよ」

（高木淋光「妖婦の宿」）
（7） 小三郎：ひらり，お前はホントにいい子だな。
（内館牧子「ひらり1」）
（8）「しかしですね，ご承知のように，古川さんは大へん忙しい方です」　　　　　　　　　　　　　　　　（松本清張「溺れ谷」）
（9） 僕は意気地なしの弱虫だった。　　（遠藤周作「影法師」）
（10）「殿村…もちろん偽名ですけど，彼は占領末期時代の情報機関の下働き，スパイになりたかったくせに，およそ無能なスパイでしたわ」　　　　　　　　　　　　　　　　（中薗英助「霧鐘」）
（11） 諏訪：あんたは神経科の医者でしたな。
（井上ひさし「闇に咲く花」）
（12）「私と暗殺された夫は，宿命論者でした」フィリピンのアキノ大統領は，よくこう述懐している。　　（「朝日新聞」1986.6.5）
（13） 玉枝は軽く首を動かしてうなずきました。彼女は昔から表情の乏しいたちでした。　　　　　　　　（吉田知子「無明長夜」）

などが，属性を表す名詞文の実例のごく一部である。ただ，こういったものが属性を表す名詞文の代表的な例であろう。（1）を例に取って見ておこう。述語名詞の表す「俳優」という「彼女」のアリヨウは，そのアリヨウが現実の問題として一定の時間しか存在していないとしても，アリヨウ自体のあり方から時間的な限定化を受けているのではない—そのアリヨウは，一定の時間の後，終焉することを，それ自体のあり方において予定されてはいない—。また，このアリヨウは，「演出家」というアリヨウを持った「わたし」という他のモノとの関係において，取り出され定立されるものである。これが属性である。他の例も同様に，アリヨウ自体のあり方からは時間的限定性を受けていない，他のモノではなく，そのモノであることにおいて，モノの上に存在する特徴や質を表している。

[モノのアリヨウを含む名詞]
　上掲の名詞述語文は，いずれも人間を主語に取り，人間というモノの属性

を表すものである。故意に選り分けながら用例を提出したわけではない。単に目につく代表的な，属性を表す名詞文を呈示したに過ぎない。言い換えれば，属性というモノのアリヨウを表す名詞文は，人間を主語にし，人間というモノについてのアリヨウを表す文が数も多く，中心であるということである。

　属性を表す名詞文に人間の属性を表す文が多いということは，人間に関わる名詞には，人間のあるアリヨウをも含んだ名詞がそれなりに数多く用意されている，ということでもある。アリヨウを含むことによって，この種の名詞は，属性を表す名詞文の述語に単独でなりうるのである。たとえば，上掲の（1）「俳優」，（2）「お巡りさん」，（10）「スパイ」，（11）「医者」は，仕事・職業という点でのアリヨウを含んでいるし，（3）の「やせっぽち」は身体特性，（4）「性格破産者」や（9）「弱虫」は性格，（5）の「天才」は能力・才能，（12）の「宿命論者」は思考傾向の点での，それぞれ人間のアリヨウを含んでいる名詞である。これらの名詞は，そのことによって，それ単独で──アリヨウを付加する規定語などを伴うことなく──，属性を表す名詞文の述語になりうる。「彼は{医者／やせっぽち／弱虫／天才／宿命論者}だ。」が，「彼」というモノの属性を表す文としてごく普通の文である，ということは，「あの動物は牛です」という文と比してみればよく分かろう。

　人間のあるアリヨウを含んだ名詞には，「男，女」「子供，青年，若者，年寄り，老人」「日本人，ヨーロッパ人，中国人，ドイツ人，山岳民族，先住民族，白人，黒人」「楽天家，社交家，弱虫，泣き虫，怠け者，遊び人，勤勉家，あわて者，おっちょこちょい，やり手，策士，けちん坊，乱暴者，暴れん坊，悪人，善人，正直者，俗物，人格者，」「金持ち，資産家，貧乏人」「天才，名人，超人，実力者，才女，エリート，インテリ，物知り，ぼけなす」「酒飲み，下戸，甘党，愛煙家，食いしん坊，味通」「小太り，のっぽ，やせっぽち，マッチョ，八頭身」「知人，仲間，味方，敵，パートナー，客，顔なじみ」「会長，主将，親方，室長，ボス，リーダー，オーナー，下っ端，奉公人」「会社員，教師，技師，役人，商売人，軍人，職人，行員，医者，記者，音楽家，物書き，画家，踊り子，芸人，警官，僧侶，金貸し，泥棒」

等々のようにさまざまなものがある。性，成長段階，民族・国籍，性格・行動傾向，財力，能力・才能，食癖，身体特性，関係性，地位，仕事・職業など，実にさまざまな点でのアリヨウを含んだ名詞が用意されている。これらはいずれも，規定語を伴わず，それ単独で属性を表す名詞述語になりうる──ただ，性などは，「彼」「彼女」のような性に関わる意味特徴を含んだ語が主語に選び取られるや，ほぼモノのアリヨウを表す名詞述語としては無内容になる。したがって，(5)の「偉い男」のように，アリヨウを限定する規定語を加える必要が生じる──。

　それに対して，人間以外のモノに対しては，アリヨウを含んだ名詞は多くない。もっとも人間以外のモノにあっても，規定語を伴わない単独名詞で出来た述語による，属性表示が存しないわけではない。たとえば，

　　(14)　種牛は体格も大きく，骨組も偉しく，黒毛艶々として美しい雑種。　　　　　　　　　　　　　　　　　（島崎藤村「破戒」）
　　(15)　文殊堂書店は，新宿ではK書店と並ぶ老舗(しにせ)である。　　　　　　　　　　　　　　　　　　　（斉藤栄「江の島悲歌」）
　　(16)　彼の車はジープだ。屋根は取り外し自由のカンパス製だ。　　　　　　　　　　　　　　　　　　　（川辺豊三「公開捜査林道」）
　　(17)　ここの床は石畳だ。　　　　　（綾辻行人「迷路館の殺人」）

などがこれである。(14)は，生物というモノの属性を表している例で，「雑種」という種のタイプから「種牛」（モノ）のアリヨウを述べたものである。(15)は，「老舗」という創業以来の来歴から来る格付けの点でのアリヨウを含んだ名詞述語によって属性を表している。(16)では，「ジープ」という車種（下位種）が，「車」という主語名詞のモノのアリヨウを差し出している。(17)の「石畳」は，主語に来ているモノの材質という点でのアリヨウを含んだ名詞である。(16)の「カンパス製」に至っては，製作方法や材質を特に取り出した名詞である──サマ名詞につながっていく──。

　人間以外のモノに対して，何らかの点でのアリヨウを含んだ名詞には，たとえば，「雄，雌」「絶滅種，固有種，外来種，新種，変種，雑種」「子牛，種牛，乳牛，肉牛」「名馬，暴れ馬，愛馬」「番犬，警察犬，盲導犬，名犬，

飼い犬，野良犬，捨て犬」「大木，古木，老木，枯れ木」等々がある。アリヨウを含んだ名詞が存しないわけではないが，人間の場合に比して数は多くない。また，モノそのものの有しているアリヨウというより，「乳牛」「愛馬」「警察犬，野良犬」にしろ，人間との関係から取り出されたアリヨウであることが多い。

　人間以外のモノに対する属性表現は，アリヨウを含んだ名詞述語によるものより，規定語を付加することによって，名詞述語全体でアリヨウを含むものになっているものが基本である。たとえば，

（18）　校長「このオウムは，<u>大変に賢い鳥</u>でしてな」

　　　　　　　　　　　　　　　　　（剣持亘他「シナリオ・さびしんぼう」）

（19）　スヴァは，<u>南太平洋最大の都市</u>である。

　　　　　　　　　　　　　　　　　　　　　（北杜夫「クイーン牢獄」）

などがそうである。規定語の部分がなければ，「このオウムは，<u>鳥</u>でしてな。」「スヴァは，<u>都市</u>である。」になってしまい，「鳥」「都市」が単独で使いうる名詞であるにも拘わらず，属性を表す文として，ほとんど情報価を持たない無内容な文になってしまう。さらに，「桔梗屋は石戸にとって，<u>陰気で退屈な旅館</u>だった。(中薗英助「霧鐘」)」「そこに野バラが白くさいているよ。岩の上にたった一輪，<u>見事な花</u>だよ。(大坪砂男「天狗」)」などもこれである。

　もっとも，

（20）　金太郎：なァ，俺らみてな町トビってのはやっぱし<u>先細り</u>だ。

　　　　　　　　　　　　　　　　　　　　　（内館牧子「ひらり1」）

の「先細り」のように，述語名詞がサマ性を表しておれば，人間以外のモノについても，名詞単独で容易に属性を表す文を形成しうる。

[属性のさまざま]

　名詞述語によって表される属性にもいくつかのタイプがある。属性には，モノの出現・存在と同時にモノに備わっている〈先天的な属性〉もあれば，出現後モノが獲得した〈後天的な属性〉もある。もっとも，属性の中心—特に人

の場合——は後天的な属性である。

Ⅰ] 先天的な属性

　先天的な属性の代表は,「クジラは哺乳類だ」や「さそりは虫よ」のような類指定であり，また，

　　（1）　食虫植物というのは昆虫をはじめとする虫類を喰べて繁殖してゆ
　　　　　く花だ。　　　　　　　　　　　　　　　（水上勉「赤い毒の花」）
　　（2）　中止形は，文を途中でとめるときの語形である。
　　　　　　　　　　　　　　　　　　　　　　　　　（高橋太郎『動詞9章』）
　　（3）　ウド，ウコギ科の宿根草。　　　　　　　　（『家庭の園芸百科』）

のように，モノを規定づけ定義づける属性もこれである。定義づけによってそのモノに該当する存在が確定されることになる。言い換えれば，モノそのものがその存在を定立化することになるのである。

　また，「あの牛は雌だ。」「彼は白人だ。」「私，長女でしたから，（「向田邦子対談集」）」のような，性別，人種，血縁的な続柄なども，誕生・出現と同時に付与される属性であり，先天的な属性の一種であろう。さらに，

　　（4）　ひらり：金井だって岩手だし，竹田だって北海道よ。
　　　　　　　　　　　　　　　　　　　　　　　　（内館牧子「ひらり1」）

のような，出生・出身地も，誕生と同時に付与されるもので，先天的な属性の一種であろう。

　先天的な属性は，モノとともに存する属性で，モノに固定的な属性である。したがって，先天的な属性は《時》から解放されている。「クジラは哺乳類だった。」「彼女は長女でした。」のタ形は，属性の存在が過去であることを表さない。いわゆる想起や調査などによる了解といったもので，認識時の過去性を語るのみである。

Ⅱ] 後天的な属性

　次に後天的な属性について見ていく。後天的な属性には，一度獲得したら〈変わらない属性〉と〈変わりうる属性〉とがある。たとえば，「K選手は金メダリストだ。」「K選手は世界記録保持者だ。」を見てみよう。「金メダリスト」であれ，「世界記録保持者」であれ，モノ（K選手）の出現・存在と同時

にモノに備わっている属性ではない。モノが獲得した後天的な属性である。ただ，「K選手は金メダリストだ。」が，一度獲得されれば—剥奪でもされ，その獲得がなかったことにでもならない限り—その後も変わらず保持され続ける属性であるのに対して，「K選手は世界記録保持者だ。」は，獲得された後変わりうる属性である。そのことが，「＊K選手はかつて金メダリストだった。」が逸脱性を有しており，「K選手はかつて世界記録保持者だった。」が適格文である，という両者の文法性の異なりを招来している。したがって，「K選手は金メダリストだった。」のタ形は，いわゆる想起にしかなりえず，それに対して，「K選手は世界記録保持者だった。」では，タ形は属性が過去のある時期に存在・成立していたことを表しうる。

先天的な属性と変わらない後天的な属性は，タ形が属性の存在時間位置を表さない—想起や調査済みを表す—という点で共通している。ただ，保持され続けるにしても，後天的な属性は，後に獲得されたものであるという点において，先天的な属性とは異なっている。「そう言えば，その時彼は既に金メダリストだった。」と「＊そう言えば，その時彼は既に長男だった。」とでは，その適格性に異なりが存在する。前者が後天的な属性であり，後者が先天的な属性である。前者は，属性が後に獲得されたもの，したがって，属性未出現の時間帯があったことによって「既に」と共起する。それに対して，後者は，属性の未出現期間が存しないことによって「既に」とは共起しない。「既に〜だ」という構文は，出現・存在しなかった事態がある時点において出現済みになっている，ということを表している。

保持され続ける後天的な属性の例として，

　　（1）「丸尾玲子は，共犯者ですよ」　（山村直樹＋中野信「旅行けば」）
　　（2）「息子は同じ芸大出身ですが，親父さんとちがって，彫刻科でなく，洋画科だそうです」　　　　（上林暁「ブロンズの首」）
　　（3）大宮は国際文学専攻で，滝川は宗教大学の社会学科出身であり，山本は法学士だった。　　　　（小松左京「お茶漬けの味」）
　　（4）稲垣：水上だけは一学年下だった。（井上ひさし「闇に咲く花」）

のようなものが挙げられる。これらはいずれも，経歴や記録として後々まで

保持され続けるものである。また，

　（5）　久男：俺をなめないで下さい。俺は<u>高校横綱</u>です。わざと負けて
　　　　　くれたことくらいわかります。　　　　（内館牧子「ひらり1」）

などは，「高校横綱」を，その時たまたま保持している地位と考えるのか，ある地位を占めたことを経歴として捉えるかによって，変更の可能性が変わってくる。前者であれば変わりうる属性であり，後者であれば変わらない属性になる。

Ⅲ] 変わりうる後天的な属性

　引き続き，変わりうる後天的な属性を見ていこう。人間の有する属性のかなりの部分はこのタイプである――人間以外では事情は異なるだろう――。属性は，状態と異なって，時間的な限定を持った一時的存在ではない。属性は，そのもののあり方から自ずと出てくる時間的限定性を持たない。

　（1）　「石上さんはどんな人ですか？きびしいですか？」「とても<u>優しい
　　　　かたですよ</u>」　　　　　　　　　　　（斎藤栄「江の島悲歌」）

などは，「優しいかた」という属性を，同趣の他の属性との対比で取り出したものであり，「石上」の他の時間帯におけるアリヨウとの関係で取り出したものではない。属性の存在時間帯は問題にならない。また，

　（2）　法政大学の中庭には，久保君作の野上豊一郎元総長の胸像が立っ
　　　　ているそうである。野上弥生子夫人はそれを見て不満がった。
　　　　「きつすぎる。もっと<u>やさしい人だった</u>」と言ったとか。
　　　　　　　　　　　　　　　　　　　　　（上林暁「ブロンズの首」）

の「やさしい人だった」におけるタ形の出現も，属性そのものが時間の流れの中で存在しなくなった，ということを示しているのではない。属性の持ち主であるモノが既に存在していないことによるものである。このように，その存在時間帯が問題にならないのが属性であるが，属性といえども，時間の中で変わらないわけではない。事実，

　（3）　事業に失敗してから嫌な男になったが，彼も<u>あの頃</u>は<u>優しい人間
　　　　だった</u>。

のように，過去を表す時の成分を伴い，時間の流れの中で消滅した属性を表

しうる。この場合，夕形は，属性の存在時間帯が過去であることを示すものである。属性は，時の成分を伴って，その時の成分の表す時間帯に存した，したがって，その時間帯以外では存在していない（可能性のある）属性を表しうる。

（４）「50年代には，こいつは革新系のオルグでした。わしは酒ばっかりのんでました」　　　　　　　　（小松左京「日本アパッチ族」）
（５）私の母は，今でこそ第一線から退いているものの，昔は男性心理の研究家であると同時に，デパートにおける売子の心理的盲点に関する研究の権威だった。　　　　　　（安部公房「闖入者」）

などはその例である。上掲のように，過去の時の成分を伴って，属性の存在する時間枠を受け取る場合も少なくない。もっとも，

（６）唐沢「悟郎はな，ボクシングやってたんだ。ジュニアミドル級じゃ有望株だった」　（野沢尚「シナリオ・さらば愛しのやくざ」）

のように，時の成分がなくとも，文脈から属性の存在時間帯が明確である場合もある。また，

（７）アナ「やった，山中健一，新チャンピオン」
　　　　　　　　　　（内田栄一「シナリオ・スローなブギにしてくれ」）

でも，属性は，今誕生したばかりで，存在時間帯時に限定で存している。さらに，

（８）森田さんは私と同県の出身で，今は堀切バネの社長であるが，その時分はたしか副社長だった。　　（上林暁「ブロンズの首」）
（９）カオル「俺は今まで金魚のフンだった。だけど今日からは，お前がフンで，俺が金魚だ。わかるか？」
　　　　　　　　　　　　（松岡錠司「シナリオ・バタアシ金魚」）

などは，属性も変化するものであることをよく表している例である。述語の非過去形と過去形との違いは，モノが有する属性が存在する時間位置に対応している。（９）において非過去形で示される属性は，「今日から」という時の成分との関係において発話時から未来にかけて出現・存在する属性を表している。

（10）　だから，私は今日から看護婦兼家政婦です。

(郷静子「れくいえむ」)

も，このタイプである。

　形容詞述語で表される属性と名詞述語で表される属性の異なりの一つに，未来に出現する属性の表しやすさという点が挙げられる。名詞述語で差し出される属性は，「*Aさんはもうすぐ泣き虫だ。」「*B君は明日から物知りだ。」のように，未来に出現する属性として表しがたいものもあるが，「A君は来年の四月から公務員だ。」「森田さんは，今は社長ですが，ゆくゆくは会長です。」「彼女は明日から彼の奥さんです。」「申請が認められ，僕はもうすぐフランス人だ。」のように，比較的簡単に未来になりうる。それに対して，形容詞述語では，「僕たちは明日から{忙しい／暇だ}。」「大阪は明日からしばらく暑い。」のように未来になりうるものもあるが，これは属性というよりは状態であり，属性を表すものは，「*彼はもうすぐ優しい。」「*Aさんは来年こそは丈夫だ。」「*B君は明日から頭がいい。」のように，未来にすることがまず無理であろう。これは，名詞述語と形容詞述語で表されている属性のタイプが異なっていることによる。名詞述語には，形容詞述語と同じように，未来になりがたい性格や身体特性・知的能力を表すものもあるが，職業，地位，関係性，国籍など意図して変えうる属性を表すものが少なくない。意図して変えうるものは，未来における出現を見通すことが容易になるのだろう―このあたりのことについては，第三部の「事態類型と未来表示」の章（第11章）で少しばかり述べる―。

　年齢などのように，変化・進展がモノ自身にプログラムされている属性は，その属性に存在期間・存在限定がある分，つまり，「去年彼は七歳だったが，今は八歳であり，来年は九歳である。」のように，年齢は一年で変わる分，属性から，そのアリヨウが一時的存在である状態へと歩を進めていると言えるのかもしれない―これも「A君は七歳だが，B君は八歳で，C君は九歳だ。」のように，他のモノとの関係で取り出された場合，属性として捉えられている―。

4.2.2 状態を表す名詞文

　最後に状態について簡単に見ておこう。状態とは，動きと異なって，発生・最中・終了という時間的展開過程を有していない，言い換えれば，その発生や終焉の端緒を取り出せないものの，一時的な時間の中に出現・存在するモノのアリヨウである。展開してはいかない，一様な同質的なモノのアリヨウではあるものの，アリヨウの存在は，モノとともに永続的に続く，といったものではない。モノのアリヨウ自体のあり方からして，あらかじめその存在は時間的に限定づけられている。言い換えれば，アリヨウの不在が前提になっている。また，状態は，そのモノの他の時間帯におけるアリヨウとの異なりにおいて取り出されたものである。

【基準時に存在する状態】

　[1]　まず，人間の生理的・精神的なアリヨウを表すものについて見ていこう―もっとも，生理的・精神的なアリヨウは，「僕はお腹が痛い。」「私はこのところなんだか淋しい。」のように形容詞述語で表すことが多いが―。たとえば，

（1）　「私は病気である」　　　　　　　　　　　（木山捷平「耳学問」）
（2）　（保は）急性の下痢症状である。　　　　　（斎藤栄「江の島悲歌」）
（3）　仕方なしに彼は…外へ出て裏手へ走った。ひどい下痢だった。
　　　　　　　　　　　　　　　　　　　　　　　（小松左京「地には平和を」）
（4）　「副操縦士も意識不明です。ふたりは出発前，いっしょに食事をしたのです」　　　　　　　　　　　　　　　（筒井康隆「ブロークン」）
（5）　健太郎：僕は正気です。　　　　　　　　　（井上ひさし「闇に咲く花」）
（6）　「野田は酒癖は悪いが，まさか，旅館のギャレジで，飲んでいたとは考えられませんからね。兄と会ったときは，素面(しらふ)だった筈です」　　　　　　　　　　　　　　　　　（島田一男「国道駐在所」）
（7）　マコト「今度はオフクロサンが，ノイローゼだってな」
　　　　　　　　　　　　　　　　　　　　（剣持亘他「シナリオ・さびしんぼう」）
（8）　雄一「千津子がいなくなって，しばらく母さんはノイローゼ気味だった」　　　　　　　　　　　　　　　　（桂千穂「シナリオ・ふたり」）

(9) 令子「こんな大事なときに，クラス担任が変わるなんて<u>ショックなんです</u>」　　　　　　　（岩間芳樹「3年B組寛八先生1」）
(10) 久男：俺…結構<u>ショックだった</u>。あの行司，何を聞かれても「平気です，平気です」って。　　　　（内館牧子「ひらり1」）

などがそうである。これらにあっては，いずれも，モノの有しているアリヨウは，一時的な存在であり時間的限定性を帯びている。たとえば，（1）「私は病気である。」は，発話時に病気であるというアリヨウがモノである「私」に存在しており，このアリヨウは発話時以前から在り，発話時以後もしばらくは続くといったものである。ただ，永続的に続くことはない。アリヨウの終焉は，その端緒・時点を明確に取り出せないものの，当初から予定されている。アリヨウの終焉が予定されたものであることの，一つのしかし重要な基因として，そのアリヨウが通例のアリヨウから外れたものであることが挙げられる。（1）の「病気」を初め，「急性の下痢症状」「下痢」「意識不明」「ノイローゼ」「ノイローゼ気味」「ショック」などは，いずれも通常のアリヨウから外れたアリヨウであろう。ただ，（5）の「正気」や（6）の「素面」のように，通例のアリヨウから外れたアリヨウとは言えないものもある。もっとも，人間の生理的・精神的なアリヨウは常に移り変わるものであり，ある生理的・精神的なアリヨウは常に一時的なものであろう。また，（7）「ノイローゼだ」と（8）「ノイローゼ気味だった」での，非過去形と過去形の違いは，状態の存在時間位置に対応している。

[2]　次に，人間の生理的・精神的なアリヨウ以外の状態の実例をいくつか挙げておく。

(1) その頃…津田は，特高係の刑事として，<u>大した羽振りであった</u>。
　　　　　　　　　　　　　　　　　　　　　（島田一男「国道駐在所」）
(2) 小夜子はお茶の水駅から鶯谷へくるまで，<u>だまりがちだった</u>。
　　　　　　　　　　　　　　　　　　　　　　（水上勉「赤い毒の花」）
(3) N：ゆき子は徹夜続きで大作を出品しており<u>大張り切りでした</u>。
　　　　　　　　　　　　　　　　　　　　　　（内館牧子「ひらり1」）

などがその例である。また，名詞述語部分を挙げるに止まるが，他にも，

「非番だ」「当番ですよ」「お休みですか」「血まみれです」「賛成ですわ」「スッカラカンだ」「素裸だ」「裸足だった」「ドテラ姿だった」「ジャズに夢中だった」「スランプだった」「否定的でした」「ざっくばらんでした」「引っ込みがちだった」「大騒ぎでした」などのようなものが挙げられる。

これらは，「非番」「お休み」のような活動有無を含め，「大した羽振り」「スッカラカン」のような活動によって生じ引き起こされる（経済的）状況，「大張り切り」「スランプ」や「だまりがち」「ざっくばらん」などのような活動態度や活動傾向，「血まみれ」「素裸」「ドテラ姿」のように人の活動時に付随的に現われている身体・身なりの状況，などを表したものである。いずれも人の活動に伴って現われてくるアリヨウである。また，

（４）　由紀夫「夏休みに，その叔母の家に泊がけで遊びに行ったんだ。……。叔父さんは，商店会の連中とゴルフ旅行で留守だった」
　　　　　　　　　　　　　　　　（斎藤博「シナリオ・さわこの恋」）

（５）　小野寺「先生は？」／中田「今国会だ，総理に直接Ｄ計画のことを話しに行っている」　　　（橋本忍「シナリオ・日本沈没」）

（６）　みのり：みんなどうしたの？／ゆき子：ひらりは銀次のとこ，おじいちゃんはお部屋，お父さんは大学のクラス会。
　　　　　　　　　　　　　　　　　　　　　（内館牧子「ひらり 1」）

などは，モノの在・不在を表したものであるが，これも一時的なアリヨウを表す状態である。存在の主体が人である場合，滞在を示し状態を表し，物の場合存在を示し属性を表す，という考えがあるが，ことはそんなに単純ではない。たしかに，「Ａさんは二階ですが，Ｂさんは三階です。」は一時的な状態であり，「研究室は二階ですが，会議室は三階です。」は時間的限定を受けない属性であるが，「君の探している本は，書庫の中です。」におけるモノのアリヨウは，前の例に比して時間的限定性を有している。

人以外のモノの状態を表す例のみを一二挙げておく。

（７）　アナウンサーの声「以上申し上げましたように，国鉄，新幹線，各私鉄も全部不通です」　　　（橋本忍「シナリオ・日本沈没」）

（８）　その外科病院はいつも満員だった。つまり，よくはやっていたの

である。　　　　　　　　　　　　　　（筒井康隆「カラス」）
【基準時以後に現われるアリヨウ】
　以下に挙げる例は，いずれもいわゆる動作名詞と呼ばれるもので形成されている。言い換えれば，「Nスル」のように「スル」を下接させて動詞にできるものである。動作動詞で出来ているものの中にも，「ゲマルデックが故障だって？（橋本忍「シナリオ・日本沈没」）」や「ひらり：通風の芳夫，全敗だ。(内館牧子「ひらり1」)」「東京からお客さまが到着ですよ。お部屋へ案内しときました。」「あーら，（お子様たちは）お母様とスクーターに乗って，朝早くから大騒ぎですよ。(檀一雄「火宅」)」のように，基準時である発話時に存在するアリヨウを表すものがある。これらは，変化後の結果状態であったり，活動のさなかにある状態であったりするものである。
　それに対して，
　（1）「でかした，ギメーシ。お前は部長だ。即日昇進だ」
　　　　　　　　　　　　　　　　　　　　　　　　　（北杜夫「クイーン牢獄」）
　（2）「釈放です。もう外へ出ていゝのです」　　　（大仏次郎「帰郷」）
　（3）　テルエ「あんたとは絶交よ，もう，何よフザケて…」
　　　　　　　　　　　　　　　　　　（剣持亘他「シナリオ・さびしんぼ」）
　（4）　中田「皇室は直ちにスイスへ出発，政府機関はミクロネシアの
　　　　　ヤップ島へ退避開始だ」　　　　（橋本忍「シナリオ・日本沈没」）
などは，発話時に存在するアリヨウを表していない。たとえば，（2）の「釈放です」を「今釈放です」にしても，「釈放」というアリヨウは，発話時には未だ存在していない。発話時以後に出現するものである――「既に釈放です」も座りが悪いだろう。「既に釈放した」「既に釈放済みだ」のようにする必要があろう――。他の例にあっても同様である。さらに，このタイプは，（4）の「出発」のように，「ダ」の類がなければ，「スル」の省略（動詞述語）なのか，「ダ」の省略（名詞述語）かが分からない。その意味でも，〈状態〉というより〈動き〉と呼ぶ方がふさわしいのかもしれない。さらに，
　（5）　田所「さァ，下降だ！」　　　　（橋本忍「シナリオ・日本沈没」）
のようなものは，名詞述語ではあるが，「ゴンドラの中，田所「停止！」（橋

本忍「シナリオ・日本沈没」）」につながっていき，モダリティ的意味も命令相当に近づいていく。

　以上見てきたように，状態だけでなく，属性を表す文においても人に対するものが多かった。これは，次章「名詞の語彙−文法的下位種への一つのスケッチ」の章でも触れる小調査が示すように，人名詞と物名詞との主語に現れる比率が違う，ということがそもそもの基因である―人間はやはり人間について語ることが多い，という極めて当たり前の帰結であろう―。調査対象が変われば比率はそれなりに変わってくると思われるが，主語に立っている物名詞は人名詞の半分ほどであった。

　また，本章で挙げられている例文からも分かるように，名詞文の述語に来ている名詞は，名詞の典型・代表的な一次的な単独名詞である人名詞や物名詞ではなかった。何らかの点で属性や状態を表しうる名詞であり，規定語を伴ったものであった。そのことからすれば，「彼は病弱だ。」「彼は病気がちだ。」などに対して，前者を（ナ）形容詞文，後者を名詞文に分けることに―述語の品詞からはこのようになるが―さほど意味があるとは思えない。そもそも名詞文の述語に来る名詞のタイプ・特徴にある種の偏りが存している。

　以上，名詞文を対象に，それが表す事柄的な内容の意味的タイプと述語を作る名詞の特徴について，少しばかり考察を行なった。

参考文献
井上　優 2001「現代日本語の「タ」」つくば言語文化フォーラム（編）『「た」の言語学』97–159. ひつじ書房
奥田靖雄 1996「文のこと―その分類をめぐって―」『教育国語』2–22: 2–14. むぎ書房
佐藤里美 1997「名詞文の意味的なタイプ」言語学研究会（編）『ことばの科学 8』151–212. むぎ書房
高橋太郎 1984「名詞述語文における主語と述語の意味的な関係」『日本語学』3–12: 18–39. 明治書院

仁田義雄 1997「未展開文をめぐって」川端善明・仁田義雄（編）『日本語文法 体系と方法』1-24. ひつじ書房 [仁田 2009 に再録]
仁田義雄 2001「命題の意味的類型についての覚え書」『日本語文法』1–1: 6–23. 日本語文法学会
三上　章 1953『現代語法序説』刀江書院
八亀裕美 2001「現代日本語の形容詞文」『阪大日本語研究・別冊』1

第10章

名詞の語彙-文法的下位種への一つのスケッチ

1. はじめに

　第二部は，「命題の意味的類型との関わりにおいて」と題されものである。したがって，命題の表す事態の意味的類型である状態や属性の表現に深く関わる文タイプの一つである名詞（述語）文が前章（第9章）で取り上げられた。事態の意味的類型と直接関わる問題ではないが，名詞文にあっては，文の中核になるのが名詞述語である―前章「名詞文についての覚え書」での内容も，それなりに名詞そのものについての考察を含んでいる―。そのことと関連して，名詞の語彙-文法的下位種について，この第二部において，付章的位置づけというあり方で取り上げておく。

　状態や属性への考察・言及は従来手薄であったが，やはり名詞の語彙-文法的下位種についても，動詞のそれに比して，格段に少なく手薄である。

　品詞は，単語の示す文法的な特徴の違いによって類別された単語のタイプである，と概略規定できる。ただ，抽出される種類や数は，言語が違えば当然違ってくるし，研究者によっても異なっている。その種類や数に，必ずしも共通性があるわけでもなく，さほど一致を見ているわけではない。品詞の種類の通言語性や共通性がこのようなものであるにしても，E. Sapir も言う

ように[1]，名詞類と動詞類とは，ほとんど総ての言語において存する単語類，品詞であろう。

　日本語においても，当然周辺的な存在や揺れは存するものの，動詞と名詞はその存在の極めて確かな品詞であろう。ただ，動詞と名詞では，それらに対する研究の進展の度合がかなり異なっている。

　動詞は，述語になり，文形成の中心・センターとなることにより，それにふさわしい文法機能を帯び，そのことによって様々な文法カテゴリを有し，それらを表し分けるための多様な形態変化をする。動詞への分析・記述は，動詞の有する様々な文法カテゴリ，多様な形態変化を手がかりとすることによって，かなりきめ細かく行われ，研究の進んでいる領域・分野に属する。動詞の下位類化にしても，様々な文法カテゴリでの動詞の振る舞い方の異なりを捉え説明する形で，いくつものタイプが既に提示されている。名称は研究者で異なろうが，アスペクト・テンスに関わるものとして，動態動詞（動きの動詞「割る，叩く，歩く，痩せる，死ぬ」）と静態動詞（一時状態を表す動詞「居る」と属性・関係を表す動詞「(気が)利く」「異なる」），動きの動詞の下位種としての主体運動動詞（主体動作動詞「汚す，押す，見つける」）と主体変化動詞（「乾く，育つ」），さらに限界動詞（「沸かす，折れる」と非限界動詞（「押す，太る」）などが取り出され，アスペクト・ヴォイスの双方に関わるものに，再帰動詞（「着る，被る」）や対象変化他動詞（「曲げる，入れる」）・対象非変化他動詞（「殴る，飛ばす」）などが抽出される。命令や意志に対する振る舞い方から，達成の自己制御動詞（「壊す，歩く」）・過程の自己制御動詞（「落ち着く，負ける」）・非自己制御動詞（「困る」）が指摘される。

　それに対して，名詞（および名詞文）への分析・記述は，動詞に比して立ち遅れている。かつて仁田は，「名詞研究の必要性」について触れ，名詞への分析・記述の立ち遅れを指摘した後，「日本語文法の解明・研究全体に対する底上げのためには，研究の立ち遅れていた名詞への分析・記述を推進することが，重要な要件になってくる。名詞への分析・記述が進むことで，新し

1　邦訳の114頁に「どんな言語も，名詞と動詞の区別をまったく欠くものはない。」と述べられている。

い分析の視点が生まれてきたり，今まで手つかずであった現象への解明化の途が開けてくる，ということが起こってこよう。(仁田 1997: 49)」と述べたことがある。

　本章では，そのような研究の立ち遅れている名詞への考察である。名詞の下位類化について少しばかり考えてみようと思う。日本語の名詞は，動詞に比して多様な現れ方をする形態論的カテゴリを持たない。格助辞やとりたて助辞を取り，述語になるにあたって判定詞(たとえば「デス，カモシレナイ，ダロウ」など)を付加させるものの，名詞全般にわたってさほど差のない現れ方を示す。したがって，形態変化の違いを手がかりにして名詞を下位類化することは，ほとんど無理である。その意味で，日本語名詞の下位類化は難しい問題である。下位類化の作業が簡単ではない，ということは，日本語の名詞には文法的に意味を持った下位種が存しないのではないか，という思いさえ抱かせる。

　本章では，名詞の示す統語的な振る舞い方の異なりに着目して，名詞の語彙-文法的下位種の取り出しへの一歩を踏み出そうと思う。語彙-文法的下位種とあるのは，品詞が文法的な特徴の違いによる単語の類別ではあるものの，その文法的な違いを招来している要因に単語の語彙的意味のタイプが深く関わっていることによる。それぞれの品詞は，語彙的意味においても，それぞれの特徴—同一の品詞内での共通性と他の品詞の間での差異性—を，主要な部分において有している。品詞の下位類化においても同じことが言える。名詞にあっても，その下位種の存在には，語彙的意味が大きく関わっている。

2. 固有名詞・代名詞を取り出す

　主要な品詞は複数の文法機能を持つ。動詞は，「子供が本を読んでいた。」のように述語になるのが本来の機能であるが，「負けるが勝ち。」「足るを知る」のように，主語や補語という共演成分になったり，「あわてて逃げだした」「急いで出て来た」のように修飾語になったりする，という副次的な機

能も持っている。形容詞は，「広い庭」や「僕はお腹が痛かった。」のように，規定語や述語になる，という中核的機能を有し，「花が綺麗に咲いている。」のように，修飾語になる，という副次的機能を有している。

名詞の中核的機能は，主語や補語という共演成分になることであり，副次的機能として，述語や規定語になる，という機能を有し，さらに連体修飾成分を受ける被修飾語になりうる，という機能を持つ。

まずここでは，副次的機能ではあるが，述語や被修飾語になる，という機能における，固有名詞と代名詞の，他の名詞とは異なった統語的な振る舞い方を取り上げ，それに基づき，これらを名詞の下位種として取り出す。

2.1　制限用法・非制限用法

従来から言われているように，被修飾名詞(主名詞)に対する連体修飾成分の修飾の仕方・情報付与のあり方には，いわゆる制限（限定，restrictive）用法と，非制限（非限定，non-restrictive）用法との，二種が存する。〈制限用法〉とは，主名詞の外延を限定し，その下位類化・類別を行うものである。それに対して，〈非制限用法〉とは，主名詞に対する限定・下位類化を行わず，主名詞で指示されるものが示しているありよう・属性などを付加するものである。たとえば，

　（１）　私はおいしそうにご飯を食べる男が好きだ。
　（２）　昨夜食堂で僕はおいしそうにご飯を食べる男を見た。

（１）が制限用法の例であり，（２）が非制限用法の例である。（１）では，波線の修飾成分は主名詞「男」の下位類化を行っている―つまり，「[[まずそうにご飯を食べる（類）] の男」ではなく，「[[おいしそうにご飯を食べる（類）] の男」という意味である―。それに対して，（２）では，連体修飾節構造の意味的なあり方は，主名詞の下位類化を行うものではなく，「昨夜食堂で僕はある男を見た」のであり，その「男」に対して，〈おいしそうにご飯を食べる〉という，ありようをしていた，という説明を付加している，というものである。いわゆる非制限用法と呼ばれる関係である。

名詞の中心に位置する人や物を表す名詞は，被修飾名詞になった場合，制

限用法・非制限用法の双方を取りうる。実例を少しばかり上げ，このことを示しておこう。

(3) <u>イラクがこれを忠実に守ると予想した人々</u>は少なかったのではないか。　　　　　　　　　　　　　　　（朝日・社説.1991.7.4）

(4) <u>掲載出来る作品</u>は少なかった。　　（津村節子「幾山河」）

(5) <u>広域暴力団稲川会の前会長が経営権を握るゴルフ場</u>が，……「太平洋クラブ」所有のものだったことが明らかになった。
　　　　　　　　　　　　　　　　　　　　（朝日・社説.1991.7.4）

(3)(4)(5)の連体修飾節構造中の主名詞は，いずれも制限用法の関係で修飾成分を受けている。(3)の修飾成分は，「人々」のうち，[イラクがこれを忠実に守ると予想した]タイプの「人々」というように，主名詞「人々」の下位類化を行っている。(4)(5)にあっても，修飾成分によって修飾されることにより，どのような類の「作品」であり「ゴルフ場」であるのかが示されている。主名詞の類別・下位類化が行われている。

それに対して，

(6) 私は…妻の墓を訪れようと思った。……。<u>朝から花をもって街を歩いている男</u>は，私のほかに見あたらなかった。
　　　　　　　　　　　　　　　　　　　　　　　（原民喜「夏の花」）

(7) 私は…妻の墓を訪れようと思った。……。<u>炎天に曝されている墓石</u>に水を打ち，　　　　　　　　　　（原民喜「夏の花」）

では，修飾成分は主名詞「男」「墓石」の類別を行っていない。主名詞「男」「墓石」がどのようなありようをしているかが，示され付加されている。(7)を例にとれば，「墓石」は，〈炎天に曝されている〉という，ありようを取って存在していることを示している。いわゆる非制限用法である。

このように，典型的な名詞は制限用法と非制限用法の双方になりえた。

それに対して，固有名詞と代名詞は，

(8) <u>国連の国際障害者年の仕掛人で，世界を駆け回るフランク・ボウ博士</u>が，聴覚障害者としての自身の体験を語った言葉だ。
　　　　　　　　　　　　　　　　　　　　（朝日・社説.1991.7.5）

（9）　私の手をにぎっていた正夫もぎくりとしました。

（豊島与志雄「山の別荘の少年」）

（10）　買物に行った彼女がネーブルを一個盗み，（津村節子「幾山河」）

のように，非制限用法でしか使われない。（9）(10)を例に取れば，波線の修飾成分によって，主名詞「正夫」「彼女」の下位類が差し出されているわけではない。その時，「正夫」が，〈私の手をにぎっている〉という，ありようをしていたこと，「彼女」が，〈買い物に行った〉という，ありようにあった，ということが付加されている。(8)(9)の「フランク・ボウ博士」「正夫」は固有名詞であり，(10)の「彼女」は(人称)代名詞である。以上から分かるように，固有名詞・代名詞は，制限用法にはならない――「笑っている太郎は好きだが，怒っている太郎は嫌いだ。」のように，同一人物の異なった現れを表すような，特殊な使い方がなされた場合は，この限りではない――。

「皆が引きつけられる優しさ」「首尾一貫した理論」や「注意深く行われる捜査」，「誰もいない校内」が示すように，事や動作や所を表す名詞は，修飾成分が制限用法である主名詞になりうる。このことからすれば，制限用法にはなりえない固有名詞や代名詞は，名詞の下位種として取り出すことができよう。

2.2　述語用法

次に，名詞が述語になり，名詞文を作る時の統語的な振る舞い方に注目して，他の名詞の下位種に対する固有名詞・代名詞の異なりを見ておく。

名詞文は，動き――統語的な特徴は動詞の場合とはそれなりに異なる――，一時状態，属性――類別や関係も広い意味で属性に一括しておく――，一致認定など，いろいろな意味的あり方を表すが，ここでは，それを大きく，指定と同定（指定）に分けておく。〈措定〉とは，主語（主体）で指示されるものがどのようなありようをしているかを，述語名詞で表す，という意味関係である。それに対して，〈同定〉とは，主語の指示するものに該当・一致する指示対象を，述語名詞で表す，という意味関係である。動き・一時状態・属性はモノのありようである。したがって，述語名詞が主語の動き・一時状態・属性を

表すタイプは，措定である。名詞文の大多数は措定の文――当然，動詞文や形容詞文は措定――である。たとえば，

（1）　A君は善人だ。
（2）　彼の車はジープだ。
（3）　弟はノイローゼだった。
（4）　お客さまがご到着です。

などは，主語に来ている名詞の属性・一時状態・動き，つまり主体の〈ありよう〉を表し，いずれも措定の名詞文である。もっとも，

（5）　向こうからこちらを見ている人は，君が昨日会った男性です。

は，主語名詞のありようを表してはいない。主語名詞の指示する対象と述語名詞の指示する対象が同じ存在であることを表している。いわゆる同定の名詞文である。人や物を表す典型的な名詞を含む大多数の名詞は，措定の名詞文の述語名詞になりうる。

　それに対して，固有名詞・代名詞で形成された述語は，通例，措定名詞文の述語名詞にはなりえず，同定名詞文の述語名詞になるのみである。たとえば，

（6）　後記の作者は吉村昭だが，　　　　　（津村節子「幾山河」）
（7）　「農薬の管理責任者は，私でした。」　（吉目木晴彦「寂寥郊野」）

の例が示す通りである。（6）は固有名詞が述語になっているもので，（7）は代名詞が述語になっているものである。これらは，いずれも主語名詞で指示される対象は，誰・どれか，というと，述語名詞で指示される対象である，という関係を表している。つまり，これらは本章で言う同定名詞文である。これらは，いずれも主語と述語を入れ換え，主語に「ガ」を取らせた文，「吉村昭が後記の作者だ」「私が農薬の管理者責任者です」に言い換えられる。固有名詞や代名詞は，述語名詞になった場合，他の名詞と異なって，措定にはなりえず，同定にしかなりえない――ただ，「彼はまるで太閤秀吉だ。」のように比喩的に使った場合は措定を表す。「彼は今太閤だ。」なども同断――。

2.3　指示 (reference) の問題

　固有名詞や代名詞は，連体修飾節構造の主名詞や述語名詞において，名詞の他の下位種と異なって，非制限用法や同定名詞文にしかなりえなかった。これは，固有名詞・代名詞を名詞の下位種として，取り出すことを支持する統語的な特徴である，と思われる。

　ここでは，なぜ固有名詞と代名詞が非制限用法や同定名詞文の述語名詞にしかなれないのかを考えてみたい。名詞の意味的な働きには，ある世界・場面における具体的な人や物といった対象(referent)を指示する(reference)という働きがある。たとえば，

　（1）　警官が私の方を見ていた。
　（2）　教科書を熱心に読んでいる。
　（3）　私はとても安らぎを感じた。

の「警官」や「教科書」は，具体的で特定のある［警官］や［教科書］を指示している。「安らぎ」にしても，精神のありようという，見たり触ったりできない抽象的な存在ではあるが，私の感じたある具体的な［安らぎ］を指し示している，と考えられる。

　それに対して，述語名詞として使われた場合，

　（4）　山田は警官だ。
　（5）　これも教科書です。
　（6）　彼とのひと時は安らぎだった。

の「警官」「教科書」「安らぎ」は，ある指示対象を差し出しているわけではない。その名詞で表される存在(人・物・事)の持つ内包的意味が差し出されている。概念内容が差し出されている，といってよい。述語名詞が概念内容を差し出すことによって，その概念内容は，主語名詞によって指示されるもののありようを示すものになる。つまり措定の名詞文を形成することになる。それに対して，固有名詞や代名詞が述語名詞になっても，主語名詞の指示対象のありようを表さない。

　たとえば「雑草」や「害虫」，さらに言えば「人間」という名づけ・名詞

で呼ばれ，それに含まれるとされる個々の存在には，様々なものがあるが，それらは，草や虫やある種の生物を，ある捉え方で切り取り，一類化したものである。一類化されるにあたって，ある共通の特徴・性質が取り出され付与される。ある名詞で名づけられる存在―類として個々の存在を含む―が有するある共通の特徴・性質は，〈概念〉と通例呼ばれる。概念は，ある名詞で名づけられる類を成立させる特徴・性質でもある。人・物・事などを表す名詞によって指し示される個々の対象は，概念によって切り取られ一類化された類の一員である―類が有している概念の内実を総て含んでいる典型的で中心的な存在もあれば，それを一部欠く周辺的な存在もある―。

　人・物・事などを表す名詞は，それで呼ばれる存在を概念の枠によって捉えられた類の一員として指し示している。それに対して，固有名詞は，それで呼ばれる存在を直接に―概念化を経ず―指し示しているに過ぎない。また，代名詞によって指示される存在は，話し手や聞き手によって形成される言語の場に対する関係のあり方によって指し示されている。このことが，人・物・事などを表す名詞が制限用法・措定にもなりうるのに対して，固有名詞や代名詞が，制限用法や措定にはなりえず，非制限用法・同定になる，という統語的な特徴の原因である。

3.　人名詞・物名詞・事名詞を取り出す―量的違いを基に―

　他の名詞に対する固有名詞・代名詞の取り出しは，非制限用法・同定という統語的な特徴の異なりに基づいたものであった。その意味で，名詞の他の下位種に対する固有名詞・代名詞の違いは，統語的な振る舞い方の異なりを招く，かなりの程度に質的なものであり，明確なものである，と言えよう。それに対して，これから取り出そうとする人名詞・物名詞・事名詞という下位種は，統語的な振る舞い方が，質的に異なるというのではなく，量的な現れ方に違いがある，その量的な現れ方の違いを捉え，名詞の下位種として取り出そうとするものである。その意味で，人名詞・物名詞・事名詞の，名詞の語彙－文法的下位種としての存在は，固有名詞・代名詞に比して，程度差

であり，脆弱である。

3.1 調査資料

　名詞の中核的機能は，主語や補語などのいわゆる共演成分になることである。形容詞文や名詞文では共演成分という捉え方は，あまり有効ではないが，主語―これらの文の場合，「ハ」を取って現れる方が，「ガ」を取って現れる場合に比して，数も多く無標である―になる，というのは，総ての文タイプにあって名詞の中核的機能である。

　ここでは，主語や補語として現れる，語義的タイプの違いによる名詞の下位種を問題にする。

　本章では，語義からした名詞の下位種の現れの量的違いを確認するために，小さな調査を行った。資料は，以下のものである。①奥田靖雄「日本語における主語」のほんの一部，②朝日新聞の社説二日分，③竹西寛子「蘭」，④池澤夏樹「樹木論」の一部，⑤エドワード・ホールの邦訳本『沈黙のことば』中のある章の一部，⑥豊島与志雄「山の別荘の少年」の一部，⑦原民喜「夏の花」の一部，⑧津村節子「幾山河」である。文の総数は583文，数え間違いもあろうし，会話文・引用文を含むものは，それを含めて全体を一つの文とした―主語や補語として現れる名詞の下位種の絶対数は，内容が異なれば，かなり異なってこよう。ここでは厳密な絶対数の違いを求めているわけではない。下位種によって，現れ方の量的あり方が大きな点でかなり違うことが確認できれば，目的は達成される―。

3.2　主語として現れる名詞の下位種―人名詞・物名詞の場合―

　ここでは，どのような語義的タイプの名詞の下位種が，主語としてどの程度現れるのかを見ていく。語義的タイプからの名詞の下位種としては，人を表す名詞，具体的な物を表す名詞，抽象概念や様概念を含む事を表す名詞を中心に，主語としての出現の量的あり方を調べてみた。

　調査の対象にした資料に現れる文の総数は，上で述べたように583文であった。そして583文中に現れた主語の総数は，複文であるものもあり，

3. 人名詞・物名詞・事名詞を取り出す—量的違いを基に— | 281

複数の主語（ガ格）を含むことなどもあって，文の数より多い716例であった。名詞を語彙的意味の類的異なり—範疇的意味—から，いくつかのタイプに分けた。

　まず問題にするのは，人を表す名詞—以後，本章で〈人名詞〉と仮称—と具体的な物を表す名詞—以後，本章で〈物名詞〉と仮称—の使われ方の違いである。対象にして数を数えた人名詞は，人間を様々な捉え方で捉えた名詞である。本章では，物名詞として数を数えた名詞は，具体的な物を表すものに限った。物をどう捉えどう規定するかにもよるが，広い意味で物と思われるものであっても，物名詞の内実を分かりやすく捉えやすいものに止めておくために，今回は，物名詞を具体的な物を表すもののみに限った。

　人名詞について，主語として本資料に現れたものを，いくつか挙げておく。

「前会長が経営権を握る，関係者は反省すべきである，人々が予想する，乗客が使っている，老婆はたずねていた，少年が乗る，父親は見詰めていた，女将は拭き続けた，大人達は首をかしげ，人間は発達させた，母親が洗う，女性は知っていて，あるじは丁寧な答えをする，質問者は続けた，婦人が尋ねた，新参者は耳にする，外国人はこの感情を引きおこす，先輩は忠告する，小父さんはききとがめました，弟は目撃していて，幹部が嘆く，技術者が亡命する，公益委員が交代する，組合員が際立った，妹は叫び，息子はエンジニアに育っている，えらい人がきたのです，学者は戻っていきました，侵入者が入り込む，病死者が出始めた，長男が生まれ」
の，下線の部分のようなものが，それである。

　本章で，広い意味でモノ的なものを表している名詞のうち，物名詞に取り入れたものは，

「額が塞いでいる，床もしっかりしていた，壁が脱落した，戸が開く，水筒が見つかった，椅子が目にとまり，本が落ちている，帽子が出て来た，ずぼんが見あたらない，上着は見つかった，針がついている，線香があった，詰物がとれて，速達が来た，写真が載っている，少女小説が売れ始め，軍事工場が続いている，家屋が浮かび出し，家は崩壊した，建物が残っている，

押入れが付いている，台所がついている，階段がついている，二階も落ちず，水道が出ている，骨が納まっている，血がでている，水が流れる，水素がなくなる，煙が出だした，朝日がさす，月の光がうすれて，陽光が射さない，雨が降らない，風が吹いてきました，雲が浮いている，桃が流れてくる」

の，下線の部分のようなものが，それである。物名詞として数え上げたものを，それなりに具体的に例示したのは，筆者が具体的な物を表すものに限った物名詞が，どのようなものであるかを示すためである。典型で中心に位置するものとして，「額」「戸」「本」「上着」などの，人間の手によって生産された人工物が上げられる。さらに「軍需工場」「家」「台所」などのように，場所を表す用法をも持ちうる物名詞が上げられる。「血」のような人間の生理・身体活動が作り出すものも具体的な物としての存在である。また「水」のような自然界の生成物も具体的な物として捉えられるし，「煙」のような物理作用の生成物である可視的な現象も具体的な物として扱った。さらに，「陽光」「雨」「風」など自然現象も五感で直接的に把握できる具体的な物としての存在である。ここで上げた「桃」は，「桃が実っている。」のような植物としての存在ではなく，食べ物として具体的な物としての存在である。

　他にもあるが，具体定な物でないとして，本章で物名詞に入れなかったものには，

「情報が提供された，空襲警報が出た，材料が手に入らない，言葉が聞こえない，声がします，匂いがただよってきて，部屋代が払えない」

の，下線の部分のようなものがある。非具体物として物名詞から除いたものの中には，具体性の程度が少し落ちるだけで具体物の仲間であるとして，物名詞に入れた方がよいものもあるだろう。具体・非具体の線引きの問題である—明確に線を引くことは，基本的に不可能に近いと思われる。連続しており，程度差の問題であろう—。本章で，物名詞に入れず，非具体物を表す名詞として別にした名詞の取り扱い，その内実の明確化，および，非具体物を表す名詞と後で取り上げる抽象概念を表す名詞や事象を表す名詞との関係・連続性，それらの内実の明確化など，総て今後の課題であり，本章では残し

3. 人名詞・物名詞・事名詞を取り出す―量的違いを基に―

た問題である。

今回の調査資料に観察された，人名詞と物名詞の，主語としての現れ方の量的異なりを見ていく。数を数え上げるにあたって，受身は別にし除いた―人名詞の場合は，能動に戻しても人名詞が現れるのが基本であるが，物名詞の場合，能動に戻すと人名詞が主語として現れてくるので，主語名詞として本来現れるべき名詞の下位種に異なりが生じてくるためである―。

まず人名詞から述べていく。

人名詞は，主語として次の表のような現れ方を示している。

表1

他動詞	自動詞	存在	形容詞文	名詞文
85	41	7	3	4

〈存在〉の中には，「少年がいるきりでした。」のような存在を表すものだけでなく，「そんな経験の持ち主が多い。」のような多寡を表すものをも含めた。問題にしたいのは，存在文を除く動詞文の主語として現れている人名詞の数である。〈他動詞＋自動詞〉文の主語として現れる人名詞は，126例にのぼっている。

次に物名詞について見ておく。主語として現れる物名詞は，次の表のようになる。

表2

他動詞	自動詞	存在	形容詞文	名詞文
2	55	16	0	7

物名詞では，形容詞文はたまたま本資料では現れなかったが，形容詞文・名詞文を合わせた，いわゆる品定め文では，たまたま人名詞と同数であった。これも厳密な絶対数は必要ではない。品定め文の場合，人に対する品定めの方が人間の関心の的になるものの，物に対する品定めもそれなりに人間の関心の対象として言語化される，ということであろう。ただ，前章「名詞文についての覚え書」でも見たが，用例数を増やせば，品定め文においても，主

語での人名詞が物名詞を上回る。存在では、人名詞より物名詞の方が主語として多く現れている。これは、本資料の特性から来るものであるかもしれないが、物の存在が人間にとって大いに関心の的になる、ということの現れであろう。問題は動詞文での物名詞の主語としての現れ方であろう。当然、他動詞文の主語は極端に少ない。(1)「水が静かな音をたてて」、(2)「額が小床を塞いでいる」の二つのみであった。(1)は「水（の流れ）が静かな音をたてて」に近く、物名詞から現象・事象を表す名詞へと移り動いている。(2)は受身にすれば「小床が額で塞がれている」になるもので、原因・手段的主語である。類例として、「白い布がテーブルを覆っている」のようなものが上げられよう。

　問題にしたい点は、動詞文の主語として現れる物名詞が57例で、人名詞の場合の半数以下に止まっている、という点である。

3.3　ヲ格補語として現れる場合

　次に、ヲ格補語として現れる人名詞・物名詞をごくごく簡単に見ていこう。

　まず、ヲ格補語として現れている人名詞から見ていく。ヲ格補語の人名詞としては、「一人息子を伴う、侵入者を追い出さずにはいられない、妹を顧みる、兄を介護している、作家志望者を糾合する、新しい作家を世に送る、自分を可愛がってくれた」の下線の部分のようなものが例示できる。

　本資料では、ヲ格補語の人名詞は、たったの15例であった。

　引き続き、ヲ格補語として現れている物名詞を取り上げる。人名詞の場合に比して、出現数にかなりの開きがある。人工物だけを取り出しても、「蛇口を閉めよう、皿を洗って、洗濯物をすすいだ、ご飯を炊き、ハンバーグステーキを焼いた、扇子を引き裂いた、団扇を使っている、鎧戸を下さなければならなかった、襟元を詰めて、窓をあけて、扉を開ける、看板を掲げて、箸をつけただけで、酒を含み、靴をはいた、靴下を穿いた、服を脱いで、シルクハットをかぶり、鼻眼鏡をかけ、金鎖をたらし、鞄をかかえ、薬を注射する、当番表を作って、短編小説を出版すれば、ハンカチーフを取り出し

て，注射器をとりだしました，パンツを取り出してくれた，針をさしました，寝具を収納すれば，桐箪笥を並べる，机を据え，茶箪笥を置き，荷物を置いて，通帳を差し出す，布切れを与えておき，マッチをつけ」などの下線の部分のようなものが例示できる。上掲の「襟元」は，場所を表す所名詞としての用法もあろうが，ここでは，ある部分・ある箇所のワイシャツとしての使用であると思われ，物名詞の中に入れた。

　本資料では，ヲ格補語の物名詞は，99例観察された。

　以上，ヲ格補語として現れる人名詞・物名詞の数を示した。何度も述べているように，厳密な絶対数は必要ではない—資料が変われば出現数は変わってくる—。現れ方の傾向が掴めれば目的は達成される。

3.4　人名詞・物名詞の主語・ヲ格補語での現れの比較

　前々節と前節をまとめる形で，主語・ヲ格補語への人名詞・物名詞の現れ方の違いを見ておく—問題にする数は〈存在〉を除く動詞文での出現数—。

　主語では，人名詞の現れが物名詞の現れに比して二倍以上である。これは程度差で片づけられる差ではない。逆にヲ格補語では，人名詞の現れは，物名詞に比して六分の一以下である。分かりやすいように表にしておく。

表3

	主語	ヲ格補語
人名詞	126	15
物名詞	57	99

主語・ヲ格補語での，人名詞・物名詞の出現数は，表3のようになる。この現れ方から，人名詞・物名詞の統語的な特徴が浮かび上がってくる。

　人名詞・物名詞ともに，主語・補語という共演成分になることが主要な統語的な特徴であるが，その主要な統語的な特徴・機能において，人名詞と物名詞とは，その振る舞い方において異なっている。人名詞の統語的な特徴・機能は，中心が主語になることにあり，ヲ格補語になることは従たる務めである。それに対して，物名詞の統語的な特徴・機能は，中心がヲ格補語にな

ることであり，主語になることは従たる働きである。これに固有名詞・代名詞での人を表すか物を表すかによる下位種を加えれば，その差はさらに拡大する。

　固有名詞の場合，人を表す下位種は，主語として53例で，ヲ格補語の例はたまたまなかった。物を表す下位種は，主語が5例で，ヲ格補語が8例である―物を表す固有名詞が少ないのは，固有名詞の特性からして当然である。固有名詞を持つものは，人か身近な生き物に通例限られる。本資料で，物の固有名詞が現われるのは，作品名が出てくるからである。たとえば，「『Z』は同人誌の使命を果した(幾山河)」，「「喪服の夏」を書いている(幾山河)」のような例がそれである―。

　代名詞の場合，人を表す下位種は，主語が71例で，ヲ格補語は2例である。物を表す下位種は，主語が2例で，ヲ格補語が12例である―物を表す代名詞は多くないが，それでも，ヲ格補語での用法が主語に比して断然多いことを示している―。

　代名詞に関してのみ，数の少ない使用タイプである，物を表す下位種の主語での使用と，人を表す下位種のヲ格補語での使用の例を，具体的に示しておく。

　　（1）　これが，精密な査察活動への動機をIAEA側に提供したことには
　　　　　間違いなかろう。　　　　　　　　　　　（朝日・社説.1991.7.4）
　　（2）　Kは頻りに私を急かし出す。　　　　　　（原民喜「夏の花」）

のようなものが，それである。

　人を表す名詞に，主語としての使われ方がヲ格補語に比して多いこと，それに対して，物を表す名詞には，ヲ格補語としての使われ方が主語に比して多いことが，分かった。このような結論は，何も小調査をせずとも，動詞のあり方を考えるだけでも十分予測がつく。他動詞の主語は，基本が人である。対応する自動詞を持つことが多い対象変化他動詞は，「子供が窓を閉めた」のように，主語が人で，ヲ格補語が物であるのが通例である―人をヲ格補語にも取る「父が子供を押入れに入れた」のようなものも，「父が荷物を押入れに入れた」のように，物をヲ格補語にも取りうる―。人名詞の，主語

が中心で，ヲ格補語が従であり，物名詞の，ヲ格補語が中心で，主語が従である，というそれぞれの名詞の下位種の統語的な特徴は，動詞の格体制・格支配に応じるものであった。ただ，動詞の格体制・格支配に応じうるのは，人名詞・物名詞が，それに応じうる統語的な特徴を備えているからである。その意味で，人名詞・物名詞を，名詞の語彙−文法的下位種として取り出すことは妥当であろう。

3.5 事名詞を取り出す

次に，人名詞・物名詞に対する事名詞の統語的な特徴に触れておきたい。ここで事名詞の統語的な特徴として問題にするのは，人名詞・物名詞と同様に，主語およびヲ格補語としての現れ方である。

本章では，事名詞としたものは，抽象概念や様・事象を表す名詞である。事名詞の中には，後に動作性名詞として，名詞の下位種の一つとして取り出すものも含まれている。事名詞の規定，内実の明確化は，いずれも今後の解題であり，より精密な名詞の下位種のためへの宿題である。

ただ，本章で，主語およびヲ格補語での現れを数え，その統語的な特徴として問題にした事名詞の概略を伝えるために，具体的な例を少しばかり挙げておく。

「手がかりは反応を引きおこす，空間の取り扱い方が連想を引きおこす，脅威はなくならない，見方が強まっている，就職人気が高まっている，いらいらした気持ちがおこる，説得力は不十分なものとなろう，記憶がつながって，違いが生じる，赤みがういて，精神的な区切りがついて，領域性が発達している，効果がありそうですか：企業の行為が勢力強化に手を貸す，労務対策はJR総連を頼っていた，労使紛争は対立を加速させる，寡占化が進む，停戦が実現した，事件が起きた，紹介が出て，教育が続いている，葬儀が終わる，痛みはつのってきた，不機嫌も嵩じる，労災が出始めた，ギロンがでそうだが，註文がありました」

「暴力団新法を成立させた，決議を受け入れた，食卓をととのえてくれた，お礼を言う，気を強く持って下さい，気持ちをぶちまけ，感情を抑圧し，意

図をもっていた，予備知識を得る，私の姿をみると，事実を直視し，信用を取り戻す，協定を調印する，信頼感を高めていく，労使関係を健全なものにする，領域性を発展させ，教育効果をあげている，寒さを訴える，領域を守る，いらだたしさを感じる，障害をもつ，伝達力をもつ：事業活動を行ないながら，指導を申し入れた，中東軍備管理会議を開く，出前を頼む，痛みを愬えている，影響を与える，売却を隠し，反応を引きおこす，査察妨害をやめ，接触を差し控えようとする，沈黙を続ける，黙礼をすますと」の，下線部分のようなものが，主語およびヲ格補語として使われている事名詞として取り出したもの—抽象概念や様・事象を表す名詞—の代表的なものである。上掲の「食卓」は，「食事用のテーブル」の意味で使われているのではなく，「食事」という意味合いで使われていることを受け，ここに挙げた。所名詞の節で少しばかり具体的に触れるが，名詞の場合，同一名詞が複数の下位種で使われることが少なくない。

　事名詞の，主語およびヲ格補語としての現れ方を見ておく。主語として使われているケースが139例あり，ヲ格補語として使われているケースが143例あった。当然，選ばれた資料による現れ方の影響・異なりがあるが，おおまかな傾向が分かれば，本章の目的は達せられるし，大きな傾向は，本調査であっても捉えられているであろうと思う。

　事名詞の共演成分としての現れは，主語とヲ格補語にあって大差はない—139対143である—。これは，主語での現れが中心である人名詞，ヲ格補語での現れが中心である物名詞に比して，一つの統語的な特徴である。このことは，人名詞・物名詞に対する，事名詞の統語的な特徴として心に留めておくべきである。

　事名詞が，物名詞と異なって，主語としてもそれなりに現れうるのは，事名詞の次のような語彙的意味のあり方によるのだろう。物名詞では，その出現・変動は，対象的存在として他からの働きかけ・作用によってもたらされるものとして捉えられることが基本であった。それに対して，事名詞は，事象出現の原因・手段的な存在としても捉えられる存在でもある。そのことが，「空間の取り扱い方が連想を引きおこす」「空間が伝達力をもつ」「サイ

ンやシンボルがわれわれの感覚を攻めたててくる」「企業の行為が勢力強化に手を貸す」「核施設への攻撃は危険をはらむ」のような，他動詞構文の主語にもなりうることの基因であろう。また，事名詞の表す様や事象は，外からの働きかけによって発生・継続・終了することが多いにしても，自らの内的展開性によって，出現・消滅する存在として捉えられることも少なくない。そのことが，「事件が起きた」「反響があって」「痛みが嵩じる」「動きが広がりつつある」「対立が長引いていた」「効果があがらない」「熱が退く」のように，事名詞が主語としてもそれなりに現れることの基因であろう。

4. 時名詞・所名詞を取り出す

　述語文を構成する文の成分の一種に，状況語（状況成分）がある。状況語は，述語にその出現を要請される主語や補語が述語と共に描き出し形成した動き・事態が成り立っている背景や状況を表したものである。総ての名詞が同じように状況語になりうるわけではない。状況語も文の構造にあって，重要な位置を占める成分であることからすれば，状況語になる名詞のタイプは，名詞の下位種としての一つである。

4.1　時名詞

　状況語には大きく二種のものがある。〈時の状況語〉と〈所の状況語〉である。時の状況語は，事態が成り立っている時を示している。まず時の状況語として現れる名詞から見ていく。たとえば，
　　（1）　81年，大統領の約束が実現する希望がもたらされた。
　　　　　　　　　　　　　　　　　　（原聖訳『虐げられた言語の復権』）
　　（2）　8月6日の朝，私は8時頃床を離れた。　　（原民喜「夏の花」）
において，（1）の「81年」，（2）の「8月6日の朝」「8時頃」が時の状況語である。（2）の文では，時間の階層性に基づく二つの時の状況語が出現している。また，「8月6日の朝」は，「8月6日」がノ格を取り，それが「朝」を修飾したうえで，時の状況語が出来ている―ここでは成分の内部構

造について深く立ち入らない―。

　本章では,「81年」「8月6日」「8時頃」「朝」のような名詞を,時名詞として,名詞の下位種の一つとして取り出す。以下,本資料に現れた時名詞をいくつか例示する。

　「警察は近年,その動向に神経をとがらせている。90年11月,IAEAの通常査察によって高濃縮ウランがあることが確認されていた。夏休みに,父親の出席する葬儀について行った。いま,係争組に病没者や労災が出始めた。第一次「文学者」は,昭和二五年七月に創刊された。当時は駅前に商店もなく。狛江時代に長男が生まれた。昼間は(長男を)ダブルベッドに寝かせていた」

の,下線部分のようなものが,本資料に現れた時名詞の代表的なものの一例である。

　時名詞には,「1999年12月31日,元禄元年」のような〈絶対的時名詞〉,「昨日,今日,明日」のような〈発話時を基準とする相対的時名詞〉,「前日,当日,翌日」のような〈不定時を基準とする相対的時名詞〉などがある。また,「朝,昼,晩」「春,夏,秋,冬」のような繰り返し現れる時間帯を指すものもある。

　時名詞も,「春が到来致しました」「八月十五日は初盆にあたる」や「学生時代を仙台で過ごした」のように,主語やヲ格補語として現れる場合がないわけではないが,基本は時の状況語になることである。時の状況語として現れることが基本である,という統語的な特徴を持つ時名詞を,名詞の語彙-文法的な下位種の一つとして取り出すことは,妥当なことであると思われる。

　時名詞には,制限用法・非制限用法について固有名詞・代名詞の箇所で述べたような現象が観察される。

　　（3）　先月は時間に余裕があったので,よく晴れていた日曜日には子供
　　　　と公園に遊びに行った。
　　（4）　先月は時間に余裕があったので,よく晴れていた5月5日には
　　　　子供と公園に遊びに行った。

にあって，（3）の連体節構造の主名詞「日曜日」は，制限用法として解釈が可能であるが，（4）の主名詞「5月5日」は非制限用法である。これは，（3）の「日曜日」が繰り返し現れる時間帯を指示した時名詞であるのに対して，（4）の「5月5日」が絶対的時名詞であることが基因しているものをと思われる。絶対的時名詞は，固有名詞的な性質を有している―「1999年12月31日」などはまさに唯一の存在である―。それに対して，発話時を基準とする相対的時名詞は，代名詞的である―ちなみに「<u>戦争が終わった翌年</u>彼は生まれた」のように，不定時を基準とする相対的時名詞では，連体修飾節は，相対的時名詞の基準時を示すことになる―。

（5）　<u>30年戦争の終わった1648年</u>からアルザス地方はフランス領に併合されはじめ，　　　　　　　（原聖訳『虐げられた言語の復権』）

は，時名詞が非制限用法で使われている実例である。

4.2　所名詞

次に，所の状況語として現れる名詞について見ておく。所の状況語は，事態が成り立っている場所や空間を表している。たとえば，

（1）　<u>半島の突端にある城ヶ島</u>では，朝から四人の男が岩礁で鮑とりをつづけていた。　　　　　　　　　　　　　（吉村昭「黒船」）

（2）　合評会は<u>西荻窪に間借り生活をしていた瀬戸内氏の部屋</u>で行われた。　　　　　　　　　　　　　　　　（津村節子「幾山河」）

において，「半島の突端にある城ヶ島では」「西荻窪に間借り生活をしていた瀬戸内氏の部屋で」が所の状況語である。所の状況語の核に位置する名詞が所を意味する名詞である。（1）の「城ヶ島」は，まずもって固有名詞であり，そして所を表す固有名詞である―所名詞にはこのタイプが多い。名詞の下位分類は，単純ではなく，交差性・重複性を有するものである―。（2）の「部屋」も所を表す名詞である。

所を表す名詞は，時名詞ほど外延が単純ではない。所を表す使われ方を持つとともに，他の使われ方で使われることがよくある，というものが少なくないからである。たとえば，「<u>研究室</u>を建て増した」の「研究室」は物名詞

であるが，「研究室で実験を行う」の「研究室」は所名詞である。また，「警察はその動向に神経をとがらせている」の「警察」は組織を表す名詞であるが，「警察で事件は起きた」の「警察」は所を表す名詞である。

　以下，本資料に現れた所名詞をいくつか例示する。

　「「世界ろう者会議」が，今日から7日間，東京で開かれる。聴覚障害者用のテレビも，日本で生産され。この地域では大概の家が倒壊したらしい。諸外国では手話を教える方向に進んでいるのに。農場などでイヌを飼ったことのある人。(聴覚障害者用のテレビは)国内では利用できない。もう川で洗濯しなくていいのである。そこで材料を買ってきた」
の，下線部分のようなものが，本資料に現れた所名詞の代表的なものの一例である。「そこで材料を買ってきた」の「そこ」は，まずもって代名詞である。しかし，所の状況語を形成し，意味的に所を表している。その意味で所名詞の一種でもある。

　既に触れたように，名詞の下位分類は，単純ではなく，交差・重複的である。「山奥，川べり」「国内，国外」「山頂，山中」のようにもっぱら所名詞として存在するものもあるが，所名詞の出自は多様である。そのことを認めたうえで，文の重要な成分の一つである所の状況語を作る，という統語的な特徴を持つ名詞を，所名詞として名詞の語彙-文法的な下位種化しておくことは妥当であろうと思われる。

　時名詞や所名詞には，「湾岸戦争後，4月の初めに恒久停戦決議が採択された」「夜明け前には久し振りに寝間着に着替えて眠った」「帰省の折，旧師を訪ねた」「学生の頃，彼に会った」や，「父親はひさしの前で，更に縦に細く裂き」「彼の傍で眠った」「オリの中で暴れまわっている」「その事件は学生の間で話題になった」——最後の例は，非物理的空間を表し，少しばかり典型的な所の状況語から外れるが——の，二重線部分「後，前，折，頃，傍，中，間」のように，時名詞や所名詞でない名詞を時名詞化・所名詞化する形式名詞ないしは後置詞が存する。このような存在の明確な位置づけも今後の課題である。

5. 動作性名詞を取り出す

　動作性名詞については，既にいろいろな研究者によって言及されている。したがって簡単に言及するに止める。

　動作性名詞は，格助辞を取り，「試合が始まる」のように主語や，「試合を主催する」のように補語にもなるが，その最大の統語的な特徴は，「Aチームと試合だ」のように述語になることである。もっとも，主語・ヲ格補語と述語で，名詞の意味のタイプに変容の起こっていることも考えられる。「食事が出来た」は，動作ではなく動作の成果物を表しており，「これから食事だ」は動作を表している。また，「研究が終った」は動作であるが，「研究が完成した」は成果物である―当然，「彼は幹細胞を研究」のように，述語として現れている場合は動作を表している―。

　動作性名詞が広い意味で述語として使われる場合の表現のされ方には，次の三種がある。①「ダ，ダロウ，ニチガイナイ」などの判定詞を取って述語になる―「明日彼と会食」のように，名詞だけが来ている場合を，次の②の「スル」が省かれたものとしないで，このタイプの一種として扱っておく―。②「留学する」のように，形式動詞の「スル」と共に一つの動詞を形成する。③「勉強をする」のように，動詞「スル」のヲ格補語として現れ，意味的に全体で一つの動詞相当になる―和語の類には，「腹ばい」が，「腹ばいになる」のような形式で動詞相当になる場合もある―。①のタイプには「彼は今実験中だ」のように，アスペクト意味に関わる接辞を伴う場合も少なくない。

　動作性名詞には，漢語名詞や「出入り」のように動詞派生の名詞が多い。たくさんあるので少しだけ例を挙げておく。

「開始，発生，継続，終了，休刊，整理，同化，変換，安定，開店，回転，動揺，退庁，通過，破壊，増加，分裂，進歩，想像，回想，比較，区別，決定，可決，表現，発言，伝達，野宿，旅行，散歩，拍手，接待，反対，攻撃，申請，洗濯，留学，勉強：争い，通り抜け，受け答え，一般受け，受け入れ，近づき，押え，輪切り，切り下げ，めった撃ち」

など，いくつも存在する。

　動作性名詞は動作を表しているといっても，「彼女は今入浴する」のように，非過去形で基本的に未来を表す動詞の場合と違って，「彼女は今入浴です」のように，非過去形で基本的に現在を表す―基本的に（動作）動詞の継続相相当である―。

　　（１）　お客様は今お食事です。
　　（２）　お客様は今お立ちです。

（１）の「お食事です」は，「今食事をしている」相当の動作の進行中を表している。それに対して，（２）の「お立ちです。」は，基本的に，「今立つ」相当であり，直後未来を表している―（２）の「お立ちだ」が変化動作性だから直後未来として解釈される，というわけではない。「お客様はお着きです」では，「お着きだ」が変化動作性だが，到着後の結果状態を差し出している。それぞれの動作性名詞のアスペクトに関わる語義的特性による―。

　このように，述語になることを中心的な機能の一つとする動作性名詞を，名詞の語彙-文法的下位種として取り出すことは妥当であると思われる。

6. 様名詞を取り出す

　ここで様名詞として取り出すものは，物や人の，属性や一時状態として作用するあり様を表す名詞である。名詞としては周辺的な存在である。連用格助辞を取ることは稀で，働きの中心は，規定語や述語になることである。

　　（１）　太郎は風邪気味だ。
　　（２）　風邪気味の太郎

のようなものが，この様名詞の使用例である。

　　（３）　丸刈りが向こうからやって来る。
　　（４）　君は水色を買ったのか？

（３）（４）は，様名詞を主語・ヲ格補語の位置で使った例である。様名詞は主語やヲ格補語として現れることによって，「丸刈り」は「丸刈りの人間」，「水色」はたとえば「水色のセーター」のように，人や物に転移していく。

様名詞には，

「丸坊主，丸顔，長身，小太り，細おもて，馬づら，近眼，泣き虫，男嫌い，酒飲み，赤色，黒，三角，円形，大型，横広，縦長，唐草模様，悪性，適量，世間並み，人並み，稀代，使い古し，浪費家，倹約家，高慢ちき，暑がり，辛党，虚弱体質，腹立て，不死身：宿無し，薄着，素足，全裸，泥まみれ，血だらけ，汗まみれ，泣き顔，寝間着姿，正装，ノイローゼ，あせり気味，やけくそ，病気，下痢症状，放心状態，意識不明，正気，雨模様，吹雪」

などのようなものが上げられる。

周辺的な存在ではあるが，規定語や属性・一時状態を表す述語になることを中心的な機能とする様名詞を，名詞の語彙−文法的下位種として取り出すことは妥当であると思われる。

7. まとめとして

本章では名詞の下位種を取り出すことを試みた。その一つの試案・スケッチとして，名詞の下位種化が決して単純で単層的ではないことを認めつつ，固有名詞，代名詞，人名詞，物名詞，事名詞，時名詞，所名詞，動作性名詞，様名詞を取り出した。ただ，それぞれの名詞の下位種の規定，内実の明確化など残された課題は少なくない。

参考文献

鈴木康之 1974『現代日本語の名詞的な連語の研究』日本語文法研究会
新屋映子 2014『日本語の名詞指向性の研究』ひつじ書房
寺村秀夫 1992『寺村秀夫論文集Ⅰ―日本語文法編―』くろしお出版
仁田義雄 1997『日本語文法研究序説―日本語の記述文法を目指して―』くろしお出版
三上　章 1953『現代語法序説』刀江書院
村木新次郎 2010『日本語の品詞体系とその周辺』ひつじ書房
Edward Sapir 1921 *Language*. New York, Harcout Brace & Co.Inc.［泉井久之助訳 .1957『言語』紀伊國屋書店］

第三部

命題と文法カテゴリの相関をめぐって

第11章

事態の類型と未来表示

1. はじめに

　本書では，第一部で，「文とモダリティを中心に」と題して，言語の基本的な存在の一つである文に対する筆者の基本的な捉え方を概説し，文の本質的な特性を概観し，文の成立に重要な役割を果すモダリティについて少しばかり詳しく触れた。さらに，第二部で，「命題の意味的類型との関わりにおいて」と題して，従来研究や言及の手薄であった状態や属性を表す文を中心に簡単に筆者の考え方・捉え方を述べた。ここ第三部では，「命題と文法カテゴリの相関をめぐって」と題して，事態の意味的類型や命題とテンスやモダリティとの相互連関について見ていく。

　本章では，事態の意味的類型とテンスの有無，特に非過去形（基本形・ル形[1]）で未来を表しうることが可能なもの・難しいものについて考えてみる。そして，それは，非過去形が未来を表しうることと，事態の未来での出現・生起を発話時において話し手が把握できるという，予測というモダリティ的側面との，相関を考えることになるだろう。

1　ル形という用語が該当するのは動詞の場合である。

2. 事態の意味的類型

　テンスを有している事態や，非過去形が未来を表すあるいは表しやすい文とは，どのようなものなのか，さらに非過去形が未来を表示する時にどのようなことが働いているのか，などを考えるにあたって，まず，文の担い表している事態の意味的類型について，ごくごく簡単に見ておく――このあたりのことについては，第5章「命題の意味的類型への概観」，第6章「状態をめぐって」，第7章「属性を求めて」でも触れた――。

　文の表す事態は，事態が〈時間的限定性〉を持っているのか，時間の流れの中でそのありようを変える（これを〈時間的展開性〉と仮称）事態として捉えられているのかによって，二類三種に分けられる。事態には，大きく時間的限定性を持つ事態と時間的限定性を持たない事態とがある。本章でも，時間的限定性を持つ事態は，現象としてまとめることのできるもので，これを〈動き〉と〈状態〉とに分けておく。時間的限定性を基本的に持たない事態が〈属性〉である[2]。

　事態が時間的限定性を持つとは，事態の出現・存在が一定の時間帯――瞬間に近い時間帯を含めて――を占めるに過ぎない，つまり事態の存在が一時的である，ということである。さらに，事態が時間的展開性を有しているとは，事態が時間の流れの中で発生し展開し終了する――展開が瞬時で発生と終了が同時的である場合をも含めて――，ということである。これが動きである。時間の流れの中で事態が展開していくとは捉えられていないのが，状態である。時間の流れの中での事態が発生し終焉するということを受け，時間的展開性を持つ事態は，事態の発生・終焉の端緒を有するものとして取り出すことができる。このことの形式的証左・現れが，「死にかけた」「走りかけた」「悩みかけた」「痛みかけた」「作りかけた」「失くしかけた」が可能である[3]のに対して，「*有りかけた」「*居かけた」や「*痛くかけた」などが無

---

[2]　用語や分け方で完全には一致しないが，時間的限定性を持つ事態・持たない事態をこのように分けることは，基本的に奥田靖雄1996や八亀裕美2008と同様である。

[3]　動きのタイプによって，「〜カケル」形の坐りの良さに違いはあるものの，基本的に全

理である，ということである．さらに，「死んでしまった」「走ってしまった」「悩んでしまった」のように，事態の実現を表す「(シ)テシマウ」の付加が可能であるのに対して，「*有ってしまった」などが無理である，ということである．前者が時間的展開性を持つ事態であり，後者が時間的展開性を持たない事態である．また，時間的展開性は，時間的限定性を前提にしている．

〈動き〉とは，具体的な一定の時間の中に出現・存在し，それ自体が発生・展開・終了していく，という時間的な内的展開過程を有している事態である．動きは，外的あるいは内的なエネルギーが供給されている限り存在する，言い換えれば，エネルギーの供給がとだえれば消滅してしまう事態である．

それに対して，〈状態〉[4]は，限定を受けた一定の時間帯の中にしか存在しないものの，事態発生の端緒を取り出せない，つまり展開過程を持たない同質的な，モノ（人や物・事を含め）の一時的なありよう，といった事態である．状態は，時間の流れの中に存在する外的あるいは内的な刺激・要因や関係の中で，モノが帯びる（モノに現れる）一時的なありようである．外的・内的な刺激や関係がなくなれば，状態もそのさまを変えるつまり消滅する．

状態が，他の時間帯で帯びる，そのモノのありようとの関係において取り出されたのに対して，〈属性〉とは，モノが時間の流れの中にあることによって，モノに現れ，モノが帯びるありようとして捉えられていない，したがって，そのモノの，他の時間帯におけるありようとの関係において取り出されるものではない．モノには，存在として様々な側面が備わっている．類似しているモノには，備わっている側面もまた類似している．他のモノではない，そのモノである，ということにおいて，そのモノが具有している側面で取るあり方が，そのモノが示す属性である．ある側面での，そのモノの有しているあり方は，他のモノの同じ側面でのあり方との関係の中で取り出され

ての動きを表す動詞で，「～カケル」形の形成は可能である．

4 ここで言う状態とは，一般的に状態動詞などといったあり方で使われるものよりは，限定されたものである．

ることになる。属性は，同類の他のモノとの関係の中で取り出される，モノが具有している側面でのあり方である。実際には，モノは，時間の流れの中でそれが具有している側面でのあり方を変えうるのであるが，モノが具有している側面でのあり方(属性)が問題になり取り出されるのが，同類の他のモノとの関係においてであることによって，属性の存在は時間的なものとして捉えられることはない。このようにして，「Aさんは<u>京都生まれだ</u>。」「Aさんは<u>男性だ</u>。」「Aさんは<u>一児の父親だ</u>。」「Aさんは<u>背が高い</u>。」「Aさんは<u>色黒だ</u>。」「Aさんは<u>勤勉だ</u>。」「Aさんは<u>いかつい</u>。」などといった属性が取り出されることになる。

3. 本章で問題にする事ども

　本章では，主に次のようなことを取り上げ考察する。
　[1]　ある時空の中で生起するという時間的限定性を持つ事態は，テンスを有しているが，時間的限定性を持たない事態である属性は，事態の生起・存在と発話時(基準時)との時間的先後関係を表す，というありようではテンスを持たない，と通例言われている。基本はこうであるが，この基本から外れる場合にはどのようなものがあるのか。

　　（1）　今すぐその件を彼に<u>連絡する</u>。／さっきその件を彼に<u>連絡した</u>。
　　（2）　今すごくお腹が<u>痛い</u>。／さっきすごくお腹が<u>痛かった</u>。
　　（3）　サメは<u>魚類で</u>，イルカは<u>哺乳類です</u>。／＊サメは魚類で，イルカは哺乳類でした。

（1）は動きを表し，（2）は状態を表し，（3）は属性を表している。動きや状態は，その出現・存在が一時的なものである。そのことによって，その事態の存在が，限定された過去のある時点(時間帯)に位置することを示す過去形を取りうる。（1）（2）が非過去形と過去形を対立的に有しているのがそれである。それに対して，属性を表す（3）は，非過去形と過去形を対立的に有していない―（3）がタ形を取れないことはないが，そのタ形は，過去という一定の時間帯における属性の存在を示すものではない―。また，

（４）　太宰さんは，ひどいデカダンで，それに性格破産者だ，…
　　　　　　　　　　　　　　　　　　　　　（太宰治「富嶽百景」）
　（５）　「ここの床は石畳だ。あそこの床は木製だ。」
（４）（５）も共に属性を表している。（４）では，「太宰はあの頃は性格破産者だった。」のように，事態の，過去における存在を表すタ形の出現が可能だが，「*太宰は来年から性格破産者だ。」のように，未来における属性の存在の表現は困難である。それに対して，（５）では，「ここの床はあの頃は石畳だった。」も「ここの床は来年から石畳だ。」も可能になる。属性の中にも，その存在に，時間枠の全くないものもあれば，一定の時間枠を取りうるものもある。属性の存在時間枠として取り出すことのできる時間枠は，過去の方が容易であり，未来は困難である。どのようなタイプの属性が，その存在時間枠を持ちやすいのか，また，その時間枠を未来においても設定できる属性は，どのようなもので，どのような場合なのだろうか。

　[2]　動きを表す事態の述語の非過去形（ル形）は，顕在的な具体的な動きを表す用法では現在を表せず，未来になる，状態を表す述語の非過去形のテンス的意味の基本は現在であり，文中の共起成分や文脈・場面などにより未来をも表す，と通例言われている。これも原則的には正しい。原則的には正しいと思われるが，どの程度まで当てはまるのか。さらに言えば，時間的限定性を持つ事態であっても，述語の非過去形で未来を表すことは，さほど多くはないのではないか。名詞述語文では，まだそれなりに存するが，形容詞述語文では極めて少ないと思われる。動きを表す動詞述語文でもル形で未来を表せないものがそれなりにある。それはなぜか，また，どのような場合に述語の非過去形は未来を表すのか。

　（６）　今やる。／あっ，落ちる，落ちた。
　（７）　僕はお金が要る。←→僕は明日お金が要る。
　（８）　彼は大学４年生だ。←→彼は来月から大学４年生だ。
動きを表す（６）の非過去形は，現在を表せず，未来を表している。それに対して，状態を表す（７）（８）では，左側の文が示すように，その非過去形は，無標の環境では現在を表している。右側の文から分かるように，未来を

表す時の成分の共起により未来を表すことになる。ただ,

　（9）　僕は<u>今</u>{非番です／仕事だ}。→ 僕は<u>三日後</u>{非番です／仕事だ}。
　（10）　東京は<u>現在</u>雨です。→ <u>明日</u>東京は雨です。
　（11）　僕, 足が痛い。→ *僕, <u>明日</u>足が痛い。
　（12）　君, 顔が青いよ。→ *君, <u>もう少しすると</u>顔が青いよ。

が示しているように, 時間的限定性を持った状態を表していても, 全てが未来を表す時の成分の付加により未来を表しうるわけではない, 未来になる, そのなりやすさには違いが存する。（9）から（12）の文は, いずれも状態を表しており, 事態の存在が一時的なものである。しかし未来表示の可能性は異なる。上掲の例文において, 右側の文が示しているように, 名詞述語で出来ている（9）（10）は未来の表現を形成するが, 形容詞述語で出来ている（11）（12）を未来の表現にすることは難しい。

　また, 動きを表す動詞述語文であっても,「<u>もうすぐ</u>花が咲く。」は可能であるが,「??僕は<u>明日</u>彼を憎む。」「??<u>3時間後</u>腕がすごく痛む。」などでは, 未来を表しにくい——もっとも,「<u>激しくぶつけたから</u>, 明日は腕が痛むぞ。」のように, 条件節を生起させれば, 未来の表現は可能になる——。

　どのような事態が, 未来に出現・存在する事態として表現可能になるのか, また, その時どのようなことが働いているのだろうか。

4. 属性でのテンス形式の現れ方

　属性は, 実際には時間の流れの中で変化することがあるにしても, 時間の流れの中にあることにより, モノが具有している側面でのあり方を変えることで, モノに備わった, モノのありようだとは捉えられていない。したがって, 属性という事態は, 基本的に時間の中での存在位置が問題になるものではない。したがって,「サメは<u>魚類で</u>, イルカは<u>哺乳類だ</u>。」のような, 発話時においても成り立っている（存在している）属性であっても, 消滅しない（変わらない）ことによって,

　（1）　??<u>今</u>サメは<u>魚類で</u>, イルカは<u>哺乳類だ</u>。

が示すように，その属性の存在時間枠を被せるような時の成分を文中に生起させると，逸脱性が生じてしまう。特に，動物の種がどのような類に属するか，といった属性は，変わりようのないものである。変わりようのない属性は，存在時間枠を被せられることはない。「サメは魚類で，イルカは哺乳類だった。」のようなタ形は，「調べてみたら，サメは魚類で，イルカは哺乳類だった。」のように，属性の存在時間枠に応じるタ形ではなく，認識時や体験時の過去性によっている。

例文（1）の主体は，個体・個物でなく，一つの類であったが，類全体が時間の流れの中でその属性を変えることがない，というわけではない。

（2）パンダは，今は草食だが，保有している酵素から見て，かつては肉食だった可能性がある。

類といえども，その属性を変えれば，（2）のように，タ形や存在時間枠を表す時の成分を取りうる。

また，属性にも，主体が時間の流れの中に存在することで比較的容易に変わりうるもの，さらにその属性の現象形態を比較的容易に捉えうるものもあれば，変わりにくいものや一度獲得すると消えることのないものなどがある。

（3）A君はB君と違って人に優しい。でも若い頃は厳しかった。

「優しい」「厳しい」などといった性情は，比較的変わりうる属性である。（3）はそのことを示している。「太めだ」なども比較的変わりうる属性であろう。

（4）a. 昨日，山田君は{優しかった／厳しかった}。
　　　b. ??昨日，山田君は太めだった。
　　　c. 若い頃，山田君は太めだった。

ただ，（4）のa.b.cから分かるように，「優しい」「厳しい」と「太めだ」との間には，ある種の異なりが存する。（4a）の「優しかった」などは，属性に根ざすが，具体的な態度的動きの現れを捉えたものである。言い換えれば，「優しい」などは，ある現象形態を属性の現れとして捉えられるような属性である——（4a）の文などは既に状態化している，と言ってよい——。

（4b）が逸脱性を有しているのは，「太めだ」のような属性には，その属性に根ざすと捉えられるような現象形態が想定できない(しにくい)ことによっている――もっとも，属性に根ざす現象形態を想定しやすいか否かは，連続的なものであろう。筆者には，「?昨日彼は気が小さかった。」は，「昨日彼は優しかった。」に比べ坐りは悪いが，「??昨日彼は太めだった。」に比べればましである――。ただ，（4c）から分かるように，「太めだ」のような属性も，時間の流れの中で比較的容易に変わりうるものである。

というより，人間が帯びている属性は，それを変えてしまえば（失えば），モノとしての人間が消滅してしまう，というような属性でない限り，多かれ少なかれ時間の流れの中で変わりうる（変えうる）ものである。したがって，「彼は昔は体が弱かった。」「奴は若い頃は色黒だった。」「彼は学生の頃太っていた。」「彼は小さい頃足が速かった。」「あの男は以前は乱暴者だった。」のように，属性の存在時間枠を取りうる。さらに，「彼は日本人だったが，来月からはアメリカ人だ。」のように国籍や，「Aさんは，以前は男でしたが，今は女です。」のように性別ですら，変わりうる（変えうる）。人間が帯びる属性では，「生まれ」などを代表とする経歴――経歴はそれが異なったからといって人間存在が消滅するようなものではない――のようなものが，一度獲得すると喪失・変化することのない属性として挙げられる。変わらない属性は，主体が発話時に現存している限り，

（5）Aさんは｛京都生まれです／??京都生まれでした｝。

（6）彼は｛金メダリストだ／??金メダリストだった｝。

（5）（6）が示すように，消滅していないのであるから，過去の属性としてその存在時間枠を被せることはできない。このようなものがタ形を取るのは，既に述べた調査や想起される記憶の過去性によっている。

人間の有する属性が，多かれ少なかれ時間の流れの中で変わりうるものであったのに対して，物，特に自然物の物性は，容易には変わらないものである。「海水は｛塩辛い／??塩辛かった｝。」「あの漬物石は｛重い／??重かった｝。」などにおいて，前者の主体は類であり，後者は個物であるが，ともに変わらない（極めて変わりにくい）属性を表している。これらがタ形を取れ

ば，それは，既述の，体験や思い起こしの過去性である—物の属性であっても，人工物の属性は，「この店の漬物は{辛い／辛かった}。」のように，人間の手で制御できる(変えうる)ことによって，属性の存在を過去に追いやるタ形を取りうる—。

「イルカは哺乳類だった。」のような，属性の，過去における存在時間枠を示すわけではない—属性が現在も存在している—のに，タ形を取るものには，

(7) [一週間前，奈良の大仏を見てきて]「奈良の大仏，どうだった？」「奈良の大仏，{大きかったよ／大きいよ}。」

(8) 諏訪：あんたは神経科の医者でしたな。

(井上ひさし「闇に咲く花」)

のようなものが挙げられる。(7)でのタ形は，認識時・体験時の過去性を表すものであり，非過去形は，変わらず(消滅せず)存在している属性が，存在時間枠を取らないことから来るものである。(8)は，実例で，いわゆる想起と言われるもので，タ形は想起される記憶の過去性によるものである。

　動きという事態のありようとその動きに参画する存在とは，切り離して取り出せないわけではないが，動きに参画する存在は，動き実現の担い手・参画者として，動き全体に対するある役割を付与され，動きにその出現を要請された存在である。動きを担う参画者が存在しなければ動きは成立しないが，動きが実現すればこそ動きを担う参画者が出現するのである。動きを構成する存在とありようとしての動きとは一体的である。動きの存在がなければ，動きに参画する存在もまた存しない。それに対して，属性では，属性を帯びるモノとそのモノが帯びる属性というありようとは，分離して存在している。モノは，ありようとしての属性を離れて存在しうる。属性では，動きではありえなかった，モノが帯びる属性というありようの存在時間と属性の帯びるモノの存在時間というものとを，分離して取り出すことができる。そのことにより，モノにありようとしての属性が喪失・変化することなく存在し続けているにも拘わらず，属性を帯びるモノが発話時において存在していない(消滅している)ということによって，認識時や体験時の過去性を表すの

ではないタ形が現れうる。

 （9） 昨年亡くなったAさんは京都生まれ{でした／です}。
 （10） 織田信長は信秀の嫡男では{なかった／ない}。

（9）（10）は，既に触れた一度獲得されると喪失・変化することのない経歴といったものである―したがって，モノとその属性といったありようとの結びつきは存続している―が，属性を帯びるモノが発話時に消滅していることによって，タ形が使われている―ただ，この場合も，広い意味で事態としての属性は過去の存在であるとして捉えられる―。このタイプにあって非過去形の使用は，モノとありようである属性との結びつきの，変わらないあり方を表したものである。（9）や（10）が，個体としてのモノを属性主として取っていたのに対して，

 （11） トリケラトプスは，角3本{だった／だ}。

は，類が属性主に来ている。類が属性を帯びるモノであっても，類全体が存在しなくなったことにより，タ形が現れる―「イルカは哺乳類だった。」との違いに留意―。「亡くなった父は背が{高かった／高い}。」は，変わりうる属性であるが，ありようとしての属性は属性主であるモノが存在中変わらずに存続しており，そのモノが発話時には存在していない，といったものである。

 （12） 法政大学の中庭には，久保君作の野上豊一郎元総長の胸像が立っているそうである。野上弥生子夫人はそれを見て不満がった。「きつすぎる。もっとやさしい人だった」と言ったとか。

（上林暁「ブロンズの首」）

（12）は，すぐ上で触れたタイプの実例である。この種のタ形にあっても，体験や想起といった意味合いの付与は排除されえない。ただ，属性を帯びるモノが発話時に存在しない場合のタ形は，まずもって上で述べた，属性を帯びるモノが発話時に存在しないことにより，事態としての属性の存在が過去のものとして捉えられていることを表している。

5. 非過去形が未来を表しうる（表す）事態

　事態が時間的限定性を有しているにも拘わらず，未来を表す時の表現を付加することができず，述語の非過去形が未来を表せないものが少なくないと，既に述べた。最後に，どのような事態が非過去形（ル形）で未来を表しうるのか。そのときどのようなことが働いているのか，などをここでは考えてみることにする。このことを，品詞の違いによる述語別に以下簡単に見ていく。

5.1　名詞述語文の場合

　まず名詞述語文の場合から見て行こう。多くはないが，名詞述語文においては，述語の非過去形が未来を表す場合がそれなりに存する。

5.1.1　属性を表す場合

　最初に，名詞述語文が属性を表す場合について見ておく。属性は，時間的限定性を持たない事態であった。時間的限定性を持たないということは，基本的に時間の中での存在位置が問題になる（存在位置を持つ）ものではなかった。しかし，既に見てきたように，実際に時間の流れの中でそのあり方を変えうることによって，その存在時間枠が立ち上がってくる。ただ，それは主に過去の場合であった。未来にその存在時間枠を設定することがいかほど可能なのだろうか。

　　（1）　さそりは<u>虫だ</u>。→ *さそりは<u>来年から虫だ</u>。
　　（2）　彼は<u>京都生まれだ</u>。→ *彼は<u>もうすぐ京都生まれだ</u>。
　　（3）　「私，<u>やせっぽちです</u>」（赤川次郎「セーラー服と機関銃」）→
　　　　?? 私，<u>来年からやせっぽちです</u>。

（1）（2）の文は，変わることのない属性である。変わることのない属性は，属性主が現在消滅していない限り，過去においても属性の存在時間枠を取ることはなかった。また，右側の文が示しているように，未来での存在時間枠を想定することも当然不可能である。それに対して，（3）は，変わりうる

属性であり，変わりうることによって「私，若い頃やせっぽちでした。」のように，夕形を取り，属性の過去における存在を表しうる。ただ，例文（3）の下段の文が示しているように，このようなタイプの属性にあっても，未来を表す時の成分を共起させ，非過去形で未来を表すことはできない。

ただ，属性を表す名詞述語文において非過去形が全く未来を表せないかというと，そうではなく，

（4） ここの床は石畳だ。（綾辻行人「迷路館の殺人」）→ここの床は来年から石畳だ。

（5）「お巡りさんだぜ，俺は…」（島田一男「国道駐在所」）→「もうすぐお巡りさんだぜ，俺は…」

から分かるように，属性を表しながら，非過去形で未来を表しうるものも存する。（4）は，人工物で，その属性は人間の手で変更可能なものである。（5）の表す属性は，職業という側面でのあり方である。職業もまた人間にとって選び取ることのできる（変えうる）属性である。人間にとって制御可能な属性は，未来で現れを発話時において把握出来る属性である。

（6） だから，私は今日から看護婦兼家政婦です。

（郷静子「れくいえむ」）

（6）の「今日から」は，時間的に「これから」の意味相当であり，非過去形が未来を表している名詞述語文の実例である。

5.1.2　状態を表す場合

名詞述語文で状態を表すものは存外多い。また，時間的限定性を持った状態であれば，属性に比べ，非過去形で未来を表しうる場合も増えてくる。

（1） お父様はお休みです。→ お父様はもうすぐお休みです。

（2） 今日図書館は休館だ。→ 明日図書館は休館だ。

（3） 彼は今小学6年生だ。→ 彼は来年から中学生だ。

（4） 店の経営状況は，今赤字だが，来月あたりから黒字です。

（5） 東京は現在雨です。→ 明日東京は雨です。

（6） 土手の桜が満開だ。→ 来週頃には土手の桜は満開だ。

上の例は，いずれも右側の文が示すように，非過去形が未来を表している。これらは，(1)(2)のように，人間の意志や意志による取り決めでその状態を出現させうるものであったり，(3)のように，制度として時間の経過によって出現する状態であったりするものである―このタイプなどは，状態と属性の間にある存在である―。また，(4)も，人間の営みと景気動向とでもいったものによって，また，(5)(6)も，天気予報や開花予報というものがあることからも分かるように，気圧配置や蕾の状況によって，いずれも未来における現れを予測できるものである。未来での状態の現れを，発話時に予測というあり方で把握できることによって，これらの非過去形は未来を表している。

　このような名詞述語には，「留守だ，休講だ，営業だ，仕事だ，無職だ，非番だ，ストだ，不通だ，欠席だ，出席だ，人間ドックだ，ブームだ，流行りだ，大騒ぎだ，パニックだ，暴風雨だ，快晴だ，曇りがちだ，スッピンだ，正装だ，軽装だ，モーニング姿だ，不況だ，八分咲きだ，…」のようなものがある。

　次に，非過去形で未来を表示しがたい場合について見ておく。
　(7)　「私は病気である」(木山捷平「耳学問」) → ?? 私は明日から病気である。
　(8)　健太郎：僕は正気です。(井上ひさし「闇に咲く花」) → ?? 僕はもうすぐ正気です。
　(9)　彼は意気消沈気味だ。→ ?? 彼は明日は意気消沈気味だ。
などは，右側の文から分かるように，いずれも非過去形で未来を表すことは困難であろう。これらはいずれも生理・心理状態を表している。心理・生理状態は，未来における現れを，発話時に予測というあり方で把握することが無理・困難なものである。そのことに応じる形で，述語の非過去形の未来表示が困難になっている。

　このような名詞述語には「意識不明だ，下痢症状だ，風邪だ，腰痛だ，ショックだ，ノイローゼ気味だ，興奮気味だ，いらいら状態だ，大喜びだ，血まみれだ，汗だくだ，黙りがちだ，ざっくばらんだ，大した羽振りだ，…」

のようなものがある。

5.2　形容詞述語文の場合

　形容詞述語文では，状態を表す場合であれ，非過去形が未来を表すことは，全くないわけではないが，極めて少ない。時間的限定性を元来持たない属性ではなおさらである。まず，非過去形が未来を表示している場合を挙げておく。

　（1）　高気圧の影響で西日本の最高気温は平年より3度前後高い。
　　　　　　　　　　　　　　　　　　　　　　　　（「朝日新聞」2008.1.5）
　（2）　寒気の影響で日本海側は雲が広がりやすく，夕方以降は降雨も。
　　　　太平洋側はほぼ晴れて暖かい。　　　　　（「朝日新聞」2008.1.9）
　（3）　僕は明日は忙しい。／これから少し暇です。
　（4）　「しかし，君もこれからはたいへんだねえ」（松本清張「砂の器」）

これらは，いずれも状態を表している。（1）（2）は，新聞の天気予報欄の文である。天候の状態は，（近）未来での現れを，発話時において予測というあり方で把握可能なものなのである。（3）（4）は，人間の身辺状況である。（全ての身辺状況がそうであるとは言えないが）これらの身辺状況は，今手にしている情報から，未来における現れをそれなりに予測できるたぐいのものである。

　ただ，形容詞述語が表すありよう（さま）は，属性だけでなく，状態であっても，その未来での現れを発話時において予測することが無理・困難なものが，ほとんどである。

　（5）　この椅子は硬い。→ ＊この椅子はもうすぐ硬い。
　（6）　「自慢じゃないが，ぼくは音楽が不得意だ」（剣持亘他「シナリォ・さびしんぼう」）→ ＊僕は来年から音楽が不得意だ。
　（7）　「あたし，頭が痛い」（川端康成「硝子」）→ ＊「あたし，明日頭が痛い」
　（8）　「多分，あたしの方が，ずっと悲しいのよ」（大仏次郎「帰郷」）→ ??「明日はあたしの方が，ずっと悲しいのよ」

(5)(6)が属性を表す例であり、さらに(5)が容易には変わりえない属性を、(6)が時間の流れの中で変わりうる属性を表している例である。右側の文から分かるように、いずれにしても非過去形で未来を表示するのは無理である。また、(7)(8)は、状態を表している例であるが、これも未来を表す時の成分を共起させたからといって、非過去形で未来を表すことは無理であろう。これらは、いずれも、未来での事態の現れを、発話時に予測というあり方で把握することが無理・極めて困難なものである。ただ、

　　（9）　奴らが出てくるということだから、明日、会議は騒がしいな。

のようなものは、非過去形で未来表示が可能になっている場合である。これは、条件節が付加されることで、話し手の想定した条件世界での事態生起が問題になり、事態の未来での出現・生起は、その分、話し手にとって把握可能（把握容易）なものになるからであろう。

　人間の手になる事態は、人間によって出現させられる分、未来で現れを発話時において把握しやすい、と述べた。「混乱していた列車ダイヤも明日の午前中には正常だ。」「E301 講義室は来年度から快適だ。」などは、人間の手で制御できる状態であり、言えないこともないだろうが、やはり「〜正常になる。」「〜快適になる。」の方が自然だろう。また、「今この装置の性能改善を行っている。性能の向上したこの装置で2, 3年後に造り出されるセラミックは、ダイヤモンドよりも硬いだろう。」のような、未だ存在していない（未来での出現を想定される）モノの属性を表す形容詞述語の非過去形は、未来を表示していると言えるのだろうか。それとも、モノの時間的限定を持たない属性に対する単なる想像・思考の中での推し量りなのだろうか。

　形容詞述語が表すありよう（さま）は、その未来での現れを発話時において予測することが無理・困難なたぐいのものが中心である、と言えよう。

6. ル形におけるテンス的意味の現れについて

6.1 ル形の表すテンス的意味の概観

　動きを表す動詞のル形（非過去形）は未来を表す，と言われている。「今勉強する。」ではまだ動作を行っていず，現在行われている動作を表すためには，「今勉強している。」のように，テイル形にしなければならないことからも，上述の立言は正しい。ただ，全ての動きを表す動詞が同程度にル形で未来を表すわけではない。未来に生起する事態として表現しやすい動きもあれば，しにくい動きもある。ル形で未来を表す動作はどのようなものなのか，その時どのようなことが働いているのかを，以下ごく簡単に見ていく—これが本章の中心課題—。ただ，その前に，動詞のル形の表すテンス的意味の現れについて，ごく簡単に概観しておくことにする。

　動詞の意味的タイプやその動詞述語が作る文の事態の意味的類型の異なりによって，ル形の表すテンス的意味が異なってくることは，既によく知られたことである。

　「居ル，有ル」などの状態を表す動詞は，「彼は今アメリカに居る。」や「今も俺は借金がたくさん有る。」のように，ル形が現在をまたいで存在している事態を表している。状態を表す動詞ではル形が現在を表す。さらに，「該当スル，値スル」などのような属性—ここでは関係も属性の一種として扱う—を表す動詞は，「彼の行為は軽犯罪に該当する。」や「彼の業績はノーベル賞受賞に値する。」のように，ル形が，属性存在の，時間からの解放（非限定性），恒常性を表す。

　また，通例は具体的な現象として現れる顕在的な動きを表す動詞であっても，「彼はこのところ朝は6時に起きる。」や「彼女はスワヒリ語を流暢に話す。」のように，繰り返し現れる潜在的な動きや属性表示として働く可能態としての動きを表す場合，ル形は，（広げられた）現在ないしは時間に限定されない恒常性・永続性を表す。

　これらのことは既によく知られていることなので，ここではこれ以上立ち

入らない。

6.2　動き動詞のル形のテンス性が希薄な場合

　動き動詞のル形が未来を表すのは具体的にどのような場合かを見ていく前に，まず，ル形を取りながら，未来を表していない，さらにいえばそもそもテンス性が希薄な場合について瞥見する。

　テンスは，その出現を，発話・伝達のモダリティ—命令や意志の場合，事態は未実現であり，テンスは現れない—や文の構造位置による制約を受けている。たとえば，(a)「彼に会うなら，その件を伝えて下さい。」，(b)「彼に会ったなら，その件を伝えて下さい。」や(c)「母が来るので，部屋を片付けた。」を見てみよう。(a)(b)が示すように，ナラ節の述語位置でのル形・タ形の対立はテンスを表すものではない。(c)のノデ節の述語位置でも，ル形は，主節事態の成立時より後を表すものの，未来を表すわけではない。このようなテンスがまっとうに現れない構造位置でのル形については，ここでは触れない。

6.2.1　事態のみを表示するル形

　以下で見るものは，少しばかり詳しくなっているが，近似するものが，寺村1984でも「時間と無関係な確言的陳述」として述べられている。ここでは，連続していき区別の難しいところがあることを認めつつ，それを「事態表示」と「時からの解放」に分けておく。

　まず「事態表示」類から瞥見していく。

　　（１）　1841年　土佐の中浜万次郎，鳥島に漂着。その後，米国の捕鯨船に救助される。　　（『新版日本語教育事典』日本語教育年表）

　　（２）　1851年　オランダ　ライデン大学教授ヨハン・ホフマン，最初の日本語教授となる。（『新版日本語教育事典』日本語教育年表）

事態表示のル形として，まず年表での記述を取り上げる。タ形がまったく現れないというわけではないが，上掲のようにル形が使われることがほとんどである。これらは，いずれも過去に起こった動きである事態がル形で表示さ

れている。ル形として形態上実現しているが、ここでは、ル形は、事態という内容が形成されるために取ったまでの形態で、テンスが付加される以前の存在である、という位置づけをしている。（2）の「ナル」について言えば、［ライデン大学教授ヨハン・ホフマンガ最初ノ日本語教授トナル］という事態内容を表すのみである。この種のル形が、テンス以前の単なる事態表示に過ぎないことは、年表の記述では、（1）の「漂着」に見られるように、事態が語幹のみの述語で形成されることが少なくない、ということからも分かろう。この種のル形は不定形とでも呼べる用法のものであろう。

次に挙げるト書きでのル形も「事態表示」であろう。

（3）　人ごみの中を、軽い酔いに身をまかせて珠子が<u>来る</u>。通りの反対方向から英二が急ぎ足で歩いて<u>来る</u>。よそ見をしている珠子、ひょいとよろめいた瞬間に英二と<u>ぶつかる</u>。珠子、バランスをくずして<u>尻もちをつく</u>。英二はそのまま<u>歩き去る</u>。

（川島透「シナリオ・野蛮人のように」）

（4）　ヒロキ、机に向かって、ぼんやりカメラ雑誌を<u>ながめている</u>。ドアを開けてタツ子、入って来て、部屋の中を<u>見回す</u>。

（剣持亘他「シナリオ・さびしんぼう」）

ト書きは、出演者がその場面・シーンで行う演技を指示したものである。その場面で行うべき演技の種類が、行い方とともに指示されている、といったものである。ここでのル形も、やはり事態内容の形成段階のものと位置づけてよいだろう。（4）の「ナガメテイル」が示すように、（持続）状態という事態も事態内容の一種であり、テイル形が現れても事態表示の段階に止まることには留意しておいてよい。また、（3）（4）からも分かるように、事態と事態の時間的先後関係や同時関係を表す〈タクシス〉は、テンスが付加される以前の事態表示の段階のル形・テイル形であっても、完結・（持続）状態および事態の線条的配列によって表される。

さらに、いわゆる操作型の文も、このタイプに属する存在であろう。以上見た二種のタイプは個別的な事態を表していたのに対して、次の操作型は、不特定多数の繰り返し事態を表している。

（5） ①日本語入力を<u>オンにする</u>　②キーボードから文字を<u>入力する</u>
　　　③【Enter】を押して<u>確定する</u>
　　　　　　　　　　　　　　　　　　（「NEC LaVie　操作マニュアル 2000 版」）
（6）　1　器に牛肉を広げ，こしょう，レモン汁，オリーブ油を<u>回しかける</u>。2　さんしょう，薄く削ったパルメザンチーズを<u>のせる</u>。
　　　　　　　　　　　　　　　　　　　（栗原はるみ『私の贈りもの』）

上掲の（5）（6）が操作型の例である。（5）は「ひらがな文字の入力」の操作手順を示したものであり，（6）は「カルパッチョの作り方」の手順を示したものである。操作型にあっては，ガ格（主語）が現れてくることはない。ただ，ガ格は，読者(聴者)一般という二人称者である。二人称者であることを受け，操作型は，年表での文やト書きなどに比して，事態内容の表示から文へと一歩歩を進めているものと思われる。事実，操作型では，

（7）　**2. エンピツで大まかに<u>描く</u>**　構図が決まったら，エンピツで下書きを<u>始めます</u>。後で修正しやすいように，自分の目に見える程度にごく薄く<u>描きます</u>。**3. 実景と<u>見比べる</u>**　スケッチブックを揚げ持ち，実景と<u>見比べます</u>。橋と山並みの大きさのバランスを確認し，極端に違っていればここで<u>修正します</u>。
　　　　　　　　　　　　　　　　　（NHK『趣味悠々・日帰り風景スケッチ』）

のように，年表での文やト書きにはまず現れることのない丁寧体—〈丁寧さ〉という文法カテゴリ—が現れている。丁寧さは聞き手を相手どる文法カテゴリである。その出現は，表現を事態内容の表示から文そのものにより近い段階へと押し上げる—ここでは，文の形成に対して，事態の核の部分の描き出し，それにいろいろな文法的意味が加わり，最終的に発話・伝達的なモダリティ（ないしはそれに対応するもの）を帯びて，言語活動の単位たる文が形成される，という階層過程的形成観を取っている—。（7）にあって，丁寧さを帯びずル形のみで表示された手順の段階を示す表現と，丁寧さの現れた手順段階ごとの下位操作の表現との文性とを比較すれば，このことは分かろう。

6.2.2 時からの解放

「事態表示」を表すル形は，文が形成されていく過程において，テンスが付加される以前の形成物を作るために使われる形態である。それに対して，ここで扱う「時から解放されたル形」は，単に事態内容の形成という段階を越え，既にテンスが付加された段階に存する表現を作っているが，ただ，問題とされている期間において事態が常に成り立つ場合や，事柄やモノが存在する限り成り立つ（と捉えられている）事態を表しているものである。「2に2を足すと4になる。」のようなル形を，その極とするものである。

まず，この種の「時からの解放」の例として，法律の文を取り上げる。

（1）　日本国民は，正義と秩序を基調とする国際平和を誠実に希求し，国権の発動たる戦争と，武力による威嚇又は武力の行使は，国際紛争を解決する手段としては，永久にこれを放棄する。
　　　　　　　　　　　　　　　　（「日本国憲法」第9条第1項）
（2）　裁判所では，日本語を用いる。　　（「裁判所法」第79条）
（3）　すべての児童は，ひとしくその生活を保障され，愛護されなければならない。　　　　（「児童福祉法」第1条第2項）
　　　国及び地方公共団体は，児童の保護者とともに，児童を心身ともに健やかに育成する責任を負う。　　　　（同第2条）

のようなものがそれである。（1）の「放棄スル」，（2）の「用イル」，（3）の「負ウ」のいずれにあっても，ル形は，これらの法「憲法」「裁判所法」「児童福祉法」が存続したり変更されたりしない限り，常に成り立つ事態を表している。法律の中に現れる文が，既にテンスが付加された段階の表現であることは，（3）の「愛護サレナケレバナラナイ」のように当為評価のモダリティを帯びた文の出現からも分かろう。

次に，事典類の事項説明の文を取り上げる。

（4）　【ミシシッピーワニ】北アメリカにすみ，おもに魚を食べる。卵は，植物を重ねて作った巣に産み，めすが守る。卵は，かえる前に声を出し，めすはそれを聞いて巣を開く。
　　　　　　　　　　　　　　　　（『文研の学習図鑑・動物』）

（5）【ユリノキ】日本には明治初期に<u>渡来した</u>。……。5〜6月に直径5〜6センチで帯黄緑色のチューリップに似た花が咲く。

(山と渓谷社『日本の樹木』)

などがこれである。これらのル形も事態が常に成り立つことを表す。時から解放されたル形である。ただ，これらはもはや，動きを表しているものの，その動きは類全体に対して成り立ち，事態としては既に属性に移行している，と捉えたほうが適切なのかもしれない。（5）の「渡来シタ」は，タ形であるにも拘わらず，総称名詞，類に対する事態であることによって，属性読みも可能になるといったものである。

7. ル形が未来を表す場合

　状態動詞のル形が現在を表すのに対して，動きを表す動詞のル形は，具体的な現象として現れる顕在的な動きを表す場合は，未来を表し，繰り返し現れる潜在的な動きを表す場合は，未来も表すが現在を表す，ということは既によく知られたことである。ただ，既に触れたことではあるが，全ての動きを表す動詞が同程度にル形で未来を表すわけではない。未来に生起する事態として表現しやすい動きもあれば，しにくい動きもある。ル形で未来を表す動作はどのようなものなのか，その時どのようなことが働いているのかを，以下，ごく簡単にではあるが具体的に見ていくことにする——当然，6.2で述べたようなテンス性の希薄なル形は，そもそも考察の対象に入って来ない——。

7.1　直後未来

　未来の一つに，事態が発話後すぐに生じる，というものがある。これを〈直後未来〉と呼んでおこう。直後未来を形成する事態の一つに，
（1）　機長「やった！日本が<u>裂けるぞ</u>！」雲のはずれにのぞく紀州と四国の裂け目が，モヤモヤして輪郭がぶれている。

(橋本忍「シナリオ・日本沈没」)

（2）　「あっ，<u>落ちる</u>，落ちた。」

のようなものがある。これらは，いずれも動き発生の徴候や端緒を発話時に捉え，その後起こる動きを述べているものである。言い換えれば，上掲のような直後未来を表す動きは，その動き発生の徴候・端緒の可視化・知覚化が可能・容易なものである。したがって，それが難しい「生活スル」「届ク」などが，「?? あっ，彼が東京で生活する。」「? あっ，荷物が届く。」のように，直後未来を表す表現になることは無理・困難であろう。また，（1）（2）の直後未来の文は，

　　（3）　あっ，荷物が落ちそうだ。

のような，発話時にすぐ後に起こる動きの徴候を観察し，事態を捉える徴候性判断の文に近似していく。

　もっとも，直後未来を表す文には，

　　（4）「今すぐ行く。」

のように，話し手の意図・意志中に存する動きも可能である。ただ，このタイプは，「来週行く。」や「来年ヨーロッパに行く。」のように，直後未来に専有のものではない。

　発生の徴候や端緒を発話時に捉えることができる動き，という特徴が，直後未来になりうる事態の一つの特徴である。

7.2　ル形が未来を表す事態のタイプ・特性

　以下，ル形で未来を表す事態，表しにくい事態の特性について，少しばかり具体的に見ていく。

　未来は未実現の世界であり，未来を表す文に表現される事態もすべて未実現の事態である。したがって，過去や現在と異なって，未来を示す文にあっては，描かれた事態を話し手が直接的に補足することは不可能である。ル形未来が可能になるためには，その事態の未来における発生・出現を，発話時において話し手が予測というあり方で把握できなければならないし，予定として把握できることが必要である。予測可能・予定可能であること，そしてその裏返しとして直接的な補足の不可，というモダリティ的なあり方を帯びているのが，ル形未来の特性である。

7.2.1 確認と確信と未来表示

　ここで少しばかり確認・確信という認識のモダリティについて触れ，それとル形における未来表示との関係を見ておく―確認・確信についての少しばかり詳しい記述は，仁田2000参照―。〈確認〉とは，命題内容として描き出されている事態の存在・成立を，疑いのはさみようのないもの，その真なることを確認済みのものとして捉えた，というものであり，〈確信〉とは，事態の成立・存在を，自らの想像・思考や推論の中で確かなものとして捉えた，というものである。たとえば，

　（1）　あっ，雨が｛降っている／*降っているだろう｝。
　（2）　彼のおかげで，私は命拾いを｛しました／*したでしょう｝。

のようなものが確認であるタイプである。（1）の事態は，感覚器官による直接補足であり，（2）の事態は体験・既得情報といったものである。いずれの場合も，これらに対して推し量りの形式「ダロウ」を使用することはできない。

　直後未来以外では，未来を表す文にあっては，ル形（のみ）で表されていても，モダリティ的に既得予定―既得情報の一種―などの場合を除いては，確認はないと思われる。確信である。

　（3）　30〜31にかけて寒気が｛強まる／強マルダロウ｝。日本海側は雪
　　　　が降り，太平洋側も山間部などで雪が｛舞う／舞ウ見込ミ｝。

（「朝日新聞」2007.12.30）

例文（3）は，現実にはル形のみの形態（断定形）で出現している。ただ，それをカタカナ表記で示した形態に変更しても，文全体の認識のモダリティのあり方は大きく変化しない。これは，この場合の断定形が確認ではなく確信を表していることによっている。それに対して，

　（4）　08年の地方選挙は，1月27日投開票の大阪府知事選を皮切りに，
　　　　熊本，鹿児島，山口，新潟，富山，岡山，栃木の計8府県で知
　　　　事選があり，政令指定都市の京都市でも2月17日に市長選が
　　　　｛投開票される／??投開票サレルダロウ｝。

（「朝日新聞」2008.1.3）

では，ダロウ形にすることはできない。ダロウ形にしてしまうと，投開票の実施が決定していないことになってしまう。投開票の実施は決定済みのことである。いわゆる既得予定による確認の例である。既得予定であることによって，離れた未来の事態でも，確認のモダリティを取って現れている例である。さらに，

（5）　同社によると，正社員が犬か猫を飼っている場合，基準外給与として支給することを決めた。数にかかわらず，一律に千円を支給する。希望者は名前，種類，年齢などを会社に申請する。5 年，10 年，15 年と飼育年数に応じて表彰する制度も導入する予定。

（「朝日新聞」2008.1.3）

（6）　ブット元首相の暗殺という事態に直面し，注目されていたパキスタン総選挙が 2 月 18 日に延期されることになった。

（「朝日新聞」2008.1.3）

（5）（6）は，「予定」や「ことになった」の付加により，その前接部分で現された事態が既得予定であることを明示している例である。

7.2.2　ル形での未来表示のしやすさ・しにくさ―表しやすい事態―

以下，ル形で未来を表している事態，表しにくい事態の特性について，簡単にではあるが具体的に見ておこう。まず，ル形で未来を表しやすい事態から見ていく。

まず，ル形が実際に未来表示を行っているものから見ていく。これには，［1］既に決まった（予定表に書き込まれた）事態や，［2］話し手が意図することで未来での発生を確実視しうる事態，［3］未来での発生・出現を発話時において把握しうる事態，などが挙げられる。

まず，［1］の，既得予定の例を挙げておく。

（1）　二酸化炭素など温室効果ガスの削減を先進国に義務づけた初の国際協定，京都議定書の約束期間が 1 日から始まる。

（「朝日新聞」2007.12.31）

（2）　グルジアでは 5 日，繰り上げ大統領選がある。

（「朝日新聞」2008.1.5）
　（3）「……もうすぐ"わだつみ2号"が竣工します。そうしたらロー
　　　　テーションが少し楽になります」（橋本忍「シナリオ・日本沈没」）
の（1）（2）および（3）の第一文がこれである。これらはいずれも確認の文
である。ちなみに（3）の第二文は，認識のモダリティが確信で，タイプ
［3］の「未来での発生・出現を発話時において把握しうる事態」である
―これについてはすぐ後で見る―。
　次に，［2］の，話し手の意図の中に存する事態の例を挙げておく。
　（4）2008年，私たちは，たくさんの人に愛されている定番商品に，
　　　　さらなるみがきをかけます。時代が求める健康ニーズに，さまざ
　　　　まなカタチで応えてゆきます。　　　（「朝日新聞」2008.1.3）
　（5）「（ニヤッと笑って）コレは，私が没収する……いいなっ？それ
　　　　で，ついでに証拠隠滅しといてやる……ありがたく思えよ」
　　　　　　　　　　　　　　　　　（剣持亘他「シナリオ・さびしんぼう」）
（4）や（5）が，話し手が意図する事態であることにより，未来での実現を
話し手が制御できることにより，ル形で未来表示が行われているものであ
る。
　ル形で未来を表すものの最後として，［3］の，未来での発生・出現を発
話時において把握しうる事態の例を挙げておく。
　（6）広く高気圧に覆われ各地で晴れ，日中の気温も平年を上回る。
　　　　　　　　　　　　　　　　　　　　　（「朝日新聞」2008.1.6）
　（7）内閣府の試算では，この冬が前年並みの暖冬になったとしても，
　　　　1世帯あたりの灯油購入費（全国平均）は冬の3ヵ月で前年より
　　　　1704円増える。　　　　　　　　（「朝日新聞」2007.12.31）
　（8）―今後10年でどこまで行きますかね。「これからの10年では次
　　　　の段階，つまりディスプレーが『見る』道具から『体験する』道
　　　　具に大きく変化する。今のテレビより，さらに生活に密着した
　　　　ツールになるでしょう」　　　　　（「朝日新聞」2008.1.3）
（6）（7）（8）がこれである。いずれも，事態の未来での発生・出現を，話

し手が発話時において，予測というあり方で捉えたものである。(7)の「内閣府の試算では」のような根拠を表す成分の共起や，(8)の第二文の述語が取っているダロウ形などにより，予測というあり方で想像・思考・推論の中で捉えたということが，よく分かろう。(6)(7)および(8)の第一文は確信を表している例である。また，

　　　(9)「火を消せと言っとるだろうが……肉が煮つまるじゃないか，バカッ」　　　　　　　　　　(剣持亘他「シナリオ・さびしんぼう」)

などは，直後未来と，少し離れた未来での事態の発生・出現を話し手が発話時において予測というあり方で把握する，というものとが，つながり連続するものである，ということを示しているような例である。

7.2.3　ル形が未来を表しにくいもの

　最後に，ル形が未来を表しにくい事態とは，どのようなものかを見ておく。ル形で未来を表す事態は，その未来での現れを，話し手が発話時において予測というあり方で把握可能(しやすい)事態であった。逆にル形が未来を表しにくい事態とは，その未来での現れを，話し手が発話時において把握しにくい事態である。そのような事態の代表として心理・感覚を述べたものが挙げられる。

　　　(1)　??明日僕は困ります。／??3時間後腕がすごく痛む。
　　　(2)　彼はすぐ喜ぶ。／??彼はもうすぐ喜ぶ。

(1)ならびに(2)の右側の文から，心理や感覚という事態は，その未来での現れを，話し手が発話時において把握しにくい事態であり，ル形で未来を表しにくいということが分かろう――(2)の左側の文は属性を表した文である――。もっとも，

　　　(3)「通してやれば。彼，喜ぶよ。」
　　　(4)　ヒロキ「向こうに着いても，自転車，これじゃ困るでしょ？」／
　　　　　百合子「ええ，まあ……」　　(剣持亘他「シナリオ・さびしんぼう」)

のように，話し手の想定した条件世界での事態生起にしてやることにより，話し手にとって把握容易なものになり，ル形での未来表示が可能になる。ま

た.
　（5）　伊織「このまま，どこか行っちゃうか」／霞「……」／伊織「旦那，驚くだろうな」／霞「……そうかしら」
　　　　　　　　　　　　　　　　　（荒井晴彦「シナリォ・ひとひらの雪」）
　（6）　霞「……あなたはきっと私に飽きるわ。そんなに長く，続かないわ」　　　　　　　　　　（荒井晴彦「シナリォ・ひとひらの雪」）
　（7）　大介「これは子供と約束したドイツ製の機関車だ。明日，目をさましたら渡しておやり」―子「どうもありがとう，宏と潤がきっとよろこびますわ」　　　　（山田信夫「シナリォ・華麗なる一族」）
のように，事態の未来での現れを，話し手が思い込み・決めつけることで，ル形での未来表示が可能になる．

8. おわりに

　述語の非過去形（ル形）が未来を表しうる場合は，思ったほど多くない。形容詞述語文の場合は，それは著しい。事態発生の端緒が捉えられなくとも―事態発生の端緒が捉えられるのは，動きのみ―非過去形での未来表示が可能であるためには，その事態の未来での発生・出現を，発話時において話し手が予測というあり方で把握できることが必要である。したがって，動詞述語文においても，非過去形が未来を表している場合，既得予定などの少数の例外を除いて，推し量られたものでしかない。未来表示と事態の意味的類型，および予測といった事態めあてのモダリティには，相互に密接な関係がある．

参考文献
奥田靖雄 1996「文のこと―その分類をめぐって―」『教育国語』2-22: 2-14. むぎ書房
工藤真由美 1998「非動的述語のテンス」『国文学・解釈と鑑賞』63-1: 67-81. 至文堂
鈴木重幸 1979「現代日本語のテンス―終止的な述語につかわれた完成相の叙述法断定のばあい―」言語学研究会（編）『言語の研究』5-59. むぎ書房
須田義治 2003『現代日本語のアスペクト論』海山文化研究所

寺村秀夫 1984『日本語のシンタクスと意味Ⅱ』65–216. くろしお出版
仁田義雄 2000「認識のモダリティとその周辺」仁田義雄・益岡隆志（編）『日本語の文法3 モダリティ』79–159. 岩波書店
仁田義雄 2001「命題の意味的類型についての覚え書」『日本語文法』1–1: 5–23. 日本語文法学会
仁田義雄 2005「名詞文についての覚え書」佐藤喜代治博士追悼論集刊行会（編）『日本語学の蓄積と展望』277–299. 明治書院
福島健伸 1997「いわゆる質形容詞の非過去形と過去形について」『筑波日本語研究』2: 117–132
八亀裕美 2008『日本語形容詞の記述的研究―類型論的視点から―』明治書院

第12章

モダリティと命題内容との相関関係をめぐって

1. はじめに

　「命題と文法カテゴリの相関をめぐって」と題されたこの第三部は，事態の意味的類型や命題(内容のあり方)と文法カテゴリの相関関係を取り出すことを目的としたものである。ただ，文法カテゴリと命題の連関を見る，といっても，さまざまな文法カテゴリについて，一定程度の詳しさで，このことを行う準備と余裕が今の筆者にはない。前章で少しばかり見たように，モダリティにも配慮しながら，事態の意味的類型とテンス特にル形での未来表示のあり方について考えてみること，および本章で展開する，命題内容とモダリティとの相互連関について粗々と考察を巡らせることを行うのみである。

　筆者は，文は，意味的に大きく性質の異なった命題とモダリティという二つの要素から成り立っている，という立場を取っている。これらは意味的な違いであるとともに，当然，文の構造にも反映されているし，また，これらの二つの部分を実現し，それに含まれる文法カテゴリがそれぞれに存在する。

　命題とモダリティは意味的に質・タイプの異なったものではあるが，両者の間には相互に密接な関係がある。そもそもモダリティと命題内容との相関関係を問うということは，両者が相互に連関し合っている，ということを想

定し前提としているからである。ただ，筆者は，当初―『日本語のモダリティと人称』(1991)を刊行した頃―，命題とモダリティの相互連関について，さほど深くは考えていなかった。運用論的な観点から，何をつまりどのような事態を述べ立てることができ，何を問いかけることができるのか，という考察を少しばかり行ったことがあるが，関心の中心は，モダリティにあった。ただ，その後，命題とモダリティの相互連関に関心を持つようになった。仁田1999の中で「…，命題として描き出されている対象的な内容そのものが，モダリティと深い相関関係を有している。モダリティを問うことは，また命題を問うことにもつながっていく。(44頁)」と述べている。本章では，このような基本的な姿勢の元，命題内容として描き出されている事態の意味的類型・意味的特性とモダリティのあり方との相関関係を粗々と考察することを目的としている。

2. 日本語の文の基本構造

最初に，文の基本的な意味−統語構造について瞥見し，命題とモダリティについてごく簡単に見ておく。いろいろなところで繰り返し述べていることではあるが，日本語の文は―日本語だけではないだろうが―，ある構造化において次のような基本構造を設定することができる。

図　日本語文の基本構造

　　| 命題（言表事態） | モダリティ（言表態度）

ただ，この層状構造の図を単純に形態の線状的なあり方のものとして理解してはならない。命題とモダリティとの関係は，意味−統語構造の問題であり，立体的なものとして理解すべきものである。

既に他のところでも述べてはいるが，ここでも，命題（言表事態）とモダリティ（言表態度）について，ごく簡単に見ておこう。

概略，それぞれ次のように規定できよう。

〈命題(言表事態)〉とは，外界や内面世界—これらを，言語表現として描き取られた事態と区別して，とりあえず現実と呼んでおく—との関わりにおいて，話し手が自らの立場において描き取ったひとまとまりの事態，文の意味内容のうち，客体化・対象化された出来事や事柄を表した部分である。この言語表現として描き取られた事態—言表事態—の組み立て・内部にはさまざまな文法カテゴリが含まれている。

〈モダリティ(言表態度)〉とは，現実との関わりにおいて，発話時に話し手の立場からした，言表事態—話し手に描き取られた文の対象的な内容—に対する捉え方，および，それらについての話し手の発話・伝達的な態度のあり方を表した部分である。もっとも，この規定が完全に当てはまるものは，典型的で真性なモダリティである。モダリティをどのように捉えるかにもよるが，モダリティとしていくつかのタイプのものを取り出すことができ，典型性・真正度が落ちるにしたがって，「発話時」や「話し手の立場からした」という特性を，そのタイプのモダリティは欠いていくことになる。

日本語の文に対して，筆者がどのような部分を命題およびモダリティとして取り出しているのかを，まず具体的な例でもって概略的に示しておく。たとえば，

「ねぇ困ったことにたぶんこの雨当分止まないだろうね。」，「梅はもう咲いたかい。」，「どうか君がA先生を会場に案内して下さい。」，「僕の方で事の真相を調べておこう。」

の4つの文に対して，命題とモダリティに分ければ，概略次のようになる。

(1) [ねぇ [困ったことにたぶん [この雨当分止まない] だろう] ね]
(2) [[梅はもう咲いた] かい]
(3) [どうか [君がA先生を会場に案内し] て下さい]
(4) [[僕の方で事の真相を調べておこ] う]

上掲の例において，それぞれその中核・中心の括弧 [ ] が命題部分であり—たとえ (1) が「ねぇ困ったことにこの雨たぶん当分止まないだろうね。」のような線条的連鎖でもって表現されていても，命題部分が文の中核・中心部に存する，という位置づけは変わらない—，[コノ雨ガ当分止マナイ]コト，

［梅ガモウ咲イタ］コト，［君ガＡ先生ヲ会場ニ案内スル］コト，［僕ノ方ガ事ノ真相ヲ調ベテオク］コトが，（1）（2）（3）（4）それぞれの命題の表している事態に概略当る。

　それに対して，モダリティを表しているのは，「ネェ」「困ッタコトニ」「タブン」「ドウカ」「ダロウ」「ネ」「カイ」「テ下サイ」「ウ」といった形式である。これらは，語尾であったり，助辞であったり，自立形式の文法化したものであったり，副詞類である，といったものである。

　これも既に触れたことではあるが，ここで，モダリティの下位的タイプについて瞥見しておく。筆者は，モダリティを，大きく〈事態めあてのモダリティ〉と〈発話・伝達のモダリティ〉との二類に分けている——さらに〈客体的モダリティ〉というものも取り出すが，ここでは触れない——。

　〈事態めあてのモダリティ〉とは，文に描き取られている言表事態——文の対象的な内容・命題内容——に対する把握のあり方・捉え方を表したものである。真正度の最も高いタイプにあっては，この捉え方は，発話時の話し手の捉え方である。述語部分では，（1）の「ダロウ」によって表される〈推量〉や（2）の「カイ」に融合しながら表されている〈疑い〉であり，（1）の「困ッタコトニ」「タブン」も，副詞類ではあるが，これに関係するものである。

　〈発話・伝達のモダリティ〉とは，文の発話・伝達的な機能類型や文をめぐっての話し手の発話・伝達的な態度のあり方を表したものである。さらに，発話・伝達のモダリティを〈発話機能のモダリティ〉〈副次的モダリティ〉〈丁寧さ〉に分ける。発話機能のモダリティが発話・伝達のモダリティの中心である。〈発話機能のモダリティ〉とは，言語活動の基本的単位としての文が，どのような発話・伝達の機能類型を担っているかを表し分けているものである——ここでは副次的モダリティや丁寧さには触れない——。（1）が担い帯びている〈述べ立て〉，（2）の〈問いかけ〉，（3）の〈依頼〉，（4）の〈意志表出〉などは，発話機能のモダリティの下位種である。

　当然，モダリティをどう捉えるか，モダリティの各種にどのようなものを設定するかは，その研究が文をどのように捉え位置づけるかなどによって，

いろいろあろう。また，何がモダリティかという問題は，逆にまた命題に何をどこまで入れるかの問題でもある。そのようなことを認めた上で，本章では，命題内容の類型とモダリティの相関関係を粗々見ていくことにする。

3. 奥田靖雄の対象内容観

　本論的考察に入る前に，ここで，奥田靖雄が文の対象的な内容と呼んでいるものに対する奥田の捉え方・特徴づけ方を瞥見しておく。

> …，文の対象的な内容としての出来事も，はなし手が現実の世界の出来事をうつしとることで，できあがった，はなし手の創作である。このことは，文の対象的な内容そのものが主体的な存在であって，そこからはなし手の主体性をぬぐいとることのできないことを意味している。
> 　　　　　　　　　　　　　　　　　　　　　　　　（奥田 1985b: 48）
> 現実の世界の出来事が文のなかにうつしとられると，対象的な内容ができあがる。この対象的な内容は，文においては，はなし手の立場からの確認であったり，意欲や意志や決心，願望や期待であったりする。あるいは忠告やお願いや命令であったりもする。　　（奥田 1986: 23）

力点の置き方の違いに過ぎないのかもしれないが，仁田には，上に引用した奥田のような述べ方は少し誤解を与えるのではないかと感じられる。

　当然，命題内容（文の対象的な内容）も，外的世界や内面世界を直接体験で捉え言語表現として写し取ったり，外的世界や内的世界を元にして想像・思考・推論の中で捉えられたりした事態であるが，機械的な反映ではなく，話し手が描き出したものであることによって，話し手の立場において捉えた事態であるし，話し手の捉えた事態でしかない。これは，直接体験による捕捉によって捉えられ描き出された事態の場合でも然りである。文に描かれている事態を，話し手の捉え描き出した事態であることを受け，「主体的な存在」と位置づけているのであれば，まさにその通りであり，その意味での文に描

かれている事態の主体性は言うまでもない前提である。今地面に落ちている木の棒を見て，「いい杖が落ちている。」と表現しても—この場合，現実と言語表現に描き出された事態とは，かなり違う—，それを，文の中に描き出されている意味内容総体のうち，客体化・対象化された部分・存在である，と位置づけているのである。文の対象的な内容である言表事態が帯びる主体性と，これもどのようなタイプのモダリティを取り上げるかで違ってくるが，典型的で真正なモダリティの帯びる主体性とは，基本的に異なる。言表事態（文の対象的な内容）そのものに存する話し手の描き取り方の現れ・異なりを，モダリティとはしないし，そのタイプの異なりをモダリティによるものとはしない。命題内容とモダリティに対する話し手の関与を，両者に話し手の関与が存することを前提にした上で，命題内容とモダリティを意味的に質的に異なる存在である，と捉えておく方がよいと思われる。

　さらに，奥田 1986 に示されている記し方にも，少し言い過ぎではないかと感じる。対象的な内容は，話し手の立場からの確認がなされる（向けられる）対象であったり，意志や命令の対象であったりしても—奥田の意図としては，そういう意味であるのかもしれないが，それであればもう少し丁寧な記し方が必要だろう—，対象的な内容が，話し手の立場からの確認自体であったり，意志や命令であったりしているわけではない。命題とモダリティは，とりあえず相互に独立している。

4. 命題とモダリティの相互連関に対する従来の指摘

　ここで，命題内容として描き出されている事態の意味的類型やそれを形成している成分の特徴と，その命題に現れうる（その命題を対象にして生じる）モダリティのタイプとの相関関係について，従来既に指摘されていることについて，ごく簡単に見ておく。

4.1　同一形式の表すモダリティ的意味の現れ・異なり

　まず，同一のモダリティ表現形式が，命題として描き出されている事態の

主体の人称性や事態の自己制御性の異なりによって，そのモダリティ的意味の現れを移行させたり，そのモダリティ的意味の現れを制限させたりしているケースについて，ごく簡単に見ておく。

4.1.1　命令や意志さらに述べ立てを巡っての相互移行

　最初に，「ウ／ヨウ」「（シ）ナイカ」「（シ）ナケレバナラナイ」など，同一の形式が表すモダリティ的意味の異なりや移行について簡単に見ておこう。これについても，既に指摘されていることである。

　（1）　よし<u>俺</u>がやろう。
　（2）　さあ，<u>我々</u>もやろう。
　（3）　<u>君たち</u>，静かにしましょう。
　（4）　<u>彼</u>ももうすぐ来よう。
　（5）　明日は晴れましょう。

（1）から（4）の表している事態は，いずれも自己制御的事態である。また，いずれも述語が「シヨウ」という形式を取っている。しかし，シヨウ形式の表すモダリティ的意味は，それぞれ異なっている。（1）は主体（ガ格）が一人称者であることによって〈意志〉を表し，（2）は一・二人称主体を取っていることによって〈誘いかけ〉を表し，（3）は二人称主体であることによって〈和らげられた命令〉を表し，（4）は，古い言い方になるが，三人称主体であることによって〈推量〉を表している。（5）は，命題に描かれている事態が非自己制御的事態であることによって—さらに，この例には主体（ガ格）が三人称者である，という要因も付け加わっている—，推量を表している。

　上で見た現象は，事態が自己制御的であることを前提にした上で，主体に来る名詞の人称性の違いによって引き起こされる同一モダリティ形式のモダリティ的意味の現れの違いである。命題内容である言表事態とモダリティが相互に連関していることの一つの例である。

　次に，「（シ）ナイカ」に見られる同様の現象を瞥見しておく。

　（6）　<u>お前ら</u>，さっさと行かないか！
　（7）　じゃ，そろそろ<u>僕たち</u>も行かないか。

（8）　そうか，彼は行かないか。
（6）から（8）の文は，述語は「行カナイカ」という同じものである。また，いずれも事態は自己制御的な事態である。それが，（6）では〈命令〉を表し，（7）では〈誘いかけ〉を表し，（8）では〈自問納得〉を表している。この異なりを引き起こしている要因も，主体の名詞の人称性の違いである。（6）は二人称主体であり，（7）は一・二人称主体であり，（8）は三人称主体である。

　引き続き，当為評価のモダリティを表す形式である「（シ）ナケレバナラナイ」を取り上げ，この形式の表すモダリティ的意味，その含みの移行について瞥見しておく。

　（9）　君はすぐに行かなければならない。
　（10）　人は最後まで全力を尽くさなければならない。
　（11）　列車は8時に出たのだから，11時には到着していなければならない。

上掲の例から分かるように，「（シ）ナケレバナラナイ」も，事態の自己制御性・主体（ガ格）名詞のタイプの違いによって，それが表すモダリティ的意味，その含みが異なってくる。「（シ）ナケレバナラナイ」は，二人称の自己制御的な事態である（9）では〈命令〉に傾き，自己制御的な三人称―総称的―事態である（10）では〈義務（的評価）〉を表し，非自己制御的な事態である（11）では〈推論の妥当性〉といった認識的判断へとずれていく。

　ここまで見たことは既に指摘されていることではあるが，命題が表す事態の意味的類型やその特性が，その命題に対して（その命題を対象として）現れるモダリティに影響を与えることを示している。

4.2　自己制御性―行為系と判断系―

　次に，事態の自己制御性の異なりがその事態に現れうるモダリティに影響を与える場合についてごく簡単に見ておく。

　行為系のモダリティの文と判断系のモダリティの文では，次のようなことが指摘できる。これも既に知られていることである。命令や意志などの行為

系では，事態は自己制御的なものであり，未実現である．それに対して，述べ立て・問いかけなどの判断系では，事態は，自己制御的なものだけでなく，非自己制御的なものも，実現済みのものも出現する．判断系は，自己制御性や実現性（事態のレアリティ）から解放されている．

命令形や禁止の形式について瞥見しておく．

(12) すぐ行け！

(13) 明日天気になぁれ！

(12)が示しているように，形式としての命令形は，自己制御的な事態では〈命令〉を表し，(13)のように，非自己制御的な事態では〈願望〉を表す．

ここで，事態の自己制御性のタイプ・程度が命令のタイプ・段階や禁止の可否に影響を与える現象について触れておく．

(14) 早く行け！／二度とあそこには行くな！

(15) もう少し落ち着け！／??そんなに落ち着くな！

(16) *そのことで悩め！／そんなことで悩むな！

上の例文について少し考えてみよう．(14)の述語である「行ク」という動詞の表す事態は，行為の主体が実行しようと思えば，行為の過程だけでなく，行為の実現・完成までをも，自分の意志・意図でもって制御できる事態である．この種の自己制御性を〈達成の自己制御性〉と呼んでおく．それに対して，(15)の述語の「落チ着ク」の表す事態は，命じられ要請されても，その事態の実現・完成を自分の意志・意図でもって完全に達成することはできない．主体ができるのは，たかだか「落チ着ク」ようにする努力のみである．つまり，主体ができるのは，事態の実現・完成に向けての過程を遂行することのみである．このような，事態の実現・完成への過程は自己の意志・意図でもって遂行できるものの，事態の実現・完成は自己の制御性の埒外にある，という自己制御性を〈過程の自己制御性〉と仮称しておく．(14)と(15)では命じられ実現できる事態の段階が異なる．(14)は事態の実現・完成の遂行が命じられており，(15)で主体が遂行できることは，事態の実現・完成ではなく，事態の実現・完成に向けての過程である．事態の実現・完成を命じる命令を〈達成命令〉とよび，事態の実現・完成に向けての過程の遂行

を命じる命令を〈過程命令〉と呼んでおく。

　(14)の左辺と右辺が示しているように，達成の自己制御性を持った事態では，命令も禁止もともに問題なく成り立つ。それに対して，過程の自己制御性しか持たない事態である(15)では，命令を表す左辺の文は成り立つものの，禁止を表す右辺の文は逸脱性を有している。そもそも過程の自己制御性しか持たない事態に対して命令が成り立つのは，その事態の実現が望ましいものとして把握され，それへの実現に向けての過程が遂行の努力に価するものとして捉えられるからである。事態の実現（肯定事態），事態の非実現（否定事態）のいずれが望ましいものとして把握されるかによって，事態の実現への過程が遂行の努力に価するものとして捉えられ，その遂行を命じられるか，事態の非実現への過程が遂行の努力に価するものとして捉えられ，その遂行を禁じられるかが変わってくる。(16)の述語「悩ム」にあっては，事態の非実現（否定事態）が望ましいものと把握され，そのことによって，事態実現への過程ではなく，事態非実現への過程が遂行の努力に価するものとして捉えられ，命令ではなく，禁止が適格性を持った文として成り立っているのである。

　(17)　*早く治れ！／*簡単に治るな！

(17)は，非自己制御的な事態であることによって，命令にも禁止にも成りえない。

　相手に事態の実現を命じる命令，禁止―これは否定事態の実現―では，事態は未実現である，と述べた。このことは，文が命じその実現を要請している事態そのものの実現性，という点では貫徹していると考えられるものの，命令と否定事態の実現の要請である禁止とでは，それが発せられる現象・状況の点において少し異なってくる。

　(18)　喋るな！

などの禁止では，喋らないという否定事態が実現していない［喋っている人間］に対してだけではなく，喋らないという否定事態が実現している［喋っていない人間］に対しても使える。前者の禁止を〈続行阻止〉と仮称し，後者の禁止を〈未然防止〉と呼んでおく。未然防止のタイプの禁止は，実現してい

る事態に対して使われている。

5. 認識のモダリティへの鍬入れ

引き続き，認識のモダリティと命題のタイプの相互連関について，少しばかり考察を加える。

5.1 断定形（スル形）の表す二種の認識型

ここで手短に展開する考察は，基本的に仁田 1997 やその拡大版である仁田 2000 で述べたことに基づいている。

まず，認識のモダリティという文法カテゴリを形成するとされる［スル－スルダロウ］の対立，そのメンバーである形式の表すモダリティ的意味について見ておく。この関係・対立は，形態論的には「スル」が断定形であり，「スルダロウ」が推量形と呼ばれる対立をなしている。一応こうは言えるものの，これには重大な述べ残しや保留部分がある。

最初に次のような現象から見ていこう。

（１）　昨日彼に会った。／*明日彼に会った。
（２）*昨日彼に会う。／明日彼に会う。
（３）　たぶん昨日北海道は雪だっただろう。
（４）　φ昨日北海道は雪だっただろう。
（５）　φ昨日北海道は雪だった。
（６）　たぶん昨日北海道は雪だった。

（１）と（２）の左辺の文・右辺の文の適格性・逸脱性は，次のことを示している。テンスという文法カテゴリでは，ル形が無標形式で，テンス的意味として非過去を表し，タ形が有標形式で，過去を表している。そのことによって，有標のタ形は，意味的に整合する過去の時の副詞とは共起できるものの，意味的に整合しない未来の時の副詞とは共起できない。そして，それとは逆に，テンス的意味として非過去を表す無標のル形では，意味的に整合する未来の時の副詞とは共起できるものの，意味的に整合しない過去の時の副

詞とは共起できない。これは，述語のテンス形式の表すテンス的意味と共起する時の副詞とが，整合性を保ち呼応しあっていることを示している。

　それに対して，認識のモダリティを表し分ける断定形（スル形）と推量形（スルダロウ形）では，もう少し複雑な現象が観察される。スルダロウ形は，（3）が示すように，（不）確かさ（の度合）を表す副詞（「タブン」）と共起して，不確かさを有する推し量りを表すだけでなく，（4）から明らかなように，推し量りの（度合の）副詞を何ら共起させずとも，想像や思考や推論の元で捉えられた不確かさを有する推し量りを表している。スルダロウ形が推量というモダリティ的意味を担い表す形式であることをまさに示している。ただ，無標のスル形では次のような現象が観察される。当然，スル形は，（5）が示すように，（不）確かさ（の度合）を表す副詞を何ら共起させず，描き出された事態を話し手が確かであると捉えていることを表しうる—この確かという意味合いには二種のタイプがある。これについては直ぐ後で触れる—。その意味で，スル形は断定形と一応言えよう。ところが，（6）が示すように，スル形は，形式的にはスルダロウ形と対立する断定形であるにも拘わらず，（不）確かさ（の度合）を表す副詞（「タブン」）と共起でき，［（不）確かさの副詞＋断定形］で，文全体の認識のモダリティとしては不確かさを含んだ推量を表しうる。（1）（2）から分かるように，テンスであれば，このようなことは起こらない。有標形式と整合性を持ち，無標形式とは整合性を持たない副詞が，無標形式に生じ，その文法的意味を有標タイプに変更させているのである。

　これは，スル形とスルダロウ形という，認識のモダリティを形成すると言われる二つの語形（形式）の対立は，テンス形式（ル形・タ形）の対立ほど強固なものではないし，単純（単線的）でないことを物語っている。また，これは，スル形（断定形）で表されるものが，単一でないことを示している。

　ここでスル形によって表される認識のタイプ・あり方に二種のものがあることを示し，そのことが上掲の現象を説明すること，さらにそのことから導き出される重要な事柄・問題について述べておく。まず，（5）の「昨日北海道は雪だった。」の断定形の表す断定—確か—の意味合いが単一でないこ

とを観察しておこう。一つは，昨日の天気図や仙台でも雪が降ったことを知っていて，それより気温が低く前線が通った北海道のことを想像・推論して，「昨日北海道は雪だった。」と言う場合である。もう一つは，実際に昨日北海道にいて，降雪を体験し，「昨日北海道は雪だった。」と言う場合である。前者は，根拠や証拠から想像・思考・推論によって確かであるとして描き出した事態である。それに対して後者は，話し手の直接体験によって捕捉された事態である。ともに確かなものとして描きだされている命題内容・言表事態であるが，前者は推論によって得られた確かさであり，後者は直接捕捉から来る確かさである。

　これは，認識のあり方に想像・思考・推論による情報把握と非推論型の直接捕捉による情報把握とがあることを示しており，確かさ(不確かさ)の度合において確かであると捉えられた場合，それはともに断定形(スル形)で表される，ということを示している。前者の認識のあり方・情報把握を〈推論型〉と呼び，後者のそれを〈非推論型の直接捕捉〉と仮称しておく。完全には一致しないが，一般的に間接情報・直接情報と呼ばれるものと深く関係する。ここでは，推論型の情報把握において捉えられた確かさを〈確信〉と呼び，非推論型の直接捕捉において捉えられた確かさを〈確認〉と呼んでおく。

　確認・確信は，次のように規定され，それぞれ以下に触れるような異なり・特徴を有している。〈確認〉とは，命題内容として描き出されている事態の成立・存在を話し手の直接捕捉によって捉えたことにより，疑いのはさみようのない確かなもの，その真なることを確認済みのものとして把握した，というものである。それに対して，〈確信〉とは，命題内容として描き出されている事態の成立・存在を，自らの想像や思考や推論の中で捉え，それを確かなものとして把握した，というものである。確認は話し手の直接捕捉による確かさであり，確信は話し手の推論の上での確かさである。

　次の例文を見てみよう。

　　（7）「あの人形のおかげで，わたしは命拾いをしました。人形が泣き声を上げなかったら，あのまま，わたしは殺されていたでしょう。」
　　　　　　　　　　　　　　　　　　　（山崎洋子「人形と暮らす女」）

上の第一文は、自らが体験したことで、したがって話し手の直接捕捉によって捉えられた確かでしかない事態であり、第二文は思考・想像・推論の中で捉えられた事態を表している。

　第一文に描き出されている事態は、非推論型の直接捕捉による事態であり、そのスル形の表している確かさは、確認と呼んだものである。直接捕捉による命題におけるスル形（断定形）は、「*あの人形のおかげで、わたしは命拾いをしたでしょう。」が示すように、対立するスルダロウ形（推量形）を出現させない。つまり、確認を表すスル形（断定形）は、対立するスルダロウ形（推量形）を持たない。「あっ、雨が降っている。←→*あっ、雨が降っているだろう。」にあって、右辺の文が逸脱性を有しているのも、左辺の文の命題内容が直接捕捉によって捉えられたものであり、そのスル形が確認を表すスル形であることによっている。

　それに対して、推論型の情報把握によって描き出された命題内容は、推論によって捉えられたものであることにより、証拠・根拠などに対する話し手の信頼のあり方・程度によって、確かさの異なりを有する。「彼はすぐ来る。←→彼はすぐ来るだろう。」、「あいつが犯人だ。←→あいつが犯人だろう。」が示す通りである。これらの例文はいずれも推論型の情報把握によるものである。これらの例文での左辺の文・右辺の文がともに適格文であることが示すように、確信を表すスル形（断定形）は、対立するスルダロウ形（推量形）を有する。

　スル形がスルダロウ形と対立をなすのは、すべてのスル形においてではない。確認を表すスル形は、対立するスルダロウ形を持たない。スルダロウ形と対立するスル形は、確信を表すスル形のみである。〈認識のモダリティ〉の分化が存するのは、想像・思考・推論によって命題内容を捉える、という推論型の情報把握の場合である。この推論型には、確信（確かなものとして捉える「スル」）と推量（不確かさを有するものとして捉える「スルダロウ」）とが、基本的な形態論的な対立として存在する。さらに、蓋然性判断（確からしさの度合いを含んで捉える「スルカモシレナイ－スルニチガイナイ」）や徴候性判断（存在している徴候から引き出し捉える「スルヨウダ／スルミタイ

ダ／スルラシイ／（シソウダ）」）などが出現する。

　奥田靖雄 1984 が,「スル」と「スルダロウ」を認識のし方に重点をおいて捉え,「スル」を直接的（な認識のし方）,「スルダロウ」を間接的（な認識のし方）と位置づけたことは，評価すべき点であろう。しかし，このことにのみ力点が当たり過ぎては実体の半分が覆い隠されてしまう。上で見たように,「スルダロウ」は間接的でしかないが,「スル」には，直接的な場合もあれば，間接的な場合もある。間接的な認識のし方—本章で言う推論型の情報把握—では，確かさの度合が存在し，その度合を明示的に表すのは,「キット，タブン，ヒョットシタラ」などの確かさの副詞であるが,「スル」は，推論の中で確かなものとして捉えたことを表す確信を表しうる形式であり,「スルダロウ」は，不確かさを有する推し量りつまり推量を表す形式である，両形式はそのことを表し分けている。

5.2　確認（直接捕捉による情報把握）の二種

　次に，直接捕捉による情報の描き取り・捉え方のタイプについて瞥見しておく—このあたりのことも，仁田 2000 でいくらか詳しく述べた—。直接捕捉による情報把握を,〈感覚器官による直接捕捉〉と〈既得情報〉とに分けておく—当然この中間的なものも存在する—。

　まず，直接捕捉の代表であり典型である感覚器官による直接捕捉から見ていく。〈感覚器官による直接捕捉〉とは，話し手が視覚や聴覚など自らの感覚器官を通して現前に展開する状況を捉え，そのまま言語に写し取ったものである。たとえば,

　　（8）　道路に沿って清水が流れている。　　　　　（太宰治「富岳百景」）
　　（9）　あれ，子供があんな所で遊んでいる。
　　（10）　なんまんだあなんまんだあと，お経をあげる声がする。
　　　　　　　　　　　　　　　　　　　　　　　　（松谷みよこ「山んばの錦」）
　　（11）　田所「水が濁ってきた」　　（橋本忍「シナリオ・日本沈没」）
　　（12）　伊織「送るよ」／霞「困ります」
　　　　　　　　　　　　　　　　　　　　　（荒井晴彦「シナリオ・ひとひらの雪」）

(13)　目が痛い。

などが，感覚器官による直接捕捉によって描き出された事態・命題内容である。(8)から(11)では，感覚器官による直接捕捉によって捉えられ描き出されている事態は外的状況であり，(12)(13)でのそれは，話し手の内的な心的状況や内的感覚である。いずれも自らの感覚器官によって直接捕捉された事態である。これらの文に現れているスル形(断定形)は，いずれもスルダロウ形(推量形)を対立項として持たない確認である。

　次に既得情報についてごく簡単に見ておく。〈既得情報〉とは，獲得され知っているものとして，話し手の保有している情報・知識の在庫というあり方で，話し手の記憶の中に蓄えられているものである。たとえば，

　　(14)　稲垣：伊勢神宮を中心に全国八万の神社のほとんどをひとつに束ねているんですから，<u>力があります</u>。戦前の内務省に神社局というのがあって全国の神社を指導していましたが，神社本庁は<u>その戦後版です</u>。以上，おじさんの受け売り。

　　　　　　　　　　　　　　　　　　　　(井上ひさし「闇に咲く花」)

　　(15)　59年以降，ブルターニュの議員たちが，左右両派一致して率先的に，法案の提出を<u>再開した</u>。委員会における審議は，二度連続してすぐれた議員報告にまでいったが，政府は国会審議でとりあげることを<u>認めなかった</u>。(原聖邦訳「虐げられた言語の復権」)

などの下線部の述語から構成されている文に描き出されている事態・命題内容が，既得情報によって描き出された事態・命題内容である。上掲の文における既得情報は，人から聞いたり教えられたりすることで，獲得され知っているものとして自らの記憶の倉庫に蓄えられたものであり，それを記憶の倉庫から取り出し，文の表す言表事態・命題内容として描き出したものである。

　また，既得情報の中には，自らが体験することによって情報を獲得し，それを記憶の倉庫に蓄えておくものもある。たとえば，

　　(16)　怜子「まるきり見当もつかないけど，その海の底ってどんなとこなの？」／小野寺「<u>なんにもありませんよ</u>」

(橋本忍「シナリオ・日本沈没」)

などの下線部がそうである。さらに

(17) 笙子「…私，正直にいいます。私，一度だけ，宮津さんと…宮津さんに抱かれました」　　(荒井晴彦「シナリオ・ひとひらの雪」)

などは，自らが過去に直接体験した自身のことである。情報が過去の自らの直接体験であることによって，記憶の倉庫に蓄えられたものであるとともに，感覚器官による直接捕捉によるタイプにつながっていく。

　既得情報の文では，情報を記憶の中に蓄えられた情報庫から引き出すことによって，記憶を呼び起こし，記憶の中に蓄えられた情報を探す，という意味合いを持った副詞「タシカ」とは共起しうる。

(18) たしか同じ言葉で彼は杏子の病気を紛らわすのを手伝ったことがある。　　(古井由吉「杏子」)

などがその例である。既得情報では，「タシカ同ジ言葉デ彼ハ杏子ノ病気ヲ紛ラワスノヲ手伝ッタコトガアルハズダ。」のように，「ハズダ」――この例では「ハズダ」は記憶の確かさに関わっている――が現われうるものの，「*たしか宏は一度留学しただろう。」が示しているように，推量を表すスルダロウ形が現われることはない。獲得されたものとして記憶の倉庫に蓄えられた情報は，推量形を対立項として持たない。

　以上見てきた非推論型の直接捕捉では，スル形は確認を表し，推論を表すスルダロウ形を対立項として出現させない。

6. 事態の類型と確認（感覚器官による直接捕捉）との相関

　ここでは，直接捕捉による情報把握，特に感覚器官による直接捕捉になりうる事態に対して，事態の類型から来る制限・なりやすさがあるのか，ということを考えておく。

　ここでも，事態の類型として，動き・状態・属性を取り出しておく。既に何度も述べてはいるが，論述の関係上，事態の類型について簡単に説明しておく。

まず，文の表す事態は，現象と属性に分かれる。動きと状態は，いわゆる現象と呼ばれるものであり，その出現・存在が時間的限定性を持っている。それに対して，属性は，あるモノ・コトが有している性質のことであり，時間の中で変わることがあっても，属性そのものは時間的限定性を持っていない。以下，それぞれについて簡単に規定しておく。
　〈動き〉とは，ある限定を受けた具体的な一定の時間帯の中に出現・存在し，それ自体が発生・展開・終了していく―発生と終了が同時的というものをも含めて―，というあり方で，具体的なモノ（人や物を含めて）の上に発生・存在する事態である。たとえば，
　　（1）　男が手紙を破いている。
　　（2）　彼は大雨の中を急いで家に帰っていった。
　　（3）　もうすぐお湯が沸く。
などの文が表している事態が動きである。これらの事態は，すべて，時間的限定を持ち，事態そのものが時間的展開性を持っている。
　また，〈状態〉とは，動きと同じく現象の一種であり，その出現・存在に時間的限定性を持ってはいるものの，事態の発生・終焉の端緒を取り出せない，つまり時間的な内的展開性を持たない，モノの等質的なありようである。たとえば，
　　（4）　この部屋に人がたくさんいる。
　　（5）　先ほどまで僕はお腹が痛かった。
　　（6）　あっ，隣が火事だ。
などの文が表している事態が状態である。これらの事態は，その出現・存在が時間的限定性を持ったものであるが，事態そのものは時間的展開性を持たない。
　それに対して，〈属性〉とは，モノが，他のモノではなく，そのモノである，ということにおいて，そのモノが具有している側面で取るあり方・特徴である。たとえば，
　　（7）　あの崖はとても切り立っている。
　　（8）　奴は足が速い。

（9）　彼は北海道生まれだろう。

などの文が表している事態が属性である。属性は，時間の流れの中で変化することがあっても，モノとともに在り，属性自体が時間的限定性を持つことはない。

　ここで，感覚器官によって直接捕捉できる事態と事態の意味的類型との相関関係に触れておく。結論から言えば，次のようなことが言える。感覚器官によって直接捕捉できる事態は，基本的に現象である動きと状態である——ただ，これには例外がある——。

　（10）　「よく見ると，テープレコーダーの外部スピーカーの接続端子からミニプラグつきのコードが{出ている／*出テイルダロウ}。
　　　　　　　　　　　　　　　　（山村直樹他「旅行けば」）
　（11）　コーヒーのいい香りがする。
　（12）　狼煙が，あがった。　　（吉村昭「ふぉん・しいほるとの娘」）
　（13）　「わぁ，空がとても{青い／*青いだろう}。」
　（14）　「あっ，お店が休みだ。」

などの文が捉え描き出している事態は，いずれも感覚器官によって直接捕捉された事態であり，その文でのスル形は，（10）や（13）に示したように，対立するスルダロウ形を持たない確認である。そして，事態の意味的類型は，（10）から（12）が動きを表し，（13）（14）が状態を表している。感覚器官による直接捕捉の事態として，動き・状態の現象に属する事態が来るのは当然であろう。感覚器官によって直接捕捉するためには，その事態が具体的な時空の中に出現・成立しており，感覚器官で捉えることが可能でなければならないからである。その種の事態がまさに動きや状態である——これは，動きや状態が非推論型の直接捕捉での事態になりうることを示しているのであり，その逆の，動きや状態が推論型での事態にはならない，ということを意味しているものではない——。

　したがって，属性は，基本的に感覚器官による直接捕捉にはならない（なりにくい）。「向こうから来る人は，{ここの学生だ／ここの学生だろう}。」「この種の問題は解決が{難しい／難しいだろう}。」が示すように，属性で

る事態は，通例，感覚器官による直接捕捉だけでなく，さらに言えば非推論型の直接捕捉としても現れがたく，スル形とスルダロウ形が確信と推量を表す対立項として存在する，推論型の情報把握として現れる。原則はこうである。ただ，

　　（15）　わぁ，この部屋，とても大きい。

のような例外もある，ということにも留意しておかなければならない。これは，発話時に感覚器官で捉えた属性の現れを述べたものである。

　さらに言えば，これだけでなく，属性には，次のような非推論型の直接捕捉に属する一群がある。沖縄に行ってきて，「万座毛の海は美しかった。」のような，自己の直接経験による属性表現がこれである。この種の属性表現は，直接捕捉によって捉えられた事態であり，そのスル形は，対立するスルダロウ形を持たない確認である。ただ，これは，既に触れたように，過去の自らの直接体験から得られた情報として，記憶の倉庫に蓄えられたものであり，感覚器官による直接捕捉と既得情報の中間，その両者の性格を併せ持つタイプとして位置づけられるものだろう。

　それに対して，既得情報では属性も現れうる。

　　（16）　森郎「昔，昔，男と女は一体でした」

　　　　　　　　　　　　　　　　　　（佐藤繁子「シナリォ・白い手」）

　　（17）　彼に聞きましたが，A先生はとても{厳しい人でした／*厳しい人でしたでしょう}

などの文が捉え描き出している事態は，いずれも，事態の意味的類型としては属性であり，（17）に示したように，対立するスルダロウ形を持たない，既得情報によって得られた情報・言表事態である。既得情報では，動きや状態だけでなく，属性も問題なく出現する。既得情報は事態の意味的類型を選ばない。

7.　条件節・理由節と確認・確信

　次に，文がどのような従属節を含むかということと，情報把握のタイプと

の相関関係をごく簡単に見ておく。従来ほとんど気づかれていないし、管見の限り触れられたこともないと思われるが——仁田1996でこれに関連することについて少しばかり触れた——、その文が条件節を含む文か理由節を含む文か、という異なりが、その文の表す事態が、推論型の情報把握によって捉えられた事態としてしか現れえないか、それとも非推論型の直接捕捉の情報把握での事態としても現れうるか、という異なりと連関する。

まず、条件節を含む文から見ていく。条件節を含む文が表す事態は、推論型の情報把握によって捉えられた事態としてしか現れえない。たとえば、

（１）　もしも左兵衛が息をひきとったら、自分は一人{取残される／取残サレルダロウ}。そのような境遇におちいったとしたら、生きてゆく気力もうしなわれるにちがいなかった。
　　　　　　　　　　　　　　　　　　　　　（吉村昭「北天の星」）

（２）　かれは、自らを賭けてみようと決意した。ロシアの水兵たちは敵意をむき出しにしているが、柔軟な態度で迎えれば、かれらの気持ちもやわらぐかも知れない。　　（吉村昭「北天の星」）

を見てみよう。（１）は「～ひきとったら」「～おちいったとしたら」、（２）は「～迎えれば」という条件節を含んだ文である。（１）の第一文は、実例ではひら仮名表記で示したスル形で現れている。ただ、それは、カタ仮名表記で示したスルダロウ形に置き換えようと思えば置き換えうるものである。スルダロル形を対立項として持つスル形である。つまり、そのスル形（断定形）は、確認にはなりえず、確信に留まる。条件節で表される状況の元に生じる事態とは、現実世界における存在ではなく、想定世界における存在である。したがって、事態は、想像・思考・推論の元で事態を捉えるという推論型の情報把握であり、それでしか成立・存在しえない。

次に、理由節を含む文について見ていく。たとえば、

（３）　風がしずまってきたので、三本の帆柱に帆がつぎつぎあげられ、それはたちまち風をはらんでふくれ上がった。
　　　　　　　　　　　　　　　　　　　　　（吉村昭「北天の星」）

（４）　やがて一人の男が近づいてきた。……。それはI駅の新聞売り

だったから，おれもよろこんであいさつを返した．

(安倍公房「水中都市」)

を見てみよう．(3)(4)は，いずれも理由節を含んだ文であり，そして，直接捕捉による情報把握の文である．(3)は話し手(語り手)が自らの感覚器官で捉えた事態であり，(4)は話し手(語り手)が自ら直接体験した事態である．これらの文でのスル形(断定形)は，スルダロウ形(推量形)との対立を持たない確認である．ただ，このことは，理由節を含む文の表す事態が非推論型の直接捕捉による事態として現れうることを示しているだけで，その逆の，推論型の情報把握での事態として現れえない，ということを意味しているわけではない．事実，

(5)　「短期的には混乱があろうし，政権基盤も弱いから，実行力に問題があるかもしれない．」　　　(「朝日新聞」1993.8.10)

は，条件節ではなく理由節を含んだ文であるが，想像・思考・推論の元で捉えられた事態を表している．(5)は，理由節を含みながら，推論型の情報把握による事態を表している文である．その証拠に，有標の認識のモダリティ形式「カモシレナイ」が出現している．(事態の成立・存在の)理由には，既に実現・確認済みのものもあれば，頭の中で想定・考えられたものもある．したがって，理由節を含む文が表す事態としては，現実世界における事態，想定世界における事態がともに現れうる．言い換えれば，理由節を含む文の事態は，直接捕捉による情報把握においても，想像・思考・推論による情報把握においても捉えられる事態である．したがって，その文でのスル形は，確認でもあれば，確信でもありうる．

8.　未実現事態と確認・確信

引き続き，ここで，文に描き出されている事態が未来に生起する事態であるということと，事態に対する情報把握のあり方のタイプとの連関について，ごくごく簡単に見ておく．

結論から言えば，この両者の相関関係は次のようになる．未来は未実現の

世界であり，未来を表す文に描き出される事態は未実現の事態である。したがって，未来を表す文にあっては，事態が未実現であることによって，基本的にその事態を直接捕捉することはできない。発話時において話し手が予測というあり方で事態の成立・出現を捉えなければならない。つまり，未来を表す文に描き出される事態は，基本的に推論型の情報把握により捉えられたものであり，非推論型の直接捕捉による情報把握によって捉えられたものではない。したがって，スル形(断定形)で表されていても，特別な場合を除いて，確認ではなく確信である。たとえば，

（1） 30～31にかけて寒気が{強まる／強マルダロウ}。日本海側は雪が降り，太平洋側も山間部などで雪が{舞う／舞ウ見込ミ}。

（「朝日新聞」2007.12.30）

（2） 伊織「宮津は君に惚れてるんだな」／伊織「……仕事はできる奴だし，優しそうだし，いい亭主になるかもしれない」

（荒井晴彦「シナリォ・ひとひらの雪」）

などが，そのことを示している。（1）は「強まる」「舞う」が原文であるが，このスル形が使われている箇所には，「強マルダロウ」や「舞ウ見込ミ」のような，有標の認識のモダリティ形式が現われても問題はない。（2）では「なるかもしれない」のように，既に原文において有標の認識のモダリティ形式が出現している。このタイプの文の事態は，推論型の情報把握による事態であり，スル形は，スルダロウ形(推量形)と対立する確信であり，確認ではない。

　ただ，未来に生起する事態が常に推論型の情報把握としてしか現れえない，というわけではない。例外的なものとして，たとえば，

（3） 08年の地方選挙は，1月27日投開票の大阪府知事選を皮切りに，熊本，鹿児島，山口，新潟，富山，岡山，栃木の計8府県で知事選があり，政令指定都市の京都市でも2月17日に市長選が{投開票される／??投開票サレルダロウ}。

（「朝日新聞」2008.1.3）

などのようなものが挙げられる。（3）は〈既得予定〉とでも仮称すればよい

文である——このタイプについては，前章（第11章）「事態の類型と未来表示」でも瞥見した——。このタイプの文では，上掲の（1）（2）とは違って，スルダロウ形などの有標の認識のモダリティ形式は出現しにくい。予定された未来は，話し手が自らの知識・情報の倉庫に保有したものであり，既得情報としての扱いを受けることになる。非推論型の直接捕捉の情報把握である。予定された未来の事態に現れるスル形は，その事態が実際に実現するか否かは別として，予定を予定として既に知っていれば，確信ではなく，確認でありうる。

　事態の生起する未来と発話時との時間的近さが，事態生起の徴候を直接捕捉できるかそれとも推論の元に捉えなければならないか，ということと関連して，未来の事態ではあるが，直接捕捉による情報把握に近いか，推論型の情報把握に近いかに関わってくる。たとえば，

　　（4）　機長「やった！日本が裂けるぞ！」（橋本忍「シナリオ・日本沈没」）

などのような直後未来の事態は，その事態生起の徴候を感覚器官によって直接捕捉していることにより——さらに言えば，事態生起の徴候を述べている，という側面があることにより——，直接捕捉に近いタイプの情報把握と言えよう。直接捕捉寄りの事態である。このような状況の事態をスルダロウ形で表すことはあまりないだろう。「あっ，落ちる。落ちた」などの「落チル」も，直後未来を表しており，このタイプである。このタイプは，さらに「あっ，落ちそうだ。」につながっていく。シソウダ形は，徴候性判断を表す形式に一応位置づけられるが，スルヨウダ形などと少し異なって，事態の起動段階を表す「シヨウトシテイル」に近づいている。

9. 事態のタイプであるとともに，運用論的要因が深く関わっているもの

　最後に，話し手が聞き手に情報を述べ伝える，あるいは話し手が聞き手から情報を得る，という述べ立て・問いかけという伝達機能が，その文の表し

9. 事態のタイプであるとともに，運用論的要因が深く関わっているもの

担っている事態・命題内容のタイプ・類型に影響を与えている現象について，ごくごく簡単に見ておく—この種の現象については仁田1991で少しばかり詳しく見た—。

ここで触れる制限・傾向は，そのような事態を，述べ立て文の命題内容にする・問いかけ文の命題内容にする，ということが，述べ立てたり問いかけたりする，という伝達機能をまっとうにそして有効に果していない，という運用論的な原則に反することから来る制約・不自然さによるものである。ここで取り上げる〈述べ立て〉〈問いかけ〉は，それぞれ発話機能のモダリティの一種である。

まず，述べ立ての文から見ていこう。〈述べ立て〉とは，直接捕捉によってであれ，想像・推論によってであれ，話し手の捉えた事態を，基本的に話し手から聞き手に情報伝達する，という発話・伝達的な機能・態度である。述べ立ての文が，話し手から聞き手への実効的な情報伝達としての機能を発揮するためには，述べ立て文の命題内容は，聞き手の知らない，あるいは十分了解していないものでなければならない。このような命題内容の情報位置のあり方を，命題内容をめぐっての話し手の聞き手の情報位置が，[話し手＞聞き手]である，と表現しておく。述べ立ての文にあって，その文の表す命題内容の情報位置が[話し手＞聞き手]というあり方に明確に反する場合，述べ立てという発話・伝達的な機能は，実効的に実現されない。命題内容と述べ立てというモダリティの発話・伝達的な機能とが相反することになる。そのことによって，この種の命題内容のタイプは，運用論的に述べ立て文の命題内容になりにくい。たとえば，

（1）　？？君は明日故郷を去るつもりだ。
（2）　？？君は目が痛い。
（3）　？？君はお母さんが恋しい。

などのような文は，話し手から聞き手への情報伝達である述べ立てとして，述べ立てが発揮すべき発話・伝達的な機能を実効的に果していない。聞き手にとって，自らの意志的行為や自らの内的感覚・感情などは，他から教え知らされなくとも自明の事態である。（1）から（3）の文の不自然さは，聞き

手にとって自明のことを，わざわざ情報伝達の内容にしていることによる。このことは，「?? 君は目が痛かった。」「?? 君はお母さんが恋しかった。」のように過去の事態にしても，聞き手にとって自明の事態であることによって，述べ立ての文としては，聞き手への情報伝達という発話・伝達的な機能を実効的に発揮していないことによって，不自然な文になる。

　（4）　君は男だ。

も，述べ立ての文としては，通例字義通りの意味だけを伝えているわけではない。（4）は，通例たとえば，「（君は男だから）涙を見せるな。」とか「（君は男だから）弱い人には優しくしようね。」とかいった含みを伝えている。そのことによって，（4）は，聞き手にとって伝えられるべき情報があり，述べ立ての文として自然なものになる。

　当然，「君は明日故郷を去るつもりでしょ。」「君，目が痛いでしょ。」などは，「でしょう」が推量ではなく，聞き手への確認要求を表していることにより，文は，単に情報を聞き手に述べ伝えているのではなく，聞き手からの確認を求めていることにより，可能になる。また，

　（5）　君は明日故郷を<u>去るつもりなんだ</u>。身の回りがきれいに片付いている。

　（6）　君はお母さんが<u>恋しいようだ</u>。お母さんによく電話をしているね。

などのように，「ノダ」「ヨウダ」などを伴い，生じている事態の背景理由・背景要因として，当該の文を差し出している場合は，適格になる。この場合，述べ立ての内容は，聞き手にとって自明な聞き手の意志的行為や内的感覚・感情そのものではなく，出現事態の背景理由・背景要因であることによって，述べ立ての発話・伝達的な機能に対して無内容なものにはなっていない。

　また，これらは，述べ立ての文が，話し手から聞き手への情報伝達という発話・伝達的な機能をまっとうに自然に果しているのか，という運用論的な制約であったので，運用論的な坐りの悪さを無視すれば，上述したような逸脱性・不自然さを持った文も，現実には現れうる。たとえば，予言者ぶっ

て，「(僕には分かるのだ。)君は明日故郷を去るつもりだ。」と言えないこともない。また，「??君は目が痛いだろう。」は，まだまだ不自然ではあるが，「君は目が痛いはずだ。」は，「ハズダ」という推論を可能ならしめる根拠(思い込み)を持っている人間には，発話可能な文である。

次に，問いかけの文についてごく簡単にみておく。〈問いかけ〉とは，話し手が，自分の知らないこと・判定ができないことについて，聞き手から情報を求める，という発話・伝達的な機能・態度である。したがって，問いかけの文が話し手の聞き手からの情報要求，という発話・伝達的な機能をまっとうに実効的に発揮するためには，問いかけ文の命題内容は，クイズ・クェスチョンでもない限り，話し手は知らない，あるいは十分了解していないが，聞き手が知っていると話し手が想定できるものでなければならない。このような命題内容の情報位置のあり方を，命題内容をめぐっての話し手の聞き手の情報位置が，[話し手＜聞き手]である，と表現しておく。問いかけの文にあって，その文の表す命題内容の情報位置が[話し手＜聞き手]というあり方に明確に反する場合，問いかけという発話・伝達的な機能は，実効的に実現されない。命題内容と問いかけというモダリティの発話・伝達的な機能とが相反することになる。そのことによって，この種の命題内容のタイプは，運用論的に問いかけ文の命題内容になりにくい。命題内容の情報位置がちょうど述べ立て文の場合と逆の関係になる。たとえば，

(7)　??僕は明日故郷を去るつもりですか。
(8)　??僕は目が痛いの？
(9)　??僕はお金が欲しいですか。

などは，いずれも不適切で不自然な文である。命題内容が話し手自らの意志的行為や内的感覚・感情であることにより，命題内容の情報位置が[話し手＜聞き手]というあり方に明確に反している。話し手にとって自明なことを聞き手に聞く，ということは通例ありえない。

したがって，「僕は仁田ですか？」などという文も，話し手が記憶喪失にでもかかっていない限り不自然である。ということは，逆に話し手が記憶喪失にでもかかっていれば，運用論的に問いかけの文として自然・適正になる

命題内容として成り立ちうる,ということである。

　以上,本章では,命題内容として描き出されている事態の意味的類型・意味的特性とモダリティのあり方との相関関係を粗々と見てきた。

参考文献
奥田靖雄 1984「おしはかり (一)」『日本語学』3-12: 54-69. 明治書院
奥田靖雄 1985a「おしはかり (二)」『日本語学』4-2: 48-62. 明治書院
奥田靖雄 1985b「文のこと―文のさまざまな (1) ―」『教育国語』80: 41-49. むぎ書房
奥田靖雄 1986「まちのぞみ文 (上) ―文のさまざまな (2) ―」『教育国語』85: 21-32. むぎ書房
奥田靖雄 1988「文の意味的なタイプ―その対象的な内容とモーダルな意味とのからみあい―」『教育国語』92: 14-28. むぎ書房
奥田靖雄 1996「文のこと―その分類をめぐって―」『教育国語』2-22: 2-14. むぎ書房
工藤真由美 2014『現代日本語ムード・テンス・アスペクト論』ひつじ書房
佐藤里美 1999「文の対象的な内容をめぐって」言語学研究会 (編)『ことばの科学 9』87-97. むぎ書房
高梨信乃 2010『評価のモダリティ』くろしお出版
仁田義雄 1991『日本語のモダリティと人称』ひつじ書房
仁田義雄 1996「語り物の中のモダリティ」『阪大日本語研究』8: 15-27 [仁田 2009 に再録]
仁田義雄 1997「断定をめぐって」『阪大日本語研究』9: 95-119
仁田義雄 1999「モダリティを求めて」『言語』28-6: 34-44 [仁田 2009 に再録]
仁田義雄 2000「認識のモダリティとその周辺」仁田義雄・森山卓郎・工藤浩 (著)『日本語の文法 3 モダリティ』77-159 [仁田 2009 に再録]
仁田義雄 2009『日本語のモダリティとその周辺』ひつじ書房
仁田義雄 2010「事態の類型と未来表示」『日本語文法』10-2: 3-21. 日本語文法学会

あとがき

　本書は，比較的最近書いた論考に拠りながら，文や文が担い表している命題内容・事態の意味的類型に関わりを持つ問題について考えてみた書である。

　我々が接する文の中心は，やはり動詞文であり，動きを表す文であろう。ただ，本書ではこの種のタイプへの考察は意識的に抜いてある。それは，従来の考察・研究は，動詞文や動きを表す文が中心であり，この種の文に関しては，研究が比較的よく進み，いろいろなことが分かってきていると思われるからである。それに対して，最近研究が出はじめたものの，やはり形容詞文・名詞文や状態・属性を表す文に対する考察・研究は，未だ不十分であろう。

　動詞文は，述語に来る動詞が多様な文法的カテゴリを担い，それを表し分けるため多様な形態変化をする。形態上の異なりが存する方が，文法分析・文法記述を行いやすい。それに対して，文法カテゴリの少ない形容詞文や名詞文，状態や属性を表す文は，文法研究にとって，取っ掛かりの少ない，したがってある意味で分析・記述の難しい領域であろう。その意味で，動詞文や動きを表す文から研究が進んでいったのは，研究の進め方として当然であり妥当なことであろうと思われる。ただ，文法研究総体の底上げのためには，そのような，まだ十分には考察が行われているとは言えない領域への分析・記述が重要になってくる。そのことが，翻って動詞文や動きを表す文の考察をさらに深めることにもなろう。

　筆者の卒業論文は「文の成立」と題したものであった。文に「素材の世界」「素材めあて」「聞き手めあて」という層を設定し，それを階層的に位置づけながら，文の成立・文とは，というものを捉えようとした，たわいもないものであった。ただ，未だに「文とは」「文の成立とは」という問題は，筆者の心を捕えて離さない。語の集合はどこで文になるのか，量的転換が質的転換に変わるその際・接点を掴み取りたい・見てみたい，という思いが今

でもある。本書はそのような思いへの模索でもある。

　以下，本書の諸章とその基になった論考との関係を記しておく。
　第1章から第4章，「文とは」「文の種類をめぐって」「モダリティについて」「述語をめぐって」は，「文および文の種類」「述語とモダリティ」『講座言語研究の革新と継承 文法Ⅰ』（未刊，ひつじ書房）および「モダリティ的表現をめぐって」『世界に向けた日本語研究』（2013, 開拓社）を解体・再構成し，さらに様々なところに書いてきた筆者の基本的な考えを書き加えて成ったものである。文やモダリティについて，筆者の現時点での考えに最も近いものであろう―もっとも本書の原稿を書いた時点と現時点との間に少し時間があるため，今書けば，細部にあってはまた少し違う箇所も出てこよう―。
　第5章「命題の意味的類型への概観」は，「命題の意味的類型についての覚え書」『日本語文法』1-1（2001, 日本語文法学会）を基にしている。その後筆者が書いたものとの整合性を合わせるため，増補と補訂を行った。
　第6章「状態をめぐって」は，「状態をめぐって」『属性叙述の世界』（2012, くろしお出版）を基にしている。本書に収録するために補訂を行ったが，それはさほど多くない。
　第7章「属性を求めて」は，本書のために今回書き下ろしたものである。
　第8章「形容詞文についての覚え書」は，「日本語の形容詞文をめぐって」『ことばの饗宴』（1990, くろしお出版）を基にしている。ただ，かなり以前の書き物のため，論考の基本的な枠組みや例文を利用し，それを下敷きにしながらも，新たに書き直したものである。その際，例文をいくつも加え，用語や枠組みも，それ以後の筆者の考察になるべく合うよう書き換えた。
　第9章「名詞文についての覚え書」は，「名詞文についての覚え書」『日本語学の蓄積と展望』（2005, 明治書院）を基にしている。本書に収録するために，補訂と増補を行ったが，その程度は小さいものである。
　第10章「名詞の語彙―文法的下位種への一つのスケッチ」は，「名詞の語彙―文法的下位種へのスケッチ」『日語研究』10（2015,『日語研究』編集委員会）を基にしている。本書に収録するために，増補を行ったが，大きい

ものではない。

　第 11 章「事態の類型と未来表示」は,「事態の類型と未来表示」『日本語文法』10-2（2010, 日本語文法学会）を基にしている。補訂を行い, ル形のテンス的意味への記述などの増補を行った。

　第 12 章「モダリティと命題内容との相関関係をめぐって」は,「モダリティと命題内容との相互連関」『場面と主体性・主観性』（未刊, ひつじ書房）のへの原稿を基にしている。元原稿と本書収録の原稿は同じではない。元原稿は, 本書のものからいくつかのものを省き, ほんの少しコンパクトにしてある。

　体が弱いと言われながら, よくここまで来られた, という思いがある。ここまで研究を続けてこられたのは, 周りの人たちの支えがあったからである。くじけそうになった時そっと励まして下さった方, 学問をすることへの楽しさと喜びを教えて下さった方, 支えて下さった方々すべてに感謝の念を表したい。

2016 年 5 月

　　　　　　　　　　　アジサイが蕾をつけ始めた大阪にて
　　　　　　　　　　　　　　　　　　　　　　仁田義雄

索　引

あ

相手への行為提供の意志 66
アクチオンスアルトの形式 182
アクチオンスアルトの形式の付加 187
アスペクト 32, 38, 62, 63, 113, 130-133, 155, 156
アスペクト対立 62
アスペクト的対立 182
在り様としての感覚 232
在り様としての感情 230
在り様の意味的類型 243
在り様の潜在化 231
アリヨウを表す名詞述語 251
アリヨウを含んだ名詞 258
主名詞の下位類化 274
主名詞の類別 275

い

いいたての文 140
位格 108
イ形 224
イ形容詞 57, 219
イ形容詞述語 114, 115
意志 40, 85, 333
意志的把握 92
意志の表出 65, 66, 85, 86, 90
意志の表明 86, 90
意志表出 330
一語文 5, 14, 17, 20, 55

一時的なアリヨウ 267
一次的な名詞 251
一人称ガ格 230
意図性 97
依頼 27, 84, 330
依頼の文 65
引用節 125, 132

う

ヴォイス 32, 130-133, 155
受け答え 19
受けの機能 119
動き 38, 39, 61, 150-152, 154, 157, 166, 168, 169, 172, 176, 182, 191, 209, 220, 221, 249, 300-302, 307, 344, 345
動き性 159
動き動詞 315
動きと状態を分ける文法的証左 159
動きの結果の局面 154
動きの最中 154, 178, 179
動きの周辺 159
動きの動詞 272
動きの様態 122
動き発生の徴候や端緒 320
動きを表す動詞 319
動きを表す文 62
疑い 85, 93, 330
内の関係 125, 126
うったえ 140
埋め込み節 123, 124
埋め込み節（成分節）59, 60
埋め込み節を含む複文 59

ウ／ヨウ 333
運動 172, 175
運用論的な原則 351
運用論的な制約 352

え

描き出しの視点 35
演述 140

お

大槻文彦 4, 106
大槻の文規定 4
岡倉由三郎 4
岡田正美 4, 5
奥田靖雄 60, 170, 247, 341
奥田の状態 146, 173
奥田の対象内容観 331
奥田の動作 149
奥田の命題の意味的類型 143
奥田のモダリティ観 74
押し付け的な述べ方 46
推し量りの形式 321
温度感覚 233, 234

か

蓋然性判断 93, 340
『改撰標準日本文法』 8
階層過程的形成観 317
外的な在り様 234
外的な一時的状態 236
外的な一時的状態としての在り様 228, 229
概念 279
概念型独立語文 55, 56
概念的な直観性断定 53
概念内容 278

書き言葉テキスト 102
格 33
格支配 33, 117
確　信 93, 321, 323, 324, 339, 340, 346, 347, 349, 350
格助辞 273
格成分 33
格体制 33, 117, 118
拡張された統覚作用 70
確　認 102, 228, 321-323, 339, 340, 347, 349, 350
確認の二種 341
確認のモダリティ 322
確認要求 46, 352
影（裏面）の意味 29
過去 337
過去形 224, 302
過去の在り様としての感情・感覚 240
過去の外的な一時状態としての在り様 240
過去の現象としての在り様 239
過去の属性としての在り様 241
過去の時の副詞 337
一元性の発表形式 51
学校文法 107
学校文法の述語観 106
仮定的な条件 134
過程の自己制御性 335, 336
過程の自己制御動詞 272
過程命令 336
可能性把握 93
可能動詞 209
カラ原因・理由節の述語 131
変わらない後天的な属性 261
変わらない属性 206, 260, 306

変わりうる後天的な属性 262
変わりうる属性 206, 260, 261, 305, 309, 313
変わりやすい属性 163
変わることのない属性 309
感覚器官による直接捕捉 341-343, 346
感覚器官による直接補足 321
感覚器官による直接捕捉の事態 345
感覚形容詞 161, 232
喚体の句 8, 50, 51, 108
関係 144, 247, 248
関係性を持った名詞 44
完結（完成）相 178
完結相 38
漢語名詞 293
感情 223
感情形容詞 161, 230
感情の表現 142
間接情報 339
感動喚体の句 51
観念 8
観念材料 8
願望 66, 335
願望的把握 92
願望の表出 90

き

「嬉々として」36
希求 18, 19
疑似モダリティの形 99
基準時以後に現われるアリヨウ 268
基準時に存在する状態 265
規定語 274, 294
既得情報 321, 341-343, 346, 350
既得予定 321, 322

疑念の表出 66, 86, 90
疑念の表明 66, 86, 90
希望喚体の句 51
希望的把握 92
希望の表出 66
希望の表明・表出 90
決まり 72
義務（的評価）334
客体的モダリティ 26, 89, 95, 330
客体的モダリティの形式 100
客体のモダリティ 96
共演成分 33, 273, 274
局面動詞 159, 178
局面動詞の付加 160
局面として持続状態 179
局面としての持続状態 177
記録 261
禁止 89, 336
禁止の可否 335
禁止の形式 335
禁止の文 65

く

クイズ・クェスチョン 353
偶有性 193, 203
具体・個別的なモノ 211
具体的な物 282
工藤真由美 175
繰り返し現れる時間帯を指示した時名詞 291

け

経験を表すテイル形 217
傾向性 97
形式動詞の「スル」293

形態論的カテゴリ 82, 273
形容詞 250, 274
形容詞述語 32, 58, 107, 114, 118, 124, 219, 225, 304, 313
形容詞述語で表される属性 264
形容詞述語文 303, 312
形容詞文 57, 114, 141, 219, 220, 224, 229
経歴 261
系列（範列）的な関係 29
結果状態の持続 178, 179
結果の状態 172
結束性 42, 43
原因・理由節 127, 133
限界動詞 272
言語学研究会 112
言語学研究会の述語に対する捉え方 112
言語活動 15, 75, 79, 83
言語活動の基本的単位 16, 20, 24, 76, 89
言語活動の基本的単位である文 76
言語活動の単位としての文 15
言語活動の場 20, 21
言語活動を表す動詞 84
言語過程説 10
現在 314
顕在的な動き 319
顕在的な心的状態 231
現在に存在する在り様 225
原辞 8
現実 332
現象 37, 63, 151, 207, 219, 300
現象（描写）文 168
現象描写文 63, 227, 228

現前現象としての在り様 227, 228
限定用法 274
言表事態 16, 25, 26, 139, 328, 329, 332
言表事態の意味的類型 219
言表事態の形成 32
言表事態の中核 34
言表事態めあてのモダリティ 47
言表態度 16, 25, 139, 328, 329

こ

語彙的意味 117, 273
語彙的意味のタイプ 273
語彙的意味の類型 119
語彙－文法的な単位 112
行為系 334
行為系のモダリティの文 334
肯否 32, 39, 130-133, 155
恒常性 314
後天的な属性 206, 259-261
行動系 65, 67
『広日本文典』 4
『広日本文典別記』 4
合文 51, 52
構文的職能 111
呼格 51
語義的タイプからの名詞の下位種 280
『国語構文論』 11
『国語法要説』 10
語句の繰り返し 43
コト 72
詞 8, 71
事名詞 279, 287-289
事名詞の統語的な特徴 288
固有名詞 274-279, 286

さ

再帰動詞 272
再展叙の機能 111
佐久間鼎 52, 140
誘いかけ 65, 66, 84, 89, 333, 334
佐藤里美 246
様々な文的度合 133
サマ名詞 258
様名詞 294, 295
作用域 78
参画者 307

し

辞 71
思惟性断定 52
思惟断句 52
シカ 28
(シ)カケル 159, 160
シガタイ 97
シガチダ 97
時間からの解放 314
時間関係の修飾語 41
時間的限定 255, 344
時間的限定性 61, 151-153, 155, 169, 175, 176, 192, 194, 266, 300, 309, 310
時間的限定性を持たない事態 302
時間的限定性を持つ事態 302
時間的限定を前提としない在り様 222
時間的限定を持った在り様 222
時間的展開過程 169, 188, 265
時間的展開性 38, 61, 192, 300, 301
時間的な展開過程 153
時間的な内的展開過程 166, 167
思考活動を表す動詞 84

事項への説明 217
自己制御性のタイプ 335
自己制御的事態 333
自己制御的な事態 334, 335
指示語 43
指示語の使用 43
指示する 278
指示対象 278
事実的な継起的条件づけ 134
事象叙述 142
自然界の動き・運動 183
自然の状態 174
(シ)ソウダ 188
思想発表の様式 50
持続（継続）相 178
持続相 38, 182
持続的な展開過程 154
事態 34, 37, 61, 166, 168, 300, 332
事態核 33, 34
事態核の段階 36
事態実現に対する望み 96
事態実現の様相 96, 98
事態実現の様相の可能性 96
事態実現への意図性 96
事態生起の傾向 96
事態生起の徴候 350
事態成立の外的背景 120
事態に対する捉え方 80
事態の意味的類型 140, 151, 166, 300, 314, 334
事態の意味的類型からの文分類 60
事態の描き取り方 80
事態の骨格部分 120
事態の自己制御性 334
事態の実現 336

事態の徴候 188
事態の発生・終焉の端緒 300
事態の非実現 336
事態のみを表示するル形 315
事態の類型 343
事態発生の端緒 179
事態表示 315, 316
事態めあてのモダリティ 26, 32, 65, 85, 87, 89, 91, 93, 330
（シ）タガル 97
シタママ 130
シタラ 130
質 144, 247
実現可能性 96
（シ）ッコナイ 96
実質用言 109
シツツ 129
（シ）ツヅケル 160
（シ）ヅライ 97
シテ 129
指定 246
指定（一致認定）の文 246
指定の文 246
シテイル形 183
（シ）テクル 187
（シ）テシマウ 159, 160, 187
（シ）テホシイ 97
（シ）テミセル 97
（シ）テミル 97
シテモ 130
自動詞 157
自同判断 252
（シ）ナイカ 333
シナガラ 129
（シ）ナケレバナラナイ 333, 334

品さだめ文 140, 141
品定め文 283
（シ）ニクイ 97
（シ）ハジメル／（シ）ダス 160
（シ）ハジメル／ダス 187
自問納得 334
（シ）ヤスイ 97
修飾語 273
終助辞 58, 90
従属性の高い節 129, 133
従属性の低い節 132, 133
従属度 78
従属節 59, 79, 123, 124
従属節の述語 122, 123
従属節を形成する述語 126
従属節を含む複文 59
重文 51
主格 50, 108, 109
主客に渉る在り様 233, 234
主観的の直観性断定 53
主語 34, 35, 37, 109, 110, 117, 118, 273, 274
主語として現れる人名詞 283
主語として現れる物名詞 283
主語としての現れ方の量的異なり 283
主語としての出現の量的あり方 280
主語名詞 254, 283
主語名詞句 254
主節 123, 133
主体運動 152, 154, 177
主体運動（主体非変化） 166
主体運動動詞 272
主体化 36
主体化の段階 34-36
主体化の段階での修飾成分・文末形式

　　　　36
主体動作動詞 272
主体のありよう 277
主体の事態への構え 96-98
主体の本質規定 211
主体の名詞の人称性 334
主体非変化 177
主体変化 152, 154, 166, 177
主体変化動詞 156, 272
述格 50, 108, 109
述格の働き 110
述体の句 50, 70, 108
述語 32, 105, 109-111, 114, 116, 118, 120, 121, 126, 273, 274, 293, 294
述語中心観 110
述語に位置する名詞 251
述語になる名詞 251
述語の帯びうる文法カテゴリの多寡 134
述語の帯びる文法カテゴリ 129
述語の種類 123
述語の統合機能 115, 116, 118, 119
述語の品詞性 57
述語の文法的な特徴 113
述語文 55, 57
述語名詞 252, 254, 276-278
述定 72
受動 80
主名詞 125, 126, 274
主要な品詞 273
準詞文 141
情意系 90, 92
状況語 289
状況語になる名詞のタイプ 289
状況成分 289

状況成分（状況語）41
シヨウ形式 333
条件 113
条件世界での事態生起 324
条件節 127, 133
条件節の述語 130
条件節を含む文 347
状態 38, 61, 62, 64, 145, 147, 151, 152, 161, 167-169, 171, 172, 175, 192, 194, 197, 222, 247-249, 265, 300-302, 310, 312, 344, 345
状態化 186
状態解釈 194
状態づけ 246
状態動詞 175, 319
状態としての在り様 221-223, 227-229
状態の存在時間位置 266
状態の特徴 163
状態の文 162
状態を表す 161
状態を表す形容詞文 223
状態を表す文 63
状態を表す名詞文 255, 265
情報伝達 27, 40
情報把握のタイプ 346
省略 43, 44
職能的結合体 111
叙述 11
叙述内容 11, 71
真性なモダリティ 329
『新撰日本文典文及び文の解剖』4
心的状態 230
心理・感情 157
心理現象 173
心理動詞 181, 184-189

心理や感覚という事態 324

す

推量 26, 85, 93, 330, 333, 338, 346, 352
推量形 337, 338, 340, 342, 349
推論型 339
推論型の情報把握 339, 340, 347-350
推論の上での確かさ 339
推論の妥当性 334
鈴木重幸 112
スタイル 91
スル 349
（スル）勢イニアル 96
（スル）恐レガアル 96
スル形 183, 338, 340, 342, 346
スル形現在 185, 186
（スル）可能性ガアル 96
（スル）危険性ガアル 96
（スル）気ダ 97
（スル）傾向ニアル 97
（スル）形勢ニアル 96
スル公算ガ｛アル／高イ／大キイ｝ 96
（スル）コトガアル 96
スルダロウ形 338, 340, 342, 346, 349
（スル）ツモリダ 97
スルト 130
（スル）フシギアル 96
スレバ 130

せ

性格づけ 247
制御可能な属性 310
制限用法 274-276, 290, 291
性状規定 141, 142
静態動詞 272

静的 175
静的事象 142
静的事態 38, 153, 194, 220
静的な在り様 221
成分相当 124
生来の属性 204, 205
生理・感覚 157
生理感覚 223
生理現象 173
生理・心理状態 311
生理・心理的なあり様 159
生理・心理動詞 158, 159
生理・心理動詞の表す事態 148
生理動詞 181, 184-189
節 58
接続詞的語類 42
絶対性 9
（絶対的）テンス 220
絶対的時名詞 290, 291
節による組み立てからの文分類 58
節の階層構造 134
節のタイプ 123
節の文的度合 123
潜在的な動き 319
潜在的な属性 231, 238
先天的な属性 203, 205, 259-261

そ

遭遇事態 17, 19
相互動詞 35, 37
操作型 317
層状構造 77, 78, 328
総称名詞 238
想定世界における存在 347
属性 37, 38, 61, 64, 151, 153, 155, 161,

168-170, 192, 194, 197, 198, 207,
210, 219, 222, 249, 250, 255, 258,
262, 300-304, 309, 312, 344-346
属性主 308
属性化 202
属性解釈 194
属性・関係を表す動詞 272
属性形容詞 228
属性叙述 142
属性でのテンス形式の現れ方 304
属性動詞 209
属性として在り様 222, 226
属性としての在り様 221, 223, 237,
238, 242, 243
属性のさまざま 259
属性の存在時間帯 263
属性の存在時間枠 303, 309
属性の存在の時間位置 236
属性のタイプ 203
属性の特徴 163
属性の担い手 199, 202
属性の発話時における認定 235, 236
属性の文 162
属性の持ち主 262
属性表現 198, 199, 202, 204
属性表示 258
属性を表す形容詞文 223
属性を表す文 64, 161, 192
属性を表す名詞述語文 310
属性を表す名詞文 255-257
属性を帯びるモノ 307
組織を表す名詞 292
続行阻止 336
措定 246, 276, 277
措定の文 246, 277

措定の名詞文 277, 278
外の関係 125, 126
存在時間枠 309
存在の表現 142

た

第一位の成分 35
対聞き手発話 84
対事的ムード 73
滞在 247, 248
対象的な事柄的内容 16, 22
対象的な内容からした文の分類 247
対象非変化他動詞 157, 272
対象変化他動詞 157, 272
対人的ムード 73
態度傾向 214
代名詞 43, 274-279, 286
対話型 46
対話型言語行為 18
対話性 90
高い蓋然性 214
タ形 39, 224, 239, 242, 302, 306-308,
337
タ形の意味解釈 162
高橋太郎 246
タクシス 316
確かさの度合 341
確かさの副詞 341
達成の自己制御性 335, 336
達成の自己制御動詞 272
達成命令 335
他動詞構文の主語 289
他動性 149
他動性の高い動作 149
ダロウ 321

ダロウ形 322
断句 8, 9
断句としての統覚 9
単語 24, 112
単語の語形変化 112
単語の類別 273
単語類 272
単語連鎖 22, 23
断続関係 114, 121
断定 8, 52, 349
断定形 321, 337, 338, 340, 342
単文 51, 59

ち

中止 113
抽象概念や様・事象を表す名詞 287, 288
中立叙述 63
徴候性判断 94, 340
徴候の元での推し量り 27
直後未来 319-321
直後未来を表す表現 320
直接受動 35
直接情報 339
直接捕捉による情報把握 339, 348-350
直接捕捉による確かさ 339
直観性断定 52
直観断句 52
陳述 11, 70-72, 109, 111
陳述成分 111
陳述的な意味 113
陳述の作用 108, 109
陳述の力 109
陳述論 71

つ

通常のテンス 221
常であるありよう 196
常なるありよう 195
常に成り立つ事態 318
つもりだ 37

て

テアル形 180
定義づけ 260
丁寧 131
丁寧体 91, 317
ていねいさ 113
丁寧さ 32, 46, 78, 89-91, 132, 133, 317, 330
丁寧体形 131
テイル形 156, 179
出来事 143-145, 147, 171, 172, 219, 248
出来事を表現する文 247
テキスト 41, 46, 47
テキスト・タイプ 44, 45, 217
テキスト・タイプとモダリティ 46
手嶋春治 4
寺村のコト（命題）の類型 142
寺村のムード論 73
寺村秀夫 73, 125
典型的で中核的な動き 159
テンス 32, 39, 40, 113, 130-133, 155, 156, 302, 315, 318, 337
テンス形式 39, 63
テンス的意味 39, 63, 337
伝達 72
伝達的態度 24
伝達的独立語文 56

伝達のモダリティ 130

と

問いかけ 46, 65, 66, 84, 89, 93, 330, 350, 351, 353
問いかけの文 353
同一づけ 247
同一のモノが他の時間帯で呈するありよう 197
当為評価のモダリティ 94, 95, 100, 334
等位節 126, 133
等位節の述語 131
統覚 12
統覚作用 7, 108
統合機能の拡大 119
動作 145, 149, 172, 247, 248
動作傾向 211, 214, 215
動作継続／進行 178
動作性名詞 287, 293
動作性名詞のアスペクト 294
動作づけ 246
動作動詞 145, 175
動作の内実 150
動作名詞 268
動詞 117, 250, 272, 273
動詞述語 32, 58, 107, 114, 115, 117, 124
動詞述語文 303
動詞的カテゴリ 113
動詞の下位類化 272
動詞の格支配 116
動詞の語彙的意味 117
動詞派生の名詞 293
動詞文 57, 114, 141, 219
動詞文による属性表現 209

動詞文の属性表現化 211
統叙 111
統叙成分 111
統叙陳述成分 11
動詞類 272
動態動詞 272
同定 253, 254, 276, 277
同定する 254
同定の名詞文 277
同定名詞文 278
同定名詞文の述語名詞 277
同定を表す名詞文 253-255
動的事象 142
動的事象の描写 142
動的事態 38, 153, 220, 221
動的展開 175
ト書きでのル形 316
ト格補語 37
とき 113
時枝誠記の文規定 10
時枝誠記の文成立論 71
時から解放されたル形 318, 319
時からの解放 315, 318
時の状況語 289, 290
時の成分 224, 226, 263
時の成分による時間的限定 225
時の成分の共起 226, 304
時名詞 289, 290
時名詞化 292
特性 144, 247, 248
特徴 143, 144, 171
特徴を表現する文 247
独話型 46, 47
独話性 90
独立語文 14, 17-20, 55, 57

独立性 9
特例的なありよう 195, 196
所の状況語 289, 291
所名詞 285, 291, 292
所名詞化 292
度数の副詞 161
とりたて助辞 273
取り立て助辞 28, 30, 31
取り立て的意味 29
取り立ての意味 27

な

内在的属性 142
内的展開過程 176, 182, 192
内的展開性 38, 344
内的な在り様 232, 233
内的な時間構成 39
内的な生理感覚 233
内包的意味 278
ナ形容詞 57, 219
ナ形容詞述語 114, 115
ナラ 31

に

二元性の発表形式 50
仁田の述語に対する捉え方 113
仁田の状態 176
仁田の命題の意味的類型 151
仁田のモダリティ観 75
仁田の文の捉え方 13
仁田の文分類 55
『日本文法学概論』 5
『日本文法教科書』 4
『日本文法文章法大要』 4
『日本文法論』 5

人間の心理的状態 148
人間の心理的な状態 174
人間の生理的状態 148
人間の生理的な状態 174
認識時・体験時の過去性 307
認識時の過去性 162, 205, 206, 260
認識時や体験時の過去性 305
認識のタイプ 338
認識のモダリティ 92, 94, 95, 125, 130, 131, 133, 321, 323, 337, 338, 340
認識のモダリティ形式 131, 350
認識のモダリティと命題のタイプの相互連関 337
人称制限 67
（人称）代名詞 276

の

能動 35, 80
ノデ原因・理由節の述語 131
述べ方の態度 91
述べ立て 65, 66, 86, 94, 330, 350, 351
述べ立ての表明・表出 91
述べ立ての文 352
述べ伝え方 23, 24

は

ハ 31
芳賀綏 72
橋本進吉 107
場所の状態 148, 174, 184
働きかけ 65, 89, 92
発見・認定の時間位置 236
発し方・伝え方 80
発話 24
発話機能のモダリティ 89, 90, 93, 330,

351
発話時を基準とする相対的時名詞 290, 291
発話・伝達的態度 22
発話・伝達的態度のあり方 16, 26
発話・伝達的な機能 76, 77, 351
発話・伝達的な態度 80
発話・伝達の機能 16
発話・伝達のモダリティ 26, 32, 47, 65, 83, 84, 87, 89, 125, 131-330
発話・伝達のモダリティの優位性 82
発話・伝達のモダリティを中心にした文分類 65
話し手から聞き手への情報伝達 351, 352
話し手の意図の中に存する事態 323
話し手の聞き手からの情報要求 353
話し手の主体的な捉え方 16
話し手の捉え方 17
話し手の述べ伝え方 17
話し手の発話・伝達的な態度 17
話し手の評価的な捉え方 26
反事実条件 127
判断系 65, 67, 90, 335
判断系のモダリティの文 334
判断措定 142
判断の表現 141
判断文 228
範疇的意味 119, 281
判定型の認識のモダリティ 93
判定詞 58, 115, 273, 293

ひ

非概念型独立語文 55, 56
非過去 337

非過去形 224, 302, 303, 309, 311-314
非聞き手発話 84
非具体物 282
非限界動詞 272
非限定用法 274
非自己制御的事態 333
非自己制御的な事態 335, 336
非自己制御動詞 272
被修飾語 274
被修飾名詞 125
非推論型の直接捕捉 339, 340, 346
非制限用法 274-276, 278, 290, 291
必然性把握 93
一時状態を表す動詞 272
人名詞 279, 281, 283, 284, 286, 288
人名詞の統語的な特徴・機能 285
非内在的属性 142
比喩的表現 252
表現意図 53
表示事態 16, 17, 22
表出 86, 140
表出的独立語文 55, 56
表明 86
表明・表出 86, 90
賓格 50, 108, 109
品詞 271, 273
頻度の修飾語 41

ふ

不完備の句 8
副詞の修飾語 40
副詞的修飾語（成分）40
副次的な機能 273
副次的モダリティ 89, 90, 330
副詞による述語 115

複文 51, 59
附属句 52
付帯状況 122
(不)確かさの副詞 338
普通体形 131
普通(非丁寧)体 91
不定形 316
不定時を基準とする相対的時名詞 290, 291
不定法部分 72
文 15, 18, 24, 26, 76, 139, 166
文以下になれない表現 22
文章・談話 15, 41
文章・談話から受ける変容 42
文成立の要件 83
文体 91
文断片 20, 21
文的度合 78, 79
文的度合の極めて低い節 128
文的度合の高い節 126, 129
文的度合の低い節 129
文の基本的な意味－統語構造 77, 328
文の生存・存在の場 46
文の成分 112-114
文の成分として分節 34
文の存在様式 46, 47
文の対象的内容 75
文の対象的内容 74, 143, 160, 331, 332
文の多様な現れ 13
文の本質的な存在様態 22
文法カテゴリ 32, 78, 112-114, 120
文法的意味 112

へ
並列節 128
変化 145
変動傾向 211
変動しにくい属性 163

ほ
ボイス 113
補語 34, 117, 273, 274
補文標識 124
本来の機能 273

ま
益岡隆志 142
松下大三郎の文認定 8

み
三尾砂 52
味覚 233, 234
三上章 52, 72, 110, 246
三上章の提案する文類型 141
未実現事態 348
未実現の事態 320
未然防止 336
未展開の句 8
未展開文 55
みとめ方 113
宮地裕の表現意図からの文分類 53
未来 311, 312, 319, 320, 348
未来での事態の現れ 313
未来での状態の現れ 311
未来に出現する属性 264
未来に存在するあり様 226
未来の時の副詞 337
未来の表現 304

未来表示 311, 313, 322-324
未来表示の可能性 304
未来を表しにくい事態 324
未来を表しやすい事態 322
未来を表す文 320

む

ムード 72, 82, 113
ムウド 73
無効条件 128
無標形式 337
無題の思惟性断定 52
無統叙陳述成分 11

め

名詞 251
名詞述語 32, 58, 107, 114, 115, 118, 124, 245, 304, 311
名詞述語で表される属性 264
名詞述語によって表される属性 259
名詞述語文 245, 303, 309, 310
名詞の下位種 279
名詞の下位分類 292
名詞の下位類化 273
名詞の語彙 – 文法的下位 295
名詞の語彙 – 文法的下位種 271, 273, 287
名詞の中核的機能 274, 280
名詞の中心的な役割 251
名詞節 124, 125
名詞節形成辞 124
名詞文 57, 114, 141, 219, 245, 276, 277
名詞文固有の存在 255
名詞文の表す事態のタイプ 255
名詞文の表す命題内容の意味的類別 246
名詞文の類別 246
名詞類 272
命題 16, 25, 26, 61, 77, 79, 139, 328, 329
命題的意味 27
命題とモダリティの相互連関 328
命題内容 25, 331, 351, 353
命題内容の情報位置 351, 353
命題内容のタイプ 353
命題の意味的類型 140, 145, 155, 249
命題部分 329
命令 40, 46, 89, 334-336
命令形 335
命令のタイプ 335
命令の文 65

も

モ 28
申し出 27
モーダルな意味 74
モダリティ 16, 25, 61, 70, 77, 80, 139, 328, 329
モダリティ形式 81
モダリティ形式の真正度 101
モダリティ形式のタ形 81, 98
モダリティ的意味 27, 81, 100, 333
モダリティ的意味の異なりや移行 333
モダリティ的意味の変容化・希薄化 101
モダリティとムード 82
モダリティの様々 89
モダリティの中核 139
モダリティの典型・中核 80
物語り文 140, 141

モノのアリヨウを表す名詞文　254, 255
モノのアリヨウを述べる　254
モノのアリヨウを含む名詞　256
物のうごき　150
物の状態　148, 174
モノの同質的なアリヨウ　255
物名詞　279, 281, 283, 284, 287, 288, 291
物名詞の統語的な特徴・機能　285
物や自然界の変動　181
森重敏　110
森重敏にとっての文とは　12

や

山田孝雄　5
山田の一語文考察　5
山田の句　7
山田の句・文の類別　50
山田の思想　6, 7
山田の述格の捉え方　107
山田の統覚作用　70
山田の文の規定　6
山田の文の規定　5
和らげられた命令　333

ゆ

有属文　51, 52
有題の思惟性断定　52
有標形式　337

よ

用言的カテゴリ　113
様態の修飾語　41
様態節　128, 133
様態節の述語　129

予測　311-313, 320, 324, 325, 349
予測可能　320
予定　320, 350
予定可能　320
予定された未来　350
呼びかけ　18

り

理由節を含む文　347, 348

る

類指定　203, 205, 251, 260
類づけ　251
類的な語彙的意味　119
ル形　39, 212, 303, 309, 314-316, 318, 323, 337
ル形の表すテンス的意味　314
ル形未来　320
ル形未来の特性　320

れ

連体修飾節　59, 60, 123-126
連体修飾節を含む複文　59
連文による文の変容　44

わ

わざと　36
渡辺実にとっての文成立　11
渡辺実　71
渡辺実の述語観　110

を

ヲ格補語の人名詞　284
ヲ格補語の物名詞　285

仁田 義雄（にった よしお）
関西外国語大学教授・大阪大学名誉教授。文学博士。
1946年大阪府茨木市生れ。
1975年東北大学大学院文学研究科博士課程単位取得退学。
主要著書に、『語彙論的統語論』(1980, 明治書院)、
『日本語のモダリティと人称』(1991, ひつじ書房)、
『副詞的表現の諸相』(2002, くろしお出版)、
『ある近代日本文法研究史』(2005, 和泉書院)、
『仁田義雄日本語文法著作選』4巻 (2009～2010, ひつじ書房) などがある。

文と事態類型を中心に

初版第1刷 ―――― 2016年10月21日

著　者 ――――― 仁田義雄

発行所 ――――― 株式会社くろしお出版
〒113-0033　東京都文京区本郷3-21-10
［電話］03-5684-3389　［WEB］www.9640.jp

印刷・製本　三秀舎　　装　丁　折原カズヒロ

©Yoshio Nitta, 2016, Printed in Japan.

ISBN978-4-87424-709-9 C3081